“十三五”国家重点出版物出版规划项目

诺贝尔经济学奖获得者丛书
Library of Nobel Laureates in Economic Sciences

养老金改革
原则与政策选择

Reforming Pensions
Principles and Policy Choices

尼古拉斯·巴尔（Nicholas Barr）
彼得·戴蒙德（Peter Diamond） 著

欧阳葵 译

中国人民大学出版社
·北京·

献给吉尔和凯特

前　言

　　一个体面社会的关键评价标准就是老人尤其是贫困老人的生活水准。这包括他们参与社会的能力，以及他们的相对收入和他们获得健康护理与其他服务的途径。老年消费的资金来源取决于个人和国家过去的资源积累以及这些积累所产生的全部现金收入流。一切合理的政策，既要考虑这些积累的效果，也要考虑围绕寿命预期、个体能力以及个体缺陷所产生的各种不确定性。因此，政策分析必须综合考虑效率、代内分配、代际分配、个体生命周期内分配以及个体环境中所存在的诸多不确定性因素。

　　任何制定养老金政策的方法，如果只考虑单一因素（譬如效率）以求简化分析，都会面临严重的政策失误风险，而这种风险将对许多人的福利产生深远的影响。本书的一大特点就是它拒绝了此种过度简化，从而提出了既简单清晰又逻辑严密的政策分析原则。本书不但阐明了这些原则所能导致的正面效果，而且也阐明了在过于简化或过于形式化的政策之下其可能产生的各种失误。

　　养老金政策，尤其是政策改革，必定既取决于一个国家广泛的经济、社会与人口现状，也取决于养老金及相关政策的出发点，还取决于其经济与社会的未来发展趋势。尽管本书中的许多例子都来自英国与美国的实践经验（源于作者的自身体验），但本书对其他发达国家与发展中国家（尤其是智利与中国）也进行了大量讨论。因此，本书所清晰而严谨地设定的那些分析原则，能够而且应该对很多国家与地区的养老金政策制定产生指导性作用（当然，各国必须根据自己的国情进行适当调整）。

　　想要用几句话或几段话来总结巴尔与戴蒙德在本书中的详尽分析是不可能的，但借用一两个例子或许很能说明问题。第一，作者强调，将

1

平滑（个体生命周期内的）消费作为养老金政策设计的单一目标是不正确的。这只考虑了市场失灵的效率方面。虽然效率目标必须在某种程度上得以实现，但是养老金政策设计会通过引入政策性转移支付来实现大量的收入再分配目标（这是第一位的），并允许存在小量的效率损失（这是第二位的）。

第二个相关的例子是，如果一种养老金制度只考虑跨期分配的效率因素，就会失去为工作时期与老年时期之间的收入流错位提供保险的机会。这个保险因素对于大多数养老金系统而言是一个关键的、很有价值的目标，而在一个风险市场（由于理论与实践方面的原因）运行不完美的世界中，这个保险因素无法直接通过其他政策工具来实现。

除了这些基本的概念出发点与分析视角之外，巴尔与戴蒙德还明确地阐述了应当如何分析不同的政策选择。例如，在人口结构发生变化与预期寿命增长的情形下，他们比较了在提高缴费率、降低月度收益水平与延迟退休之间的选择，也考察了各种用于增加产出的政策（譬如提高储蓄）。进一步，他们仔细考虑了在各种将对很多人产生长期影响的养老金制度中所可能大量冒出的行政管理问题。他们不但表明了应当如何分析这些问题，而且挑出了一些非常具有启发性的例子——这些例子都是由于在实践中无法把握一个清晰而全面的框架从而可能导致甚至已经导致了一些严重错误的例子。这包括大量来自世界银行的重要案例（例如，参见专栏10.1）。

这是一本非常重要的书，对于制定、讨论以及研究养老金政策的人而言都是必读书目。本书的主题在一个人口、经济、社会结构正在迅速变迁的世界里具有非凡的意义。我们非常有幸能读到这样一本对相关问题的分析如此清晰、全面而透彻的书。作为杰出的理论家，巴尔与戴蒙德对这些问题的思考非常仔细；并且，他们本身也已经深入参与了相关的行政管理与改革实践。他们的这本书真是一部精彩绝伦的作品。

尼古拉斯·斯特恩

自　序

本书的出版得益于两件幸事。第一件幸事是我们被邀请加入一个专家组来向中国政府提供养老金改革方面的建议；2004 年 11 月，该专家组向温家宝总理提供了政策建议，这些建议的核心部分将在第 15 章中进行讨论。第二件幸事是我们其中一人有幸参与了智利的养老金制度改革，其中包括 2006 年 5 月与智利总统咨询委员会之间的讨论。

尽管这些个人经验的体现会贯穿全书，但本书会努力从那些关于养老金改革的具体活动中以及那些持续的有时甚至非常激烈的争论中跳出来，以力求客观。本书阐述了相关的经济理论与国际经验，其核心目的是让读者拥有对养老金政策进行独立分析的能力。因此，本书的意图在于教学；它既不属于学术论战，也不是一本培训手册。在某些方面，本书应当与戴蒙德（Diamond，2003）和巴尔（Barr，2004a）的文章结合起来阅读：前者将养老金分析置于最优税收框架之下，后者则将养老金分析置于福利国家中更为广泛的分析框架之下。

本书第一部分的各个章节为养老金改革的讨论奠定了分析基础。这部分有一些公式和图表，但本书对其结论都做出了相应的文字解释，因而读者若相信这些结论的话就可以跳过所有的技术性细节；专业术语表和专栏 1.1 对一些技术性术语进行了解释，并厘清了一些术语在不同国家间的使用差异。本书第二部分的内容有一些重复，这是为了让读者可以直接阅读第二部分的政策分析内容而不必参考第一部分的内容；在后面章节的相关讨论中，我们也会频繁地对前面章节的内容进行交叉引用。本书的核心内容总结于第 1 章、第 10 章、第 11 章与第 16 章。

在学术界，本书将引起经济学家的兴趣，因为本书的分析基于经济学理论；本书的主题也将引起社会政策分析部门的同仁们的兴趣。本书应当也会引起诸如政治经济学与公共政策等相关领域学者的兴趣，还会引起那些研究经济转型与经济发展问题的同仁们的兴趣。本书的写作面向世界各国的相关读者；本书也面向各国的财政与社会保障部门的官员们；本书还面向各个国际组织中的读者，譬如国际货币基金组织、世界银行以及国际劳工组织等。

我们首要要极力感谢向中国政府提供建议的专家组中的其他成员：Mukul Asher、Edwin Lim 与 James Mirrlees。我们也要感谢在此过程中对我们提出建议的同仁们，包括 Axel Börsch-Supan、Stanley Fischer、Nicholas Stern 与 Salvador Valdés-Prieto，以及向我们提供背景论文与其他援助的中国同仁们，包括程永红、黄碧红、蒋世明、李绍光、张伟与郑秉文等。

关于讨论智利的相关章节，我们非常感谢 Ana Wheelock，她不知疲倦地向我们提供了许多事实性问题方面的建议，并贡献了许多重要的想法。我们也感谢 Mario Marcel、Andrea Repetto 与 Salvador Valdés-Prieto。

András Simonovits 和两个匿名评审人阅读了整本书的初稿并提出了一些中肯而有益的评论。《牛津经济政策评论》（*Oxford Review of Economic Policy*）在 2006 年春季的一期专刊中（第 22 卷第 1 期）为我们提供了一个为本书的一些分析论证进行精炼的机会；我们感谢 2005 年 11 月在牛津召开的编辑研讨会上为我们提供评价和指导意见的同仁们，包括 Christopher Allsopp、Christopher Bliss、Andrew Glyn、Dieter Helm、David Hendry、Stephen Nickell 与 Margaret Stevens。

其他许多人也评论了本书初稿中的很多章节，提供了很多信息，并且提出了很多中肯的问题。他们包括 Mukul Asher、Martin Neil Baily、Fabio Bertranou、Lans Bovenberg、Axel Börsch-Supan、Agnieszka Chlon-Dominczak、Elaine Fultz、Gunnvald Grønvik、Robert Hancké、Bill Hsiao、Maureen Lewis、Frances Lund、Truman Packard、Debora Price、Susan St John、Annika Sundén、Lawrence H. Thompson、Peter Whiteford 与 Adrian Wood。Aaron Grech 与 Johannes Spinnewijn 阅读了全书，检查了本书的连贯性和可读性，并给出了非常有益的评论。

Catarina Reis、Johannes Spinnewijn，特别是 Maisy Wong，为我们提供了宝贵的研究协助，他们的工作由国家科学基金所资助（基金号：SES-0239380 和 SES-0648741）。

我们要特别感谢 Michael Treadway 在编辑本书过程中所展现出的娴熟的技巧、细心、高效和热情，这极大地提高了本书的可读性。

以上提及的每一个人无须为本书所存在的任何错误负责，我们两人将共同承担本书的所有责任：通过讨论并且主要是通过电子邮件交流，我们克服了双方的时区差异，互相借鉴了对方的经验和观点，对文稿进行了多次修改，以至于本书中的每一句话都蘸满了我们双方的笔墨。

最后，也是最重要的，我们感谢我们的妻子吉尔与凯特，感谢她们一直以来不断的支持和持续的包容——因为那些常常不期而至的出国访问与被迫中断的周末时光。

尼古拉斯·巴尔，英国伦敦

彼得·戴蒙德，美国马萨诸塞州剑桥

目　录

1

第二部分　政策选择

第三部分　结　论

第 1 章　研究背景

1.1　长期趋势

"老龄化危机"作为"养老金危机"与"健康保险危机"的混合物，不是突然降临的，也不完全是坏消息，更不是无解的。该问题所导致的养老金与医疗保健支出的大幅增长，其实在很大程度上是很多方面长期发展的结果：寿命增长、出生率降低、提前退休，以及更多更好的医疗保健服务。那么，为什么这些持续不断的好消息却发展成了一个危机呢？答案不仅在于潜在的经济与人口现状，更在于在让养老金与健康医疗制度适应现状时所面临的政治困境。

本书将养老金分析与一些国家的实际经验结合起来，以解释养老金制度设计如何能够限制这一问题的负面效应——如何能够让数百万人拥有舒适的退休生活——从而使其实际上能变成一个宝贵的机会。我们的目标是让读者有能力理解和评估这些关于当前许多国家正在发生的养老金改革问题的争议。但我们不会讨论健康医疗服务方面的组织与财政问题。

我们的研究起点是如下一系列众所周知的长期趋势。

死亡率下降。 在大部分国家，人们现在活得比以往更长了，通常是长了很多，而且未来预期会活得更长。图 1.1 显示了死亡率的长期下降趋势，正如图 1.2 所示，这一趋势会持续下去。但是，将这一趋势称为"老龄化问题"其实是一个荒唐的错误说法——它既不是一个"问题"，也不完全是一个老年人现象。预期寿命的提高在很大程度上缘于儿童死亡率的下降。尽管儿童死亡率下降是件非常好的事情，但这一下降与养老金没有直接联系，养老金只取决于人们的收入与退休余年。大多数人（在 16 岁、18 岁或 21 岁）开始工作时的剩余预期寿命也已经稳定增长；从开始工作起能活到养老金领取年龄的人口比例已经大幅增长；而且，正如图 1.3 所示，在这些能活到养老金领取年龄的人群中，其退休后的预期寿命也在显著提高。（令人痛心的是，在艾滋病毒肆虐最严重的国家里，这些改善都已经被反转了。）例如在英国，在现已退休的男性中，与他们的祖父辈相比，他们活到退休年龄的人数多了很多；他们的平均退休年龄是 64 岁，而他们的祖父辈是 67 岁；他们的平均退休余年是 20 年，而他们的祖父辈退休后平均只能再活 11 年。这些趋势不是灾难，而是大好消息。更长更健康的寿命从很多方面来看都是 19 世纪与 20 世纪的伟大胜利，而且展望未来的话，可以预期死亡率与发病率必定会持续降低。

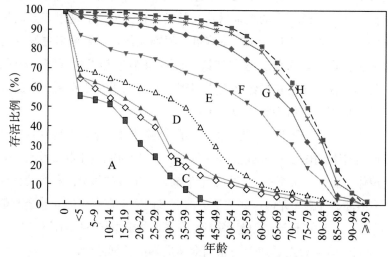

图 1.1　从石器时代到今天的存活曲线

A：石器时代；B 与 C：希腊与罗马；D：英格兰，1800 年；E：美国，1900 年；F：美国，1941 年；G：美国，1961 年；H：美国，1998 年。

资料来源：Foundation for Infinite Survival, Inc., Berkeley, California, historical slide no. 6, www. fis. org/public/slide06. html，基于 Dublin、Lotka 和 Spiegelman（1949，p. 42）。

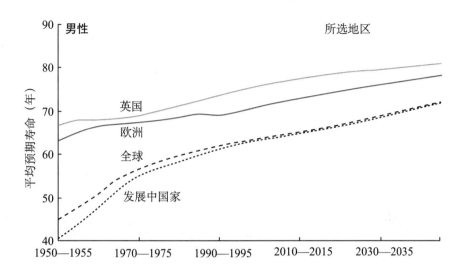

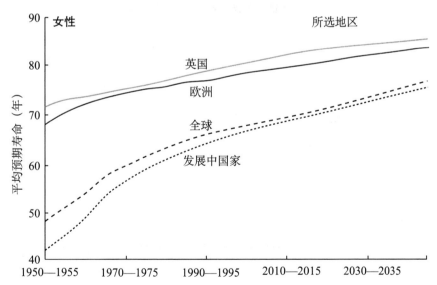

图 1.2　从 1950—1955 年到 2030—2035 年各国男性与女性出生时的预期寿命

资料来源：联合国人口司（United Nations Population Division）。

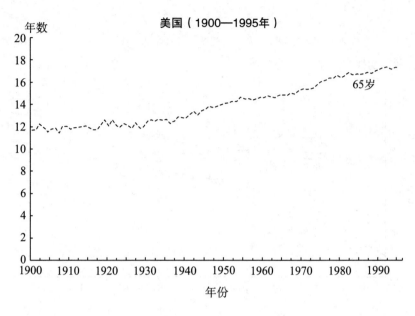

美国（1900—1995年）

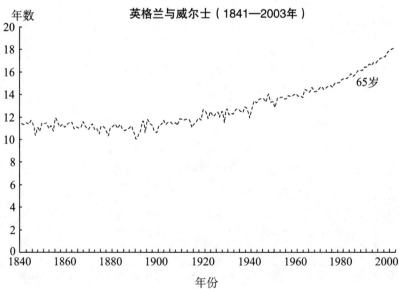

英格兰与威尔士（1841—2003年）

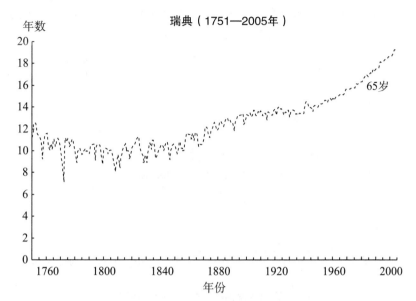

图 1.3 美国、英格兰与威尔士以及瑞典的 65 岁人口的预期剩余寿命

阶段性预期寿命的计算使用了一个给定时期内特定人群的死亡率数据，不考虑任何后续的实际或预测的死亡率变化。预期寿命的计算使用了总人口（不仅仅包括平民）数据，因而也包括战争死亡人口。

资料来源：Berkeley Mortality Database，demog. berkeley. edu/～bmd，and Human Mortality Database，www. mortality. org/.

生育率下降。伴随着死亡率的持续下降，如图 1.4 和图 1.10 所示，第二个长期趋势就是妇女的终生平均生育数量在下降。总体上，生育率下降也算是一个好消息，因为随着婴儿死亡率的下降，人们正在选择规模更小的家庭。这意味着，人们更关心生活的质量而非数量。此外，人口增长放缓也减少了环境的压力，从而会有潜在的好处。向小型家庭转变在发达国家最为明显，但在许多发展中国家也正在出现。

寿命提高与生育率降低一起导致了人口年龄金字塔的稳定变化，正如图 1.5 所示，其中包括中国、印度和美国自 1950 年以来 100 年间（含预测年份）的人口变化状况。这一变化的结果是，大多数国家的老年抚养比（老年人口数量与工作人口数量之比）存在趋势性增长，正如图 1.6 所示，其中包括中国、印度和美国的情况。由于许多国家的养老金系统都是用工资税收来支付当前的养老金待遇，老年抚养比的增长趋势使得许多国家已经面临并将继续面临养老金支出的 GDP 占比持续攀升的问题。

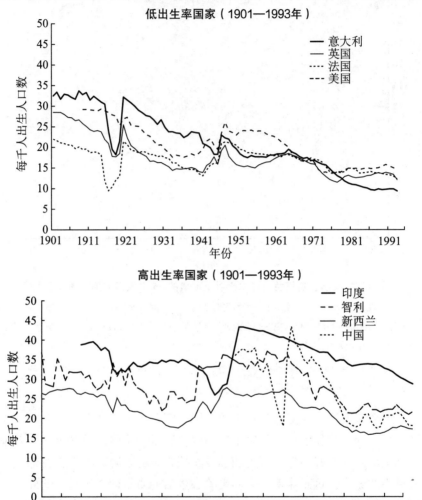

图 1.4　1901—1993 年部分低出生率国家与高出生率国家的粗出生率

对于印度，1949 年之前的出生率是英属印度的数据；1949—1969 年之间的出生率数据是每隔五年的数据，每个五年内的数据是使用二阶移动平均方法进行插值估算的；其他年份的印度数据都是年度数据。

资料来源：除了印度在 1949—1969 年之间的数据来源于联合国人口数据库（the United Nations Population Database）之外，各国数据都来源于 Mitchell（1998a，1998b，1998c）。

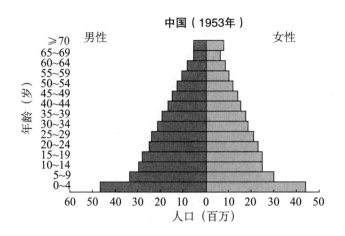

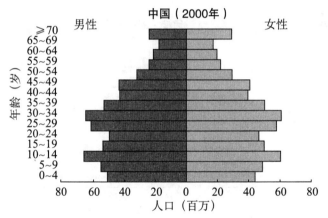

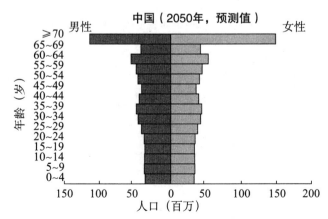

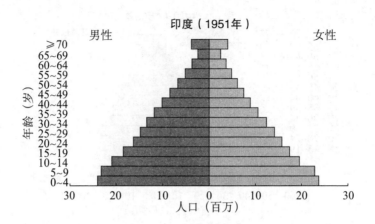

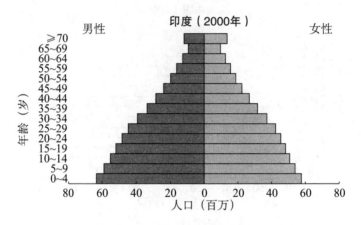

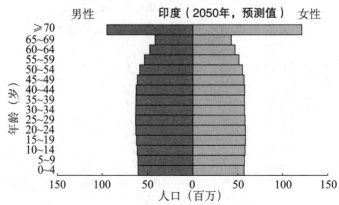

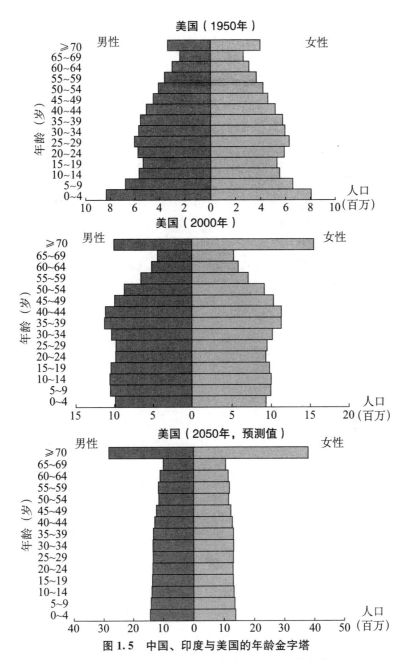

图 1.5　中国、印度与美国的年龄金字塔

资料来源：Mitchell（1998a，1998b）；美国人口普查局国际数据库（U. S. Census Bureau，International Data Base）。所有关于印度的数据均不含缅甸；1951 年巴基斯坦的数据分离出去了；包含了 1961 年之后果阿的数据与 1971 年之后锡金的数据。

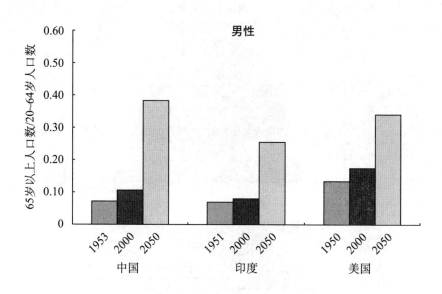

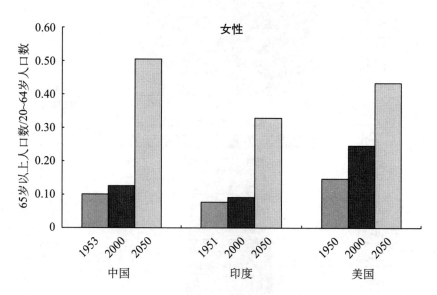

图 1.6 中国、印度与美国的老年抚养比

老年抚养比是指 65 岁及以上的人口数量占工作人口数量的比例。2050 年数据为预测值。

资料来源：Mitchell（1998a）；美国人口普查局国际数据库。

老年人劳动参与率下降。 图 1.1 至图 1.6 显示了老年人口的绝对数量与相对数量是如何增加的。一个不同的问题是领取养老金的人数是如何增加的。与此相关的是另一个长期趋势，即老年男性的劳动参与率下降，如图 1.7 所示，其中包括英国、法国、德国和美国的情况。正如许多国家的工作日已经缩短，工作周与工作年也已经缩短，从而工作寿命也已经缩短。事实上，在许多国家，各个年龄段的男性劳动参与率都已经下降，图 1.8 展示了美国的情况。由于这种劳动力市场撤离是对合理市场激励的一种自愿反应，老年人劳动参与率下降进而成为一个好消息，说明随着预期寿命的提高，人们的收入大幅增长（而收入增长反过来又有利于预期寿命的提高）。并且，这也是普通储蓄者可获得的储蓄工具增加的结果。现在的老年人也比过去的老年人更为健康了，而且在许多国家，老年贫困现象已呈现长期下降趋势。

女性劳动参与率的模式通常不同于男性。女性在劳动力市场上越来越活跃，并且她们通常要追求更长的职业生涯。工作适龄女性的这种劳动参与模式，除了会增加收入与财富并使得养老金系统膨胀之外，也会对退休问题产生影响。后面我们还会回到这一问题的讨论。

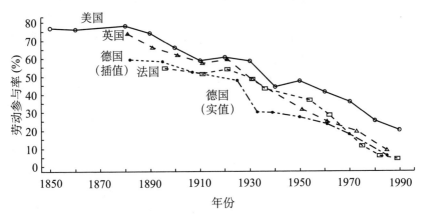

图 1.7　1850—1990 年英国、法国、德国与美国的 65 岁以上男性劳动参与率

资料来源：Costa（1998，p. 12）.

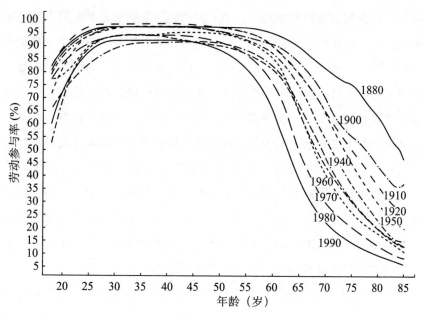

图 1.8　1880—1990 年美国 18～85 岁男性劳动参与率

资料来源：Costa（1998，p. 12）.

　　结果：养老金成本上升。 很明显，随着寿命的延长，从一个特定年龄开始按月提供一笔特定数量的养老金，成本正变得越来越高昂。当人们推迟参加工作并提前退休时，这一问题变得更为严重；生育率下降进一步加剧了这一问题的严重性。养老金成本的增加可以从养老金支出在总产出中不断上升的比例看出来。在 2001 年，经济合作与发展组织（OECD）成员国（大多数为发达国家）的平均养老金支出占 GDP 的比重为 7.4％。但是，一些迅速老龄化国家的养老金支出已经显著高于其他国家了：法国为 10.4％，德国为 10.8％，希腊为 12.6％。如果养老金计发公式不变，关于寿命、生育率与经济增长的趋势预测表明，养老金支出占 GDP 的比重将会大幅提高：例如，在希腊，如果不采取任何措施的话，养老金支出预计到 2050 年将翻一番，占 GDP 的比重将接近 25％（见图1.9）。[①] 这些养老金支出的预测趋势虽然很重要，但我们也必须清醒地认识

---

　　① 关于欧盟 25 国直至 2050 年的宽口径预测，包括养老金、健康护理、长期护理以及其他服务，可参见 Economic Policy Committee of the European Union（2006）。

到，养老金财政问题缘于寿命延长的副作用，并且这一副作用是可控的。

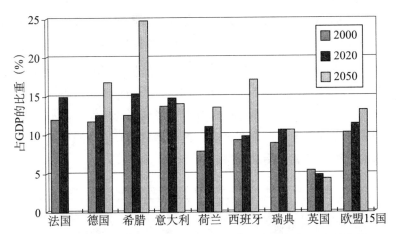

图 1.9 2000—2050 年欧盟 15 国* 公共养老金支出占 GDP 的比重

欧盟 15 国包括奥地利、比利时、丹麦、芬兰、法国、德国、希腊、爱尔兰、意大利、卢森堡、荷兰、葡萄牙、西班牙、瑞典与英国。

资料来源：Economy Policy Committee of the European Union（2001）．

图 1.10 1909—1993 年美国的粗出生率

资料来源：Mitchell（1998b）．

---

* 2050 年为预测值。由于本书写作时英国尚未退出欧盟，故欧盟 15 国数据仍包括英国。——译者注

妇女权利增加。第四个长期趋势，即妇女的政治与经济权利日益增加，虽然对养老金系统的成本没有影响，但对养老金制度的设计方法有巨大而持续的影响。特别地，这一趋势在很多国家已经导致了养老金制度的性别中性化，并且，随着女性劳动参与率的提高，这一趋势也使得人们更多地考虑养老金制度的设计如何影响双职工家庭。

表1.1显示了妇女政治权利扩展的一个方面，即妇女投票权的扩展。在20世纪的前25年里，妇女投票权运动突飞猛进，之后则稳步发展。但是，在许多国家，妇女首次获得投票权的日期不同于其获得充分投票权的日期，后者包括被选举权。①

表1.1　部分国家女性首次获得选举权的年份a

年份	国家
1893	新西兰
1902	澳大利亚
1906	芬兰
1913	挪威
1915	丹麦、冰岛
1918	奥地利、加拿大、德国、爱尔兰、波兰、英国
1919	比利时、匈牙利、荷兰、瑞典
1920	美国
1930	南非b
1931	智利、葡萄牙、西班牙
1944	法国
1945	日本
1946	意大利
1947	阿根廷、墨西哥、新加坡
1971	瑞士

a. 这些日期并不一定表示获得完全选举权的日期：在一些国家，女性面临一些额外的限制，譬如，获得投票权的年龄要比男性晚，并且选举权也并不总是包含被选举权。

b. 仅对白人而言；直到1994年选举权才扩展到黑人男性与女性。

资料来源：Inter-Parliamentary Union, "Women in Politics," www.ipu.org/wmn-e/suffrage.htm.

---

① 令人好奇的是，美国妇女在1788年就拥有了被选举权，但直到1920年才获得选举权。

不同于政治权利的平等可以用投票权来体现，没有哪一个单一因素可以很好地概括经济权利日益平等的趋势，故接下来的例子只能部分地体现这一趋势。瑞典在很多方面都是该趋势的领导者：1884 年，通过了《已婚妇女财产法》。1921 年，21 岁的法定成年年龄扩大到已婚妇女，并且已婚妇女获得了与成年男性同等的其他权利，包括离婚时平等分割财产的权利。1939 年，雇主因为女员工结婚或怀孕而解雇该员工的做法就成为非法行为了。

在英国，历史上一名女性的财产在结婚时就被其丈夫所吸纳。1882 年通过的《已婚妇女财产法》赋予已婚妇女与未婚女性一样的买卖与拥有财产的权利。尽管这是迈向平等的重要一步，但依然存在一个巨大的鸿沟："直到 1935 年……议会才赋予已婚妇女拥有对自己所签订合同承担责任的权利"（Shanley，1986，p.74）。一直到 20 世纪 70 年代中期，如果没有父亲、丈夫或其他类似的相关男性联署签名的话，妇女将无法获得抵押权，并且直到 1990 年，已婚妇女通常都是由其丈夫代缴所得税。

在美国，与妇女和财产相关的立法权属于州政府而非联邦政府。作为英国的前殖民地，美国与英国有相似的起点。1848 年在纽约通过的《已婚妇女财产法》（在 1860 年进行了修正以赋予妇女更多的权利）在赋予妇女财产权方面起到了关键的作用。讽刺的是，虽然《社会保障法》从 1961 年开始就实行性别中性原则，但很多州的财产控制权却依然未实行性别中性原则。①

在法国，女性在 1907 年被法律赋予了广泛的财产权，1938 年已婚妇女的财产权得到进一步扩展 ［参见 Herchenroder（1938）］。

尽管性别中性原则在发达国家已成为标准做法，但性别中性原则对于男性与女性的不同影响仍然让人充满疑虑，因为平均来说，女性有更低的年收入与更短的职业生涯。

---

① 例如，在佛罗里达州，直到 20 世纪 70 年代，妇女还必须向州政府申请，从而在法律上认可其对于其财产的完全支配权——这种事时常发生，因为寡妇们继承遗产之前必须被认可为具有管理遗产的能力。

战后趋势。上述各种趋势是养老金的人口统计变化的主要驱动力。叠加于这些趋势之上的还有很多新近的现象。第一，自从第二次世界大战以来，养老金系统无论是待遇方面还是覆盖面方面都出现了增长，这导致养老金在 GDP 中的占比不断攀升，从而使得人口老龄化的影响远比在养老金规模较小时更为强烈。2007 年，在 OECD 成员国强制性养老金制度下，养老金待遇是一个劳动者前一年收入的 59%（更确切地说，在所有 OECD 国家中，对于拥有平均工资水平的劳动者而言，其替代率是 59%）。对于这些劳动者而言，养老金待遇在英国、爱尔兰和日本是最低的，平均为 32.6%，而在南欧国家（希腊、意大利、葡萄牙、西班牙和土耳其）则是最高的，平均为 74.3%。① 低收入者（收入低于平均工资的一半）的平均替代率为 73%〔所有数据均来源于 OECD（2007，p. 33）〕。

第二，二战后由于婴儿潮一代的人口膨胀，人口老龄化速度加快。这使得养老金财政问题加剧，但即使没有这个因素，财政问题也依然会存在。图 1.5 中所预测的美国（经历过婴儿潮）2050 年的年龄金字塔与印度（没有经历过婴儿潮）相比并没有太大的差别，甚至与正在经历迅速老龄化的中国相比也是如此。因此，本书的分析并不限于那些经历过婴儿潮的国家。

第三个因素前面已经提到过，即女性劳动参与率的剧烈增长趋势（这一趋势部分源于妇女经济权利的扩展，反过来又进一步推动了妇女经济权利的扩展）。② 此外，这一趋势也部分地抵消了老年男性劳动参与率下降的影响，因而对于养老金的财政问题是很重要的。

表 1.2 显示了部分 OECD 国家在 1960 年、1980 年和 2000 年的女性就业率情况，以及 2000 年的男性就业率情况。女性的平均劳动参与率从 1960 年的 36.5% 上升到 2000 年的 58.6%，但依然远低于 2000 年男性 75.2% 的劳动参与率。各国的差异非常大。从变化率来看，芬兰

---

① 在希腊，一个拥有平均工资的劳动者的替代率是其前一年收入的 95.7%。

② 关于经济增长与家庭形成、解体、繁衍的变化之间的关系的讨论，参见 Lesthaeghe（1983）。

（1960 年女性劳动参与率就已经很高）、法国、意大利的增幅最小，而挪威和瑞典的变化最大。从参与率的水平来看，希腊、意大利和西班牙的女性劳动参与率最低，大约为 40％，而丹麦、挪威和瑞典的女性劳动参与率最高，都超过了 70％；在瑞典，女性的劳动参与率比男性只低了一点点。

表 1.2　1960—2000 年 OECD 成员国的女性就业率（占 15～64 岁人口的百分比，%）

国家	女性			男性	2000 年女性与男性之比
	1960 年	1980 年	2000 年	2000 年	
奥地利	n. a. ᵃ	52.4	59.3	78.1	75.9
比利时	29.6	35.0	51.1	69.8	73.2
加拿大	n. a.	52.3	65.1	75.2	86.6
丹麦	42.7	66.2	71.2	80.4	88.6
芬兰	54.9	65.0	64.3	69.7	92.3
法国	42.9	50.0	53.1	68.1	78.0
德国	35.0	34.8	58.1	73.5	79.0
希腊	n. a.	30.7	40.4	70.2	57.5
爱尔兰	n. a.	32.2	52.2	74.0	70.5
意大利	28.1	33.2	39.7	68.5	58.0
荷兰	n. a.	35.7	62.1	81.1	76.6
挪威	26.1	58.4	73.4	88.1	83.3
葡萄牙	n. a.	47.1	60.1	75.9	79.2
西班牙	21.0	28.4	40.3	70.3	57.3
瑞典	38.1	67.6	72.1	76.2	94.6
英国	43.1	54.5	65.2	79.3	82.2
美国	39.5	53.9	68.0	80.4	84.6
平均	36.5	46.9	58.6	75.2	77.5

a. 无法获取数据。
资料来源：Garibaldi et al.（2005，Table 2.1）.

其他国家则有不同的模式。在某些国家，妇女的劳动参与率非常高，但在一些经济转型国家，在 1990 年之后妇女劳动参与率则有所下降。在另外一些国家，女性特别是已婚妇女的劳动参与率很低，而且这种状况会一直持续下去。因此，并非所有国家都出现过很高的女性劳动参与率。

国际背景。这些趋势处于国际经济环境变化的大背景之下。自1970 年以来，国际贸易已变得日益开放。国际贸易中的一个迅速增长的部分就是电子产品（软件、音乐和视频下载，以及类似产品），尽管该现象的规模不应被过分夸大，但其结果的确使得国家的边界更容易被穿透。此外，许多国家的资本流动性限制也大为减少。自 1980 年以来，劳动力的国际流动也增加了 [参见 Jaumotte 和 Tytell（2007）]，包括欧盟内部的流动机会也在增加。全球化从各个方面——贸易、金融与劳动力流动性——降低了（但不会消除）一个国家独立设计制度的能力；全球化也提高了国际合作的收益。

如前所述，劳动力流动的作用不应被夸大。移民对经济与社会的影响很多。讨论移民政策超出了本书范围；但我们注意到，虽然移民在某种程度上可以缓解老龄化问题，政治上可接受的合理移民数量仍不足以逆转本书所讨论的那些疑虑。Grant 等（2004）在一份提交给欧盟委员会的研究报告中总结道：

> 移民没有为人口老龄化问题提供一个可行的解决方案。为了抵消欧盟人口老龄化效应所需要的移民数量……在欧盟当前的社会政治气候下将是不可接受的……因此，更为恰当的争论点在于移民是否能够有效地放慢而非阻止人口老龄化。（Grant et al.，2004，p. xiv）

1.2　政策反应

政策制定者对上述各种趋势有不同的反应。就公共养老金而言，他们的政策反应包括：

● 降低养老金待遇，要么像英国与美国那样修改现行养老金制度的各种参数来降低养老金待遇，要么像瑞典一样把降低养老金待遇作为整个养老金制度改革进程的一个组成部分；

● 增加养老金缴费（许多国家都如此），要么提高缴费率，要么扩大养老金缴费的征缴基数与范围；

● 提高领取全额养老金的年龄（一些国家如此，包括挪威和美国），或宣布未来要提高（英国），或讨论要这样做（许多国家如此）；

● 采取不同的风险分担方式，或是从固定收益型养老金（参见专栏 1.1 中的定义）转向固定缴费型养老金（如瑞典），或是让养老金指数化调整过程不那么紧扣于工资与物价指数的变化过程（如芬兰）；

● 将政策落实到位，例如增加储蓄的激励政策，这些政策意在增加国民产出并减少退休待遇降低所带来的影响；

● 将这些政策混合运用；

● 鸵鸟政策，希望通过政策微调就能蒙混过关，将痛苦的战略性改革留给下一届政府。

政策制定者对私人养老金也越来越关注。一些国家（英国）已经开始鼓励建立积累制私人养老金，其他一些国家（智利，以及近来一些东欧经济转型国家）则将积累制私人养老金转变为法定强制性制度。私人养老金的监管与保险都已得到了加强。

关于建立一个养老基金（与以当期缴费和税收支付养老金的做法相反）何时会导致好的政策结果以及何时会导致不好的结果的问题，已经并将继续成为一个热议的主题，我们作者二人都是这一议题的主要参与者[①]；世界银行的"多支柱模型"（World Bank，1994；Holzmann and Hinz，2005；参见专业术语表"多支柱养老金系统"）明确地倡导建立积累制养老金制度。基于世界银行在养老金政策方面的重要性，后续章

---

① 参见 Barr（2000）、Diamond（2004）、Diamond 和 Orszag（2005a，2005b）；相反的观点可参见 Feldstein（2005）以及 Holzmann 和 Hinz（2005）。Barr 和 Rutkowski（2005）对这一争议的核心内容进行了总结。

节将会对这一观点进行评估，专栏 10.1 和第 11.3 节概括了我们的批评意见，也概括了世界银行（2006a）对其自身工作的一个新近的评估意见。

私人部门也对前述各种趋势做出了回应。寿命增长既增加了既定规模的养老金的供给成本，也增加了监管成本（譬如，为了保护员工已积累的养老金权益），并已进一步增加了雇主的经营成本。在 2000 年之后，许多发达国家的股市动荡使得这些因素明显增强。许多雇主的回应是降低养老金待遇；还有许多雇主对新员工的养老金计划从固定收益型转向固定缴费型，有些情况下对老员工的未来养老金缴费也采取同样的转向。

专栏 1.1　　　　术　语

本书后面的专业术语表定义了我们在本书中使用的很多术语，但是大量术语需要立即讨论，尤其是有些术语不同作者使用时表示不同的含义。

精算型收益（*actuarial benefits*）。如果一个人的养老金是完全精算型的，其未来月度养老金收益的期望贴现值就等于其开始领取养老金时的养老金积累。对于一个给定的积累额，养老金的规模因而取决于此人的剩余预期寿命以及年金供给者在其剩余预期寿命之内可获得的资产回报率。类似地，对于延迟或提前退休者而言，精算型收益调整意味着月度养老金收益会进行相应的提高或降低，以维持现值相等，并同时体现上述两个因素。如果一个养老金制度大体上遵循这种方法，但并没有精确地使用所预测的预期寿命与市场利率，就将被称为准精算型的。

遵从（*compliance*）。当一个人不按法定要求进行缴费时就发生了不遵从行为。

覆盖面（*coverage*）。由于不遵从行为的存在或者由于一个人当前在一个未被养老金系统覆盖的岗位工作从而没有进行自愿性缴费（若存在该选项的话），覆盖面可能就是不完备的。最普遍的覆盖面测度方法就是在任何时点上均向养老金系统缴费的经济活动人口的比例。

固定收益型养老金（*defined-benefit pensions*）。在这种养老金制度安排下（在第 3 章中会进行更为充分的解释），一个人的养老金收益基于其工资历史，通常也依赖于其服务年限，并且不依赖于其名下已经积累的资产数额。因此，一个纯粹的固定收益型养老金计划会对其融资进行调整以满足其预期支付义务，从而养老金资产回报的变化风险就落到了养老金发起人（即雇主或政府）的头上。

固定缴费型养老金（*defined-contribution pensions*）。在这种情况下（在第 3 章中会进行更为充分的解释），一个人的养老金收益仅仅取决于其养老金积累的资产数额。因此，一个纯粹的固定缴费型养老金计划会对其支付义务进行调整与其所可使用的基金相匹配，从而个人将面临养老金资产组合表现糟糕的风险。

积累制养老金（*funded pensions*）。正如在第 3 章中更充分地解释的那样，积累制养老金由一个积累型基金来进行支付，该基金是在一定年限内由其成员缴费或代理缴费所形成的。

名义账户制养老金/名义固定缴费型养老金（*notional defined-contribution pensions*）。正如在第 3 章中所解释的，名义账户制养老金系统以现收现付制为基础，通过社会保险缴费来进行融资，但是一个人的养老金与其一生之中的养老金缴费存在一个准精算型关系。养老金收益可能会根据人群的预期寿命进行调整，在人们照顾孩子期间还可能为其提供相应的补助。

现收现付制养老金（*pay-as-you-go pensions*）。正如在第 3 章中所解释的，现收现付制养老金由当前收入进行支付（通常由国家通过税收收入进行支付），而非由某个积累型基金进行支付。

替代率（*replacement rate*）。替代率就是一个养老金领取者所获得的月度养老金收益与其工作期间所获得的收入之间的比率（二者均为纳税与转移支付之后的净额）。根据此定义，替代率就是关于消费平滑的有效性的一种测度。该术语也意味着平均养老金与平均工资之间的比率，在这种情况下就成为养老金系统在减少老年贫困方面功能的一个测度。

退休者与养老金领取者（*retirees and pensioners*）。为了某些目的，有必要区分两个分开的事件：停止工作与领取养老金。我们使用"退休者"这一术语表示某个人已经停止工作，用"养老金领取者"来表示某个人正在领取养老金。一个退休者通常也是一个养老金领取者，尽管并非必然如此：

例如，一个人可能选择提前退休并靠其储蓄生活，一直到其可领取养老金的年龄为止。类似地，一个养老金领取者可能已经退休了，也可能在领取养老金的同时还在继续工作。

社会保障（*social security*）。我们避免这一术语，因为它在使用时通常有不同的含义。在美国，社会保障仅指政府发放的退休待遇与残疾补贴；在英国，社会保障指政府所提供的所有现金收益；在欧洲大陆，社会保障则是指政府所提供的所有现金收益以及医疗健康保险。我们将使用"养老金系统"这一术语来取代"社会保障"这一术语。

国家养老金系统（*state pension system*）。"state"这一术语有多种不同的含义。它可能指国家级政府（譬如，美国的联邦政府），也可能指次国家级政府（譬如，美国的各州政府）。因此，我们会尽可能地避免这一术语。一旦使用这一术语，"state"就是指国家级政府，国家养老金则是指整个国家的养老金系统，而非指仅针对政府雇员的养老金系统。

公共养老金系统（*public pension system*）。我们使用这一术语来表示一个由政府运作的向所有劳动者开放的养老金系统（也叫作国家养老金系统）。

自愿性养老金（*voluntary pensions*）。养老金的"自愿"属性有两种不同的方式。它们可能是指该养老金对于一个劳动者而言是自愿加入的，也可能是指该养老金是由一个企业自愿引入的一个雇主型计划，而该计划对于劳动者而言则可能是强制性加入的。

1.3 本书结构安排

为了有助于扩展我们的讨论，本书第一部分的章节阐述了养老金分析的基础，这是养老金改革研究的核心。尽管我们对于表达自身观点持一种开放态度，但本部分以及本书的主要目的是通过展示我们达成结论的具体分析过程从而使读者能够形成自己独立的见解。第2章讨论了养老金制度的核心目的，第3章则讨论了不同类型的养老金制度安排。接下来的五章是本书的分析核心。它们着重于讨论养老金的经济学基础（第 4 章）、劳动力市场（第 5 章）、融资与积累（第 6 章）、再分配与风险分担（第 7 章）以及性别与家庭（第 8 章）。这五章从经济学理论出发建立了主要的分析结论。第 5 章与第 6 章尽管在很大程度上避开了数学，却在概念上比本书其他部分更难理解。然而，这些章以及其他理论性章节的结论在后述相关政策讨论中会明确提及，故对于那些对相关结论的推导细节不甚看重的读者而言，可以直接跳过（或略读）。

本书的理论观点有三个重心：

● 养老金制度有多重目标，包括消费平滑、保险、减少贫困以及再分配，这些目标不可能同时被全部实现。因此，政策必须在一系列目标之中进行最优化——而非简单的最小化或最大化。譬如，若只关注消费平滑（即个体生命周期内不同阶段消费的再分配），则在最优的养老金制度设计中，劳动者的养老金待遇水平就应当与其积累的缴费之间存在相当精确的对应关系；但这样一个养老金制度将无法减轻低收入劳动者的老年贫困问题，无法为负面劳动力市场结果提供保险。所以，政策设计必须在平滑消费、减少贫困与保险之间寻求一个最佳平衡，而这种平衡将取决于每个社会所赋予各个不同目标的权重。

● 养老金分析属于经济学家所说的次优分析，也就是说，我们假设了一个信息不完美、市场不完备且存在税收扭曲效应的世界。譬如，最小化（与最优化相反）劳动力市场扭曲这一目标通常会被错置，尤其是因为一个具有减贫功能的养老金制度必然会导致市场扭曲，因此，最小化市场扭曲将使其几乎或完全丧失减贫功能——药也许比病更糟糕。根据不同的制度设计特征，养老金系统对人们的行为会产生巨大影响，包括劳动力供给、储蓄以及家庭内部资源分配。但是，这些影响并不总是负面的，而且即使是负面的，只要老年保障的福利超过负面激励的成本，这种养老金制度也算增进了社会福利。简而言之，养老金政策必须在减少贫困、保险与遏制市场扭曲之间寻求一个最佳平衡，而这一平衡又将取决于不同社会目标的权重。

● 许多人（特别是非经济学专业人士）认为经济学只关注或主要关注效率问题。这种观点当然是错误的：经济学是且总是既关注平等问题也关注效率问题的——事实上，在最优税收理论研究文献中（Diamond and Mirrlees，1971a，1971b），一个主要的研究主题就是如何将二者进行整合。因此，读者对于这些理论章节以及后面的政策讨论章节中所出现的关于不同养老金制度安排的分配效应的讨论不必感到吃惊。本书包含这部分内容不只是为了分析的完整性，同时也反映了我们的价值判断：分配效应至关重要。

读者应当注意到，本书省略了一些内容。我们的关注重点是退休待遇问题，很少涉及残疾保险问题，虽然这也很重要［可参见 Reno 等（2005）］。正如前面已经提到的，我们也没有分析健康医疗保险问题。我们没有对所有国家（甚至没有对所有主要国家）的实际或理想的养老金制度或养老金改革进行讨论。尽管我们讨论了很多不同国家的经验以阐明我们的理论观点，但我们也没有对不同国家进行全面的比较分析。这些案例主要集中于美国与英国，因为这是我们二人最了解的国家，但我们所选取的这些案例具有普遍意义。本书的分析依赖于已有的理论文献，因此，一旦文献中出现了某些研究缺口，我们对此的分析也将不再那么牢靠（对于这些情形我们会特意指出来）。这一点在第 7 章（探讨不确定性）与第 8 章（探讨性别与家庭）中特别值得注意。

第 3 章至第 8 章讨论了"好"的养老金制度设计的问题。但是，仅有"好"的设计是不够的。"好"的设计还需要实施，而这又提出了养老金设计在不同国家的可行性问题。第 9 章讨论了养老金制度的执行问题，包括不同类型的养老金制度安排（对养老金供给者和消费者）的财务要求与技术要求，明确地讨论了管理个人账户的那些必要条件。第 10 章概括了第一部分所讨论的战略性结论，既包括从经济分析中所汲取的教训，也包括一系列分析性错误的讨论。

第二部分中的章节将先前章节中的分析应用于政策分析。第 11 章总览了不同时期不同国家的养老金制度，讨论了一些普遍的政策失误，并阐述了来源于不同国家的一系列养老金制度安排的案例。第 12 章与第 13 章讨论了智利的养老金制度安排，包括 2008 年的重大改革。第 14 章描述并评估了中国在经济改革大背景下的养老金制度安排。第 15 章为中国的养老金制度安排设计了一系列改革方向，其中吸收了我们曾参与过的一个专家组的早期工作成果（Asher et al.，2005）。第 16 章列出了关于养老金政策设计的一系列问题，并总结了本书的核心内容。

　　时间紧迫的读者可以直接阅读第 10 章、第 11 章与第 16 章。

第一部分

原　则

第 2 章 养老金制度的核心目的

生活质量有多个维度。经济保障既包括获得劳动力市场机会，也包括拥有一个有效的养老金系统。个体自主性则与物质独立性有着明确的关联，从而与住房条件有关联，与医疗护理和个人护理的可获得性都有关联。第三个因素是社会融入性，包括家庭与社会生活以及获取外部信息的途径。这些问题在各个年龄阶段都很重要，但对于老年人而言尤为重要。

虽然老年保障涉及面极广，但本书只关注经济方面的内容。为此，本书讨论了养老金制度的两类主要目标：

● 养老金制度应当为老年时期的低收入与低财富水平提供保险，并为个体一生中不同时期的消费提供一个平滑机制（这被认为是养老金的"存钱罐"功能）；

● 养老金制度应当减少贫困并对收入与财富进行再分配（这被认为是养老金的"罗宾汉"功能）。

对于这些目标的阐述必然涉及各个方面，因为养老储蓄与长寿保险也有助于减少贫困并影响收入与财富的再分配。在阐述这些目标时，还必须考虑实现这些目标的成本。简单来说，可记住如下两点：

● 养老金的主要目标是老年经济保障，这是通过消费平滑、保险、减贫与再分配来实现的；

● 养老金设计的主要目标是老年保障最优化，包括养老金的供给成本考量。

根据这些目标，我们可以通过如下三个问题来评估一个养老金制度：

● 对于个体劳动者而言，这些目标实现得怎么样？相对于贫困线以及退休者以前的收入情况而言，其所提供的养老金是否充足？这些衡量充足性的相应标准基于实际的事后结果；一个相关的问题是，养老金制度针对潜在的负面金融后果所提供的保障到底如何？

● 有多少人实现了这些目标？也就是说，养老金制度对于老年人口的覆盖面到底有多大？发达国家的养老金覆盖面很广；在发展中国家，养老金通常只限于正规部门的城市劳动者。

● 实现这些目标付出了多少代价？特别地，养老金制度现在是否具备财政上的可持续性以及是否具备明朗的未来趋势？考虑到其他方面的需要，譬如私人自愿性养老金以及养老金对劳动力市场均衡的影响（降低了经济效率），养老金的规模是否恰当？

2.1 目 标

要回答上述问题，如下两个区别是有意义的：主要目标与次要目标的区别，以及个体目标与政府目标的区别。在本节中，我们先讨论养老金的主要目标，包括个体目标（第 2.1.1 节）和政府目标（第 2.1.2 节），然后再讨论一些次要目标（第 2.1.3 节）。

2.1.1 个体目标

从个体角度来看，老年经济保障需要两类工具：平滑消费的机制与保险手段。对于那些终生贫困者而言，经济保障还必须包括对他们的老年所进行的转移支付。

消费平滑。人们不是寻求某一个时间点的效用最大化，而是寻求一生效用最大化。学生坐在教室里，不是因为他们没有更有趣的事情可干，而是因为他们希望可以学到一些东西以便能够帮助他们提高未来的赚钱能力、未来的工作满意度，以及未来的闲娱享受。运动员进行训练不是为了单纯地享受训练的过程，而是因为训练能够提高他们的竞技表现。人们进行减肥不是因为他们喜欢节食，而是因为他们认为这样有利于身体健康。

储蓄也会产生同样的问题。一个人之所以进行储蓄，不是因为他认为今天所放弃的消费没有价值，而是因为他认为储蓄所能给他带来的未来消费更有价值。一个十几岁的青少年之所以省下一笔钱来购买一张飞机票，是因为她认为未来的旅行所能给她带来的快乐要大于她现在就花掉这笔钱所带来的快乐；一个人之所以申请助学贷款，是因为他认为大学文凭所带来的（金钱以及非金钱方面的）回报要大于贷款的成本。[①]类似地，大多数人希望能够活得足够长，长到能退休，也就是说，他们希望活到生命中的某个时期，并且在那个时期即使停止工作也还能继续消费。他们为此进行储蓄，从而事实上也就将其年轻时期的收入再分配到其老年时期。

因此，养老金的一个核心目标——消费平滑——就是使一个人能够将其富有生产力的中年时期的消费转移到其退休时期，从而使其可以在工作时期与退休时期之间选择一条更好的时间路径。正如专栏 2.1 所正式讨论的，这一论点的核心在于，一个理性的终生效用最大化者可能在她年轻时进行借贷（譬如买房）并在她的工作早期进行储蓄，以为其退休后的消费提供资金；她之所以这样做，是因为她认为贷款所能进行的其他消费的价值不如住房服务所能给她带来的价值，并且老年时期的消费比她早年工作时期所能进行的消费更有价值。每个人的最优行为既取决于她的初始总财富，也取决于她对于当前与未来消费的偏好，还取决于她进行储蓄与借贷的利率水平。

| 专栏 2.1 | 消费平滑：当前与未来消费的选择 |

图 2.1 所描述的费雪（Fisher）模型阐述了一个人在某些简化假设下随

---

① 关于助学贷款的经济分析，参见 Barr（2004b）。

着时间的推移所能拥有的各种选项。横轴表明一个人在时期 1（年轻时期）的潜在消费，纵轴则表示在时期 2（老年时期）的潜在消费。在 a 点所表示的初始禀赋下，他能在时期 1 消费 C_1 单位，在时期 2 消费 C_2 单位。然而，他可以通过储蓄或借贷改变他所拥有的选项。例如，他能在时期 1 储蓄 C_1-C_1' 单位消费，以换取时期 2 的 $C_2'-C_2$ 单位的消费，从而移到了 e 点。

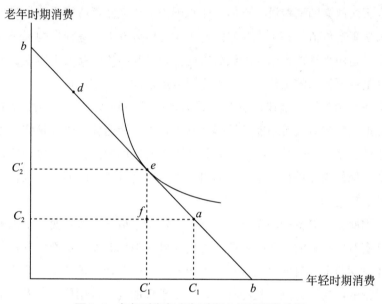

图 2.1 年轻时期与老年时期之间的消费选择

为了阐述这两个时期之间的权衡，如果利率为零，那么一个人就能在时期 1 储蓄 1 单位而在时期 2 消费存下来的这 1 单位。如果他的初始禀赋（由 a 点表示）为时期 1 拥有 7 单位且时期 2 拥有 3 单位，那么他就可以借入 3 单位，从而在时期 1 消费 10 单位而在时期 2 消费 0 单位；或者，他也可以存下 7 单位，从而在时期 1 消费 0 单位而在时期 2 消费 10 单位；又或者，他可以采取一种居于二者之间的方式。因此，他的消费机会由一条斜率为 -1 的预算约束线来表示。相反，如果利率为 10%，那么预算线将变得更为陡峭：在时期 1 他每储蓄 1 单位，在时期 2 他都将能消费 1.1 单位。通过储蓄，他能从图中的 a 点移向 e 点。因此，预算约束线 $b-b$ 穿过初始禀赋点 a，其斜率由利率决定。因此，利率确定了当前消费与未来消费的相对价格，从而确定了为了退休后所享受的 1 单位消费在工作时所必须放弃的消费数量。

32

对于一个人而言，如果其初始禀赋为时期 1 消费 C_1 且时期 2 消费 C_2，终生预算约束线由 b-b 所示，那么最大化终生效用的消费模式由 e 点所示，即在年轻时期存下 $C_1 - C_1'$，从而在老年时期则可以消费 C_2'。类似地，如果初始禀赋为 d，那么在同样的预算约束线下，此人就可以通过在时期 1 进行借贷从而移到 e 点。

当然，如果存在多种资产可用于储蓄，并且可以放松跨期理性选择的简单假设的话，那么消费者的选择与分析将变得更加有趣（参见专栏 4.2 与专栏 9.6 的讨论）。

保险。在一个确定的世界里，个体在工作时期的储蓄水平将刚好达到足以保障其老年退休生活所需要的资金水平，正如在专栏 2.1 的图 2.1 中从 a 点移到 e 点那样。然而，人们并非生活在一个确定的世界里，至少可以说，人们不知道自己到底能活多长。因此，基于个体储蓄的养老金，如图 2.1 所示，使得个体面临一个选择：要么冒着因长寿导致退休储蓄不足的风险，要么就降低整个老年时期的消费以防止那种因储蓄不足而导致长寿风险的情况发生。但是，尽管任何人都不知道自己到底能活多长，一群人的平均寿命则容易预测多了。所以，原则上，一群朋友或邻居可以一起筹集他们的养老金储蓄池，其中每个人都可以基于其向储蓄池所交纳的总量与其实际的寿命抽取相应的养老金。如果不只限于一群人，那么这样的筹资方式就可以通过一个保险公司来组织，从而这就使得更多的人参与进来共同承担这种实际总体平均寿命与预期总体平均寿命之间发生差异的风险。

这就是养老年金的本质，其使得一个人无论活多长，都可以将其为退休所积累的养老储蓄换成一种余生按月定期支付的养老金。养老年金让人们可以避免因长寿而导致储蓄不足的风险；在纯粹的精算型年金情形下，具有平均寿命的个体所收到的养老年金流的期望现值将刚好等于其向养老金筹资池所交纳的费用；再分配效应仅仅体现在事后，从低于社会平均寿命者向高于社会平均寿命者转移。[①] 养老金制度也可以为残

---

① 当具有不同预期寿命的个体加入一个共同的单一价格养老资金池时，也会存在一个从低预期寿命者向高预期寿命者转移的再分配效应。

疾人提供保险，可以为退休前就去世的劳动者的子女提供保险，还可以为丧偶者提供保险。

保险机制是如何起作用的？为什么保险很重要？本质上，保险的价格取决于两个因素：风险的大小以及潜在损失的大小。年轻驾驶者或生活在高犯罪区的驾驶者的汽车保险价格很高（因为风险与潜在损失都很大），劳斯莱斯或法拉利车主的汽车保险价格也很高（因为潜在损失很大）。一个拥有良好驾驶记录、在农村区域驾驶一辆五年车龄的小福特汽车的中年人，将只需要支付一笔非常低的保险费。大体上，这就是私人保险公司的运作方式，正如专栏 2.2 中所正式阐述的那样。

为了理解保险的重要性，假设一个 65 岁的人的预期寿命还剩 10 年，那么比较这两种不同的状况：在状况 A 中，存在保险，所以可以购买一份精算型养老年金；在状况 B 中，没有保险。在 A 中，一个希望获得每年 25 000 美元养老金的人可以通过工作期间储蓄 250 000 美元的方式（为简单起见，假设利率为零），从而在退休时得到养老年金；也就是说，保险的成本基于退休后的平均存活余年。在 B 中，没有保险，一个人必须为其最大的退休存活余年进行储蓄；如果她判断为 40 年的话（在发达国家，一个 60 岁的人越来越有可能活到 100 岁），她将必须储蓄 100 万美元（即 40×25 000 美元）以保证退休后每年能获得 25 000 美元的养老金。[①] 从一个需要大量预防性储蓄的储蓄模型（即自我保险）向一个集体保险模型转变所带来的社会福利收益是极其显著的；这样的社会福利收益即使在利率为正的情况下也仍然显著存在，虽然对比的强烈程度会有所下降。这样一来，以年金形式提供的保险减少了人们通过积累大量储蓄以避免比预期寿命活得更长而陷入贫困的必要性，从而提高了个体的福利水平。

---

① 如果没有可用的保险，退休者就可能选择一个逐步下降而非固定不变的消费路径，这意味着越往后能活着消费的可能性就越低。尽管这会改变因保险获取方式增加而获益的规模，但总体的结论仍然不变。

专栏 2.2　　　　　　　　　　　**精算型保险的运作**

　　理想的精算型保险有一个简单的直觉。假设 100 个人正飞往巴西观看一场足球比赛，每个人有一个手提箱且里面有 1 000 美元，并且平均而言 2% 的手提箱会在途中丢失。因此，每个人都面临一个潜在的 1 000 美元损失（设为 L），损失概率为 2%（设为 π）。在这些情况下，一个保险公司可以向这 100 个人中的每一个人收取 0.02×1 000＝20 美元的费用（即总费用为 2 000 美元）；当他们到达巴西时，保险公司将会发现有两个人丢失了手提箱，从而给他们二人各支付 1 000 美元作为补偿。该机制仅仅在平均意义上可行——对于像 100 个球迷这样的小群体而言这是一个非常重要的问题——但群体规模越大，这一问题就越不重要。例如，如果有三个手提箱丢失，保险公司就要承受 1 000 美元损失；如果只有一个手提箱丢失，保险公司就会获得 1 000 美元的利润；随着投保人群规模的扩大，期望与实际结果之间的百分比差异将会越来越小。在实践中，保险公司也有管理成本与销售成本，并且也可能面临概率估计方面的困难。

　　更严格地，个体 i 的精算型保费 p_i 定义为

　　　$p_i = (1 + a) \pi_i L$

其中，$\pi_i L$ 表示个体 i 的期望损失，a 表示保险公司为了覆盖管理成本（例如，派一个专家去评估损失）与竞争性利润而进行的收费。换句话说，p 就是在一个理想的竞争性市场上提供该保险的价格。

　　自愿性养老金安排足够吗？ 如专栏 2.1 所述，在各种最为简单的情形下，一个人可以通过工作期间的自愿储蓄为自己提供养老金以获得消费的最优时间路径（即从 a 点到 e 点），并且通过购买养老年金的方式以抵御长寿风险。如果在实践中事情真的如此简单，那么养老金问题只需要个体自愿决策与私人保险即可，根本不需要政府参与，本书也就没必要写了。

　　自愿性养老金安排之所以不够，有两个方面的原因。第一，正如前面已简要讨论过的，它忽略了诸如减贫与再分配之类的其他政策目标。第二，这个简单的模型假设保险市场能够完美运行。事实上，存在多种原因使得保险市场无法完美运行，包括信息不完美、市场机会缺失以及

其他市场扭曲效应等。另一个原因是，个人总是面临过度消费的持续压力，对于保险与投资机会的本质与价值常常缺乏充分的理解，所以并不一定擅长制定与执行有关储蓄和保险方面的决策。完美市场的假设有助于构建一个简单理论来作为理解问题的起点，但对于政策设计而言容易造成错误的指导。正如专栏4.2与专栏9.6所详述的那样：

● 信息与理解不充分是广泛存在的。人们通常严重缺乏信息，特别是关于复杂的养老保险产品的信息。进一步，个体在面临各种市场机会时能抓住大部分机会的能力通常存在很严重的问题，尤其是，并非每个人都拥有能为未来消费提供适当权重的时间周期。大量证据表明，如果让人们进行自愿性养老金安排，很多人将储蓄不足：当他们年老的时候，他们将会后悔以前没有存储更多的钱。类似地，如果基于自愿的话，人们通常很少购买养老年金，从而使得养老年金的价格偏高。此外，许多人在进行长期投资时总是表现很糟糕。

● 市场通常是不完备的；也就是说，人们并不一定能够买到任何他们想要购买的产品（譬如在此讨论的生命周期内消费最优化所需要的特殊种类的养老年金或其他保险产品）。私人指数化保险合约市场很狭窄，并且测量长寿风险的巨大困难也会大大影响养老金市场。

● 存在其他扭曲效应，包括税收扭曲效应：政府需要税收来维持运转。

给定这些以及其他问题，经济与政治方面的理由都支持政府干预，譬如通过强制参与养老金系统以避免发生老年贫困。更广泛地说，公共政策可能会寻求减少系统不确定性与增加社会稳定性——这在社会迅速变化时期尤为重要，譬如20世纪90年代的东欧剧变，以及中国当前的改革潮流。让人们避开不确定性是很重要的。如果风险规避者不能购买保险，他们将会建立巨大的预防性储蓄；正如刚才所讨论过的，如果人们能够购买保险的话，他们的福利会增加。与储蓄不足的长寿风险（养老年金可以覆盖此风险）一样，工作期间也存在未来收入不足的风险。

未来工作收入不足的风险可以部分地由失业保险与残疾保险予以保障，但它们也会对退休产生各种后果，而这些后果都可以由养老金系统来部分解决。

总之，在一个简单的最优的理想世界假设下，完美运行的市场忽略了大量现实世界中的市场失灵现象，从而避开了许多正是政府干预所要解决的重大问题。相反，次优分析基于更为现实的不完美假设的模型，并在给定的这些不完美假设下寻求最优的政策设计。我们将在后述章节中对这些主题进行详细探讨。

2.1.2　公共政策目标

在面临这些市场不完备性时，各种形式的政府干预能够提高消费平滑与保险的效率，从而可以帮助（或者，若有必要的话，强迫）个体更好地利用他们的资源。此外，正如前面已注意到的那样，公共政策有更为长远的目标，特别是减贫与再分配。

减贫。 为了追求这个目标，养老金系统将资源对准那些因为终身贫困从而无法为老年时期提供足够储蓄的人。在某些方面，减贫的政策设计对于老年人而言更为简单：对于那些已过退休年龄的人来说，不必考虑他们的潜在劳动收入，因而对这些老人的直接转移支付不太可能减少工作激励。（当然，这些转移支付也可能影响那些期待退休的年轻人的劳动力供给与储蓄行为，这一点必须予以考虑。）由于这对劳动力市场的影响相对不那么重要，为老年人设计单独的规则将具有潜在的优势。这些项目可以面向所有的老年人，或者只面向那些已交纳过养老金的老人。许多国家两种项目并存。

再分配。 养老金制度可以基于生命周期对收入进行再分配，这可以作为对年度收入累进税制度的再分配功能的一个补充。基于生命周期所进行的再分配，可以通过向低收入者支付相对更高比例的养老金（即具有更高的替代率）来达成，从而对收入更低（但并不一定贫困）的人们的消费平滑进行了补贴。因为对于任何个人来说，终身收入具有高度不确定性，这样的养老金制度也能为一个人在职业生涯的低收入期退休的

风险提供一些保障。此外，养老金制度也可以面向家庭提供保险：譬如，一对已婚夫妇比一个单身者可以获得更多的养老金，即使这两个家庭的缴费相同。

养老金制度也可以进行代际再分配。譬如，政府可以降低当前一代的养老金缴费率或者提高当前一代的养老金待遇，正如美国在 20 世纪 40 年代后期与 50 年代退休的人们所面临的情况那样，因为这代人经历了大萧条与二战从而在战后经济繁荣中的工作时间有限。这样一个转移需要未来一代人承担更高的缴费率或享受更低的养老金待遇，从而实现了从后一代人向前一代人的再分配。

2.1.3　其他目标

除了平滑消费、保险、减贫与再分配这些主要目标之外，养老金政策可能还有一些次要目标，这些次要目标虽然不是养老金制度的直接目标，却有重要的关系。一个次要目标是经济发展，特别是经济增长。即使是设计良好的养老金制度也会产生一些负面的劳动力市场激励，设计糟糕的养老金制度更是可能产生非常大的影响。过度的公共养老金支出可能导致高税率，从而危及经济增长，甚至可能使得国民储蓄过度下降。养老金的目的终究是为了增加老年人的消费，但是因为他们所增加的消费来源于当前的国民收入，这就必然意味着在经济中的某些地方消费与储蓄会减少，从而意味着投资会减少（或者更多的对外借款），进而意味着未来的国民收入会减少。真正的问题在于，到底该减少多少储蓄与投资才合适。

相反，养老金制度也可能有助于劳动力市场的运行从而可以鼓励储蓄，而这又有利于经济增长。在某些情况下，养老金计划还能改善资本市场的效率。在老年保障与这些次要目标之间如何权衡是一个有争议的问题。对于前者，社会保障部门更重要；对于后者，财政部门更重要。在现实中，二者都很重要——这两个部门都是对的——因而在大多数国家里这两个部门的联系应当加强。

2.1.4　成本意识

必须时刻意识到资源的供给——这里说的是退休者的消费——总是有成本的。不但这些资源本身就有成本，而且待遇给付以及缴费筹资的规则也会产生执行成本。因此，一个重要的关注点在于，必须避免使得一个养老金制度的执行成本超过实现其目标所必需的成本，还必须在这些目标的实现程度与实现这些目标的成本之间进行权衡。

2.2　分析错误

再次强调一下：养老金的主要目标是通过平滑消费、保险、减贫与再分配来实现老年经济保障。好的养老金分析需要考虑这些目标的全部范畴、所赋予每一个目标的相对权重，以及达成这些目标的成本。如果养老金分析疏忽了其中任何一方面或者所有方面，那就会犯错误。

一个普遍的分析错误是孤立地考虑其中一个目标，这必然意味着会疏忽掉其他目标。例如，过度关注消费平滑而极大地忽略了减贫目标就是错误的做法，正如世界银行在自我批评中所指出的那样："世界银行过快采取行动去支持其他国家的多支柱改革，而没有考察那些补充性安全网项目的选项以保障非正规部门的劳动者陷入老年贫困"（World Bank，2006a，p.19）。同样地，过度关注经济增长目标也是错误的：促进经济增长不是养老金制度的主要目标，而且在任何情况下，正如第6.3节所讨论的那样，养老金与经济增长之间的关系都是十分复杂的。

第二个错误是毫无保留地接受所设定的目标。通常认为，养老金积累能够提高储蓄率。但是，增加储蓄只有在储蓄率非常低时才是好政策，在很多国家的确如此，但在那些储蓄率非常高的国家（譬如中国和韩国）就并非如此。

第三个错误是混淆了目标（譬如老年保障）与约束（譬如财政成本）；世界银行在同一份自我批评报告中指出："世界银行对财政可持续

性的过度关注倾向于混淆了养老金政策的更为广泛的目标，也就是说，在给定财政约束下减少贫困与改善退休后的收入充足性"（World Bank，2006a，p. xxv）。这一点并非关于价值判断——对不同目标赋予相对的权重——而是一个分析性论点：所有目标都是相关联的。一个相关的错误是混淆了目标与手段之间的区别。在世界银行的最初构建中，一个多支柱养老金系统由三个支柱构成：一个公开管理的现收现付制养老金系统；一个强制性、私人积累制且通常是固定缴费型的养老金计划；以及一个自愿性私人积累制养老金计划。由于集中关注工具（例如，固定收益型养老金计划的强制性参与），这样的构建方式使得养老金设计基于预先确定的工具选择结果而非一个最优化过程的结果。本书中的分类只是讨论"部分"或"层级"而非"支柱"，从而让我们可以清楚地意识到，养老金的整体安排方式存在多种途径。尽管"支柱"这样的词汇已经演化到能让我们认识到更多的支柱与实现每一个支柱的原定功能的多种方式，但是对其的使用仍然可能会使我们对于养老金结构的思考过于狭隘，还可能会使我们由于没有全面看待问题从而对个体支柱发生误判。

养老金设计到底如何才能达成这些不同的目标？养老金设计首先必须反映一个社会所赋予这些不同目标的权重以及关键约束条件（将在第9章进行讨论），其次再充分考虑在给定约束条件下实现这些给定目标的工具（将在下一章进行概述）。

第3章　养老金系统的基本特征

政策设计应当充分考虑本章所描述的一系列政策工具，在遵循其所面临的各种约束条件下（在第 9 章中进行讨论），用各种方式实现一个社会的各种给定目标。我们的一个核心观点是，可以将许多不同的养老金系统结构结合起来实现所有的目标。例如，中国的养老金系统就由三个部分组成，包括强制性基础养老金、强制性个人账户以及自愿性补充养老金。在适当的组合下，该系统能实现在第 2 章中所描述过的所有政策目标。智利在现存的强制性个人账户与自愿性补充养老金系统基础上引入了一个非缴费型养老金系统。其他国家也将这些养老金系统与其他类型的养老金系统进行了不同的组合，第 11 章描述了一些此类例子。

本章介绍了各个养老金系统的一些主要特征并探讨了它们的差异，包括养老金融资方式的差异（第 3.1 节）、缴费与待遇之间关系的差异（第 3.2 节），以及二者如何根据经济与人口环境变化进行相应的调整（第 3.3 节）。[①] 某些特征一般只出现在公共养老金系统中；其他特征则在公共与私人养老金系统中都很普遍。第 3.4 节介绍了一个新近的发展，即名义账户制养老金系统，这种系统以一种新颖的方式将养老金系统的一些传统特征结合起来了。第 3.5 节详细描述了在关于这些不同特征的选择上存在争议的主要地方。

---

① 关于不同类型养老金系统的更多相关讨论，参见 Lindbeck 和 Persson（2003）。

3.1　积累制与现收现付制

在一个（公共型、私人型或基于雇主型）完全积累制养老金系统中，养老金由一个基金来给付，该基金由参保人多年缴费积累而成，能充分支付参保人的所有到期收益。相反，在一个纯粹的现收现付制养老金系统中（通常由政府运作），养老金完全由当期缴费来支付。在现实中，没有哪一个养老金系统是完全的现收现付制，也很少有完全的积累制：所有运行良好的现收现付制养老金系统都会储备数月的现金流；积累制计划的养老金保障事实上也是一种现收现付制因素；现收现付制养老金的结构所蕴含的税收优势，使得积累制养老金计划也会引入一种现收现付制因素。

完全积累制养老金。完全积累制养老金基于储蓄。其所征缴的养老保险费投资于金融资产（也可能是实物资产），投资回报归属于参保人（个体或集体）。当一个参保人退休了，养老基金将持有其过去所有的缴费，包括由缴费所带来的利息与分红。积累的资金将以年金或其他方式为参保人退休后的消费提供资金。因而养老基金是一种积累资产的方法，这些资产在未来某个日期用于交换商品与服务。原则上，养老基金与其未来义务偿付之间的充分匹配可以通过两种方式来维持：或是调整义务偿付规模以匹配当前可用的缴费规模（一种固定缴费型计划），或是调整缴费规模以匹配预期的义务偿付规模（一种固定收益型计划），这将在第3.2节中进行讨论。

与完全的缴费规模之间的偏离是个普遍现象，例如，当政府使用一般性财政收入来支付养老金时，其所使用的一般性财政收入的规模通常被认为太小了，于是就会产生偏离。这种偏离若继续增加，其未来所导致的成本将基于一种现收现付的方式来进行支付。另一个例子发生于固定收益型养老金系统，例如，当雇主为员工筹建一个养老基金时，若雇主为养老基金的资产价格波动所进行的调整发生了滞后，也就会产生偏离。

完全积累制养老金系统主要意味着两点。第一，完全积累制养老金系统原则上总是有足够的储备来支付所有的应付金融债务。第二，如果该计划不会产生代际再分配，那么每一代参保人都由其自身过去的养老金储蓄来约束，每一个代表性参保人从养老基金中所得到的收益均将刚好等于其所缴纳的费用（包括从养老金储蓄中产生的相应资产回报）。①

现收现付制养老金。 现收现付制养老金本质上是一种契约②，也就是说，政府在未来的养老金支付预期下并不一定非要积累养老金储蓄，相反，政府可以通过向劳动人口征税来支付所覆盖的退休人员的养老金。③（这是因为，如前所述，现收现付制养老金系统通常是由政府运作的，所以我们的讨论就假定养老金系统是由政府运作的。④）大多数公共养老金系统主要采用现收现付制；如果存在积累制养老金系统，那么它通常也只能覆盖部分预期偿付义务。

现收现付制养老金系统既可以从个体缴费者的视角来看待，也可以从一个总量性宏观经济视角来看待。在第一种情形下，一个劳动者获得养老金的权利是由法律确定的：法律规定如果一个劳动者现在缴费，那么他或她将在未来获得养老金。即使法律条款是相当精确的，且通常被称为"法律承诺"，但这并不意味着税收与待遇规则从来不会被更改。更确切地说，这只是假设政治程序对于法定预期会有合理的尊重，如果

---

① 在现实中问题更为复杂：真实回报率与未来资产价值都是随机变量［参见 Burtless (2002)］；类似地，未来债务也是随机变量，特别是当预期寿命具有不确定性时。因此，基于简单现值的分析只是在概念上有用，对于实际的政策分析目的而言，更为完整的分析需要考虑各种随机因素。此外，一个完全积累制养老金系统可能会从高收入者向低收入者倾斜，从而在保留完全积累制的同时实现了再分配。

② 这里的契约是指自愿性的社会契约，而不是强制性的法律契约。

③ 尽管常见的方式是只征工资税来为养老金筹资，但许多国家会使用更广泛的税基来为其公共养老金系统筹资。例如，荷兰就是通过收入所得税而非工资税来为其全民养老金系统提供资金，瑞典使用一般性财政收入来为照顾幼儿者支付其养老金缴费，而德国和意大利则已经使用一般性财政收入来为养老金预算赤字提供资金。

④ 然而，已经有一些公司开始运行现收现付制系统了。正如一个公共现收现付制系统取决于未来税基，一个公司型现收现付制计划则取决于用来支付养老金的未来公司收入。由于存在无法支付的风险，此类计划已被广泛认为是无法令人满意的计划，在许多国家都被禁止了。

没有很好的理由就不会提高税收或减少待遇。[①] 从总量性视角来看，政府每一年均会简单地对一群人征税然后将其所得到的收入转移给另外一群人。从这个视角来看，现收现付制计划与明确的转移支付项目并没有什么不同，尽管谁付谁收的决定方式从而相应的激励结构可能会有非常大的差异。特别地，转移支付项目通常考虑潜在接收者的当前工资与家庭地位以决定转移支付的资格与数量。相反，养老金待遇则会追溯一个人大部分甚至所有的工资历史记录。

现收现付制养老金系统的一个主要含义是它放松了如下约束：任何一代的养老金收益必须与其缴费相匹配。[②] 现收现付制的真正功能有两个方面：代际资源再分配（特别是当养老金系统刚开始时或者要进行扩张时，资源会向退休人员与更年长的人员转移）以及代际风险再分配及风险分担，这将在第 7 章中进行详细讨论。

3.2 缴费与待遇的关系

无论一个养老金系统采用积累制还是现收现付制，一个独立的问题在于：养老金待遇如何与劳动者以前的缴费联系起来。再次，这里存在两个极端：一方面，养老金待遇完全由过去的缴费以及这些缴费所带来的资产回报来决定，结果养老金待遇可能超过也可能低于最初的期望；这被称为一个纯粹的固定缴费型计划。另一方面，养老金待遇由其他标

[①] "法律承诺"的本质是很复杂的：由于无法对未来所有的情况进行完整的描述，是否履行承诺就取决于政府的未来行为。对于这种履行承诺的不确定性或未来政治过程的偶然性，劳动者可能清楚也可能不太清楚。此外，完全积累制养老金计划也可能受限于各种可能的立法变动，从而影响对资产与资产回报以及待遇给付的征税。

[②] Samuelson（1958）表明，在现收现付制下，原则上，有可能每一代人所获得的养老金收益都大于其缴费，只要总的真实工资增长率超过真实利率；只要存在足够的技术进步，或者稳定的人口增长与超额的资本积累，这就有可能发生［参考 Aaron（1966）］。也就是说，存在一种可能，使得一个国家无限期拥有如此多的资本以至于可以在不伤害未来持续消费能力的情况下降低投资与增加消费。因为这在实践中从长期来看是不太可能出现的，所以我们忽略掉这种可能性。

准来决定并保证会支付，无论这些缴费所带来的最终回报如何；这正是纯粹的固定收益型计划。

固定缴费型计划。 在一个完全积累制固定缴费型养老金计划中（也称积累制个人账户），每个参保人按照其收入的固定比例进行缴费。（固定缴费型养老金计划确实能积累缴费，故根据定义就是积累制基金；名义账户制养老金计划会进行缴费集资但并不会将这些缴费进行积累；这些计划将在第 3.4 节中进行讨论。）这些缴费用于购买资产，在个人账户中逐步积累，并且其投资回报也将被纳入账户中进行积累。当参保人退休且开始领取养老金时，账户中的资产将通过某种方式被用于支付其退休金，通常是以年金的形式支付，或是其他周期性提款方式，或者干脆就是一次性总量给付。

在一个纯粹的固定缴费型养老金计划中，个人账户没有税收优惠也没有转移支付，一个人退休后的消费（给定其预期寿命与利率）完全取决于其一生中的养老金积累额。这种养老金安排保留了当事人终生预算约束的个人特征——不存在代内或代际再分配。

这种纯粹的固定缴费型计划可以通过被覆盖劳动者之间的再分配（譬如，通过不同账户之间的再分配）进行修正，或通过将养老金系统之外的资源再分配给被覆盖劳动者的方式进行修正。例如，将一般性财政收入存入劳动者的养老金账户（正如墨西哥的公共养老金系统），或者政府可以建立基于税收融资的最低养老金保障（正如第 13 章中所讨论的智利养老金改革之前的那样），或者以税收融资为那些照顾孩子的非工作人员进行缴费（譬如瑞典）。养老年金的定价（例如，男性与女性之间的统一定价或分开定价）也会影响个人缴费与待遇之间的关系。

在一个完备的精算系统下，缴费与待遇之间的关系会被保留下来，因为劳动者可以选择从不同的年龄开始领取养老金。对于那些越晚开始领取养老金收益的人而言，资产积累的时间就会越长，其所能领取年金化收益的期望年限就会减少，其月度收益就会相应地增加。对于那些越早领取养老金收益的人而言，资产积累的时间就会越短，其所能领取年金化收益的期望年限就会增加，其月度收益就会相应地下降。

固定收益型计划。 在一个固定收益型养老金计划中，养老金待遇不是基于劳动者所累积的缴费，而是基于多种因素的组合：劳动者的工资历史、工作年限以及整个养老金计划的待遇计算规则，特别是其累积率。一个关键的设计特征是工资进入其待遇计算规则的方式。在一个终期工资型养老金计划中，养老金待遇水平取决于劳动者最后一年或几年的工资水平。在另一个极端，养老金基于劳动者的整个职业生涯的全部工资历史（例如瑞典的公共养老金系统）或大部分工资历史（例如，美国的社会保障系统会考虑劳动者收入最高的 35 年工资历史）。当养老金待遇基于很长的工资历史时，进入待遇计算规则的工资水平将会以某个特定经济体的平均工资水平为标准进行指数化，可以是显性的（譬如德国），也可以是隐性的（譬如瑞典），尽管这种做法在过去并不普遍（或者也可能像芬兰那样根据物价与工资进行混合指数化）。事实上，无论哪种情况，个人养老年金的一个关键决定性因素就是劳动者过去直到退休年龄为止的所有工资的指数化历史结果。[1] 如果养老金计划是通过劳动者缴费进行融资的，那么这个缴费通常就是劳动者工资的一部分比例（通常局限于可纳税工资的一部分）；养老金计划发起者的任务就是保证这一缴费比例足够大，以使得融资与支出达到平衡。

固定收益型养老金计划对于当劳动者延迟领取养老金时养老金待遇水平如何变化是有一系列规则的。此类调整可能具有也可能不具有精算平衡性。尽管一些国家的公共养老金的调整几乎具有精算性（例如在美国，年龄是从 62 岁开始一直到一个"正常"的退休年龄），大多数养老金系统所提供的收益增量都低于精算水平，而且通常在年纪越大时就越是如此。[2]

---

[1] 在美国，工资是明确地根据工资水平进行指数化的，但这个指数化过程只进行到 60 岁为止，一旦超过 60 岁就不再进行指数化。对指数化过程的这一限制受到了批评，譬如 Diamond 和 Orszag（2005a）。

[2] 死亡率会随着年龄增加，因此，要达到精算水平，收益增加的百分比应当随着年龄而增加。

3.3　缴费与待遇的动态调整

调整的需要。未来收入、未来回报率、未来预期寿命以及劳动力的未来增长都是不确定的。因此，任何系统都必须根据未预期的发展趋势进行调整。一个纯粹的固定缴费型养老金系统将缴费进行调整以维持平衡①，而一个纯粹的固定收益型养老金系统则将其未来缴费率进行调整或者从系统外部注入资金。在实践中，一个养老金系统通常既会调整缴费也会调整待遇（在公共养老金系统中，会调整政府的转移支付），以维持财务平衡。此外，因为未来会发生立法变动，公共养老金系统的设计会影响未来的政治结果。雇主型计划通常也要受限于未来变化。

因此，缴费与待遇的关系不能只是在一个时点上进行考量，譬如只考虑一个给定的劳动者群体或养老金领取者群体，也要在不同时点上进行考虑，譬如必须对预期寿命提高、生育率下降或者婴儿潮之类的变化做出反应。部分地说，下面我们紧接着对风险的讨论就是关于不同代之间的相对处理办法。我们在第 6 章中关于融资的讨论也是如此。选择适当的调整方法会面临如下一系列问题：

● 对于一些养老金调整而言，是应当让其深入立法从而可以自动执行，还是应当让其充分顺应周期性的立法变动？

● 养老金调整到底是缴费变化，还是待遇变化，又或者是二者兼而有之？

● 养老金政策的各种不同的社会目标到底应当被赋予何种相对的权重，以及这些目标的实现应当如何权衡这各种不同的成本？

我们将在第 5.4 节中对此进行详细讨论。

谁承担风险？因为不同的养老金系统依赖于不同形式的调整，其在

---

① 然而，从一个保险公司购买年金之后，保险公司在其偿付能力允许的条件下承担了风险。

劳动者、雇主、养老金领取者、纳税人之间，以及在当代人与后代人之间，分担风险的方式也各不相同。

一个纯粹的固定缴费型养老金计划使得个体面临广泛的风险，正如在第 4.2.3 节中所讨论的，包括养老金储蓄的回报变动以及未来收入的变动。这些风险可以被个人月度养老金收益的变动所吸收。这种纯粹型养老金可以被修正，以使其能够更广泛地分担风险：养老年金可以将养老金领取者所面临的个体长寿风险进行转移，通常是通过一个保险公司来实现；政府可以提供各种不同形式的保障，包括最低养老金以及其他各种转移支付。

固定收益型养老金系统可以由雇主或政府来运作。在一个纯粹的基于雇主的固定收益型养老金计划下，养老金资产回报变动的风险落到了雇主的头上，从而一起落到了企业的员工头上（通过工资的影响）、股东与纳税人头上（通过对企业利润的影响）以及企业的过去或未来的员工头上（如果企业利用某些时期的盈余来为其他时期的员工增加待遇或减少缴费）。对于这样一个纯粹型安排方案的偏离，可以包括政府的保障或转移支付（譬如通过政府的养老金管理机构），从而可以通过待遇的调整将风险在各受益方之间进行分担。在一个纯粹的固定收益型公共养老金系统里，负面后果的风险落在当前与未来缴费者身上；如果一个信托基金已经建立，过去的缴费者就已经提供了可以吸收风险的资源；如果融资来源于一般性财政收入，某些风险就会落到当前的纳税人头上，或者通过政府借债的方式落到未来的纳税人头上。因此，与一个完全积累制固定缴费型养老金系统相比，固定收益型养老金系统能实现跨代的风险分担。在实践中，政府有时在面对财务失衡时会同时改变待遇与缴费；因此受益人之间也在分担风险。

这两种途径的一个关键差别在于，风险在多大范围中被分担了。固定收益型养老金系统一般而言要比固定缴费型养老金系统在更广的范围内分担风险；风险问题既可以通过改变缴费也可以通过改变待遇的方式来处理；并且，重要的是，风险能够进行跨代分担。专栏 5.3 在固定缴费型系统与固定收益型系统之间进行了更广泛的比较；我们将在第 7.3

节中对风险分担进行更充分的讨论。

3.4 名义账户制养老金

思想。最近有一个国际性的创新,即名义账户制(NDC)养老金计划与传统的固定缴费型养老金计划一道并行。其养老金权益是累积性的,但与完全积累制养老金计划有两点不同:利率由政府的规则来设定(名义账户制养老金计划是公共项目),而非市场回报;账户积累仅仅是名义上的,因为该系统并非完全积累制,也可能完全是现收现付制。[①]在这样一个系统中:

● 每一个劳动者在每一个时期的缴费都是按照其收入的一个预设的比例存入其个人名义账户;也就是说,政府"假装"有金融资产实打实地存入该账户。但事实上,这些缴费有一部分甚至全部用于支付当前退休人员的养老金,正如一个现收现付制系统那样。

● 名义账户的积累额度被赋予一个名义利率,这是根据一个法定规则计算出来的,以保护该系统的长期可持续性。

● 在退休时,劳动者的名义积累额度的价值被转换为一个养老年金,方式跟精算原则一样:劳动者预期剩余寿命的收益(给定劳动者的出生群体与年龄)被设定为劳动者名义积累额度的现值,其中名义利率作为贴现率。在该计算中,决定死亡率的方法也是由政府来设定的,通常会不同于保险公司的运作方式。

● 账户结余之所以被称为"名义的",是因为它仅仅作为记录保持来使用;该养老金计划系统本身并不拥有相匹配的基金投资于金融市场。[②]

---

① 对于名义账户制养老金系统的一个更为充分的讨论,参见 Palmer(2005);关于瑞典名义账户制养老金系统的例子,参见 Sundén(2006)。

② 虽然我们保留使用了 NDC 的缩写,但 NDC 型养老金也会用来表示非融资性固定缴费型养老金(nonfinancial defined-contribution pensions)。

名义利率的定义是一个重要的设计特征。它与平均工资增长率 w 相关，或者与工资总量增长率 wL 相关，其中 L 是劳动者数量。在一个使用 wL 作为名义利率的系统里，养老金的调整更多地针对负面的宏观经济与人口结构性冲击，从而有利于改善系统的偿付能力。一个使用 w 作为名义利率的系统可以让替代率相对于劳动者以前收入而言得以保持，从而有利于维持养老金领取者的相对生活水准，但是可能需要进行周期性调整以维持财务平衡。

重要的是，必须清醒地意识到，无论名义账户制养老金系统还有任何其他优势，其本身并不能解决人口结构问题。在瑞典，引入名义账户制养老金的影响是减少了养老金收益："与旧系统相比，新系统的替代率可能会降低"（Sundén，2006，p. 144）。名义账户制养老金所做的，就是引入了一个系统，其支出超过收入的可能性降低了；其所导致的收益水平可能会也可能不会与有效的减贫和充分的替代率相兼容。与固定缴费型养老金一样，存在多种方式来引入一个再分配因素，譬如提供最低养老金保障，或者对那些因照顾孩子或失业而退出劳动力市场的人的养老金缴费进行补贴。

名义账户制养老金系统、固定缴费型养老金系统与固定收益型养老金系统：有何不同？ 名义账户制养老金（其收益依赖于缴费历史）与标准的固定收益型养老金安排方案大为不同，后者的收益依赖于工资历史。现实更加微妙。[1] 假设一个人在一个特定年份的工资是那一年居民平均工资的 70%；设其为 x。设 x 在 n 年的平均取值为 $\bar{x}$，这就是关于该劳动者每年工资针对平均工资率的一个指数化测度。那么，$\bar{x}$ 就是固定收益型计划的养老金收益的工资决定基础。如果 n 只与退休前最后一年工资有关，那么该养老金计划就是一个终期工资型计划。与此相比，如果 n 扩展到整个职业生涯，那么它就是一个由整个一生收入期间每年工资增长率的复合增长收益所决定的固定收益型计划。这正是法国与德国的情形，它们都使用了积分制系统来实现这种模式。在一个积累制固

---

[1]　更为全面的讨论，参见 Diamond（2002，pp. 55 - 57）。

定缴费型养老金计划中，整个生命周期内的年度缴费都会根据资产回报率（简而言之，即利率）复合增长。如果利率与工资增长率是相似的，并且缴费率不会变化，那么成熟的固定缴费型计划与固定收益型计划之间的差异就很小；一个终生固定收益型计划与一个累积率等于工资增长率的名义账户制养老金计划的差别甚至会更小。[①]

在极限情形下，假设一个固定收益型养老金计划具有如下三个特征：将收益基于一个人的整个职业生涯；收益增长率与年龄相关（早年的缴费有更大的权重，类似于固定缴费型计划中的复合利率）；仅仅在一个人退休时设定一个年金率。在那种情况下，固定收益型养老金计划与名义账户制养老金计划就会趋于一致。[②] 可以得出的结论是，不同类型的养老金计划之间的差异很大程度上取决于每一种计划的具体设计细节。

3.5　争　议

养老金分析者们在关于一个"好"的养老金系统所拥有的特征方面的认识具有很多的一致性，特别是在关于一个设计良好的系统不会具有的特征方面。但是，他们之间也存在一些争论。

积累制与强制性积累制个人账户到底应该扮演什么样的角色？ 在诸多争议之中，两个相关的争议非常突出，这些都在第 6 章中进行了分析。

● 养老金系统到底应当是现收现付制的还是积累制的？[③]

---

① 然而，名义账户制养老金计划一般不同于固定收益型养老金计划，是基于整个人群的预期寿命进行待遇调整。某些固定收益型养老金计划，例如芬兰和德国，的确包括基于人口结构的调整。

② 关于德国的固定收益型养老金计划与名义账户制养老金计划之间的相似性，参见Börsch-Supan 和 Wilke（2006）。

③ 关于现收现付制系统与积累制系统的相对优点的对比，可参见 Barr（2000）、Diamond（2004）、Diamond 和 Drszag（2005a，2005b）、Feldstein（2005）、Holzmann 和 Hinz（2005）以及 Barr 和 Rutkowski（2005）。

● 强制性积累制个人账户到底应当被赋予什么角色？

　　智利（将在第 12 章与第 13 章中进行详细讨论）已经成为一个著名的既与积累制有关也与强制性积累制账户有关的争论实例。1981 年，智利从一个传统的现收现付制公共养老金系统转向一种私人积累制账户系统。这种战略本质上是一种私有化，强调了世界银行所倡导的"多支柱模型"（World Bank，1994），存在一个重要的强制性积累制个人账户的成分。智利的示范效应与世界银行的倡导都是非常有力的，导致许多国家，譬如拉美国家以及中欧和东欧国家，都采用强制性私人账户作为本国养老金系统的一个或小或大的组成部分，而其他国家正在就是否引入这样的系统而发生争论。①

　　为了评估这个争论，先要弄清楚具有争议性的到底是什么。最简单地说，世界银行的多支柱模型有三个要素（也被称为"层级"，其中蕴含了一些隐喻）：第一个要素是公共现收现付制计划，它要么是缴费型的要么是普惠型的②，或是用一个家计审查方案来支撑该系统的其他部分；第二个要素是强制性参与的私人管理的积累制固定缴费型计划，其运行通常基于一个相当严格的精算基础；第三个要素即自愿性缴费所构成的积累制计划。尽管第一层级公共养老金的水平与设计是讨论的重点，但其合意性不是；同样，没有人严肃地质疑一个适当管制的自愿性私人养老金的合意性——这是第三个层级。一个激烈的争议点在于中间这一层级：一项养老金改革是否应当强制参与一个私人型个人账户系统，或者强制参与一个积累制固定收益型计划，或者强制参与一个公共现收现付制计划（有着比减贫更多的其他目标），或者让这些安排都是自愿性的（也就是说，没有中间层级）。尽管相对于现收现付制的积累制程度与个人账户的使用是两个不同的问题，但在实践中，它

---

　　① 对于拉美"多支柱模型"的激烈评论，可参见 Arenas de Mesa 和 Mesa-Lago（2006），Gill、Packard 和 Yermo（2005）以及 World Bank（2006a，2006b）；也可参见专栏 10.1 和第 11.3 节中的讨论。

　　② 对于一个普惠型养老金系统而言，在达到退休年龄时所支付的养老金收益与受益者的工作历史无关。在此意义上，智利 2008 年引入的系统就是普惠型的。

们在争议中具有密切的联系，并且争议的焦点很大程度上就是第二层级的合意性或其他方面的特征——这个问题在本书中反复出现。

此争论有不同的维度，包括：

● 关于何为正确的潜在经济模型的争论，譬如如何对个人储蓄行为进行建模。

● 关于经验性数量规模的争论，譬如关于劳动力供给弹性与 2050 年的预期寿命。

● 关于体制能力的争论：一个国家是否具备征收与记录一个复杂公共养老金系统的缴费能力？政府是否有能力来管制金融市场？私人部门是否有能力来管理基金以及高效地管理个人账户？保险行业是否有能力提供良好的养老年金项目？政府是否有能力管制保险公司？政府机构是否比很多个人投资者具备更好或更差的投资能力？

● 关于改革的政治经济学争论，譬如关于居民是应当将其未来养老金更多地基于政府会使用未来收入来支付养老金的承诺，还是应当更多地将他们自己视为养老金所有者，私人金融中介机构只是资本管理者，而这些资本只是用来为居民未来退休消费进行融资而已。

● 关于政府行为的争论，特别是养老金设计对于政府其他方面财政预算的影响问题。

● 关于意识形态的争论，特别是关于政府角色的争论。

一方面，一个现收现付制公共养老金系统（有争议地）具备很多优势，包括使用社会保险来处理各种不确定性问题的能力（而这在严格的精算型养老金系统下是不可能的），以及其代内与代际再分配的能力。另一方面，也可以认为，政府设定不可持续的规则的能力与改变养老金承诺的能力，正是公共养老金系统的巨大危险之一。第二个简单讨论过的争议就是关于不同目标的相对权重问题。

关于不同养老金系统的讨论有时候会容易产生混淆，因为有些作者将争论的不同要素变得含糊不清。例如，一种错误的做法就是对不同国家的养老金改革持有一个统一的政治经济学观点，却没有在每一个国家具体检验该观点的实际可行性。一个更为严重的错误，就是故意混淆一个效率观点与一个意识形态观点之间的区别。

政策有缺陷也可能是因为其基于某一个方面的因素却忽略了其他方面的因素。如果缺乏其所必需的体制能力，或者由于意识形态方面的原因导致改革的政治支持不足，那么一个强大的理论性建构也可能会失败。这些问题将会在后面的章节中重复出现。

养老金系统的不同目标的权重到底该如何确定？ 第二个争议通常是隐秘的，就是关于不同目标之间的相对权重问题，包括消费平滑、保险、减贫以及再分配。一些作者认为，一个额外的目标是提高经济增长。养老金设计可能会偏向于慷慨的减贫功能以及对低收入者的重大转移支付，也可能会给消费平滑功能赋予更大的权重从而更偏向于更具有精算型特征的收益模式。

一个特别的争议主题是养老金到底应当是固定缴费型还是固定收益型；这个问题将在专栏 5.3 中进行详细讨论。正如我们已经注意到的，一个纯粹的积累制固定缴费型养老金系统对于减贫问题考虑很少，并且，除了长寿风险，再无其他方面的保障（譬如，针对未来收入前景不确定性的保障）；此类养老金项目赋予消费平滑目标以更多的权重。

名义账户制养老金系统是积累制固定缴费型养老金系统的一个现收现付制相似版本。名义账户制养老金系统的构建与权重的争议是有关系的，因为一个纯粹的名义账户制系统主要关注消费平滑，尽管它必然牵涉到代际再分配（它不是完全积累制的）。因此，名义账户制养老金也和现收现付制与积累制之间的争论有关：如果一个国家希望在其养老金系统中提供一个相当纯粹的消费平滑功能，那么在某些情况下，名义账户制养老金系统也许比积累制固定缴费型养老金系统更为合适。中国就是这样一种情形，这将在第 15 章中进行讨论。

第4章 养老金的经济学基础

在第2章中我们讨论过养老金制度的主要目的。但是，养老金制度不是孤立存在的；它们对经济有重要影响，特别是对劳动力市场与资本市场有重要影响。养老金制度的设计必须考虑这些影响，而这就是第4章至第8章的主题。

法定强制性养老金系统必定会扭曲劳动力市场。我们的分析必须意识到降低劳动力市场效率与达成养老金制度目标这两个方面之间的权衡。因此，真正的问题是平衡效率目标与其他目标（譬如减少贫困），而非假装存在一种可以无扭曲地完成所有目标的方法。与此同时，尽管权衡劳动力市场效率与其他目标的话术是有用的，但值得记住的是，在不完全市场与不完美决策下，某些政府干预既可以改善（广义上的）劳动力市场效率，同时又能改善其他目标。所以，我们需要的是一种次优分析（参见专业术语表），从而可以考虑整个退休收入项目的多方面影响。在那些公共养老金系统覆盖面还小且公共部门就业受管制的发展中国家，有些问题就没那么紧要了。但即使是在那些国家里，建立一个易于适应合意的劳动力市场长期演化过程的养老金制度也是很重要的。我们将在第5章中讨论这些问题。

强制性养老金系统也会影响国民储蓄。因此，在那些储蓄水平较低的国家，一个重要的问题是，养老金系统能在多大程度上积累资金以增加国民储蓄，从而能够增加未来产出（或至少避免储蓄水平下降太多）。第6章展示了一个思考积累制程度的框架，表明根据国家的储蓄需求，设定不同的积累制程度（包括从无到完全积累制）可能是正确的选择。

尽管私人保险市场与资本市场对于风险分担体系而言都是很重要的，但是一个公共养老金系统提供了各种私人市场无法提供的有价值的风险分担路径；一个公共养老金系统也可以克服一些私人市场的缺陷。一个强制性养老金系统会通过各种不同的制度设计方式来影响代内与代际收入分配。第 7 章讨论了再分配与风险分担。正如第 8 章所讨论的那样，这些效应对男性与女性有不同的影响。

记住如下三个命题将有利于我们的分析，它们在后面的章节中会重复出现：

- 国民产出很重要。
- 不完美信息与不完美决策是广泛存在的。
- 养老金计划与个人退休储蓄都面临巨大风险。

第四个重要的点就是，养老金计划与个人储蓄安排都会产生管理成本，而且成本很高。记住如下各种普遍的分析误区同样有助于我们的分析：过度关注单一目标；孤立地对待养老金系统的某一个方面；不恰当地使用最优分析方法；不恰当地使用稳态分析方法；忽略了再分配效应。这些都将在专栏 10.1 中进行讨论。

4.1　产出问题

在老年时期人们有且只有两种寻求经济安全的方式。[①] 一种方式是将当前的产出储存起来以备未来使用。但是，除了住房，这种方式对于大多数消费需求而言都是不够的：首先，这种方式很昂贵；其次，它无法应付很多不确定性因素（例如个人品位可能发生变化）；最后，它无法应用于人力资本服务，尤其是医疗服务。

---

① 关于一个更为完整的讨论，可参见 Barr（2000）。

另一种方式是获得一项未来产出的所有权。[①] 有两种广为使用的方法可以做到这一点。一种方法是积累：通过定期储蓄一部分工资，一个劳动者就可以建立一个资产集合，以后在他退休时就可以出售这些资产以购买更年轻一代的人们所生产的商品与服务。另一种方法是获得一份法定承诺：一个劳动者可以进行一项安排——在与其子女、雇主或政府之间达成——这样在其退休期间就可以获得更年轻一代的人们所生产的商品与服务。这两种不同的组织养老金的方法对应着两种不同的所有权。积累制计划基于金融资产的积累，而现收现付制则基于约定支付的协议。正如在第 3 章中所讨论的，实际的养老金系统可以而且通常也只是部分积累制的，从而是这些纯粹型养老金系统的一个混合体。

养老金的目的是让人们在停止工作之后可以继续消费。最终而言，养老金领取者不是对钱本身感兴趣，而是对消费感兴趣——食物、衣服、住宿、医疗服务以及其他生活用品。几乎所有的消费品都是由国内或国外的人们生产出来的商品与服务，这些都是在被消费前不久所生产出来的，从而必定是由工作人员而非退休人员生产的。现收现付制系统与积累制系统之间的共同特征就是它们都是对未来产出进行所有权安排的金融机制。尽管这两种方式有所差异，但在宏观经济层面，这种差异不应当被夸大。正如在专栏 4.1 中所讨论的那样，在一个开放型经济中，产出的核心本质依然不变。

专栏 4.1	一个开放型经济会带来多大不同？

本国生产的商品可以用来交换国外生产的商品。国外生产的商品也可用之前进行的国外投资的回报来购买或通过直接出售资产给外国人的方式来购买。后者类似于在给定国内产出水平的前提下通过减少投资的方式来增加消费。因此，贸易的机会能提高未来消费的可得性，却不用改变太多的基本的生产-消费架构。

类似地，为退休融资所积累的储蓄既可用来购买国外资产，也可用来

---

① 政府也可以设立一个非缴费型养老金系统，从而使得个人未来的养老金待遇不必跟个人以前的缴费记录相挂钩。

购买国内资产。在考量此种投资时，一个退休储蓄者可能会想看看国外资产如何提供未来的国内消费。拥有更多的投资机会使得储蓄者拥有更多的分散风险的途径。因此，正如国际贸易机会那样，拥有国际投资机会也为储蓄者提供了更为广泛的选项。跨境贸易与投资同样也都会影响工资。

当然，人口老龄化既会影响预期资产回报率，也会影响预期的未来工资。在一个存在广泛的国际贸易与国际投资的全球经济下，这些影响会在全球范围内产生，而不仅仅是在国内产生。但是，老龄化是一个如此广泛存在的现象，包括所有的 OECD 成员国与其他国家（中国就是一个重要的例子），从而总体形势看起来似乎并没有太大改变。譬如说，如果英国的劳动者使用一些储蓄来购买澳大利亚的公司股票，他们退休时就能使用这些分红并出售一些股票来获得澳大利亚的货币。这些澳大利亚的货币要么用来购买英国的货币（从而用来购买英国的商品），要么用来购买出口到英国的澳大利亚商品。然而，该策略的成功取决于澳大利亚劳动者的未来产出——如果所有澳大利亚的劳动者都退休了，那么该策略无疑将会失败；因此，财富持有地的人口年龄结构是很重要的。

简而言之，尽管国际多样化一般而言是有用的，其总体的影响（除了一些最小型的经济体）不应当被过度夸大。投资者需要一个风险溢价才会愿意去投资风险资产。一个国家的投资风险对于国内投资者而言更小一些，对于国外投资者而言则更大一些，特别是在那些金融市场发展不完善、政策不确定性太强的国家里。如果两个国家相互投资对方的产业，对于投资者而言就有潜在的价值，因为这让风险在两个国家里更加分散了。但是，对于一个国家而言，吸引外国投资的成本可能太高了。如果一个国家的资本市场与金融体制发展尚不完善的话，允许外国人在那儿投资可能会影响其宏观经济稳定性，从而必须小心谨慎。

这些都不是反对开放经济的理由：尽管扩大贸易与投资可能算不上应对人口老龄化的主要解决方案，但是它们能提高投资回报率并扩展个体储蓄者或养老金计划的机会。但是，善用这些机会要求个人、养老金计划发起方以及政策制定者都能够充分意识到其中潜在的隐患。

4.2　普遍的消费者信息与决策不完美性

在微观经济层面，如果消费者具有完美信息，并且用政府决策来代替消费者的个体决策会有许多潜在的缺点，那么消费者主权就具有明显的优势。然而，养老金系统十分复杂，若将养老金政策基于消费者具有完美信息的假设之下，就很有问题了。在此情况下，区分消费者具有有限信息（即信息匮乏）与消费者具有有限的信息处理能力，就十分重要了。简而言之，由不完美信息所产生的问题，通过提供足够的信息即可解决，虽然在实践中很少有人注意到这一点。但是，一旦复杂性来源于消费者处理信息过程的不完美性，正如专栏 4.2 中所讨论的那样，那么即使能提供充分的信息，也用处不大。也许可以通过购买专业建议的方法来购买信息与信息处理方法，但这通常是十分昂贵的，有时甚至是不令人满意的：有些"专家"有动机不给出最佳建议，或者一个消费者根本就无法区分"好"与"不好"的专家，甚至可能无法区分诚实的专家与冒充专家的骗子。反对天真地依赖于消费者主权的另外一些观点来源于行为经济学的最新教导，这将在专栏 9.6 中进行讨论。

专栏 4.2	对最优分析的偏离

专栏 2.1 描述了在一个拥有良好储蓄市场的最优世界里所构建出来的简单储蓄模型。其潜在的逻辑在经济更为富裕的环境里（存在不确定的可变的储蓄回报）仍然适用，只要退休储蓄所需的市场都存在并且运行良好。在那些环境下，消费者选择与竞争性市场能够最大化社会福利。然而，养老金系统往往会面临对于这样一个理论化世界的大量严重的偏离。

不完全信息。尽管完备的市场能够帮助人们更好地适应未来的不确定性，但它们要求人们充分理解他们所面临的不确定性以及市场所提供的选项以便充分利用那些选项。事实上，个人在多个方面面临不完全信息：

● 一些人对其所面临的风险与不确定性的感知不灵，譬如长寿风险。

● 个人不可能获得复杂产品的完全信息，譬如固定缴费型养老金产品，其是基于一系列金融制度与金融工具。很多人不理解基本的金融概念：Orszag 和 Stiglitz（2001，p. 37）引用的美国证券交易委员会主席的话表明，超过 50% 的美国人不知道股票与债券的区别。该问题也具有分配效应，因为越无知的人往往越可能是那些处境更糟糕的人；也就是说，信息贫困与财务贫困是高度相关的。

● 固定收益型计划也是极为复杂的产品，参与者对此的理解往往并不充分。复杂性对于公司型计划而言是一个特殊的问题，这些公司所面临的劳动力流动性与所有的财务问题对于养老金而言都存在着许多难以察觉的含义。复杂性对于公共养老金系统而言问题少一些，尽管一些国家（譬如英国）的公共系统极为复杂以至难以理解。公共系统可能需要进行调整以适应人口结构与经济条件的变化，还可能需要随着政治环境的变化而变化，从而增添了其复杂性。

● 出于某些目的，还应当意识到问题可能不在于信息缺乏，而在于 New（1999）所称的信息处理问题。在给定的市场上（譬如说汽车市场），一个信息问题可以通过提供必要的信息进行解决，在这种情况下就是指不同的汽车模型特征而已。一旦获取了信息，个人就可以做出选择。相比而言，对于一个信息处理问题，对于许多个体而言理性选择的问题实在是太复杂了，即使他们已经获得了所需要的信息。譬如，在不同的燃料经济系统下如何判断两辆汽车的价值就涉及计算与估计，需要预测驾驶距离与未来燃料价格，而某些购买者可能缺乏经验或时间来做这样的决定。类似问题在任何市场上都可能产生，特别是当时间期限很长、商品或服务涉及复杂的概率或者产品特征的信息本质上过于复杂的时候都是如此。大多数养老金产品都具有这些特征。出于这些或那些方面的原因，人们可能是短视的，从而容易做出冲动的决策。这一问题很重要，意味着理性效用最大化的简单假设在养老金市场上可能并不成立。

不完全市场。即使对于一个拥有完全信息且具有良好的信息处理能力的消费者而言，对于其确切的需求与欲望，实际的市场为其提供产品的能力也可能是有限的。在养老金问题中，譬如，指数化合同的市场就很薄弱。保险市场的信息不对称使得完美的保险变得不可能。当保险与就业相关联时，如果劳动者需要买保险，那么劳动力市场决策就会扭曲——这是不完全市场的另一个表现。事实上，如果存在信息不对称，那么不存在激励扭曲就是保险供给非最优的一个信号。这使得我们更难以判断一个特定的保险产品对于一个特定的劳动者而言是否最优。与此同时，保险公司必须应付具有不同风险的潜在消费者，从而具有不同的成本，如果保险公司想卖保险给他们的话。这种逆向选择的问题可以通过强制性保险来减轻。一般而言，保险产品市场成本很高，从而留下了让政府来提供成本更低的统一保险产品的可能性。

累进税制。这是对最优分析的进一步偏离。在比较固定缴费型养老金计划与固定收益型养老金计划时，如果存在劳动力市场扭曲，我们就不可能说一种模式就一定比另一种模式更好：

> 在一个累进制年度收入所得税以及具有普遍真实递增趋势的年龄-收入曲线下，平均而言边际所得税税率会随着年龄而增加。因此，一个设计良好的固定收益型系统可能就会产生更好的市场结果，因为总体的税收负担（所得税加上净社会保障税）在整个生命周期内将变化更小。也就是说，所得税对于年轻人来说更低了，净社会保障税则更高了。因此，如果没有详细的计算，就不可能得到一个有效的结论。在任何情况下，这种差异比固定收益型系统的长期与短期差异更小。（Diamond，2002，p.57）

所有这些对于最优分析的偏离，使得市场选择与竞争的简单模型产生了严重的问题。其所导致的消费者选择问题在第 9.3 节中进行了讨论，特别是在专栏 9.6 中。

有些信息问题可以通过公共教育来减轻。然而，证据表明，要想改变消费者的行为是非常困难也非常昂贵的；若问题源于信息处理方面，公共教育甚至会成为一个错误的工具，因为其所需要的教育根本不具备可行性。[①] 如果一些错误选择的潜在成本太高，不完美信息问题就会让

---

① 这真不是两位学院派经济学家居高临下的评论。许多人，甚至包括一些受过最高等教育的人，都无法充分掌握养老金系统的详细运作细节，而且即使他们可以掌握，他们也并不认为掌握这些必要的知识与技能就比依赖专家判断更可取。类似的观点同样适用于医疗服务。

严厉的消费者保护政策在那些消费者无法获取充分信息来保护自己的地方具备充分的合理性。

除了信息获取与处理方面的不完美性，劳动者的决策质量也可能存在问题，而这既会影响劳动者自己，也会影响其家庭。劳动者所做出的关于储蓄与年金的决策可能缺乏时间一致性（也就是说，今天的决策基于今天的偏好，但即使事态发展如其所愿，到了明天依然可能后悔），或者他们的决策没有充分考虑其他家庭成员的未来需要。这些情形为政府干预提供了合适的理由，正如几个世纪以来早就被人们所认识到的那样，譬如通过对遗产继承的限制来保护寡妇。

这些以及其他对最优分析的偏离（专栏 4.2）使得某些情形下更多的选择权以及更多的竞争所带来的好处值得怀疑。然而，私人市场的缺陷只有在有理由相信政府干预将会被有效执行的时候才能成为政府干预的理由。养老金系统的几个特征使得其成为金融市场以及更一般意义上的消费者市场之外的可以进行政府强制干预的典范。

首先，与广泛的个体自由选择的市场结果相比，政府强制干预通常会带来更为统一的结果。由于个体需求与品位千差万别，这将是一个严重的缺陷。然而，在退休储蓄与年金方面，存在显著的统一性：我们所需要的东西——老年时期的收入保障——从定性层面来讲对于所有人都是一样的。如果政府仅仅只对退休收入的基础水平做一些强制，就可以将这些问题大为减轻：强制缴费数量可以设置在大部分人的基本需求数量之下，让自愿性私人养老金安排方案来填补强制数量与个人理想数量之间的缺口——这个缺口，有些人（虽然不是所有人）的确是希望填补的。

其次，养老金制度有明确的规则，从而可以更方便政府之外的人来进行评估。这就能增强政府干好工作的激励。因此，个体决策的缺陷并不必然导致必须禁止自愿性养老金方案的结论，而是说，仅仅依靠自愿性养老金方案是不够的，对其所进行的管制正是在法定强制性养老金方案与自愿性养老金方案之间努力达成良好平衡的一部分。

4.3　养老金制度面临难以预料的巨大风险

养老金计划面临一系列风险：

经济风险： 未预料到的宏观经济事件（冲击）可能会影响产出，可能会影响价格，也可能会对二者都产生影响。因为积累制与现收现付制不过是对未来产出的两种不同的权益安排方式，不难想象产出冲击将会影响所有的养老金计划。

人口风险： 生育率、死亡率或其他人口变量也会通过影响市场价格与市场数量进而影响养老金的实际权益，因此必然也会影响到所有的养老金计划（参见第 6.3.3 节）。

政治风险： 政治不确定性会影响所有的养老金计划，因为所有的养老金计划都非常依赖于——尽管可能是通过不同的方式——有效而稳定的政府。

尽管这些风险来源会影响所有的养老金系统（无论其是否积累制），其影响的后果却并不相同。例如，生育率风险对积累制固定缴费型养老金方案与非积累制固定收益型养老金方案都会产生影响，其效果却不相同，在缺乏自动调整机制的典型情况下通常会对非积累制固定收益型养老金方案造成更大的压力。尽管社会保障的意图是能比市场机制更好地分散风险，如此分散的结果却可能很糟糕。一般来说，我们会预期一个缺乏自动调整机制的非积累制固定收益型养老金方案将需要更为频繁的法律方面的变动，这种普遍的预期可能代表更多的政治风险。设计良好的自动调整机制可以减少这种需要，从而减少后面相应的法律变动。

除了这些普遍的风险，需要组织与管理的基金的存在也会导致额外的风险：

- *管理风险：* 这可能是由管理无能或欺诈导致的，具有不完美信息的消费者通常无法对此进行有效的监督。
- *投资风险：* 投资于股票市场的养老金积累资产（直到退休）

面临市场波动时具有脆弱性。此外，以名义债券形式持有的养老金积累资产在面临未预期到的通货膨胀时也是很脆弱的。

●**长寿风险：** 持有非年金形式的养老金资产可能使得个体面临在死亡之前就已花光所有资产的风险。

●**年金市场风险：** 对于一份给定的养老金积累资产而言，养老年金的价值取决于个人的剩余预期寿命以及保险公司在这些剩余年间的期望资产回报率，从而同时面临投资风险与长寿风险。

私人保险市场能帮助个人处理在准备退休时所面临的一些内在风险。但私人保险是有缺陷的——源于逆向选择、销售成本、消费者的决策能力有限，以及风险分担市场的不完备性（特别是跨越群体时）。正如在第7.3节中所讨论的那样，在社会保险之下，制度结构明显倾向于在更广的范围内分担风险。

4.4　管理成本严重影响养老金

前面的各种观点即使是在理想的世界里也依然适用。但是，我们的分析必须考虑如下事实：任何安排未来消费的方法都存在管理成本。这包括保持记录的成本、与劳动者交流的成本，以及交易成本（就积累资产或购买收益流而言）。组织未来消费的各种不同方法都有不同的成本，从而会在不同程度上减少其消费。例如，私募共同基金就比公募共同基金市场贵多了（每一美元的资产就有更高的成本）。我们将在第9.2节中讨论这一主题，特别是在专栏9.4中。

第5章　养老金与劳动力市场

本章首先概述了养老金制度对劳动力市场的影响（第5.1节），其中特别强调了劳动力流动性的重要性，以及强制性养老金与自愿性养老金之间的平衡。其次，接下来的两节考察了这些影响对于养老金制度设计意味着什么。第5.2节讨论了积累阶段的养老金设计问题，即一个人在工作期间如何建立将来领取养老金收益的权利；第5.3节考察了一个人开始领取养老金时其待遇是如何决定的。第5.2节与第5.3节都假设养老金制度处于财务平衡状态下。最后，在第5.4节中，我们将讨论在财务失衡的情况下如何随时调整养老金制度。

5.1　养老金制度总览

*采取一个整体观。*养老金制度对劳动力市场的影响取决于养老金制度的整体设计，而非养老金制度的某个局部特征。这一观察有两个维度。第一，当我们考虑养老金制度的影响时，我们必须同时考虑养老金制度的各个方面，包括其对个人收入所产生的其他各种显性与隐性的税收影响。如果我们只分析整个养老金制度的某一方面而忽略其他方面，就会导致分析错误。第二，正如第2章所述，养老金制度设计必须考虑多重目标。规范性分析必须考虑这些多重目标，包括其对劳动力市场效率的影响。如果仅考虑狭义上的效率（譬如无谓损失等）而忽略更广泛

意义上的效率（譬如保险与其他目标，包括减贫与再分配等），就会让我们的视野发生扭曲。例如，一个基本的统一率养老金计划既有助于减贫，又能为低收入劳动者提供保障，而个人账户系统则主要关注消费平滑。因此，若将这两种系统组合起来，并加上某种程度的最低收入保障，我们就可能达成各种目标。劳动力市场激励（既影响职业生涯中的工作努力程度，也影响退休时间的选择）会受到整个体制的影响，对此的评估必须全面考虑其消费平滑效应、保险效应与再分配效应。

在发达国家，在养老金系统的覆盖面方面，无论是公共养老金系统还是政府强制的私人养老金系统，都是接近全面覆盖。在不那么发达的国家，覆盖范围通常就不那么全面了。在此情况下，除了文献中普遍强调的发达国家中的那些问题之外，我们的分析也必须考虑到被覆盖部门与未被覆盖部门之间的劳动者流动，以及被覆盖劳动者与未被覆盖劳动者之间的再分配效应。对于一个养老金制度的未来的预测就必须考虑到覆盖面的最终扩展情况，以及其社会效应与金融后果（参见专栏 7.2）。

劳动力流动的重要性。劳动力自由流动对于一个有效的劳动力市场而言具有重要作用。因此，养老金设计必须特别注意限制劳动力供给的一般性障碍，尤其是对劳动力流动的障碍——这个问题将贯穿全章的讨论。为此，养老金的设计必须让劳动者在面临至少四种类型的工作转移时感到十分便利：从一名雇主转到另一名雇主，从一个地区转到另一个地区，在公共部门与私人部门（包括自主创业）之间的相互转换，以及在未被覆盖地区（不严格地说，就是农村地区）与被覆盖地区（不严格地说，就是城市地区）之间相互转换。[①] 当一个养老金系统的覆盖人群（包括跨地区与跨部门）具有统一结构时，这种便利性是最容易达到的。[②]

在发达经济体中，一些劳动者在整个职业生涯中都只为一名雇主打

---

① 对于那些从被覆盖部门转到未被覆盖部门的劳动者而言，保留其积累的养老金权益是必需的，因为他们以后可能又会转到被覆盖部门，或者他们根据规定有权得到最终的养老金。此外，一个未被覆盖的劳动者也可能缴纳了自愿性固定收益型养老金。

② 然而，正如第 15 章所讨论的那样，对于像中国这样庞大而多样化的国家而言，养老金系统必须处理地区差异性问题。

工，在职业生涯早期可能转换过工作，但之后就会进入一份长期稳定的工作。但是，这种模式并不是普遍的。例如，在美国，55～64 岁的男性中只有四分之一的人为一名雇主工作二十年以上。这个数字在欧洲要高很多，但即使是在欧洲，这种模式也不是绝对普遍的模式。从流动量来看，从一份工作转到另一份工作或者进入与退出劳动力市场的人员数量都是十分巨大的。在美国，每个月有 3.4% 的劳动者会辞去他们的工作。许多人直接转到一份新工作；有些人在找到新工作之前会经历一段时间的失业；还有一些人，特别是那些有小孩的人，会频繁地退出又重返劳动力市场；甚至有些人会永久退出劳动力市场。与此同时，有些人则是第一次寻找工作。

这些大规模的工作流动（这在发达经济体中十分普遍）对于经济效率而言是很重要的。新的与正在成长中的公司需要找到合适的员工。走下坡路的公司如果不想破产就必须裁掉一些员工。劳动者需要从那些让他们的潜在产出已毫无价值的工作岗位转到能让他们产出更高价值的岗位上去。工作流动既有可能是雇主发起的，也有可能是员工发起的。使劳动者转换或停止工作的激励有很多方面，包括失业津贴的政策设计与最终退休待遇的潜在损失等：公共养老金，任何强制性二级养老金，以及任何自愿性养老金等。[①] 养老金系统中的所有这些因素都与劳动力流动性相关，从而这些因素都应当设计得让劳动力更可能从低产出的地方流向高产出的地方，而不是相反。这些流动性激励的有效性取决于整个养老金系统的各方面共同发挥作用。

在转型经济体中，譬如中欧、东欧与中国，劳动力系统是从一个中央计划模型（成功获得大型国企岗位的劳动者很可能一生都会留在那里）转向劳动力市场模型（维持经济增长必须依赖于劳动力流动）。因此，在这些转型经济体中，劳动力流动性因素对于养老金设计而言就显得格外重要。

---

① 这里的"自愿性"的含义具有多样性（参见专业术语表"自愿性养老金"）。一个自愿性私人养老金不会限制劳动力的流动性；相反，一个由雇主自愿运作的养老金计划（取决于其具体设计细节）可能会成为劳动力流动的一种阻碍因素，正如在专栏 5.2 中所讨论的那样。

强制性养老金与自愿性养老金之间的平衡。 在任何养老金系统中，一个重要的问题都是强制缴费的范围。自愿性养老金让劳动者拥有更多选择，包括：

- 关于退休储蓄的时间路径，以及老年时期与工作时期的生活水准之间的平衡，劳动者都会有不同的偏好；
- 重大生活事件的时间点差异，譬如生孩子的早晚；
- 风险规避度差异；
- 工作条件差异，从而工作条件恶劣的行业或者由于其他方面的原因导致职业生涯短暂的行业，可以提供更早的退休计划；
- 各种不同的区域性或私人性养老金方案等。

此外，自愿性与强制性的混合必须在二者之间达成一个平衡：一方面，统一强制性方案由于缺乏对个体偏好与约束条件差异的充分考量，从而会产生无效性；另一方面，如果强制性系统太小，就会产生巨大的缺口。强制性系统的适当规模的考量主要关注提供充分的退休收入以及其对劳动力市场的影响；二者对于劳动者而言都具有重大的个体差异性。

为了建立一个理论基准点，考虑在一个最优的世界里（参见专业术语表"最优分析"）（其中所有的养老金方案与储蓄行为都是自愿的），一个在整个生命周期内都在进行最优化的个体的储蓄行为。这样的一个人在其整个职业生涯里的不同时期将有不同的储蓄率，将会投资一些资产组合（其风险会随着时间的推移而变化），至少会将其所积累资产的一部分用于购买某种养老年金。当他们的预算约束随着其当前收入的变化而变化、随着其预期未来收入的变化而变化、随着已实现的和预期的资产回报率的变化而变化以及随着其消费机会与消费需求的突然出现而变化时，他们的消费——因而储蓄——会随着时间的推移进行调整。例如，如果资产回报率提高了，将其视为长期回报增加的个体就会减小其收入中的退休储蓄比例，因为资产回报率的提高会使其认为用更少的储蓄就可以实现给定的替代率，或者使其想提前退休。

相比之下，一个强制性养老金系统通常不会因为个体收入的变化而调整其缴费率（除了所覆盖收入的最低与最高比例限制），也不会因为个体的资产回报率发生变化而调整其缴费率。强制性养老金系统通常也不会随着年龄调整其缴费率，虽然财务需求通常会随着年龄的变化而变化，因为年轻的劳动者通常需要为买房子和抚养孩子而筹钱。相反，存在一个相对统一的储蓄规则，该规则甚至不会因为所有劳动者生命周期中那些可预测的流动性变化而发生改变，更不可能因为个体收入变化、资产回报率变化与开销需要的变化而变化。[①] 因此，有些国家把它们的强制储蓄率定得很低，从而让个人通过额外的自愿性缴费方式获得自由调整的余地。

此外，一个强制性成分可以防止出现储蓄与养老年金不足的错误，并提防那些不愿储蓄而企图依赖最低收入保障的搭便车者。因此，对于一个强制性养老金系统而言，够高同时又不太高的缴费率是真有好处的，也为个人或雇主提供了额外自愿性养老安排的余地。然而，并非所有发达国家都能在这方面平衡好。其缴费率各不相同，一个很高的缴费率往往意味着过度的强制性因素。正如专栏 5.1 所解释的那样，重要的是总体缴费率，而非员工与雇主之间的具体分担细节。

专栏 5.1	养老金缴费的影响

在严格的经济学分析层面，在一个市场经济里过于关注养老金费用是由劳动者支付还是由企业支付的问题是不合适的。施加于雇主的强制性缴费通常而言会减少劳动者的工资：雇主会将缴费的成本用降低工资的形式转嫁给劳动者。因此，无论是由劳动者还是由雇主来支付养老金，劳动者最终承受了这一负担。

存在两个例外：第一，缴费率的变化可能在短期内改变雇主的负担，因为调整工资需要花些时间。第二，如果存在法定最低工资，雇主可能无法充分降低工资以将所有的缴费成本转嫁给一个领取最低工资的劳动者。

从政治经济学层面来分析缴费会得到一个不同的结果。分担缴费可能

---

① 一个例外是瑞士，其中 35 岁以上与 35 岁以下的劳动者有着不同的缴费率；一些国家让低收入者免交所得税，或者用可退税性收入所得税免税额为低收入者抵扣相应的工资税。

被视为一种更为公平的做法从而在政治上更加持久。

5.2 工作期间的养老金待遇设计

在养老金积累阶段，有两个问题与养老金的劳动力市场效应尤其相关。一个是决定养老金待遇的不同年份收入的处理问题（第5.2.1节）；此处特别值得注意的是那些将养老金待遇水平基于参与者最终年份收入情况的养老金方案。另一个问题是，缴费与待遇之间的严格精算关系在多大程度上算是优势或者劣势（第5.2.2节）。

5.2.1 不同年份收入的处理

不同年份的收入影响个人养老金待遇的方式对于个人的劳动力市场行为有重要影响。这就产生了两个相关的问题：养老金待遇应当取决于个人的全部缴费记录还是应当只取决于部分年份的缴费记录？应当如何对不同年份的缴费记录赋予不同的权重？

在一个固定缴费型养老金计划中，养老金待遇基于劳动者整个职业生涯的全部缴费记录。因此，每一年都算数，并且，每一年缴费的影响取决于（1）缴费规模（在职业生涯早期可能较小），（2）缴费的具体年份（给定正的真实回报，缴费越早收益就越高），以及（3）所累积资产的回报率。

在另一个极端，在基于终期工资的固定收益型养老金计划中，养老金待遇通常基于工作的年限与工作最后一年或最后几年的工资。因此，每一年都有影响，因为工作年限会有影响；但是工作最后一年或最后几年会有一个很大的权重，因为仅仅这些年份的工资会影响待遇计算规则。所以，尽管养老金的这种设计会激励劳动者在所有年份都参加工作（直到一个可能的计算年份的上限），寻求额外收入的激励在最后一年或最后几年会格外强烈，而在这之前就会弱很多。

作为第三个例子，一个名义账户制计划将养老金待遇基于所有年份的缴费，并根据名义回报率对不同年份进行权重调整。在终期工资型计划与名义账户制计划这两个极端之间，养老金待遇也可以基于中等数量的年份。很多国家（譬如瑞典和芬兰）过去常常使用有限年份但现在都转向考虑所有的年份。那些传统上就考虑职业生涯大多数年份的国家在决定养老金待遇时普遍保留了这一习惯。例如，美国社会保障系统将养老金待遇基于所有工作年份中收入最高的 35 年的收入，其中超过 60 岁以后的年份将用全国性平均工资来进行指数化。一方面，这种方式可以减少对于养老金待遇的影响，从而减少对那些不算数的工作年份或不可能算到那 35 年中去的工作年份的工作激励的影响。另一方面，它也能为漫长职业生涯中有几年低收入的情况提供保障，无论其是由于坏运气还是由于个人选择（譬如回去读大学或花时间照顾幼小的孩童）所造成的结果。

分析者普遍认为，一个设计良好的养老金计划应当将养老金待遇的设计基于相当长时间的缴费期。在这种共识下，就很难说这个时期到底是包括整个职业生涯（譬如瑞典）还是应当短一点（譬如美国和英国）。在一些重要的方面，这种选择是由养老金系统的不同目标的不同权重所决定的。覆盖整个职业生涯的养老金系统给消费平滑赋予了相对更多的权重；而若不要求覆盖整个职业生涯，就允许劳动者剔除收入低或无收入的年份，从而将更多的权重赋予了保险与再分配。我们将表明，这些不同的方式都是有道理的，并将解释为何养老金系统——无论是雇主供给型还是公共型养老金系统——在决定一个人的养老金待遇时不应当过度依赖于其最终年份的工资。

雇主计划。在世界范围内，雇主都普遍使用养老金来吸引与留住员工。历史上，许多养老金计划都是根据一个标准退休年龄来支付养老金收益，其依赖于劳动者的工作年限以及其职业生涯终期的工资水平。这种结构使得劳动者很容易看到其继续跟随雇主工作直到退休所能得到的好处，因而对于劳工的留用具有很大的作用。然而，这种安排会减少劳动力流动，从而可能产生其他方面的劳动力市场扭曲，并产生了相关的公平性问题。

加入这种养老金计划的年轻劳动者会意识到当前工作年度会增加其工作年限，但是其当前工资水平不会影响未来养老金待遇的高低。这就会减少额外工作的激励，也会减少其以更高的工资从事更难的工作的激励。当然，也存在相互抗衡的激励因素：这样的劳动者也可能意识到高强度工作与优秀的表现有利于增加其晋升的机会，从而就会有一份更高的薪水，进而就可以在今后获得更高的养老金。

与此相比，一个劳动者加入同样的养老金计划但是在职业生涯终期可能会很想加班，特别是当加班工资进入养老金待遇计算时就会如此（养老金通常取决于劳动者的基础工资而非全部工资收入，就是为了限制劳动者过度加班）。该问题的一个极端版本发生在波士顿，其公共交通系统将员工的养老金基于员工职业生涯的终期工资。结果，该系统中年纪更大的员工进行了大量的加班——他们有这样的机会，因为在公交系统中年长者有优先加班的机会。这使得年长员工加班了太长时间，在控制交通的过程中睡着了，从而造成了交通事故。一个类似的问题也发生在许多大型组织，其中层管理者更愿意将晋升机会给予那些处于职业生涯终期的雇员，只是简单地为了提高他们的养老金待遇。这一实践的确没有造成危险事故，但是却欺骗了公司的老板和股东（或者纳税人，如果该组织是一个政府机构的话）。决定养老金待遇的收入期限越短，此种串谋性激励就会越强烈。因此，该问题必须得到平衡处理：期限太短就会导致工作早期对工作努力的过渡负激励，期限太长则会让那些收入记录零散的劳动者（通常是低收入者）受到更多的惩罚。

除了对职业生涯早期和后期产生的扭曲，基于终期工资的固定收益型养老金计划的第二个问题在于它们将劳动者锁定在一个就业岗位上的影响。这可能符合雇主的利益，事实上，在历史上这就是该养老金设计的主要目的所在。然而，在一个现代经济中，这对劳动力流动性所造成的障碍，正如在专栏 5.2 中所说的那样，可能会有很强的效率成本。此外，这样一个设计通常会减少那些希望变换工作的劳动者的养老金收益，而他们之所以变换工作，可能是出于非经济因素，也可能是企业缩减规模导致的。再一次，这里又存在一个平衡：尽管主要的障碍是有害的，但是劳动力流动性对于雇主来说既有成本，也有收益。劳动力流动性应当被最优化，而非最大化。[1]

专栏 5.2	终期工资相关的固定收益型养老金 计划妨碍了劳动力流动

终期工资型养老金计划可能会妨碍自愿性劳动力流动，从而会伤害那些除了换工作之外别无选择的劳动者，正如下面这个例子。考虑一个养老金计划，每服务 1 年会导致终期工资的 1/80 的年度增加率，在标准退休年龄时进行支付。一个在该岗位工作了 20 年的劳动者，其工资从 100 上升到 200，所积累的养老金权益即为 (20/80) × 200 = 50。

假设 20 年之后，该劳动者面临一个选择：留在其工作岗位上，或者转向一份具有完全相同的养老金的新工作，但当前岗位的养老金权益不会转移到新岗位上。假设如果他留在当前岗位上，接下来 20 年其工资将从 200 上升到 400，所以其养老金权益为 (40/80) × 400 = 200。相反，如果他转向新的工作岗位且工资增量相同，那么其新岗位的养老金权益将为 (20/80) × 400 = 100。

现在比较这两个结果。如果劳动者留在岗位 A 上，其退休时的养老金为 200；如果他在职业中期换工作，其最终的养老金是 150；其中 50 来源于第一份为期 20 年的工作，100 来源于第二份为期 20 年的工作。换句话说，简单地从一个岗位流向另一个岗位将使该劳动者损失四分之一的养老金。

第三个问题是关于养老金收入的分配，其对于那些收入急剧增加的劳动者有利，特别是在其职业生涯末期。因为高收入劳动者通常会有更为急剧的收入增长，一个基于终期工资的养老金系统与一个基于更长期

---

[1] 一个熟练劳动者离职给雇主带来的成本正是阿瑟·奥肯（Arthur Okun, 1981）的"看不见的握手"（invisible handshake），因此，雇主型养老金计划在某种程度上是为了保留有经验的劳动者。一些类似文献也讨论了最优化国际资本流动的问题。

收入的养老金系统相比，就更加倾向于高收入劳动者，这一趋势会被一些人为操纵结果所加剧，譬如职业末期的加薪或晋升。这些特征通常被认为是不公平的。在收入记录的物价指数化与工资指数化之间进行选择时（后面会进一步讨论）也会产生一个类似的分配性问题（但是程度低得多），因为这两种方法对不同年份的加权方法不同。基于所有的这些原因，如果一个劳动者的养老金基于其大部分或所有收入的历史，通常来说会更有效也更公平。

与将养老金待遇基于一个劳动者职业生涯的大部分收入还是一部分收入的问题同时并列的是一个更为一般的问题：养老金到底应当是固定收益型的还是固定缴费型的，这在专栏5.3中进行了详细探讨。在最近这些年，在很多国家存在向固定缴费型转移的趋势，包括美国和英国。在评估这样一个转向时，一个关键的问题是如何处理当前雇员们关于已经增加的权益以及未来增加的权益的期望。

专栏5.3　　私人固定收益型计划与固定缴费型计划的比较

美国与英国的雇主型养老金系统已经从固定收益型转向了固定缴费型。一些分析人员批评了这种转向，因为这将可变的资产回报风险全部转到了劳动者身上。另一些分析人员则夸奖了这种转向，因为这是一种克服典型的雇主型的固定收益型计划的缺点的方式。每一种类型的计划的相对优势与劣势到底是什么呢？

现金余额计划。为了强调其中一些差异，让我们开始考虑一个被称为"现金余额计划"的养老金安排方案，在美国这是一种法定的制度。在这种计划中，雇主对一个劳动者的退休账户赋予其每年工作收入的一个固定百分比权益；此外，每一年会按照一个譬如5％的固定利率往这个账户余额加入一笔利息。到退休或离职时，劳动者可以进行一次性取现或者购买一个养老年金（该年金的定价有时是由雇主来确定的）。该计划应当是完全积累制的。

一个现金余额计划因而类似于一个持有5％利率的名义债券的固定缴费型计划。[a]一个差别在于，正如固定收益型计划那样，雇主必须根据该规则提供养老金收益，但并不要求真的持有 5% 的名义债券。因此，雇主可以进行选择。它可以持有当劳动者达到退休年龄时就到期的名义债券，因而完全对冲了其所积累的债务。或者，它能投资一些其他种类的资产组合以获得更好的风险与回报组合。因此，在对冲其累积法定支付义务的资产组合与对雇主最有用的资产组合之间存在一个张力。如果雇主在财务上变得太弱了以至于无法覆盖资产组合的价值下跌，那么非对冲资产组合的选择会影响到劳动者。如果存在一个全国性或其他级别的系统能够保障至少一部分收益，资产组合回报的风险就能转移给其他人。但是，因为这种保障无法覆盖整个养老金权益，要评估劳动者所承受的实际风险就变得极为复杂。如果企业购买保险来支付其累积债务，劳动者承受的风险就取决于保险公司的可靠性以及其所给出的保证到底是什么。

如果一个雇主没有完全对冲其累积债务，劳动者与保障提供者就有理由关注养老金资产积累的程度了。如果雇主持有一些股票并且其价值下跌了，那么该计划可能资产积累不足，从而在雇主不能替换所失去的资产时影响劳动者或养老金保障者。强迫雇主迅速弥补这种价值缺失可能很难，因为股票市场的下跌往往与企业利润减少的时机是一致的。一个可能的结果（在专栏 9.3 中进行了更为详细的讨论）就是，雇主会终止该养老金计划。如果说有任何一种保障的规模受到限制的话，可能就无法覆盖劳动者的全部账户余额。

在这种安排下，劳动者的积累余额是每年固定比例的收入之和，且有每年 5% 的复合利率。[b] 在一个劳动者一生的工作期间，金融市场风险原则上落在雇主身上，正如固定收益型计划那样，但是对于一个给定的积累额，劳动者退休时的养老金待遇取决于此时的年金定价（如果劳动者将其年金化了的话）。因此，劳动者会承受年金定价风险，除非企业提供一个不会受年金价格影响的月度收益。

固定收益型计划。以现金余额计划作为一个基准点，我们可以考虑各种组织固定收益型计划的替代性方法。一种方法就是提前设定隐性的年金价格，从而让雇主承受年金定价风险。另一种方法是不为劳动者提供一次性提取的选项或其他形式的提取选项，而是要求他们接受月度收益，或许还要求收益使用联合人寿的形式。第三种可能的方法就是不同年份的权重不同于每年5%的复利形式。对于更年长的劳动者这一百分比可能更高，从而意味着不同的累积率；这种"后载型"（backloading）方法可以鼓励劳动者留在企业里。该方法的另一个变体就是虽然考虑服务年限但只考虑一部分服务年限。因此，在一个传统的待遇计算规则下，不同年份影响待遇的方式不同，但仍然与劳动者的收入历史相关，并在原则上将养老金储备资产的风险留给了雇主。不同年份的不同权重在决定养老金收益如何随着劳动者变老而累积的方式时十分重要，从而会对劳动者自愿或非自愿离开公司的行为产生影响。正如一个现金余额计划那样，企业不需要劳动者进行缴费，而是相应地将劳动者的收入纳入待遇计算规则，不需要劳动者采取任何行动。无论养老金计划的结构如何，劳动者都会承受一定的风险，除非企业对其债务进行完全对冲（如果这可能的话）。

固定缴费型计划。一个固定缴费型计划在多个方面不同于现金余额计划。第一，一个劳动者通常必须进行自愿缴费才能建立账户，雇主通常会根据这些缴费进行相应匹配的缴费。第二，劳动者可能缴纳超过其匹配额度的费用，从而使得养老金计划可以成为一个除了各种私人安排（可用或不可用或费用更高或存在其他方面的限制）之外的积累退休储蓄的计划（在大多数国家都有税收优惠）。第三，劳动者通常可以进行资产选择，而不仅仅是一个单一的名义债券。第四，雇主可能不会以群体为基础组织养老年金的选项。因为劳动者自己拥有资产（不像固定收益型养老金计划那样资产属于企业，养老金收益则是企业的债务），劳动者所承受的风险就更为明显了。

因此，固定缴费型计划给予劳动者更多的投资选项，但是通常要求劳动者进行缴费，以获得更多的企业配套缴费与进行某些投资决策。与许多现金余额计划一样，固定缴费型计划可能并不会有助于劳动者找到一个很好的养老年金。

小结。固定收益型计划的吸引人之处（从劳动者的视角）在于，只要雇主有能力支付其债务，投资风险落到了雇主身上。若非如此，劳动者或纳税人或二者一起将会承担某些风险。该待遇计算规则的具体细节对于那些在不同时期离开公司与在不同工作服务年限之后离开公司的劳动者而言都具有重要意义。固定缴费型计划的一个吸引人之处在于，劳动者通过资产组合的选择可以对其所承受的风险与期望回报具备一定的控制力。劳动者不需要担心雇主的计划是否充分积累制的，不需要担心雇主承受资产组合风险的能力，也不需要担心任何保障的规则。提前或延迟退休的调整是严格精算型的，与此同时，固定收益型计划可能也是但通常不会是严格精算型的。（当然，一个雇主可以通过提供退休红利或继续工作红利以改变固定缴费型计划的退休激励。）

　　一般而言，企业会保留改变其养老金计划的规则的选项，同时保留其累积债务的偿付义务。养老金规则的改变可能会改变劳动者预期的未来累积收益。这会导致一个立法者可能必须处理的公平性问题——这是当一个养老金计划从固定收益型转向固定缴费型时就会产生的一个特殊问题。

　　无论其他观点如何，一个公共固定收益型计划为劳动者提供了其他类型养老金所无法提供的强大的潜在收益，正如在第7.3节中更详细地讨论的那样。作为基本经济学理论的一个众所周知的结果，固定收益型计划比固定缴费型计划更能在人群中分散风险。市场系统只能在市场参与者之间分散风险。固定收益型系统能够让未来劳动者与退休人员（并非当前的参与者）分担风险。正如在专栏7.3中所讨论的那样，这种风险分担如果干得好的话将会价值巨大，但是这样做的机会只限于雇主，企业想要继续运行的话，就必须吸引未来的劳动者。

　　a. 如果在一个劳动者的整个职业生涯中利率都不是5%，那么企业将对5%的利率与市场利率之间的差异负责。这并不会阻止对冲行为，因为企业或多或少都持有一些债券以覆盖5%的积累额。

　　b. 所以，如果劳动者在第 t 年赚取了工资 w，在第 s 年开始工作，在第 T 年退休，那么其退休时的养老金收益为 $B = \sum_{t=s}^{T} w_t (1.05)^{T-t} / P$，其中 P 是年金的价格，从而余额 B 将等值于 B/P 的月度收益。

　　目前，是由雇主来承担所增加的养老金债务，即如果养老金计划今天就停止了，或者劳动者辞职或被解雇了，劳动者所享受的养老金收益应当由雇主来承担。在接受一份工作之后，一个劳动者就会收到工资并获得养老金权益。此外，劳动者会对自己在这个组织里的就职情况以及（若还被雇用的话）未来工资与养老金权益形成自己的期望。工资与养老金权益都会随着年龄与经验的增加而增加。不仅当前的工资水平，而且对未来机会的期望都是吸引劳动者到一个雇主那里工作的因素。在此意义上，某些雇主型养老金就是一个隐性合同的一部分，其并无法律方面的支持，也无其他任何保证，但本质上就是取决于雇主的财务成效以及雇主的政策。一些劳动者在面临这种显性合同与隐性合同的区别时往往并不理解他们所承担的风险。普遍的做法是设定一个提供法定养老金的最大期限，即在养老金支付成为雇主的一项法定义务之前劳动者必须在该企业工作多久。然而，一件事情变成一项法定义务，并不能保证该养老金就一定会被支付：雇主也可能没有能力支付，从而养老金只是传递了一些合理的预期而已。事实上，在养老金制度发展的早期，整个养老金就是隐性合同的一部分，而一个劳动者有可能刚好在其退休前不久发现其养老金无法被支付。

因此，应当考虑养老金的变化对当前劳动者的影响，包括从固定收益型到固定缴费型的变化。根据这种复杂性，在接下来的分析中，我们将只针对新雇用劳动者来比较固定缴费型养老金安排与固定收益型养老金安排之间的区别。

公共计划。 公共的终期工资型养老金计划会造成与雇主提供的终期工资型养老金计划相同的问题。此外，它们基于实际收入，而非基本工资，并且缺乏一些能限制雇主型养老金计划的负面效应的监督。[①] 一旦已经赚到了最低的收入以保证他们工作的这一年对于养老金待遇计算目的来说可以算作有效的一年，年轻的劳动者就将意识到他们当前的工资与他们最终的养老金规模之间没有关联。与此同时，因为他们或他们的雇主需要为养老金系统融资而缴税，从而导致年轻劳动者净工资减少，这对于年轻劳动者而言影响很大。这一扭曲产生了无效性：它可能减少了工作更长时间或承担更艰难工作的激励，并增强了至少在一年中的部分时间寻找一份非正规部门工作的动力。

相反，老年劳动者有动力扩大他们的收入。正如波士顿公共交通系

---

① 在中央计划情形下，这不是太大问题，因为其工资率在劳动力分配中所起的作用与在资本主义下不同。

统的情形，过度的劳动力供给激励是无效的，正如过度的弱激励也是无效的一样。年长的劳动者通常可以与他们的雇主串通起来，以牺牲早期工资为代价，提高终期工资水平以获得更高的公共养老金。我们已经注意到的一个相关问题是，在一个养老金待遇主要基于终期工资的养老金系统中，收入增加迅速的劳动者与那些收入增加缓慢甚至下降的劳动者相比通常会处于更有利的情况，得到好处的常常是更高收入者。这导致了公平问题，并导致了操纵养老金系统的激励问题，与那些面临老年劳动者的情况一样。在一个单一的组织内，这种操纵问题可以通过雇主对其员工其他方面的控制来减轻。然而，在一个公共养老金系统中，政府缺乏对整个经济的类似控制力。因此，重要的是，一个公共养老金系统将养老金待遇基于劳动者大部分或整个收入历史，只要养老金管理部门有足够的行政管理能力。在缺乏足够的收入记录的情况下，将养老金系统从基于短期收入的做法变成基于长期收入的做法，就可能需要某些近似。任何这样的变化都会在转向更公平有效的系统时辜负某些期望。

正如前面所提到的，雇主所提供的固定收益型计划仅仅关注劳动者职业生涯一部分时期的收入，通常会将养老金待遇与基础收入相关联，而非与全部收入相关联。然而，公共养老金系统通常不会收集基础收入方面的信息，这样做十分困难。这种差异也是公共养老金系统不依赖于劳动者职业生涯中相对短期的收入这一点之所以重要的另一个原因。

强制性养老金系统中的一个普遍特征是设置了满足缴费条件且用于计算待遇的收入的上限水平。类似地，对退休储蓄提供税收优惠的国家通常会限制符合条件的个人储蓄的金额。在一个不存在明确再分配要求的养老金系统中，待遇与收入严格成比例关系，这时给强制性缴费设置一个上限是合适的，因为当待遇足够高时，关于充分替代率的社会关切就不再适用了：这些受益人将有足够的养老金进行足够的消费，同时可能还有额外的养老金。如果没有这种社会关切，强制性养老金系统就失去了促进老年收入保障的功能。在一个如美国那样的累进制系统中，存在一个由较高收入者的缴费所产生的与再分配模式相关的单独的问题。[1] 在设定再分配模式时，政策制定者已经考虑了缴费上限与待遇计算规则的累进程度的综合选择。若不考虑极高收入者的退休收入，一些分析者建议保留用于计算待遇的工资的上限水平，对位于该上限之上的收入适用一个更低的缴费率。譬如，Diamond 和 Orszag（2005a）对美国社会保障系统提出了对计算待遇的最大限度之上的收入征收 3% 的税收，与当前对计算待遇的上限之下的收入所征收的 12.4% 的税率并行。

5.2.2　精算型收益到底有多重要？

通常认为，缴费与待遇之间存在一个严格的精算型关系是最优的做法。例如，最近世界银行的分析认为："为了满足缴费与待遇之间最紧密的可能联系……而最小化劳动力市场的扭曲"（Holzmann and Hinz，2005，p. 35）。其认为精算型收益让每个人在年轻时期的消费与老年时期的消费之间面临一个有效的选择，从而最小化劳动力供给的扭曲，改善了对于缴费规则的遵从性，还鼓励了延迟退休。这里的每一个观点都需要认真审视。

劳动力市场扭曲。那种认为精算型收益将最小化劳动力市场扭曲的观点犯了一系列错误：

● 若存在其他类型的扭曲，则精算型收益一般而言并不会最小化劳动力市场扭曲，正如专栏 4.2 所注意到的那样。

● 精算型收益并不能处理除了消费平滑之外的其他目标，譬如减贫，并且，为了达成其他的那些目标所必要的政策（譬如税收）会不可避免地涉及劳动力市场扭曲。

● 针对负面劳动力市场结果的保险的合意性，特别是针对职业生涯末期，就要求偏离精算型收益以提供更好的保险保障。

---

[1]　在一个并非完全积累制的养老金系统中，后代人支付了向前代人支付更高养老金待遇的成本。对于该系统的限制会影响这些成本的分担。

也就是说，在不对称信息下，最优保险不可避免地会扭曲选择。这种信息不对称来源于如下事实：较低的劳动力市场参与度可能是自愿的（偏好更多的闲暇），也可能是非自愿的（工资太低或者根本没有工作），并且只有劳动者自己才知道到底是哪种情况。

这些观点带来两个结论：首先，精算型收益并不会最小化劳动力市场扭曲；其次，最小化劳动力市场扭曲在任何情况下都不是正确的目标。再一次，政策分析不能孤立地考虑劳动力市场的效率，而是要在养老金系统的多重目标中进行平衡。

专栏 5.4	养老金设计与退休决策

养老金规则对于劳动者何时退休的决策而言具有重大影响。特别地，设计很糟糕的养老金规则会鼓励人们提前退休从而导致效率损失；在极端情况下，这种激励效应可能会产生与法定退休年龄类似的效果。

支持这一结论的经验研究包括一个合作项目，其分析了 11 个国家的养老金与退休政策（Gruber and Wise，1999，2004）。作者们计算了每一年具备退休资格的劳动者的收入所被施加的隐性税收（如果劳动者继续每多工作一年，则由养老金规则所导致的期望终生收入的下降）。这个被他们称为"税收压力"的变量加总了一个男性劳动者从开始获得领取养老金的资格时起一直到 70 岁为止的隐性税收。在一种大概的总量情形下，该变量测度了养老金系统设计包含工作负激励的程度。

为了搞清楚该退休激励测度如何与实际的退休决策相关联，该研究使用了一个简单的总量性劳动力供给测度。对于 55～65 岁之间的每一个年龄，作者们计算了男性人口中不在劳动力队伍中的比例，并对这些数据一起进行加总。他们将所得到的变量值称为"未使用的生产能力"。图 5.1 显示了他们对未使用的生产能力与税收压力的对数进行回归的结果。很明显两者存在一个很强的相关性（R^2 约为 0.8），税收压力变量的系数值不小并且具有统计显著性：在均值处，该系数（可以解释为未使用的生产能力对于税收压力的弹性）为 0.36。此外，依据个体时间序列数据所得到的证据与分析结果表明，至少有很大一部分相关性反映了隐性税收作为一种提前退休激励因素的影响。

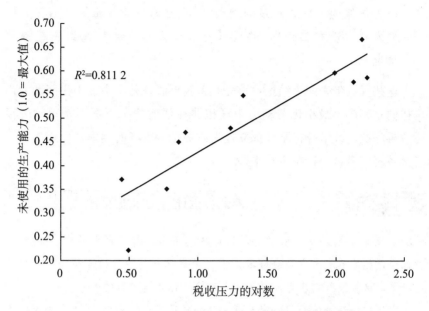

图 5.1　由养老金规则所导致的未使用的生产能力与隐性税收

未使用的生产能力包含的范围是 55～65 岁之间的劳动者。每一个观测值表示一个单一的 OECD 成员国；所表示的国家包括比利时、加拿大、法国、德国、意大利、日本、荷兰、西班牙、瑞典、英国以及美国。"税收压力"变量衡量了在退休养老金的最早领取资格年龄到 70 岁之间每多工作一年所要被施加的隐性税收。参见文中的细节。

资料来源：Gruber and Wise（1999）.

　　相比而言，在同样的国家里，同样的税收压力变量对于男性的失业率则没有影响（由十年期的平均失业率来衡量），正如图 5.2 所示。无论回归结果用哪一种方法来解释，结论都相同：直接表明鼓励提前退休的大型隐性税收不会降低失业率；或者，作为一个工具变量回归结果表明提前退休不会减少失业（Diamond，2006a）。该研究表明，通过高隐性税率挫伤人们的工作积极性的做法会创造出巨大的无效率，从而无法完成社会目标，所以应当避免。

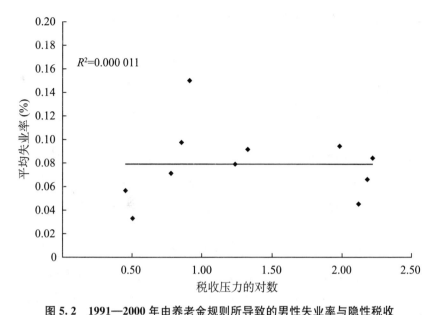

图 5.2　1991—2000 年由养老金规则所导致的男性失业率与隐性税收

资料来源：Diamond（2006a）. 每一个观测值表示一个单一的国家。参见图 5.1 以及文中的细节。

覆盖面与遵从度。 养老金系统覆盖面低可能有两个原因：可能是因为许多劳动者进入了未被覆盖部门，也可能是因为被覆盖部门的劳动者或雇主没有遵从其法律义务。被覆盖部门的遵从激励取决于其从增加缴费中所能得到的收益、这些缴费的成本，以及规则执行力的强度。精算型收益剔除了任何一个年份里的待遇与缴费之间的极弱（以及极强）的关联性，从而强化了在被覆盖部门工作并遵从养老金规则的激励。然而，此种激励对于那些获得最低收入保障的劳动者而言就不存在了，无论此最低收入保障是作为养老金系统的一部分还是作为一个单独的项目而存在都会如此。遵从度的改善，取决于参与个体能够拥有良好的信息并且有能力依靠当前工资或通过借贷来进行缴费。在现实中，人们对于今天的缴费与未来的收入之间的关系认识含糊；或者，他们也许缺乏远见，与明天的消费相比，他们过于偏好今天的消费；又或者，他们当前的赚钱能力与借贷能力受到限制，从而导致他们选择当前消费胜过未来

消费。① 基于所有这些原因，不出所料，智利 1981 年改革，从各种固定收益型计划转向一个固定缴费型系统，其结果对于覆盖面而言并没有太大的影响。

然而，再一次，问题在于如何平衡。一个人之所以拥有很少的养老金权益，可能是因为劳动力市场逆向选择的经验结果，也可能是因为其避开了缴费以期获得最低养老金保障。第一个原因对于一个合适的养老金系统而言是一个外生的风险；第二个原因，即搭便车问题，则是一种形式的道德风险。养老金设计必须同时处理这些外生与内生的结果（失业津贴也面临类似问题）。因此，缴费与待遇的关系非常重要，但一个严格的精算型关系则是一个次优选择结果。

延迟退休。 有观点认为，精算型收益为延迟退休者提供了更高的养老金待遇，从而有利于鼓励人们延迟退休。再一次，这只对那些信息完备且不受流动性约束的劳动者才是如此。并且，这一观点避开了当延迟退休所带来的增益很少甚至没有时所可能发生的极端负面激励作用的问题，正如专栏 5.4 所阐述的那样。在评价这个观点时，（1）获得养老金领取资格的最早年龄时的养老金待遇该如何计算与（2）延迟退休的养老金待遇该如何计算，这两者之间的区别十分重要。那种认为精算型收益能鼓励延迟退休的观点在所适用的范围内只是在第（2）种情形下成立。尽管第（1）种情形会影响更早的劳动力供给，但是在一个人首次符合养老金领取资格时为其提供更好的养老金待遇，将具有再分配的性质，可以提供保险与减贫功能。然而，为了对该年龄之外的情况提供保险与再分配功能，即便是达到最早养老金领取资格年龄之后的调整也不应当是完全精算型的。

结论。 在所有的这三个方面同，即最小化扭曲、改善遵从度以及鼓励延迟退休，认为精算型养老金系统最优的简单观点仅仅在一个最优的世界里成立。将此问题表述为一个市场不完备条件下的最优税收问题将

---

① 在一些发达国家，大量低收入者都有或多或少的永久性信用卡债务，其利率大约为 20%。在此情形下，进行养老金储蓄没有意义，因为其不太可能提供接近 20% 的年化回报率。任何的储蓄都会用来支付其信用卡债务。

会让我们更清晰地看见，在一个次优世界里，一个严格精算型养老金系统通常是次优的。这不是说，缴费与待遇之间的关系不重要。事实上，好的政策设计必须寻求避免此关系中明显与重大的扭曲，尤其应当避免潜在的道德风险。

另外值得记住的是，一个严格精算型养老金系统本身并不提供减贫功能；如果该系统的一部分的确能够提供减贫功能，让该系统的另一部分也采取严格的精算型模式并没有什么特别的好处。只有整个系统对于减贫、消费平滑与保险功能的有效供给的影响才是至关重要的。

5.3　退休期间的养老金待遇设计

本节考察了在一个收支平衡的养老金系统中退休期间的待遇设计问题。（第 5.4 节讨论了系统不平衡的调整问题。）有一系列可能的设计特征适用于退休时点，其对于劳动力市场具有显著的不同影响。我们先澄清一个频繁出现但通常错误的观点，那就是：退休养老金的提前供给可以减缓失业。然后我们将讨论劳动者首次获得养老金领取资格的年龄选择问题（第 5.3.2 节），提前或延迟退休的养老金待遇调整问题（第 5.3.3 节），以及养老金支付的指数化问题（第 5.3.4 节）。第 5.3.4 节讨论了当一个劳动者退休后继续工作时应当能够同时领取养老金的条件。

5.3.1　不叫的狗：早退休与失业

如果在一个经济体中工作岗位的数量是固定的，那么让一个老年劳动者退休就可以让另一个劳动者来填充其岗位，在此情形下提前退休就有利于减缓失业。但是，一个经济体中的工作岗位的数量并不是固定不变的，广泛的历史证据表明，提前退休并不会减缓失业：几十年来，在发达国家中我们已经看到，平均退休年龄大幅下降，但是失业率并未出现相应的下降。

那种认为工作岗位数量固定不变的看法是错误的，原因有多个。首先，当额外的劳动者进入劳动力市场时，它们会造成工资下行的压力，并使得雇主更容易找到合适的劳动者，从而有利于鼓励岗位创造。因此，工作岗位的数量是可变的，会受到劳动者数量的影响。其次，早点拿到养老金并不必然会将劳动者移出劳动力市场，因为某些劳动者会在领取前一个雇主的养老金的同时继续在其他地方工作。最后，在一个发展中经济体中（中国就是一个很好的例子），城市失业情况通常会严重受到从农村迁移到城市的劳动者数量的影响。这种迁移会大大超过那些试图通过鼓励提前退休来减缓城市失业的企图。

因此，不要错误地以为，改变养老金系统以鼓励提前退休（专栏5.4）或降低法定退休年龄（如果有的话，参见专栏5.5）——二者均为长期解决方案——就可以作为周期性失业的缓冲剂（这是一个短期问题）。[①] 我们最好关注失业补贴以及长期经济增长的动力，而非抱着退休可以大大影响失业的虚空幻想从而扭曲劳动力市场。类似地，残疾补贴应当以实际的残疾情况作为基础，而非将此作为应对失业的措施。

专栏5.5	法定强制性退休既无必要也不理想

因为强迫人们离开劳动力队伍对于寻找工作的劳动者而言并无益处（参见第5.3.1节），我们没有理由设立一个全国范围内的法定退休年龄。老年劳动者的健康状况、工作兴趣、工作能力以及工作机会都差异巨大。雇主们对于老年劳动者的潜在使用与需求也有巨大的差异。终结雇佣关系的灵活性是劳动力长期有效使用的一个很重要的部分。

除了一些例外情形，美国禁止企业层面的强制退休年龄，欧盟也跟着仿效。但是，也没有必要走得太远以至于可以让雇主与劳动者任意选择自己想要的退休年龄。避免全国性的法定强制性退休就已经足够了，正如美国与欧盟都已经做的那样。法定强制性退休忽视了一点，即无论对于劳动者还是对于整个经济而言，让某些劳动者继续工作到一个很高的年龄其实是好事。

---

① 结构性失业可能会导致不同的问题。此外，劳动力市场可能需要时间进行调整来应对老年劳动者供给的增加，参见 Spiezia（2002）。

5.3.2　养老金领取资格的最早年龄到底应该是多少？

一个人第一次领取养老金的年龄到底应该是多少？不同国家的实践经验大为不同。[①] 我们的分析始于如下事实：

● 月度养老金收益的充足性、成本以及平均退休年龄之间存在必要的联系。相应地，平均退休年龄会强烈地受到获得养老金领取资格的最早年龄的影响。如果养老金系统的成本过高，政策制定者可以在不改变月度收益的情况下增加最早领取资格的年龄，或者在不改变最早领取年龄的情况下减少月度收益。

● 然而，如果养老金收益的增加与退休年龄之间存在一个大体上的精算型关系，那么最早退休年龄的增加在没有养老金收益增加的情况下对于长期成本而言就没有影响，尽管其将有助于养老金系统的短期融资。

● 人们正越来越长寿。这是非常好的消息，但是它也意味着如果人们继续在以前的年龄上退休，提供一个给定的月度养老金的成本就将会上升。

● 闲暇乃超级优品。从长期来看，随着国家变得越来越富裕，不出意外，平均而言，人们将会通过减少工作日时长、工作周时长、增加假期时长以及提前退休来消费更多的闲暇。因此，工作人口选择退休的平均年龄部分取决于人均工资。发达国家关于男性劳动者的历史证据与这一结论是一致的：预期寿命的大幅增长伴随着平均退休年龄的大幅下降。然而，在过去二十几年里，一些国家提前退休的趋势似乎已经结束了。

退休的概念是多维度的，其维度包括停止工作、获取养老金、将自己视为退休人员的精神状态等（Banks and Smith，2006），或者各个维度的混合。在思考一个养老金系统的"退休年龄"时，有两个变量特别重要。雇主型计划通常会很重视一个单一的核心退休年龄，并可能根据

[①]　参见 Turner（2007）关于这方面的一个综述。

提前或延迟退休提供更少或更多的养老金。我们将这个核心的退休年龄称为"全额收益领取年龄"。对于一个公共养老金系统而言，更有用的做法是通过"最早领取资格年龄"的术语来进行思考，即一个劳动者开始领取养老金收益的年龄。如果劳动者在超出这个年龄之后延迟领取养老金收益，那么其养老金收益就会增加。最早领取资格年龄在不同国家是不一样的，可以作为一个国家的社会规范的信号。在一些国家，最早领取资格年龄与全额收益领取年龄是相同的（在英国，对于男性而言二者都是 65 岁）；在另一些国家它们就不一样（美国社保系统的最早领取资格年龄是 62 岁，而全额收益领取年龄是 65 岁并逐渐上升到 67 岁）。

决定一个最优的最早领取资格年龄是十分困难的。决定其应当随着时间的推移如何变化就更难了。正如下面所讨论的，最早领取资格年龄的变化会伤害一些劳动者的同时又有利于另一些劳动者。最优的年龄应当在伤害与帮助之间进行平衡。随着时间的推移，平衡点会发生相应变化，但是那种变化的动力并非只是简单地与寿命相关。例如，随着真实收入上升，最优的退休可能倾向于发生在更早的年纪。此外，健康及其继续工作的能力都被预期会随着预期寿命增长而改善，但是这种关联并非很紧密。对于这些相抗衡的趋势还没有很好的理论处理方法，要判断人们对于这种有巨大跨代性与随机性影响的决策何时会犯错误，其可见的困难非常大。

在那些情形下，应当用何种因素来指导最早领取资格年龄的选择？如果养老金收益的增加与劳动者开始领取的年龄的增加严格遵循精算型关系的话，最早领取资格年龄的增加就并不能改善养老金融资。只有当养老金收益在每一个年龄都减少到低于旧系统下应有的收益时，增加最早领取资格年龄才能改善养老金系统的融资状况。[①] 在一个具有粗略的精算型调整的系统中，最早领取资格年龄对于养老金充足性的作用比对于养老金系统融资的作用更大。

假设一个国家的最早领取资格年龄是 65 岁，正考虑增加到 66 岁，

---

① 这非常不同于全额收益领取年龄的变化，在任何给定的退休年龄下提高全额收益领取年龄都会减少养老金收益。

但是 66 岁及以后的月度收益并不改变。这样的变化将会有如下各种影响：

● 它伤害了那些应当刚好在 65 岁退休但除非其养老金立即开始发放否则就没有充足储蓄的劳动者。

● 它帮助了那些应当到 66 岁退休但若可选的话就会在 65 岁以不充足的养老金退休的劳动者。

● 它帮助了那些在 65 岁退休但可以依靠自己的储蓄维持生活到 66 岁开始领取养老金的劳动者（通过提供更高的养老金收益的方式，假设变化之前年金化不足）。①

● 类似地，如果养老金发放并不以实际退休为条件，那么它就帮助了那些无论如何都会工作到 66 岁的劳动者（通过提供更高的养老金收益的方式）。它也帮助了那些在给定自身现金流的情况下消费过度的劳动者进行更多的储蓄以便于其以后的消费。

● 如果养老金收益只支付给退休的劳动者，那么它将不会影响那些无论如何都会工作到 66 岁的劳动者。

总之，最优的最早领取资格年龄必须在帮助他人与伤害他人之间取得一种平衡。为了达成这种平衡，应当对不同的劳动者设定合理的退休年龄（正如一个强制性养老金系统下缴费规模也应当在合理的储蓄率范围之内进行设置一样）。作为一个额外的维度，在某些情形下如果他们的养老金积累所提供给他们的替代率处于一个由政府决定的门槛之上，可以有一个最早领取资格年龄但允许劳动者提前退休。在智利就存在这种安排。无论最早领取资格年龄是多少，养老金系统的设计必须允许退休决策的灵活性。

5.3.3　提前与延迟退休的养老金调整

传统的雇主型养老金计划的待遇计算规则仅仅从全额收益领取年龄

---

① 尽管一个强制性养老金系统可能会过度利用年金，但是自愿性养老金的过度年金化是不太可能的，因为退休人员需要充足的流动性资金，并且私有化年金市场的运行实际上存在很多缺陷。

开始计算劳动者的养老金收益。正如上面所描述的那样，这一规则是劳动者的服务年限与劳动者在与规则相关的年份期间的收入水平的某个函数。然而，一些雇主希望一些劳动者在超过全额收益领取年龄之后继续工作，至少可以兼职工作，而在另外一些情形下，劳动者及其雇主可能都希望劳动者能够在一个更早的年龄退休。

精算师可以估计出，提前退休所导致的养老金到底该减少多少才能允许雇主更广泛地在不赚不亏的情况下提供一个延迟退休的选项。然而，精算型公平调整方案可能符合也可能不符合雇主的最佳利益。雇主也许想通过将养老金待遇水平设定在平衡水平之上或之下的方式，给劳动者更多或更少的提前退休的激励。为这些替代性选项设定待遇水平，代表了能在不同年龄阶段鼓励或不鼓励退休的一个额外的控制变量。此外，雇主能选择在哪个年龄提前退休，并且可以将这种机会仅仅留给一部分员工。一个雇主可能只是在某个时点上提供提前退休的选项，当雇主并不太需要维持就业时尤其如此。

如果一个雇主想要留住某些已超过全额收益领取年龄的劳动者，他就可以为其延迟退休提供一个更高的养老金待遇。相反，雇主可以全额或部分地支付劳动者的养老金收益同时继续雇用他们工作——譬如，作为顾问——在这些劳动者正式退休之后。因为不同工作岗位的差异以及不同劳动者的能力差异，雇主会意识到他们并不希望所有的劳动者都在完全相同的年龄退休。

在公共养老金系统中会产生类似的问题。无论在最早领取资格年龄或某个正常年龄的养老金待遇决定规则如何，均存在很好的理由——对于整个经济、整个社会以及对于劳动者们自己而言——让不同的劳动者在不同的年龄退休。有些人不再喜欢自己的工作（如果他们曾经喜欢过的话），从而很想停止工作，只要他们能负担得起一个体面的退休生活。一个良好的养老金系统将不会过度激励；一个良好的养老金系统也可能会关心超出最早领取资格年龄之后的分配与保险问题，因为不同人群的机会不一样。

延迟退休所导致的养老金收益增加额应当随着年龄增加而上升，因为余下的预期寿命会随着因年龄增加导致的死亡率上升而下降。然而，在实践中，在许多国家的公共养老金系统中延迟退休所导致的收益增加额太小了，并且其所遵循的模式通常没有什么明显的道理可言。[①] 美国社会保障系统的养老金收益增加额调整有一个错误的模式，并且在某些年龄（轻微）高于而在另外某些年龄又大大低于精算型水平，但没有什么明显的理由；加拿大将养老金收益增加额调整为随着年龄增加而下降而非上升（见图 5.3）。

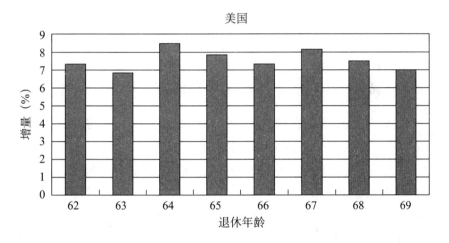

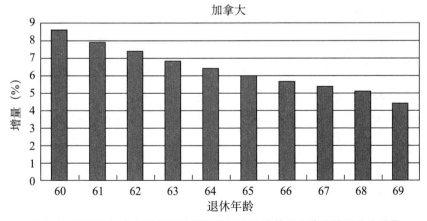

图 5.3　美国与加拿大逐年延迟领取的月度公共养老金收益的百分比增量

5.3.4 根据物价或工资将养老金收益指数化

如果养老金收益基于名义收入，那么一个劳动者的初始真实收益与其过去收入之间就会存在一个错误的关系，这取决于过去通货膨胀率的模式。如果养老金收益本身是用名义形式设定的，那么真实收益就会因为通货膨胀率的变化而随着时间的推移以一种错误的模式下降。本节考虑将养老金指数化的各种恰当与不恰当的方法，依次考虑：

● 在决定劳动者的初始养老金收益时，何种指数化规则应当应用于劳动者的被覆盖收入的历史（或基于被覆盖收入的缴费历史）；

● 在初始收益被决定后，该运用何种指数化规则；以及

● 错误的指数化规则可能导致的一些问题。

劳动者收入或缴费历史的指数化。一个固定收益型养老金系统将劳动者的收入历史与其养老金收益联系起来（或者，在名义账户制计划中，将劳动者的缴费历史与其养老金收益联系起来）。通常而言，正如上面所描述的，是将收入最高的年份或将所有年份的收入取平均值。为了避免变化无常的通货膨胀对养老金收益产生太糟糕的影响，养老金收益可以用如下两种方法之一或二者的混合来进行指数化：

● ***物价指数化。***如果一个劳动者过去的工资针对物价变动进行指数化（这样的一个系统被称为一个真实系统），那么初始真实收益就是基于劳动者过去的真实收入历史。因此，初始养老金就取决于劳动者在一段很长时间中每一年的名义收入，并根据每一年相对于在计算初始收益时的那一年的物价增长情况进行调整。

● ***工资指数化。***在一个工资指数化系统中，初始真实收益基于劳动者每一年的收入历史相对于那一年整个经济范围内的平均收入水平。因此，初始养老金取决于劳动者的收入与每一年的平均收入。[1]

---

① 养老金收益规则中也会存在基于劳动者出生日期的差异。我们可以有一个物价-工资系统，其中既有物价的计算，也有工资的计算。美国总统乔治·W. 布什所任命的委员会（U. S. President's Commission, 2001）提出了一个具有这种特征的系统以考虑美国的社会保障系统的改革。

●**物价与工资混合指数化。** 我们也可以将物价指数化与工资指数化进行混合，只要这种混合过程能将物价指数与工资指数进行合适的加权平均，正如下面所定义的。

养老金收益水平与指数化方法之间的关系并不简单。在一个给定的收益规则下，如果真实工资增长为正，那么一个劳动者的初始养老金收益通常而言在工资指数化下比在物价指数化下更高。然而，在实践中，一个国家会同时选择一种指数化方法与一个收益规则。因此，即使由工资增长所导致的过去收入增长通常比物价增长所导致的过去收入增长更高，如果收益规则不同的话，前者的养老金也并不必然更大。[①] 如果这两个系统——一个是物价指数化的，一个是工资指数化的——给一个人群平均而言相等的收益，那么一些劳动者在一个系统下处境更好，而另一些劳动者则在另一个系统下处境更好。那些在其职业生涯早期获得相对更高的工资的劳动者将在工资指数化下处境更好，因为其赋予更早期工资以相对更高的权重，而那些工资相对更低的劳动者则会在物价指数化下处境更好。如果指数化系统发生错误，问题就会更为复杂，正如专栏 5.6 与专栏 5.7 所讨论的。

专栏 5.6	**关于通货膨胀的初始收益过度指数化：美国，1972—1977 年**

错误的指数化既会影响一个人的初始养老金水平，也会影响给付收益水平（参见专栏 5.8）。美国在 20 世纪 70 年代的经验就提供了一个实例。

在 1973 年之前，美国社会保障系统并不针对通货膨胀自动调整收益。相反，国会对养老金收益规则进行周期性的投票，以体现对自前期变化之后的物价上升幅度的关注。这些变化既适用于给付收益，也适用于未来初

---

① 这一点很容易用一个线性系统来表示：

$$A \sum_{a=21}^{65} w_a (1+\pi)^{65-a} = B \sum_{a=21}^{65} w_a (1+g)^{65-a}$$

其中，π 表示通货膨胀率，g 表示真实工资增长率。当然，改变真实工资增长率将改变两个系统的相对规模。

始收益的规则。1972 年立法要求针对通货膨胀进行自动调整，既包括初始收益，也包括给付收益，大体上吸收了国会以前所遵循的做法。结果，收益规则使用了一个劳动者的平均名义工资，与此同时，也针对通货膨胀增加了相应的收益规则。所以，高通胀通过两种方式影响养老金收益：直接通过收益规则的改变来影响养老金收益，以及由于通货膨胀的提高而导致工资上升从而间接影响养老金收益。

这种过度指数化在立法时就已经被意识到了，但是大家都认为收益规则的累进制特性会足以抵消其上升的成本。尽管若通胀水平能维持在一个狭窄的范围之内的话，这种方法就能将成本与预测水平维持一致，但实际的通货膨胀增长非常迅猛。结果，养老金收益的实际价值增长远比国会所想象的更为迅速，这主要是因为金融危机的影响。该系统维持了这种过度的指数化，直到 1977 年立法引入了养老金初始收益的工资指数化，与此同时，继续实行养老金给付收益的物价指数化。

专栏 5.7	关于通货膨胀的初始收益指数化的方法

一个简化的例子（其中劳动者工作两个时期）阐述了物价指数化或工资指数化如何能够使得真实收益独立于通货膨胀率，以及为何 1972 年的美国立法却未能做到这一点。假设在第一期每个劳动者赚得了 w，在第二期每个劳动者赚得了 $w(1 + g) \times (1+h)$，其中 g 表示实际工资增长率且 h 表示通货膨胀率。假设养老金收益是平均终生收入的一个固定比例 c，以第二期货币单位进行估计。

在物价指数化下，第一期收入价值等于数量为 $w(1+h)$ 的第二期美元。因此，终生平均收入为 $w \{ [1+h+(1 + g)(1+h)] /2\} = w(1+g/2)(1+h)$。利用通胀调整结果（使用第一期美元为单位），收益为 $cw(1+g/2)(1+h)/(1+h) = cw(1+g/2)$。因此，经通胀调整后的收益与通货膨胀率无关。

在工资指数化下，第一期收入价值等于数量为 $w(1+g)(1+h)$ 的第二期美元。因此，终生平均收入为 $w(1 + g)(1 +h)$。利用通胀调整结果（使用第一期美元为单位），收益为 $cw(1+g)(1+h)/(1+h) = cw(1+g)$。因此，经通胀调整后的收益与通货膨胀率无关。

在 1972 年美国立法所使用的指数化方法下，第一期收入的计算使用了名义性收入。因此，终生平均名义性收入为 $w[1+(1+g)(1+h)]/2$。如果名义收益与该测度成比例，经通胀调整后的收益将为 $cw\{[1+(1+g)(1+h)]/2\}/(1+h)$。由于该表达式对于通货膨胀率 h 是递减的，通货膨胀率越高，则经通胀调整后的收益将越低。这是使用名义性第一期收入的结果。在美国法律中，收益规则也要乘以通货膨胀率。因此，在进行通胀调整之后（以第一期美元为单位），收益就为 $cw[1+(1+g)(1+h)]/2$。所以，通货膨胀率越高，经通胀调整后的收益就越高。当通货膨胀足够高时，这就意味着养老金收益的增长比工资增长更快，从而带动了税基的增长。

如果收益规则在不同人群之间是稳定不变的，并且如果工资增长率随着时间的推移而变化，那么工资指数化将会导致不同人群有相同的替代率（相对于最终支付而言），而物价指数化则会导致不同的替代率。但是，一个完备的分析必须考虑劳动力市场上出现部分重叠（因而在平均工资的决定中出现部分重叠）的各人群相对工资的变化，这就使得问题变得更为复杂了。

退休后的养老金指数化。 在一些发达国家中，退休后的养老金收益是针对通货膨胀率而进行指数化的，另一些国家则是针对平均工资率变化，还有一些国家是针对二者之间的恰当加权平均（"恰当"的意思是权重之和为 1）。譬如，在芬兰，收益增长是物价增长的 80%，是工资增长的 20%。瑞典则是另一种方式，收益增长率设定为工资增长率减去 1.6 个百分点。指数的选择涉及两个相关的问题：退休人员剩余寿命期间平均的期望收益增长，以及不同调整方法的风险特征。（此处的讨论并未考虑根据寿命调整养老金收益，这一主题将在第 5.4.1 节中进行讨论。）

对于一个给定的初始养老金，收益增长越快，养老金系统就越昂贵；收益增长越慢，随着时间的推移退休人员落后于平均生活水准的幅度就越大。因此，物价指数化更加强调囊括成本并维持购买力，而工资指数化则更加强调养老金收益的充足性。养老金政策需要在二者之间努力达成平衡，并意识到其不同的分配效应。

另一种思考养老金收益增长的方法是意识到，给定长期成本，存在初始养老金收益与之后的收益增长率之间的一个权衡：收益增长越快，为了维持固定不变的成本，初始替代率就越低。这就是初始养老金收益在一个将初始收益设定在一个精算型（或近似精算型）基础之上的系统中是如何决定的，例如在那些从保险公司购买年金的积累制固定缴费型系统中，以及在瑞典的名义账户制系统中。

因为劳动者的预期寿命不同，将同样长期总成本下的初始养老金收益水平与收益增长率进行不同组合，将会以不同方式影响劳动者。那些预期寿命更短的劳动者将会偏好更高的初始养老金收益（随后收益增长更慢）。对于相同性别的人群而言，收入更高的男性与女性都很可能会寿命更长，因此，养老金收益增长率的选择有重要的事前分配效应。因为平均而言，女性比男性寿命更长，所以这里也存在一个性别平等问题。此外，一个具有更低初始养老金并且更迅速的指数化过程的养老金系统可能会鼓励延迟退休，这是因为劳动者，特别是那些几乎没有其他资源的劳动者，可能会特别关注初始养老金。这样一个关注（可能是受到那些主要关注初始收益的媒体报道的影响）可能会让合理决策在政治上更加困难。也就是说，选择一个更低的初始养老金以及随后更迅速的收益增长可能会被描述为收益削减，即使养老金系统的整体长期成本不变。

根据传统的个体偏好模型，随着时间的推移，合意的消费增长（从而收益增长）取决于不同时间的消费相对于延迟消费所增加的消费而言被如何评价。这通常是通过效用贴现率与延迟消费的回报率之间的差异来进行描述的。当这两个比率相等时，一个固定的真实消费路径是最优的，而这就为物价指数化的普遍实践做法提供了潜在的支持。然而，传统模型忽略了当人们变老时其口味变化以及其所面临的约束条件的变化——这些变化体现在被观察到的消费模式中。我们并不太清楚这种考虑应该会怎样影响养老金收益的时间模式。传统模型还忽略了相对消费问题，也就是说，退休人员相对于在职人员的消费情况。因为工资通常比物价上升得更快，随着时间的推移，一个给定的真实收益相对于平均工资而言是下降的。[①]

一个相关的问题是，老龄化是否与贫困增加有关系；答案部分取决于所讨论的贫困是绝对测度还是相对测度。例如，在美国，老龄化与贫困之间存在联系，尽管这主要是由于随着一个群体年纪增加其寡妇数量也会增加，而并非一个纯粹的老龄化效应（在家庭结构维持不变的情况下）。如果缺乏其他反贫困保障的资源，养老金收益随着时间的推移而增加就有利于，譬如说，长期照护活动的融资。[②]

工资不但比物价增加得更快，而且比物价的波动性更强。指数化方法的选择还有一个风险维度。考虑具有相同初始收益水平的养老金系统，其中一个进行了物价指数化，另一个（正如瑞典那样）的指数化过程取决于工资增长率减去一个常数，该常数设定为实际工资的预期增长率。这两个系统有相同的预期成本，但是有不同的风险程度。选择一个工资指数减去一个常数，就会涉及一个真实的可能性，即所选定的常数并不能很好地跟踪长达十年甚至更长时间的平均实际工资增长（试图让退休人员大体上维持相同的生活水准），从而发生巨大的偏离。历史上，一些国家发生了很长时间范围内的非常不同的实际工资增长，正如图 5.4 所示的美国的情况。因此，在相同的平均成本下，使用实际工资增长率减去一个常数，与物价和工资变化加权平均的方法相比，就会涉及更大的风险。

此额外风险很重要。更广泛地分担风险当然是好的，但是那些更加风险厌恶的人应当承担更小的风险。与退休人员相比，就业人员有更强的能力承受风险：他们既可以调整其收入，也可以调整其消费，并且，因为他们的剩余预期寿命更长，他们在面临一个意料之外的收入冲击时，可以通过不同年份间更微小的调整从而更容易地平滑消费。这些考量意味着，如果养老金收益的调整比工资的调整更小，那就应当通过物价与工资的混合指数化来进行，而非依赖于工资增长率减去一个常数。

---

① 正如第 11 章所讨论的，自 20 世纪 80 年代晚期以来，英国的基础国家养老金针对物价进行了指数化，因而越来越落后于平均工资。这所导致的养老金领取者越来越广泛的贫困现象正是英国养老金委员会产生的原因之一（U. K. Pensions Commission, 2004a, 2004b, 2005）。

② 关于长期照护活动的融资，参见 Barr（2001a, Chapter 5）。

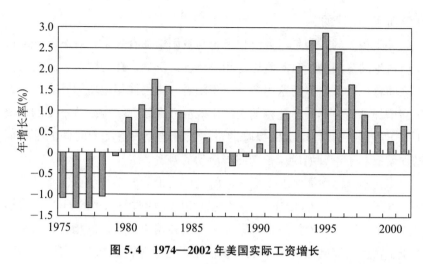

图 5.4　1974—2002 年美国实际工资增长

数据为年度工资数据的五年移动平均值（www. ssa. gov/OACT/COLA/AWI. html），根据城市工薪收入者与劳务人员的消费者价格指数进行了平减（CPI-W；www. ssa. gov/OACT/STATS/cpiw. html）。

资料来源：作者计算所使用的数据来自美国社会保障局。

　　潜在问题。 很清楚的是，一个人养老金的真实价值不应当随着通胀水平错误地变化，并且由于通胀率在不同年份甚至在连续的年份之间会更显著地变化，这种情况会进一步加剧。如果养老金收益根据物价增长进行了充分的指数化（但也就仅此而已），那么他们的实际购买力得到保留，但是随着时间的推移，退休人员的生活水平将会越来越落后于一般性生活水平（假设工资增长超过物价增长）。相反，如果养老金是通过名义工资增长进行指数化的，那么只要工资变化能赶上物价变化，就能够适应通货膨胀的变化，并且能保持退休人员相对于在职人员的生活水准；但是，因为随着时间的推移，工资增长通常会超过物价增长，此系统对于一个给定的初始养老金收益水平而言，将会更加昂贵。在这种情况下，在职人员与退休人员之间在物价增长对工资的影响方面就存在一些风险分担，至少从长期而言是如此。给定不同的政策目标，无论这些规则中的哪一种，或者更为恰当的加权平均，都是合理的。不合理的地方在于，当对通货膨胀进行指数化时进行了不恰当的加权，也就是说，所有的权重加起来不等于1。专栏 5. 6 与专栏 5. 8 给出了两个错误加权的例子，正如在第 14.2.2 节中所讨论的那样，在中国也发生了同样的问题。同样令人关注的是，对养老金收益随着通胀进行调整的范围设定上限。尽管这有助于养老金系统的融资，但这样一个上限当然会削弱指数化的社会目的。

恰当的指数化避免了对于通货膨胀的这种错误反应。其取决于养老金收益的初始水平、养老金收益与平均工资之间的关系、预期寿命的变化以及养老金融资手段的可用性，各个国家可以根据其自身的国情做出相应的合理选择。

专栏 5.8	给付收益对于通货膨胀的过度指数化： 英国，1975—1980 年

错误的指数化既能影响一个人的初始养老金收益（专栏 5.6），也能影响其给付收益。根据 1975 年立法，英国的基础国家养老金根据工资增长率与通货膨胀率二者之间更高的那个比率进行指数化调整，但是每一年都会严格单独制定。因此，如果工资在第一年翻倍了但物价没有变化，物价在第二年翻倍了但工资没有变化，那么之后的实际工资将不会变化，但是养老金在第一年将会翻倍（与工资一致），同时在第二年又会再次翻倍（与物价一致）。这就产生了一个无意的向上偏差，给定 20 世纪 70 年代后期很高的工资与物价变化率，这个问题就显得很严重。

5.3.5　养老金与继续工作

当一个退休人员选择继续工作时是否应当能同时领取养老金呢？通常来说，一个雇员的退休是该雇员开始领取养老金的条件，但这并不必然意味着对于所有工作都是如此。许多劳动者从一个雇主那里退休之后就从该雇主那里领取养老金，然后又到其他地方工作去了。此外，一些雇主允许已经退休的劳动者从全职工作转为零工并获得部分或全额养老金。[①]

---

　　① 自从 2006 年之后，英国法律已经允许劳动者在继续为同一个雇主工作时领取雇主型养老金。

正如本章前面所讨论的那样，这种灵活性是很恰当的。

公共养老金系统也能决定继续工作如何影响养老金收益的领取。它们可以决定，只有必须或多或少已停止了工作（在这种情形下，养老金的领取被认为需满足退休资格审查条件）才可以从一个给定的年龄开始领取养老金收益，或者无论劳动者是否停止工作都可以开始领取养老金收益。又或者，该系统可以设定一个随年龄变化的规则：在某个年龄范围内，只有停止工作才能领取养老金，在此之后则无条件领取。此外，一个符合领取养老金资格的劳动者可能被允许延迟领取以便之后开始领取时可以获得更高的养老金收益。如果定价正确（也就是说，延迟领取的增益规模适当），这种增加养老金收益的机会对于整个系统而言，其产生的财务成本很少甚至为零。这里不考虑劳动者延迟领取以期未来获得更高养老金收益的做法可能会对其自身造成伤害的情况。

考虑这样一个养老金系统：存在一个每个人都可以开始领取养老金收益的最早领取资格年龄。该系统的一个变体就是增加一个要求：至少在某些年龄段，只有当劳动者不再工作时才会向其支付养老金。另一个变体就是只要劳动者的养老金收益未超过某个最低门槛就可以向其支付养老金，以方便零工者与低收入工作者。

退休资格审查对不同的人有不同的影响。对于那些继续工作的人而言，一旦他们退休，这就会提高他们的月度养老金收益；对于那些一旦工作结束，消费将急剧下滑的情况而言，这是一个优势。对于具有不同预期寿命的劳动者而言，"年龄越高养老金越高"这一点具有重要的分配效应，而退休资格审查对于那些不太注重"年龄越高养老金越高"这一点的劳动者而言（包括预期寿命较短的人）具有负面激励效应。将退休资格审查与低于精算型收益水平的养老金收益增加的方式进行组合，也可以为那些职业终期低收入者提供某种保障。在这种情况下，对于晚期工作年间的隐性税收有利于为那些最早退休的劳动者提高养老金收益，从而意味着为那些职业终期收入较低的劳动者提供了保险功能。为了这个目的，养老金收益的增量不能太低于精算水平；也就是说，此隐性税收不能太高，否则将弊大于利。此外，考虑到那些一旦符合资格就立即退休者通常是低收入者，而延迟退休者通常是收入更高者，并且如果养老金收益并不对延迟退休者进行充分的精算式调整，那么这种保险效应就会产生一个再分配效应。在那种情况下，退休资格审查对劳动力供给所产生的扭曲可能就会超过其所改善的保险效应与再分配效应。[①]

工作期间领取养老金收益的规则所产生的影响会随着年龄而变化。退休资格审查对于最早领取资格年龄而言也许是合理的，但是对于之后的年龄而言就未必如此了[②]，从而意味着领取资格应当随着年龄进行系统的变化。然而，在那些不具备充分实施此类规则的管理能力的国家里，此类要求不太可能受到重视。

尽管存在这些争议，但是若既存在退休资格审查，又对延迟退休施加一个大型隐性税收（延迟领取养老金并不会增加收益或增益甚微），这样一个设计就是一个不好的养老金设计。这样的制度安排类似于一个法定退休年龄，其结果是导致太多的人只要一到符合领取资格的年龄就立即退休。不幸的是，正如专栏5.4所讨论的，这种结构由于历史原因已经太普遍了。要么从某个年龄开始在没有退休资格审查的情况下就开始领取养老金，要么延迟领取养老金将会显著提高养老金收益。正如专栏5.9所讨论的那样，给定预期寿命的多样性以及人们延迟领取程度的差异性，后一种方式并不像看起来的那样简单，这对于精算平衡与劳动力参与激励都具有重要影响。也就是说，平均而言具有精算公平性的调整幅度，对于某些人而言是一种隐性税收，对于另一些人而言则是一种隐性补贴。

第5.3节的核心结论牵涉到一个人的养老金收益与其第一次领取养老金收益的年龄之间的关系中的两个因素：

● 对于那些开始领取养老金的人而言，年龄越大，养老金收益就应当越大，从而可以激励人们一直工作到一个适当的年龄。

---

① 在美国，在62岁退休（最早领取资格年龄）的劳动者与更高年龄退休者相比，其一生的收入水平与剩余预期寿命都更低。

② 例如，在美国，在62岁到全额收益领取年龄（正从65岁向67岁变化）之间存在一个收入审查。在达到全额收益领取年龄之后就再也没有收入审查了。

● 要么养老金收益从一个给定年龄开始领取但不要求停止工作，要么养老金收益对于延迟领取者而言应当显著增加。

专栏 5.9	精算平衡与预期寿命变化的激励

最早领取资格年龄之时或之后的剩余预期寿命在人群中的差异很大。为了做到收入中性，延迟退休收益的精算型调整应当体现延迟退休者的平均预期寿命情况，而非整个人口的平均预期寿命。将此问题进一步复杂化，该平均应当根据每个人延迟退休的收益水平进行加权。这意味着，为了实现一个既具备收入中性特征同时又对那些充分利用延迟退休选项的劳动者具备精算型公正的系统，存在一个艰难的计算。如果能找到一个同时实现二者的均衡，对于劳动者来说这个允许延迟退休的额外选项就是有益的。当然，如果它平均而言是精算型的，那就意味着这对于某些人来说具有财务上的好处，对于另外一些人来说则具有财务上的坏处。但是，由于额外保险的价值，即使延迟退休会降低其养老金收益的期望值，一些劳动者也仍然会选择延迟退休，正如即使购买火灾保险会降低人们的期望财富水平，人们也仍然会购买火灾保险一样。

当我们考虑延迟选项的激励效应时会产生两个问题。如果一个人能够在不停止工作的情况下领取养老金，延迟退休的选项对于获取更高的养老金而言就是一个激励措施，这并不需要直接地鼓励或阻碍劳动力参与，尽管流动性约束以及未来收益增加可能导致劳动增加。如果养老金收益必须在停止工作之后才能领取，那么那些偏好更高养老金收益的人就必须继续工作才能获得更高的养老金收益。在这种情况下，延迟退休的选项就可以让那些拥有充分流动性的人停止工作并延迟领取养老金收益，从而可能会导致劳动减少。只要劳动者对于何时停止工作能够做出好的决策，所增加的选项就是好事。对于那些对延迟领取养老金收益具有充分远见的劳动者而言，停止工作的时点选择就不存在行为方面的担忧。在考虑继续工作对系统精算平衡的影响时，我们必须既要考虑额外工作的影响（更多的税收以及以后更高的养老金收益），也要考虑使养老金收益与开始领取养老金的年龄相关联的养老金规则的影响。

如果延迟退休所导致的收益增量低于精算型结果，那么就会让那些原本打算延迟退休的人打消延迟退休的想法（这是一个效率性成本）。但与此同时，它允许在那些延迟退休并接受低于精算型补偿的人与那些不接受从而不延迟退休的人之间进行了再分配。正如前面所讨论的那样，因为那些延迟退休的人往往比那些不延迟退休的人更为富有，这样一种对精算型公正定价的偏离既能提供保险功能，也能提供再分配功能。

5.4　养老金制度的动态调整

一个养老金系统应当如何调整以反映不同人群之间的差异，譬如，考虑后出生的人可能有更高的收入与更长的寿命？特别地，缴费与待遇之间的关系应当如何变化？最早领取资格年龄以及针对提前与延迟退休的制度调整该如何变化？我们将讨论针对预期寿命提高的养老金制度调整、针对劳动力人口变化的养老金制度调整（尤其是针对死亡率下降的影响）以及针对社会风险变化的养老金制度调整。

5.4.1　针对预期寿命提高的养老金制度调整

尽管死亡率可能继续下降，但对于下降的速度存在争议。从历史上来看，即使当前预测平均而言具有长期精确性，但随着时间的推移总是会产生重大的偏离。1981年，英国政府精算部预测在2004年65岁男性的预期剩余寿命是14.8年，但是事实上却是19年，存在28％的误差。因此，英国养老金委员会（U.K. Pensions Commission, 2005, p.90）的第二份报告注意到：

> 围绕2003年［政府精算部］对2050年65岁男性剩余预期寿命为21.7年的基本预测，存在一个广泛的非对称的不确定性范围，至少在20.0到29.0年之间，但是这个范围依然存在很小的概率会更为发散……因此，重要的是，国家养老金政策与职业养老金供给（既包括公共部门，也包括私人部门）的设计在面临预期寿命增

长以及关于该增长持续的速度的重大不确定性时，必须十分稳健。

因此，所预测的死亡率改善情况会面临越来越大的关于未来实际结果的怀疑。如果当前立法机构设定了未来的调整因素，它们一般而言不会与实际的死亡率相匹配。当然，调整因素总是有可能改变的。但是，立法变化可能会很困难，可能包括一个不对称的转变：如果养老金收益需要更大的降低，立法转变就会很慢，但如果只需要更小的养老金收益降低量并且具有融资可行性，那么立法转变就会很快。因此，至少在某个范围而言，在制度设计中对不确定性结果采取自动反应的方式就具备巨大的优势。例如，瑞典在其名义账户制系统中对最早领取资格年龄时的养老金收益进行了指数化，同时对延迟退休的养老金收益增量也进行了指数化，但是对于最早领取资格年龄本身却没有进行自动的调整。

一个进一步的问题是，美国死亡率的改善（假设其他地方也一样）在不同收入层面情况并不相同。那些具有更高终生收入水平的人已经享受到了更为迅速的死亡率改善，这对于男性和女性都是如此（Diamond and Orszag，2005a，pp. 67 - 69；Pappas et al.，1993）。这一问题在考虑最早领取资格年龄时尤为重要，同时也是在预测未来的过程中所面临的进一步的复杂性问题。死亡率分布的变化对于养老金系统的成本的影响极为有限，但是对于合理退休年龄的分布却极为重要，并且对于最早领取资格年龄的选择也很重要。

在一个固定缴费型养老金系统中，预期寿命的增长对于该系统的财务融资状况并没有影响。如果与先前预期寿命更低的人群一样，人们继续在同样的年龄退休，替代率必然会更低。个人可以通过按比例提高工作时长来抵消这一效应。但在历史上，他们并没有这么做：退休年龄直到最近才出现一般性的下降，并且劳动力参与度的最新增长并不足以体现一个充分的抵消趋势。因为许多劳动者可能并没有基于自身情况对预期寿命提高做出延长工作时间的反应，法定最早退休年龄的增加也许有助于防止一些劳动者过快退休。

在一个大体上具有精算型特征的固定收益型养老金系统中，如果对预期寿命不进行调整的话，预期寿命增长对于养老金系统的财务融资状况就具有负面效应。如果收益调整大体上是精算型的，那么即使延长平均职业生涯也无法减轻此负面效应。事实上，随着预期寿命的提高，养老金收益的调整可能会变得太大。因此，一个固定收益型养老金系统需要对收益规则进行调整。

严重依赖于预期死亡率的自动调整过程很可能会变得极其政治化。因此，一个养老金系统如果基于死亡率信息来调整收益规则，可能效果会更好一些。在瑞典，这是通过在养老金计算中利用历史死亡率数据来完成的，对于已退休群体的死亡率的预期改善并没有做出调整。另一个方式是基于死亡率的年度变化情况逐年进行年度调整。

当一个系统进行调整以随着预期寿命变化而变化时，有几个独立的（以及充分独立的）工具可用。有可能：

● 减少在最早领取资格年龄时的平均月度收益以反映出随着预期寿命增加提供给定养老金收益的成本增加量。这可以自动进行，在依赖市场养老年金供给的固定缴费型系统中正是如此。

● 随着时间的推移提高最早领取资格年龄，要么是自动调整，要么是周期性地考量重设，从而减少养老金收益的平均期限，与此同时，抵消延迟领取所导致的月度收益的增量。这就在第一个选项中加入了提高最早领取资格年龄的做法。

● 调整延迟退休的收益增量，因为养老金收益增加的价值越大，在此增加之后的剩余预期寿命期间养老金收益就越多（因为支付养老金收益的时期更长了）。因此，延迟一年退休的养老金增益可能会随着预期寿命的增加而减少。①

然而，将所有调整都落在养老金的收益方面，并不是必需的，在许多情

---

①　一个典型的计划是在延迟领取收益的每一年加上一个固定比例的收益。这就导致了一个下降的百分比增量。一个固定比例增量则是将养老金收益乘以一个固定增长率所导致的，而非加上一个固定比例。然而，死亡率会随着年龄增加而增加，如果是基于精算型调整的目的，养老金收益的百分比增量应当上升。

况下也并非最优的。一个额外的选项就是增加缴费。缴费增量可以依据预期寿命增加的成本进行指数化调整。

第一个与第三个选项是瑞典政策制定者的选择，并且在一个标准的完全积累制固定缴费型系统中本就是固有的选择，正如智利那样。第一个选项也是由布什总统所任命的委员会向美国社会保障系统所提出的提案之一。第二个选项正是英国基础国家养老金系统所追求的目标。一个不同的方式就是将第一个选项与增加缴费组合起来使用，二者的平衡依赖于当前缴费水平与可利用的资源。这在美国已经被提出来了，根据Diamond 与 Orszag（2005a，2005b）的研究，其缴费与替代率从国际标准来看依然很低。一般而言，充分利用这些工具中的各种组合就可能会产生好的养老金政策。

正如在第 5.3.2 节中所讨论的那样，最早领取资格年龄的调整会产生很多复杂的问题，因为由此变化所导致的谁受损谁受益的决定性因素，不但会随着平均预期寿命与平均收入水平的变化而变化，还会随着个体环境与决策的变化而变化。将最早领取资格年龄与预期寿命按比例设定的简单规则具有透明性的优势，但是在理论上可能是次优的：人们活得越长，养老金成本就越高，但是此效应部分地被一个事实所抵消，即人们比过去生活得更好了，从而可以支付更高的退休期间消费；并且，正如已经注意到的那样，预期寿命的改善在不同收入等级之间的差异巨大。因此，最早领取资格年龄的周期性调整——可能基于一个非党派委员会的建议——可能会比自动调整更好一些。或者，预期寿命的一个给定变化可能会被预先设定一个相应的政策调整，但到时仍然需要立法来实施。

一旦政府决定周期性地调整养老金收益与领取资格的规则，其决定应当基于专栏 5.10 中所设定的那些基本原则来执行。

专栏 5.10　　　　　　　　养老金领取年龄的调整原则

如果养老金收益与领取资格要随着死亡率的变化进行调整，自动调整的方式应当基于如下三个原则：

● 调整规则应当与出生日期相关，而非退休日期；否则，在任何由此导致的收益减少之前就将会有一波退休潮。这种退休激励是无效率的。

● 收益变化应当是年度性的，以避免年龄相近人群收益水平的巨大变化。巨大变化是不公平的，也会造成政治困境，因为相近年份出生（有时甚至只相差几天而已）的人们之间的收益会出现显著差异。收益的巨大变化与由退休日期所决定的规则组合在一起，就会放大提前退休的无效率激励效应。

● 只要说得过去，收益变化规则就应当是显性的。收益水平随着预期寿命变化进行调整的显性规则是很清楚的，因为养老金收益的成本主要取决于预期寿命。显性规则的自动调整会导致更大的可预测性与更小的政治压力。如果自动调整规则是基于实际的死亡率统计结果而非预测估算的结果，那甚至能更好地发挥作用。然而，正如所得税等级指数化的情形那样，无论自动调整规则会产生什么样的结果，用立法来改变这些结果的选项总是会被保留着。

领取资格年龄的显性自动调整规则所产生的效果要弱于周期性重估，因为关于选择的规范性分析取决于除了预期寿命之外的多种因素。

1991 年颁布的提高英国女性养老金领取年龄的法律规定体现了上述三个原则。关键日期是 1950 年 4 月 6 日。对于在此之前出生的女性，国家养老金领取年龄依然是 60 岁。在 1950 年 5 月 6 日出生的女性（关键日期的一个月之后）的国家养老金领取年龄是 60 岁零 1 个月，在 1950 年 6 月 6 日出生的女性的国家养老金领取年龄是 60 岁零 2 个月，依此类推。对于 1955年 4 月 6 日及以后出生的女性，其领取国家养老金的年龄是 65 岁。

5.4.2　针对劳动力人口变化的养老金制度调整

除了在某些国家里的战后婴儿潮时期，在世界大部分地区，生育率都有长期下降的趋势。有些时候，儿童死亡率下降可以抵消更多的生育率下降，从而导致适龄劳动人口的迅速增长。但在许多国家，儿童死亡率现在已经非常低了，进一步下降的空间极为有限，因而劳动力增长正在放缓，这一趋势预期会持续下去。

这样一个放缓的趋势一般而言会影响经济发展，特别是会影响养老金系统。（我们只关注这一趋势的放缓，是因为关于该趋势是否实际上会由正变负的问题看起来并没有太大的意义。）如果那是仅有的变化，那么就可以预期，其将导致工资提高与资产回报率下降。然而在实践中，更慢的劳动力增长对年龄-收益关系的影响，或者对不同人群的工资增长的影响，都没有那么简单。一些分析者已经假设，对于一个更年长的劳动力而言，其技术进步会更慢，特别是"干中学"的能力更低了。此外，对于接下来的几十年而言，这些效应可能会被全球化的效应所抵消。与此同时，经验研究还没有发现人口结构与资产回报率之间的可靠关系。然而，我们可以考虑一个经济应当如何对利率下降做出反应。在打算分析不完全积累制固定收益型系统之前，让我们先考虑一个完全积累制固定缴费型系统。

在一个完全积累制固定缴费型养老金系统下，如果利率下降且与此同时其他因素不变，在一个给定退休待遇水平下（从一个给定年龄开始），将会需要更多的储蓄来为养老金系统进行融资。尽管可能存在一个法定的强制性储蓄增长，但此变化并不会带来融资方面的压力，除了提供最低养老金保障的成本可能会增加之外。对于最早领取资格年龄来说也是如此。如果不存在强制性储蓄增长，一些人可能会储蓄更多，另一些人则不会，并且一些人会工作更长时间，而另一些人则不会。本质上，一个完全积累制固定缴费型系统不会在不同人群之间进行再分配，并且可能持续那种模式。其潜在的观点就是，利率的下降会使得劳动者的福利下降，因为更低的利率使得退休期间消费相对于早前收入而言变得相对昂贵。

在一个部分积累制固定收益型养老金系统下，在缺乏自动调整机制的情况下，利率下降就会产生该系统的融资问题。因此，必须采取某些措施，要么降低养老金待遇水平，要么提高缴费率，要么提高最低领取资格年龄，要么兼而有之。因为一个不完全积累制系统是通过在不同人群之间进行再分配来实现这一点的，因此立法方案应该解决政策变化中内在的再分配效应。在更低的利率下，未来消费的损失相对于今天的一个给定消费增量而言就更小了。在其他方面相同的情况下，这将减少养老金积累的价值。这一主题将在第 7.2 节中进行详细讨论。

5.4.3　针对社会风险变化的养老金制度调整

正如本书从头到尾所强调的那样，养老金系统除了平滑消费之外还有多个目标。譬如，智利拥有一个完全积累制固定缴费型养老金系统，该系统也提供减贫功能，历史上是通过一个最低养老金保障来实现的，从 2008 年 7 月之后则是通过一个非缴费型基础养老金来实现的；对于一个家庭可能对其养老金积累进行提取的速度也存在一些法律约束，人寿与残疾保障也可被用来为家庭提供保护。在美国，正如在第 8.3 节中所讨论的那样，社会保障为现任配偶、未亡配偶以及前任配偶提供补助性收益。有趣的是，在瑞典，养老金系统的不同部分对于配偶而言有不同的规则：积累制系统允许个人利用他们的积累额购买联合人寿年金，而名义账户制系统则不允许。在许多国家，未亡配偶拥有养老金收益，但存在领取资格与收益水平等各方面的不同规则。

导致这些规则的环境会随着时间的推移而变化，正如社会的态度也会随着时间的推移而变化。结婚率、离婚率、再婚率都已经发生了变化。社会对于同居行为的态度以及对于同性婚姻的态度也已经发生了变化。男性与女性的预期寿命发生了分化，并且在未来可能会进一步分化（也可能变得更加相似）。过去认为具有社会适当性的最低保障水平相对于平均收入而言可能会发生变化。一个很自然的想法是，社会环境与社会态度的变化要求养老金系统发生相应的具体变化。但是，我们还没有看到要求对此类可观测变化做出自动反应的提案，而且我们也没什么可以提的方案。因此，我们简单地注意到，针对社会目标随时的变化，对养老金系统的设计进行随时的评估可能是有用的——并且当养老金系统的财务状况发生变化时，一些政策调整就成为必要处理方案或者成为可行方案，于是此种评估从政治上来讲就会更容易。例如，在美国，财政亏空使得养老金改革成为必要——并且，在更早年间，财政盈余使得养老金改革变得可行——这都会被认为是处理某些社会问题的时机来临了。因此，譬如，布什总统所任命的委员会要求为某些更脆弱的群体提供更强的财务保护，但也要求进行大范围的财政削减以应付所预期的财政亏空。在此，我们的关注点是指出与社会目标相关的养老金系统重估的价值，而非直接讨论这些社会目标本身；在第 8 章中，我们将讨论与性别差异相关的一些主题。

第 6 章　融资与积累

养老金收益主要来源于缴费与（在公共养老金情形下的）税收，以及这些资产的回报，有时还包括这些资产的出售。我们用"融资"（financing）一词来表示用于支付收益的当前现金流，无论其资金来源；我们用"积累"（funding）一词来表示养老金系统所持有的金融资产，无论其采取中央信托基金的形式还是个人账户的形式。如果资金来源于根据法律为养老金系统而设的税收或缴费，或来源于养老金系统所持资产的回报，则称该养老金融资为专项收费。如果是来源于一般性政府收入的公共养老金，则养老金融资也可能来源于养老金系统之外。

本章讨论了依赖于专项收费进行融资的方式的优缺点（第 6.1 节）；讨论了如何测量养老金融资状况，包括隐性债务与显性债务之间的差异（第 6.2 节）；讨论了养老基金、国民储蓄与经济增长之间的关系（第 6.3 节）；还讨论了现收现付制与积累制的回报率比较的正确方法（第 6.5 节），这是让我们通往第 7 章关于风险分担讨论的一条自然的桥梁。融资与积累是充满争议性的话题，饱受大量反复的错误分析与夸张结论的折磨。正如本章所揭示的那样，我们借此机会阐明与修正一些最重要的案例。

6.1　专项收费

有些国家的养老金融资完全依赖于专项收费（例如美国），有些国家则完全依赖于一般性税收（例如澳大利亚与新西兰），还有些国家则是二者的混合体（例如智利、德国、意大利与瑞典）。专项收费（dedicated revenue），也称"指定用途的收费"（earmarked revenue），最普遍的来源是工资税，其征收将用于支付当前的养老金待遇，为信托基金购买资产，或为个人账户购买资产。此外，还存在多种变体。例如，在荷兰，65 岁以下的劳动者除了缴纳所得税之外还要缴纳一种专项税，他们的养老金待遇取决于居住期限而非缴费记录。在美国，社保制度的专项收费部分来源于对社保养老金收益的征税。

6.1.1 专项收费的合理性

专项收费的合理性包括更大的劳动者保障、更长的计划期限，以及可能更强的政治可持续性。

劳动者保障。对于已经退休的人们而言，如果不能重回职场，他们将几乎没有能力增加他们的收入，从而与工作的人们相比更无法承担风险，因为后者可以调整他们的收入与消费从而让他们最终退休时拥有更多的储蓄。然而，劳动者依赖于对退休待遇的预期，因而应当保护他们的预期免遭临时性的巨大冲击。因此，养老金收益整体上应当具备可预测性，而且应当尽可能让养老金规则不发生频繁的变化，要给这些变化留有充分的时间并让人们充分认识这些变化所带来的影响。养老金融资与政府其他预算之间的关系越远，养老金待遇的调整就将越不频繁，或者越不会受到与养老金融资无关的短期财政事务的过分影响。

更长期的融资计划与政治平衡。将养老金融资与其他年度支出混合在一起，会使得养老金融资更易受到财政预算的其他方面的影响（正如德国和意大利已经发生的那样）。但是，养老金是长期债务从而相对更容易预测。因此，稳健的财政计划与良好的政治实践可以将养老金缴费和支出与短期财政预算分离开来。① 依赖于专项收费的养老金系统（包

---

① 然而，这并非总是可行的。例如，根据挪威的宪法，预算法案不能超出下一年年底的收支范围，故养老金支出只能是年度预算的一部分。因为挪威有巨大的石油储备和漫长的共识政治的历史，养老金并未受到这一限制的负面影响，所以挪威可能是一个例外。

括以信托基金形式所积累的过去的盈余资金储备）可以在很大程度上弥合这一分离，尽管养老金领取者依然会受到那些普遍性政策的影响（即有些政策会影响每一个人，譬如所得税变化）。养老金领取者还会受到养老金收益的指数化方法的影响（参见第 5.3.4 节），这使其不会受到巨大突然变化的影响。

尽管我们应当想办法让养老金免受短期财政收支波动的影响，但是我们也应当在养老金待遇水平与可利用的养老金融资水平之间做一个可靠的长期性政治平衡。一个通过专项收费进行融资的固定收益型养老金系统无法在收入与支出之间进行年度性的精确平衡。因此，有必要跟踪剩余的养老金缴费，因为这种专项收费是为养老金专设的，只能为养老金专用。长期性政治平衡也需要可信的基于精算型会计核算的长期预测，这既有利于财政计划，也有利于增进关于改革选项的公共讨论与理解。在一个依赖于专项收费的养老金系统中，养老金的总收益与总缴费之间的财政预算关联可能更容易被公众所理解。清晰而精确的信息披露与良好的预测水平，不但会增加公众的理解，而且会增加公众对未来获取养老金收益的信心，进而可以减少劳动者对现实缴费的抵触性。可信的预测也会限制那些试图通过立法将养老金收益定得过高以至于远超当前缴费水平所能达到的融资水平的倾向。那些将其长期成本与收益的预测政治化的国家，将会失去一个让公众进一步理解成本与收益之间的真实权衡过程的重要机会，从而需要培养出一些能提供可信的独立预测的机构来。

政治经济学。政治经济学观点有其自身的逻辑，同时也能增强我们前面的观点：

● 缴费型养老金使得社会保险的概念变得更加明确。人们可能会认为缴费比交税感觉更舒服，因为他们认为缴费更明显、更直接地与相应的养老金收益联系在一起。他们甚至会觉得，通过税收融资得到的养老金收益让他们感到羞辱，但是通过自己过往的缴费融资得到的养老金收益会让他们觉得这属于"自筹"（无论这在多大程度上是真实的）。

● 人们可能会认为缴费型养老金方案的收益比依赖于一般性税收融资的养老金方案的收益更为安全。他们甚至可以正确地意识到，养老金收益变动的政治过程会受到融资方式的影响。

● 人们也可能认为劳动者缴费与雇主缴费混合的养老金方案更公平。尽管专栏 5.1 认为，从经济学的视角来看，这种观点具有误导性，但这是被广泛而深入地接受了的观点，从而具有很强的政治现实性。

基于这些原因，一个缴费型养老金系统通常可以创造出更强劲有力的政治解决方案。

6.1.2　使用一般性财政收入的合理性

一个纯粹的固定缴费型养老金方案会给许多劳动者提供不充足的养老金收益，包括职业生涯有中断缴费者、职业生涯既从事过被覆盖岗位也从事过未被覆盖岗位者，以及低收入者。对于一个包含任何明确再分配功能的严格比例性缴费型养老金方案来说也是如此。如果一个养老金系统能够有效地减贫，这些纯粹的养老金方案必然需要修正。一个缴费记录不足的劳动者要想获得足够的养老金，要么通过强制性养老金系统内部来实现（譬如，通过一个最低养老金或一个累进制收益规则来实现），要么通过养老金外部来实现（譬如，通过社会救助来实现）。如果是在养老金系统内部实现，所增加的养老金收益，要么通过系统内部融资来实现（增加缴费），要么通过系统外部融资来实现（通过一般性财政收入）。不同国家已经选择了大为不同的方式，很明显不存在一个唯一最优解。正如在第 7 章中所讨论的，筹资方式有重要的代内与代际分配效应。融资来源的选择是政治过程的一个很自然的部分，在不同的政治环境下往往会有不同的后果。

6.1.3　小结

用一般性财政收入来为养老金进行部分融资的主要理由是这样做可以保证养老金收益充足。对此，最主要的反对观点为，这使得养老金收益会受到短期财政预算紧缺的干扰。一个进一步的反对观点基于养老金覆盖面：如果征税对象是广泛的人群但受益方主要是城市正规部门的中产阶级劳动者的话，使用税收融资可以是累退制的。支持通过专项收费为养老金融资的主要观点是其将养老金系统与短期财政趋势隔离开来的潜在可能性（从而提高了对被覆盖劳动者的保障性），以及其作为一种政治解决方案所拥有的潜在的更大的强韧性。因此，针对养老金系统的明显不同的各部分情况，将专项收费与一般性财政收入混合使用，可能会是一个好的制度设计。

与在养老金系统内部改善养老金收益充足性所并存的安排方案是针对普通人口或老年人口的各种反贫困项目。它们通常是由一般性财政收入来进行融资，一般包括一个收入审查（参见专业术语表），也可能包括一个资产审查。

6.2　隐性债务与显性债务

"隐性养老金债务"已成为国际养老金对话词汇库的一部分——不幸的是，对其没有一个标准的定义，从而引起了很多混淆。核心观点在于，政府的养老金承诺有一个未来成本，这一未来成本并未像其他未来成本（特别是债务清偿成本）一样明确地被计入财政预算的预测之中。有必要关注政府支出的长期可持续性，特别是要关注养老金系统，其通常有着明确的长期规则并服务于一个重大的社会目标，从而使得很难对这些规则做出令人满意的改变。然而，存在一些关键问题，即关于一个养老金系统的长期金融状况该如何测量，以及每一种测量结果该如何解释。我们将依次讨论这些问题。

6.2.1　衡量养老金的融资状况

对未来年度的缴费、收益、信托基金资产的巨大变化以及资产回报进行预测，对于我们观察一个养老金系统的可持续性十分重要。那些能够意识到经济与人口变量的不确定性的随机性预测会包含进一步的信息。图 6.1 展示了美国社会保障系统的信托基金累积平衡预算的预测情况，可预期其在 2010 年至 2015 年间达到顶峰，约为 2.5 万亿美元，然后最终大约在 2040 年转为负。图 6.2 是同样数据的一个随机性版本，展示了更多的一系列可能结果。因此，信托基金年度净回报率的巅峰估计高达 500%（也就是说，足够支付五年的收益了），低峰估计约为 350%。

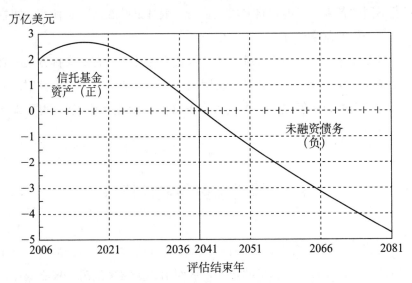

万亿美元

图 6.1 　美国社会保障信托基金的预计资产负债余额

预测值为 2007 年 1 月 1 日的现值。

资料来源：U. S. Social Security Administration（2007a，Figure II. D4）.

尽管详细的年度预测有助于分析，但是对于融资状况的概括性测度对于与公众交流以及对于政治过程而言都是必需的。存在多种测度方法来衡量一个完全依靠专项收费进行融资的养老金项目。（如果一个养老金系统使用了一般性财政收入，就会引入进一步的复杂性。）我们先考虑几种可供选择的替代性测度方法，再考虑它们的一些使用。

替代性测度方法

普遍使用的方法有三种：开放系统法、封闭系统法，以及关停计算法。这些计算可以依年度进行，以展示该系统的整体财务状况，也可以

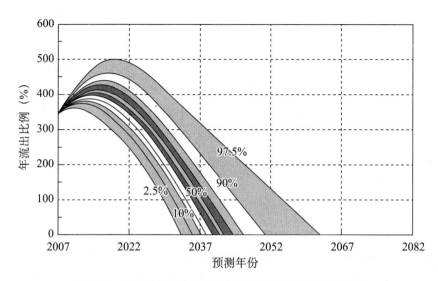

图 6.2　美国社会保障信托基金资产负债余额的随机预测

阴影部分的不确定带表示相应的预测结果。

资料来源：U. S. Social Security Administration（2007a，Figure VI. E4）.

按群体进行（专栏 7.2），以展示不同群体之间的分配效应。

无论使用哪一种方法，养老金支付方式都有三种不同的自然测量单位：绝对度量（以国家货币为单位）、工资百分率（或可纳税收入），以及 GDP 占比。绝对度量并不是描述养老金状况的好方法：这使得公众或政治过程很难对各种巨大数字进行区分。另外两个度量更适合考量养老金系统本身的融资状况以及其在整个经济中的角色。即使一个养老金系统是依赖专项收费进行持续融资的，我们也可能判断出其是否过大或过小。关于规模的考虑必须反映出退休人员相对于其自身过去的收入与相对于依然处于劳动力大军中的年轻群体的状况而产生的需求，并且充分考虑用于养老金融资的各种资源的其他用途。

开放系统法。 这种方法包括所有当前与未来的劳动者，并且当用来评估一个持续性系统融资状况时这就是一个相关的测度。计算过程可以考虑无限期的未来或者限制在一个给定的期限，譬如 75 年，以反映对太远的未来进行预测所面临的极端不确定性。

时间期限的选择十分重要。传统上，在美国，就曾经使用过 75 年的期限。该期限足够长，从而在发现财务失衡时允许进行相当长时间的调整。然而，最近，一些分析认为应当采取一个无限期期限（参见第11.2.3节中的讨论）。这样做的一个理由是，在一个75年期限之内，超出期限的年金流失衡就意味着，仅仅一些年之后使用相同期限的计算将会发生不平衡，即使当前情形看起来是平衡的。然而，使用无限期期限也是有争议的，因为超过75年的预测基本上就纯属瞎猜了。一个有用的折中就是保留75年期限但是要增加一个条件，即所预测的融资在期限结束时不应当被破坏。

封闭系统法。这种方法是对一个不允许新加入者的封闭式融资系统（或基于分析目的假设其是封闭的）进行评估。因此，这一计算包括所有过去与现在的劳动者但排除了未来的劳动者。这种方法考虑所有的现在年龄为（譬如说）16岁以上的劳动者并计算仅与这些人相关的净现金流的金融状况，包括当前的信托基金但不包括终期的信托基金。当考虑一个为所有新进入劳动力大军的劳动者而设的新系统时，这就是对现存系统合适的测度方法。这也是一种测度留给那些现在尚未进入劳动力大军的未来人群的净成本的方法。

封闭系统法也可以应用于所有的退休人员加上一部分接近退休年龄的劳动者，譬如那些55岁以上的人。如果改革方案要秉持不改变接近退休人员的系统的原则，这种测度方法代表了那些必须纳入改革系统的（或必须从外部融资的）现存养老金安排方案的净成本，因而是对那些为所有更年轻的劳动者所进行的改革的一个约束。这种测度也被称为"遗留债务"（legacy obligation），因为其反映了该系统的财务历史以及为那些接近退休者延续该系统的成本。

关停计算法。这种方法评估那些将在不久的将来停止并被一个新养老金安排方案所替代的养老金系统的金融状况。因此，它测算了满足当前退休人员的养老金权益与当前劳动者到目前为止所积累的养老金权益所需要的财务额度，但不会考虑当前与未来劳动者的未来缴费。如此导致的财务额度因而包括已经开始领取养老金收益的退休人员的收益额度与当前劳动者一旦退休就需要领取的收益额度。这种方法在改革过程中是有用的，因为它测算了旧系统如果要履行其养老金义务，需要被覆盖的债务金额。这一点在当一个劳动者在职业生涯中期转换到不同养老金系统时就很重要了。然而，这种测度并不容易：在一个非线性系统里（譬如，系统向那些有糟糕工资记录者进行再分配时），关于如何处理那些具有不完整职业生涯的劳动者，还存在某些模糊之处。

净隐性债务与总隐性债务

净隐性债务。 当使用开放系统法并选定一个期限时，一个有用的概念是精算平衡，被定义为整个期限内年度净现金流的贴现值加上当前信托基金的价值、减去该期限末期任何计划的信托基金的贴现值，通常会等于一个预防性平衡系统的合适水平（例如，一年的流出量）。[1] 表述为劳动者被覆盖收入的贴现值的一个百分比——这个概念表现了缴费率需要即刻增加（或减少）多少，从而可以产生期限内的平衡。这个概念是关于现存养老金系统的金融稳定性的一个好指标，也度量了养老金系统的平衡调整到底需要多少可纳税收入。

使用封闭系统法时，精算平衡的计算会产生一个留给未来的成本的测度（如果对于这个封闭系统中的人群，当前的养老金系统仍然延续的话），而今后的人们就会面临一个新的系统。使用关停计算法会产生一个当每个人都转向一个不同的系统时所增加债务的成本的测度。

总隐性债务。 再次，使用开放系统法并选定一个期限，总隐性债务仅仅是年度养老金支付的贴现值（也就是说，忽略流入量），如果现存系统延续的话。正如第 6.2.2 节中所讨论的，该测度本身并不是一个有用的概念。然而，作为被覆盖劳动者的总收入贴现值的一个百分比，这个测度表明了产生平衡所需要的缴费率，可以检查所预测的养老金支付是否可行。该定义导致了任何情况下的隐性养老金债务的最大估计。

6.2.2　解释错误

报告隐性养老金债务正确地强调了一个事实：养老金存在一个未来

---

[1]　当加上一个条件即在期限末所预测的金融状况没有变坏时，该测度就被称为可持续性精算平衡。

成本。但是过度强调这一点会毁掉一个良好的分析。那种认为在公共报告中用显性债务取代隐性债务是无害甚至有益的观点会导致一系列的分析错误。

过度关注债务。 只看到总隐性债务，将是一个粗心的错误，正如：

> 隐性养老金债务［是］属于当前养老金领取者与在职人员的养老金的贴现值……该债务本质上是一个"现收现付制系统"……但是资产并未积累以覆盖该债务；相反，该债务由隐性的政府借条（IOU，即"I owe you"）所覆盖。在许多国家，这个隐性债务超过了该国的传统显性债务……在某些情况下甚至超过了 GDP 的20%。（James，1998，p.278）

譬如说，下一个 75 年的养老金承诺的贴现值就是一个非常巨大的数字，对于非专业人士来说这个数字可能很容易让人产生警觉，但这其实具有误导性。它仅仅考虑了财务账本的一个方面，即负债方面（也就是未来养老金支付），但是忽略了资产方面（未来收益）。在此，最值得注意的资产就是政府征税的能力，特别是那些已经立法的未来税收。一个更有用的方式是将总的养老金支出与一个"合理的"税收或缴费率进行比较；这里的"合理"就是指其规模（与其他政府支出筹资所需的税收一起考虑）不会造成过度的劳动力市场扭曲。假设当前的缴费率是20%，并且一致认为不应当再提高了。如果所预期的养老金支出需要22.5%的税率，通常来说我们可以认为这个系统是不可持续的从而应当进行调整。但是，政策制定者应当关心的变量不是整个 22.5% 的缴费率（隐性养老金债务的简单测度），而是其超过那个可信的 20% 上限之外的那 2.5 个百分点。简而言之，只看到总的未来养老金债务而非资产，通常会过度夸大隐性养老金债务的真实规模。

一个同样糟糕的错误是在一个很长的时期内发动一个小规模年度赤字项目，将那些赤字进行积累，并且将其总数用美元总量来报告而非作为收入或 GDP 的百分比来报告。这种方式产生了巨大且（对于非专业人士而言）令人警觉的数字。它没有注意到可用来消除该赤字的各种可行的措施；通常来说，只需要增加一点缴费或降低一点收益就足够消除这样的赤字。这个错误说明了各种经济措施的相关成本的重要性。

强调成本的第三个错误就是忽略了从这种收益的支付中所获得的社会福利的增进。养老金收益并不是白白浪费的钱：它们有助于实现多重目标——消费平滑、减贫以及其他功能等——正如第 2.1 节中所详细讨论的那样。

将隐性债务与显性债务同等对待。隐性债务的概念很有用，因为它能提醒人们，显性债务并非其施加于后代们的唯一债务形式。然而，测量社会保险项目而不包括其他政府支出所带来的隐性债务的普遍实践做法是不完备的；隐性养老金债务应当在政府整个预期财政状况之中进行考量。此外，这个概念使得某些分析人员将隐性债务完全（或几乎完全）等同于显性债务，正如下例中：

> 从一个非积累制的现收现付制系统转向一个完全积累制系统的真实净经济成本为零。也就是说，一个国家从一个非积累制系统转向一个积累制系统，其总的积累型债务与非积累型债务不会发生变化。（Rodríguez，1999，p. 11）

特别地，一些分析人员认为，政府必须发行等于隐性债务规模的新债券，并且将这些债券置于新建的个人账户之中；他们将这种措施视为一种无成本的创建新账户的方法。然而，这种行为将会产生真实的经济后果。

政府可以将降低隐性债务作为养老金改革的一部分，并且许多政府已经这样做了——通过减少收益、增加税收，或二者兼而有之。显性债务同样可以通过削减开支与增加税收来减少。但是，将隐性债务转向具备产权的显性资产并将其置于个人账户中，就排除了一个减少债务的选项，即在不改变经济的任何其他方面的情况下通过减少收益来减少债务的方法。类似地，将养老金缴费限制在个人账户中的储蓄，就断绝了使用那些缴费来为养老金系统进行一般性融资的选项（譬如支付历史遗留债务）。一旦显性债务替代了隐性债务，此债务就与其他显性债务一样必须遵循相同的规则。通过赖账或提高通货膨胀的方式来降低显性债务的价值将会对经济产生广泛的有害影响。

此外，除非通过永久性公债（通过永续年金方式支付利息并且永远不会到期的政府债券）的方式（永久性公债市场的结构不太明晰），显性债务必须进行重复滚动，从而将政府财政暴露于额外的债券市场风险之下。当存在大量未偿债务时，关于未来债券市场条件的不确定性就会更加重要——这正是在将隐性债务转换为显性债务之后将要发生的事情。如果市场将显性债务与隐性债务区别对待（这是有可能的），那么市场对于从隐性债务向显性债务转换所必需的债券供给的巨大而迅速的增加将会反应十分勉强，一个可能的结果是政府借贷的利率将上升。最后，一个进一步的差异在于，养老金收益通常是针对通货膨胀进行指数化的，与此同时，大多数显性债务都是名义债务。简而言之，隐性债务与显性债务并不等价。

认为隐性债务应当极小化。将隐性债务完全付清通常是次优选择。认为一个国家在任何情况下都应当完全付清其显性国民债务的观点是错误的；问题的关键在于，债务占 GDP 的比重不要上升太高从而使得利率大幅增加，或变得不可持续，或对经济产生了太大的负面影响从而完全超过了借债的好处。完全基于同样的原因，一个国家也无须完全付清其所有隐性债务；关键在于，未来所需的缴费率不会上升得太高以使得养老金系统的参与度大幅下降从而导致整个系统变得不可持续。

这一点非常重要。消费平滑之所以是养老金系统的目标，正是因为，如专栏 2.1 中的图 2.1 所示，人们可以通过在生命的某个时期进行借贷而在其他时期进行储蓄的方式来改善自己的福利。人们在巅峰收入年间可以通过储蓄的方式将年轻时期的收入转移到老年时期，或者通过借贷的方式将老年时期的收入转移到年轻时期（譬如助学贷款和房屋贷款）。但是，一个人可能会被贷方要求在其生命末期具有零净负债，这样一个要求不适用于具有无限生命期限的单位实体，且并不一定是正确的目标。正如一个盈利企业可能想将其资本结构设定为一个股票与债券的永久性混合，政府也可以通过永续债的方式发行与滚转其债务，譬如说，为基础设施投资进行融资。简而言之，一些债务的存在可以提高社会福利，从而正确的目标应当是最优化其数量，而非最小化其数量。因此，正如在第 6.3.2 节中所讨论的，将一些资产给信托基金以减少隐性债务，这可能是养老金政策的一个合理的部分，但是，配置足够的资产以使得隐性债务变为零，就并非良好政策的必要条件了。

关于显性债务与隐性债务的时间路径选择的关键因素，就是如何评估所选路径所导致的代际再分配后果。这将在第 7 章中进行详细讨论。

忽略完全付清隐性养老金债务的代际再分配效应。假设一个国家通过增加养老金缴费的方式来减少其隐性债务，以便为那些已退休人员的现收现付制养老金进行更多的融资；这样一个举措会减少当前一代劳动者的消费，增加退休人员的消费。类似地，假设劳动者从一个现存的现收现付制养老金系统转向一个完全积累制个人账户系统，与此同时被要求为现存退休人员的养老金进行缴费；再次，这一变化减少了当前劳动者的消费，并且如果此改革降低了现收现付制养老金，它也将减少当前退休人员的消费。所有这些变化有利于未来的劳动者，他们将支付更少的现收现付制养老金缴费；因此，这些变化从现在的几代人向未来的几代人进行了再分配。正如在第 7.2 节中更详细讨论的那样，不同形式的融资方式会有不同的代际效应。这样一种再分配可能是也可能不是好的政策，但是在争论降低隐性养老金债务方面，忽略这些代际再分配效应肯定是错误的。

6.2.3　小　结

简而言之，减少隐性养老金债务的简单观点犯了一系列错误：它仅仅考虑了负债而忽略了资产；它关注融资安排，忽略了实际资源才重要的事实；它没有认识到隐性债务与显性债务的经济效应的许多重要的不同之处；它错误地认为"完全付清隐性债务即为最优"；并且，它忽略了隐性债务与显性债务平衡性的改变所导致的代际再分配效应。

以上没有哪一项否认隐性债务是一个有用的概念。养老金的成本的确非常重要。过度的养老金支出会减少投资，会对经济增长造成重大扭曲。因此，预测未来的养老金成本就很重要，但同时也必须正确地解释这些预测。分析人员必须从适当的视角来看待成本问题，并适当地考虑其所提出的成本融资方式到底是否可信。所有这些都需要仔细的精算工作，对成本与未来产出的仔细预测，以及对这些预测结果的仔细解释，包括代内与代际的负担分配问题。

6.3 积累、国民储蓄与增长

对于积累制养老金，有三种类型的观点很常见：

- 养老金融资可以通过增加国民储蓄来提高经济增长（第 6.3.1 节）或通过帮助发展资本市场来促进经济增长（第 6.3.2 节）。
- 养老金融资有助于人口结构的调整（第 6.3.3 节）。
- 人们认为基于资产所有权的产权更为安全（第 6.3.4 节）。

前两点是宏观经济学观点，第三点则是政治经济学观点。这三种观点都表明了本章开始时所提到的那些错误与言过其实之处。第四个观点则通常被忽视了：

- 养老金融资实现了跨代的负担再分配。

这一根本性的重要观点将在第 7 章中进行讨论。

6.3.1 积累与国民储蓄

正如第 4.2.1 节中所讨论的，养老金是关于消费的。因此，国民产出是核心，从而宏观经济平衡是核心，也就是说，产出应当在不同的用途之间进行分配：不同人的消费以及提供未来产出的投资。缴费在多大程度上用于为养老金系统积累资产可以影响国民储蓄从而影响经济增长率。

对储蓄的影响。 今天的国民储蓄的增加要求今天某个人的消费的下降：现在提高缴费率将会降低今天的劳动者的消费；今天削减养老金收益会降低今天的养老金领取者的消费。所增加的养老金积累可能刚好带来储蓄的增加，从而在其他条件不变的情况下，就会增加当代人的负担从而降低后代人的负担，这与通过增税或削减公共支出来减少公共债务

的做法如出一辙。

但是，其他条件并不必然不变。因此，能否取得这样的效果取决于这是如何做的，并取决于相关的行为反应，养老金积累的增加可能会导致国民储蓄的巨大增加，也可能只是很小的增加，也可能净效应为零，甚至可能会减少国民储蓄。因此，重要的是区分实际上的确能增加储蓄的积累（有时也被称为广义积累）与那些并不增加总储蓄而只是增加养老金系统资产的那些积累，例如，发行政府债券并将其置于私人账户中（狭义积累）。如果劳动者账户中持有政府新发行的债券，劳动者的储蓄因而增加了，但是这个储蓄被政府借债等量抵消了，那么对国民储蓄的净效应为零。这一分析的关键在于，债券是否新发行的债券，而非从公众手中购买那些通过增税或降低政府支出的方式所发行的债券。人们通常没有对不同类型资产的含义与获取这些资产的不同方式的含义进行很好的区分。正如专栏 6.1 所解释的那样，后者对于国民储蓄的影响才是至关重要的。

| 专栏6.1 | 政府债券与国民储蓄 |

考虑如下引文：

> 注意，国内政府债券并不能提供人口统计意义上的储备，因为它们只是对未来纳税人的债权而已，正如现收现付制养老金权益只不过就是未来缴费者的负债而已。事实上，通过国内政府债券为一个养老金系统进行融资在宏观经济层面上等价于现收现付制系统（Diamond，1965；Pestieau and Possen，2000）。使用外国政府债券，则可以通过将由未来外国居民支付的税收权益证券化，从而能有效地将现收现付制系统进行国际化。（Börsch-Supan，2005，p.30，关于芬兰）

该陈述是正确的：将芬兰养老金系统所持有的芬兰政府债券与美国养老金系统所持有的美国政府债券进行交换，就能够改变两个养老金系统的风险分担特征。但是该陈述也存在潜在的误导性，因为它没有很好地区分持有债券与发行债券之间的区别。

考虑一个无资产、由所得税进行融资的现收现付制系统。如果政府发行新债券并将其转移给养老金系统，那就会将所得税纳税人的未来债务转移给一般纳税人，从而将会涉及同一个群体成员之间的一些债务转换（即使支付时点并不发生变化）。用这种方式发行债券并不会直接改变国民储蓄，尽管不同纳税人的不同反应可能会导致不同的国民储蓄水平（Diamond，2006c）。用这种方式将政府债券转换为公司债券或其他国家的债券仍然不会直接改变国民储蓄水平。

相比而言，通过增加税收与使用额外收入购买公众手中现存政府债券的方式向养老金系统进行转移支付的确可以直接增加国民储蓄，虽然其全面影响还取决于个体对税收与转移支付的反应情况。因此，对国民储蓄的影响不但取决于所持有的资产类型，而且取决于该资产是如何获得的——是通过增加债务的方式，还是通过增加税收或减少政府支出的方式。

类似地，从信托基金向个人账户转移资产（无论是政府债券还是其他资产），并不会直接改变国民储蓄水平。相比而言，通过增加税收来为个人账户购买资产的确可以直接地增加国民储蓄水平，虽然其全面影响也还取决于私人储蓄者与政府其他方面预算的反应情况。

存在两个问题：养老金积累会增加储蓄吗？如果会，这会提高社会福利吗？前一个问题的答案取决于私人储蓄者的反应以及政府其余预算的反应。

先考虑私人储蓄者。在一个新系统中，如果劳动者被强制为积累制账户缴费（事实上就进行了更多的储蓄），他们对此做出的反应可能是部分地减少其消费，部分地减少其他方面的自愿性储蓄。如果他们所减少的自愿性储蓄与其所增加的强制性储蓄数额相等，那么净储蓄就没有变化。然而，并非所有劳动者都愿意这么做，某些劳动者根本就不能这么做。例如，那些根本就没有任何自愿性储蓄的劳动者，以及那些借贷能力受限的劳动者，在面临新的强制性缴费时就无法减少其自愿性储蓄，从而他们的总储蓄就会增加。

在一个现存系统内部，增加缴费率的影响类似于发起一个新系统：它增加了储蓄。与此相比，将一个现存的中央信托基金的缴费转向个人账户，对于国民储蓄就没有直接影响，对于劳动者的消费则影响很小甚至没有影响。因为他们缴纳的税收与以前一样，从劳动者的视角来看，他们主要关心的就是这是否改变了他们在养老金系统以外的储蓄，因为他们观察到一个不同的提供养老金收益的系统。例如，在这种情形下，劳动者可以选择储蓄更少一点，因为个人账户与自愿性储蓄有更强的平行关系。一个核心的问题是，政府该如何根据转向个人账户系统时所损失的缴费对旧系统进行调整。如果政府除了发起新债务以支付旧系统的养老金收益之外不做任何变化，并且如果缴费从一个中央基金转向个人账户导致劳动者储蓄减少的话，总体的影响就是负的。事实上，在这种情形下，狭义积累的增加就来源于所发起的额外的政府债务。

评估劳动者对养老金设计变化的反应的部分困难在于劳动者对养老金规则的信息了解不足（参见第 9.3 节）。尽管这一观察有证据支撑，但我们并没有太多的证据来表明人们的观念到底是什么或者这些观念到底如何影响人们的储蓄行为。将观念与现实更紧密地结合起来，就意味着我们会越来越强调制度的透明性与信息的供给。像瑞典、挪威以及美国这样的国家，强调与劳动者之间的年度性个体交流，告知他们其缴费记录并基于可信的假设预测其未来的养老金收益。

除了这些个人反应，还有必要考虑政府的反应。将额外的缴费放进个人账户，可能导致政府支出更多，因为它们可以轻易地从这些账户借到钱（事实上，法律可能会要求基金持有大量的政府债券）。在此情形下，国民储蓄可能就没什么增长，因为所增加的政府借债与支出或多或少抵消了劳动者所增加的储蓄。当一项财政收入从信托基金转向个人账户时，劳动者储蓄的任何微小的下降（例如，如果他们因为认为个人账户比信托基金更安全从而减少储蓄）都可能伴随着政府在其他方面的支出下降，因为它可以影响所报告的赤字措施。但是，这种报告效应可能会被操纵（参见专栏 6.2）。

专栏 6.2　　　　　　**积累制个人账户是否会增加报告赤字？**

为旧系统融资。在向积累制账户系统转变的过程中，一个关键的问题是如何为旧系统的现存债务进行融资。在一个现收现付制系统中，今天的劳动者的缴费用来支付今天的退休人员的养老金。但是，如果养老金系统变为积累制，今天的劳动者的缴费就必须进入一个基金。如果政府希望今天的养老金领取者继续领取收益，那么向积累制的转变就有一个无法避免的现金流成本。政府要支付今天的养老金，可以通过增加今天的劳动者的缴费来进行，也可以通过借债来进行，在这种情况下成本就会落到未来的劳动者与养老金领取者身上。正如智利的经验所表明的那样（参见第 12章），那些现金流成本可能会持续很长时间。

对报告赤字的影响。在可信的政府预算会计下，将一个信托基金的缴费转移给个人账户，会增加所报告的政府赤字。在公共会计的国际规则下，以前被算作政府收入的缴费（因为它们会进入信托基金）就不再计入政府收入了（因为现在它们将进入个人账户），从而政府赤字增加了；类似地，如果该转移被处理为一项支出，政府赤字也会增加。

一些政府（譬如匈牙利、波兰与瑞典的政府）认为，当它们转向积累制时，它们事实上正在减少隐性养老金债务，而这样一种减少应当被视为对公共账户中的隐性债务的一种抵销。因此，在报告财政赤字时，它们将个人账户中的缴费包括进来作为政府收入的一部分。欧洲统计局不允许这种做法，要求这种做法必须被逐步淘汰，即向个人账户的 100% 转移率2006 年下降到 80%，随后每一年下降 20% 直到完全消除。

在国会预算办公室用来度量美国预算赤字的方法下，用社会保障信托基金的缴费来购买个人账户中持有的资产（并非政府债务）将会被算作额外的政府支出，从而会增加报告的赤字。在对于布什总统关于此类账户的提案的争论中，有提到通过立法来改变国会预算办公室的方法，以使得这种资产购买不会包含在公共支出中。如上所述，这对于赤字的影响，与将存款视为收入的做法相同。大部分国家不像美国那么自由，可以完全不顾公共会计的国际规则 [可参见 International Monetary Fund（2001）；在应当将助学贷款视为公共债务的一部分还是应当视为私人借款这方面也有同样的问题；参见 Barr（2001a，Chapter 14）]。

总之，尽管存在大量关于养老金设计的个人储蓄反应的证据，但是我们更难以对政府预算的反应达成一个过硬的结论——进一步，此反应可能会随着政府进行额外借贷的能力强弱而变化。

如果养老金积累并没有提高国民储蓄，那么这个结果还有好处吗？换句话说，增加储蓄是正确的目标吗？提出这一问题的正确方式就是要问：对于整个经济体而言，现在提高缴费或减少收益以降低未来的缴费或提高未来的收益，到底是不是合理的？正如我们已经讨论过的那样，通过降低收益或提高缴费的方式来增加积累必然意味着跨代再分配。因此，关于养老金积累是否提高了社会福利，并没有统一的答案。每个国家考虑问题时必须依据自己的国情以及各维度的优先级目标，包括其当前的储蓄率与预期的收入增长。如果储蓄率已经很高了并且增长也很迅速，正如中国当前的情形，那么要采取一个政策以进一步增加储蓄就不太合理了。但是，在一个储蓄率很低同时经济增长很慢的国家，可能就很需要增加缴费、减少养老金收益，或削减政府其他方面的预算以明确地增加储蓄。

最后，也是一个更具一般性的观点，在养老金文献中关于经济增长的讨论集中在如何通过增加储蓄与资本积累来提高产出。经济增长与经济发展方面的文献意识到大量额外因素的重要性，包括人力资本积累、企业家能力与创新。对于这三个因素而言，资本市场的不完备性都十分重要并且会增加其他政府政策的潜在重要性。养老金政策应当如何以及在多大程度上对这些问题产生影响，都是值得探索的。关于经济增长的更为一般的讨论，参见 Helpman（2004）。

分析错误。关于养老金的讨论很容易出错。第一个错误就是对于政策目标不加批判地接受。正如刚已讨论过的那样，尽管增加储蓄在许多国家是有好处的，但对于每一个国家而言仍然需要认真考虑这个目标是否正确。然而，改革者可能会忽略这一点：

> 八个实现积累制改革的国家在启动改革时已经有了超过 GDP20％的储蓄率……那些拥有负储蓄率的低收入国家也更喜欢现收现付制养老金系统。（World Bank，2006a，p. 27）

第二，养老金分析通常一开始就要比较在不同积累水平下的各种稳态结果，然后就认为要在一个更高积累水平下达到一个稳态必然会存在一个转制成本。正如第 6.4 节中所讨论的，这种分析方式是错误的。它并没有注意到提高积累所带来的好处与建立一个新基金的成本之间的权衡。事实上，"转制成本"这个术语本身就意味着时间跨度似乎较小，然而实际上转制期可能跨越几十年。更有信息含量的分析方法是像前面所描述过的那样去分析养老金积累（第7.2节中将有更为详细的讨论），即考虑若今天增加积累以降低税收或提高未来养老金收益则意味着什么。这种提问方式并没有聚焦于养老金积累本身，而是聚焦于税收、养老金收益，以及债务决策等应当分析的内容。

另一个广泛持有但错误的关于积累制账户的观点认为，如果利率（即积累制养老金的回报率）超过工资增长率（即一个现收现付制养老金系统的回报率）的话，一个积累制系统会更好。事实上，一个完备的分析（第6.4节）表明，养老金积累本身并不能让每个人都获益，而实际上这就是一种代际再分配而已。也就是说，与那些未考虑新稳态调整过程的稳态比较一样，资产回报率与应税收入增长率之间的比较基本上会涉及相同的不完备分析。

另一个值得怀疑的观点就是，"一个多支柱结构［即包括积累制账户的系统］允许战术性排序、战略性捆绑、打包以及补偿，从而有利于克服改革的阻力"（Holzmann and Hinz，2005，p.42）。本质上，这个观点就是，在改革系统中囊括积累问题以使得引入增加公共现收现付制系统效率的改革在政治上变得更加容易。然而，那些效率方面的获益即使没有积累问题也能进行，只需要设计更好的现收现付制系统即可，所以这是一个错误归因，除非效率获益若没有这种捆绑就将变得在政治上不可行。在政治过程中，捆绑当然是重要的，但是它对于改革而言可能并非必需的，并且事实上它可能会使得改革更加困难［参见Börsch-Supan和Wilke（2006）对于德国的描述］。在任何情况下，政治观点应当与经济观点分开考虑，并且必须如实地澄清其到底属于政治观点还是属于经济观点。

最后，一些分析意味着，养老金积累必然要求实现固定缴费型个人账户系统，其中劳动者可以对私人供给的资产组合进行自由选择。这一观点错误地混淆了三个概念：积累、固定缴费以及劳动者的选择。如果政策制定者想要更多的养老金积累,有很多方法可以做到——养老金积累在固定收益型系统中也是可能的,并且与由信托基金所进行的中心化投资选择是一致的。例如,瑞典多年来已在一个固定收益型系统中融资成立了一个多样化的中心化资产组合,并且加拿大与瑞士也已经开始了类似的安排方案。一个相关的例子是挪威政府石油基金(Norway Central Bank,2006)。马来西亚与新加坡拥有固定缴费型系统内的中央公积金。因此,积累水平与资产组合多样化之间的选择在经济上与固定收益型系统和固定缴费型系统之间的选择是不相关的,与个人积累和基础更为广泛的积累之间的选择也是不相关的。我们将在第 9 章回到资产组合选择的核心主题。

6.3.2 积累与资本市场发展

除了影响储蓄,如果养老金积累有助于改善将储蓄注入投资的效率的话,它还有助于经济增长。提高效率的观点基于其能促进国内资本市场及其管制方面的发展。

然而,此观点并不简单。它隐含地假设了养老基金在很大程度上投资于国内资本市场。在考虑这样一个政策是否合适时,必须将增强老年保障的观点与促进经济增长的观点分开来看。如果目的是增强老年保障,那么将投资限制于国内将是次优的,因为某种程度上的国际多样化有利于帮助参保的劳动者分散风险。这在小国家里尤其如此,因为在小国家里要想在不同行业与不同企业之间实现多样化的机会极为有限。相反,如果目标是促进经济增长,那么最优政策就取决于一个国家如何吸引资本流入以平衡(至少部分地)其对外的养老金资产投资。对于发达国家而言这不是一个大问题,所以国际多样化的好处显而易见。然而,发展中国家面临两个潜在的问题:一个国家风险溢价对于吸引资本流入也许是必要的,并且,随着这些资本流入的规模越来越大,一个国家在外国投资者的资本外流时也会越来越脆弱。因此,这里存在一个矛盾:也许参与持有国际多样化资产在短期内是有利的;但是,从整个经济来看,将养老金储蓄过早地转向其他国家可能会增加国内资本的成本,从而减缓经济增长。

即使当分析局限于国内投资时，在两种极端情形下，认为养老金积累能够加强国内资本市场的观点也可能是错误的。在一个极端，在发达国家，金融市场已经高度发达，所以通过强制性养老金储蓄进一步深化金融市场不太可能带来进一步的巨大改善。的确，如果这样的积累能够增加善于使用资本市场的投资者的数量，风险也可以被更广泛地分担，从而也就更有效率了。但是在美国其所关心的是，如果通过个人账户将大量新的无经验投资者带入市场，将会需要管制方面的变革，从而可能降低资本市场的效率。在另一个极端，在那些体制能力有限的国家里，现存的金融基础设施太弱了，法定强制性积累制个人账户将可能会危及大量劳动者的养老金。

在这两种极端情形之间，有很大范围的国家能力的确存在改善资本市场的潜力，但是也存在一个风险，即若没有足够的改善，劳动者的缴费将没有足够好的回报，或者政府将不得不承担帮助整个养老金系统脱离困境的成本。这个风险容易理解。不完备的市场产生低回报。它们也会比发达国家有更高的成本，这对于小国家而言尤其如此。如果有巨大的资本流入市场，就可能导致一些在现收现付制系统下不太可能发生的贪污机会。完备的资本市场需要强有力的政府监管，否则它们仅仅依靠自身很难运行良好。它同样也有助于拥有一个巨大的资本市场，这通常意味着其建立在一个大型经济体之中。正如下面所讨论的，无效的资本市场不但会伤害养老金领取者，而且可能意味着与那些不那么正式的储蓄投资配置相比而言，会有更差的资产配置。

获益的可能性也很容易理解，因为运行更好的资本市场会提高经济效率从而促进经济增长。要实现这些益处，关键在于，持续努力地改进市场管制以及更一般性地改善整个经济体制的功能。保障劳动者的养老金可能有助于加强管制，即增加了加强管制的政治支持（对此，金融市场机构通常是受到抵制的），从而提高了立法能力与行政管理制度的执行能力。事实上，智利的个人账户系统（以及将债券作为个人年金储备的做法）导致了更强的政府管制、公司债券市场的涌现，以及相对于整个经济体而言大得多的资本化进程。然而，因为养老基金的购买者大体上都是些买入并持有的投资者，股票市场的价值增长并没有伴随一个相应的交易规模的增长。因此，与其价值增长相比，股票市场的流动性方面并没有出现同步的增长。

一种替代性方法是鼓励自愿性养老金作为刺激金融市场发展的手段，特别是在大型经济体中，自愿性储蓄可以获得规模经济效应。这有两个优势：可以增加管制良好的金融市场的政治压力；不良市场结果的风险（可能是由于腐败造成的）会落在具有更强承受能力的人群身上，即公司自身以及大公司职员身上，他们与普通的被覆盖劳动者相比通常具有优越的条件。

为了进一步详细探讨效率问题，考虑将储蓄配置于投资的四种不同渠道：

● 市场交易：购买新发行的债券与股票（而非交易现存的债券与股票）；

● 中介：存入银行或其他金融机构（然后贷给投资者）；

● 直接双边贷款：从朋友和家人处借钱以开设小企业、贸易信贷，以及更一般的由卖方提供的信贷等；

● 为一个人自身的直接商业投资进行融资。

如果一个国家的市场结构很脆弱，其银行系统运作不良，前面两个渠道都不太可能取得太大的进展。然而，积累制个人账户（通过向劳动者索取更多的钱来进行融资）会减少另外两个渠道的资金流，这就使得养老基金无处配置储蓄从而无法表明其可以在短期内运行得更好。

第二组论据（在第 7.2.2 节中提及），即关于养老基金改善资本市场效率的作用，集中于将新的私有化国企股份转移给公共养老信托基金（正如某些中欧及东欧的转型国家那样）。有观点认为，这一途径将会改善公司治理，而这是市场经济的效率与增长的一个关键因素。[①] 在发达国家，中心化养老金（譬如固定收益型养老金或公积金）可能会带来公

---

① 参见《牛津经济政策评论》（*Oxford Review of Economics Policy*）（第 21 卷，第 2 期，2005 年夏季）关于公司治理的专题讨论。

司治理的额外参与者，其影响可好可坏。[1] 但是，良好的公司治理也需要良好的管制、管理当局的有效监督，以及股东的有效监督与有效行使投票权，这些都需要极大的体制能力与技巧。

6.3.3 积累与人口变化

尽管积累制多年前就已经被证明存在缺陷（Barr，1979），但是这种认为在面临人口结构变化时积累制必然十分有助于养老金融资的观点仍然反复出现：

> 个人储蓄账户系统 [PSA] 解决了现收现付制系统针对劳动力人口结构变化所产生的典型问题：在一个老龄化人群中，每一个退休人员所对应的劳动者数量下降了。在个人储蓄账户系统下，工作人口并不为退休人口支付养老金。因此，与现收现付制系统相比，这就避免了代内冲突并最终破产的潜在可能性。许多国家所面临的问题——非积累制养老金债务——在个人储蓄账户系统下并不存在。（Piñera，1995，p. 160）

这种观点在生育率与老年死亡率都下降的情形下必须分开考虑。假设一个大型劳动力队伍后面将出现一个小型劳动力队伍。在一个纯粹的现收现付制系统中，从一个给定公共养老金缴费率所得到的养老金收益将下降，从而使得缴费率面临上升的压力，或者养老金收益面临下降的压力，或者二者兼而有之。这个问题已经被充分理解，没什么争议。

有观点认为，积累制可以缓解该问题：在一个大型的第一代劳动力队伍中，每一个成员均建立了养老金储蓄；一个代表性劳动者可利用的固定缴费型养老金刚好就是这些储蓄所能覆盖的部分。这一观点本质上就是上面所引述的观点，从**金融**的角度来看是正确的，但可能无法为劳动者提供其在老年时期所期望的**消费**。在现收现付制系统下，缴费下降可能会导致财务亏空。在积累制系统下，该机制不那么直接但是有相同

---

① 例如，加利福尼亚公务员退休系统（CalPERS）拥有超过 1 500 亿美元的资产，采取了主动型股东利息的方式；更一般地，参见 Börsch-Supan 和 Winter（2001）。

的原因：除非劳动者数量下降由于某些原因不会影响产出，否则产出相对于其在劳动力规模不变的情况下而言就会下降；并且，如果产出下降了，消费或投资（或二者兼而有之）都必然会下降。下面几个结果（或兼而有之）都是有可能出现的：

- 由于养老金储蓄的更高的价格或更低的回报率，养老金领取者不能得到他们所期望的消费水平，正如在专栏 6.3 中所解释的那样；
- 强制性养老金储蓄增加导致劳动者会有更低的消费水平；
- 由于劳动者与养老金领取者的消费组合的增加所产生的挤出效应，投资下降，从而使得未来经济增长面临风险。

专栏 6.3	产出下降如何影响个人账户持有者？

产出下降会使个人账户产生很多问题，无论个人账户持有的是现金类资产还是股票。继续那个大型前代劳动力队伍跟随着小型后代劳动力队伍的例子。假设大型前代劳动力队伍的养老金领取者通过建立银行账户的方式寻求其未来退休时的产品购买力。给定相关的财政与货币政策，他们的理想消费（也就是说，他们希望花光所积累的所有退休储蓄）可能会超过小型后代劳动者所愿意储蓄的数量。这可能导致产品市场的超额需求，导致通货膨胀，从而减少了名义养老年金的购买力。对于这种后果的预期，通常会影响用来吸引银行存款的利率。因此，人口统计方面的影响（储蓄者与投资者都能看见）会扩散很长一段时间。

相反，假设劳动者通过积累股票之类的非名义性资产来寻求对未来产出的购买力。在那种情况下，作为退休人员时，他们就必须出售其金融资产来为其消费进行融资。但是，因为下一代的人口规模更小，总需求相对会更小一些，因此对于生产性资产的需求就会更小一些，导致资产市场供给过度，进而导致资产价格下降（与各代规模相等的情况相比而言）。（要看到这一点，假设每一对夫妇只生一个孩子，因而下一代中每一对夫妇将继承两套公寓，在其他情况不变的情况下，公寓的价值将会下降。）[a] 这将会减少养老金积累的价值从而就会减少其养老年金的价值。在实践中，资产

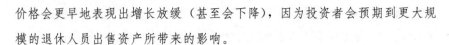

价格会更早地表现出增长放缓（甚至会下降），因为投资者会预期到更大规模的退休人员出售资产所带来的影响。

a. 我们感谢 András Simonovits 提供了这个例子。

正如先前所注意到的那样，现收现付制与积累制都是对未来产出的权益组织机制；因为人口结构变化会影响产出，这必然会导致养老金系统出现问题，无论其组织方式如何。考虑产出是一种可以让我们看到积累制并不能规避人口老龄化后果的方式。另一种方式是考虑为退休时期消费融资可以使用的各种资金来源。劳动力增长的放缓（或绝对下降）将导致更低的资本回报，从而更低的投资回报，进而当退休人员开始花费其积累的储蓄时就会面临更低的积累额度。

如果出生率是稳定的但退休人员的预期寿命增加了，那么在积累制系统与现收现付制系统之间就产生了一种更为接近的方式。如果平均退休年龄不变，其影响就是增加了每一个劳动者所对应的退休人员数量。在一个纯粹的现收现付制系统中，这种增加需要一个更高的缴费率或更低的月度收益，以维持系统的平衡。在积累制账户下，以及在利率不变的情况下，如果平均寿命更长的话，可持续的月度养老金收益水平就更低了。如果利率下降的话，这一效应就会进一步叠加，因为随着退休人员将其消费在更多的年份间进行分散，他们可能就会面临更高的资本-劳动比。因此，在现收现付制下，保持财务平衡就必须降低养老金收益。在积累制账户下，随着市场力量提高年金价格，养老金收益会自动随之降低。在这两种情况下潜在的经济问题都是相似的，但并不完全相同，因为资产回报率（这决定了年金定价所带来的好处必然下降）可能无法匹配现收现付制下的隐性回报。

简而言之，重要的不是融资积累而是产出。如果产出增加了，就更容易满足在职人员与退休人员的权益，无论这些权益是通过现收现付制还是通过积累制来组织的。人口老龄化的解决方案不在于积累制本身，而是在于产出增长。由于专栏 4.1 中所阐述的原因，这一论点在一个开放经济中仍然有效。

6.3.4 积累与产权

在一个拥有固定收益型公共养老金系统的国家中，立法机构通常都拥有改变养老金收益规则的权力。因此，对于当前与未来收益的保护取决于政治过程的性质（或好或坏），虽然重新当选的欲望以及避免街头示威的欲望通常会限制政治家在养老金收益方面做出巨大而突然的削减变化。类似地，甚至在尊重产权的国家中，即使是在个人账户里的资产也无法完全消除政府降低当前或未来养老金价值的能力。这可以以多种方式发生。一种方式就是，政府将个人账户里的资产与其他地方的资产进行类似的处理：它可以通过意外的通货膨胀来降低政府债券等名义资产的价值；或者，它可以提高企业利润税，降低股票的价值；或者，它可以提高收入（包括养老金收入）所得税，或者提高消费税，从而减少当前与未来退休人员的养老金收益的价值；或者，如果国家对个人账户中的资产回报进行征税（正如澳大利亚以前所做的那样），就能提高这种税收。更一般地，还可以改变对养老积累金的特定税收处理方式。个人账户倡导者通常会指出固定收益型系统的政治风险，但很少提到个人账户系统可能面临的政治风险。

在美国，社会保障收益的税制发生了两次变化：在 1983 年，某些退休人员高达 50％ 的收益是应纳税的，而在 1993 年，这些已纳税的退休人员高达 85％ 的收益是应纳税的。另一个例子是 1997 年英国养老金的税收优惠减免。所得税税率与税收起征点都是可以通过立法来进行适当改变的，从而并非对产权的侵犯。

因此，预期收益的价值可以被立法机构所改变，无论是在一个全国性固定收益型系统里，还是在一个资产被个人账户所拥有的系统里。这应当被视为一个问题吗？改变未来收益的能力可以简单地被视为在职人员与退休人员所面临的一个风险来源吗？或者这就是养老金系统在风险分担方面发挥作用的一个好机会（该机会可能会被良好地利用，也可能会被利用得很糟糕）吗？正如第 7.3 节所讨论的那样，无论支持或反对它们的其他理由是什么，固定收益型方案（不同于固定缴费型方案）具有在各人群之间分散风险的能力。正如专栏 7.3 节所讨论的那样，如果干得好的话，这种风险分担的价值可能是非常大的。

总之，为了保护在职人员与退休人员的期望，产权的重要性并不像一些分析人员所想的那么简单。

6.3.5　小　结

积累制与经济增长之间的关系既不简单，也不是自然而然的。

积累制并不必然增加储蓄。国民储蓄增加与养老金积累增加之间的关系是复杂的。国民储蓄将增加或减少多少，取决于强制性养老金储蓄的增加在多大程度上被自愿性私人储蓄减少以及政府预算中其他方面的储蓄减少所抵消。狭义积累可能对储蓄几乎没有影响。因此，储蓄可能会增加，也可能不会增加。

增加储蓄并不必然增加产出。最为简单的论点（通常由一个存在简单的资本积累的新古典模型来刻画）就是，转向积累制会增加储蓄，而这又会增加投资，进而通过增加资本边际产量来增加产出。这些关联在很多情况下是成立的，但并不总是成立或并非必然成立，其中的机制并不简单。除了我们所熟悉的总需求下降对产出的短期凯恩斯主义影响之外，增加储蓄既会影响资产价格，也会影响资本数量：

●　储蓄增加与投资增加之间的关联是很复杂的。储蓄增加可以增加投资，因而增加产出，但是它也可能只是简单地推高有限供给类资产的价格，譬如城市土地的价格。[①] 分开来说，在一个拥有开放资本市场的经济体中，国内储蓄的增加尽管与国民储蓄有关系，但是对于国内投资而言影响很小甚至没有影响。

●　积累制可能会改善储蓄在各种投资上的分配，或者也可能不会改善，从而并不会大大增加产出。资本配置的无效性可能会降低投资的边际产出，正如中欧与东欧国家以及苏联那样，按照西方的

[①]　在 20 世纪 70 年代，众所周知，一个英国贸易联盟将其部分养老金投资于昂贵的艺术画作。这对于资本积累的扩张并没有直接的影响。

标准它们的投资率都格外高，但是经济增长陷于停滞，一些国家甚至出现负增长。

在任何情况下，正如在第 6.4 节中所讨论的那样，金融资产的回报包括如何调整其所承担的风险。因此，使用金融回报来衡量社会回报而没有进行相应的风险调整的做法是错误的，从而将股票的期望回报当作增加养老金积累的做法就是错误的。

增加积累可能并非最优的其他原因。养老金积累的增加可能会导致产出增加的事实并不意味着养老金政策必然会提高社会福利。积累制可以提高产出，但是也不可避免地对养老金的成本与负担进行了再分配。取决于所增加投资的回报率以及经济增长率，后代间的再分配可能有价值，也可能没有价值，正如第 7.2 中所讨论的那样。

转向积累制是否有利取决于具体国情：

● 该国的储蓄是否低于最优水平？积累制会增加储蓄吗？它是否会提高国内资本市场的效率？

● 代际再分配效应是什么？通过增加养老金积累而导致的投资增加意味着当前消费的下降。因此，能提高经济增长的养老金积累，只有在当前消费减少的价值低于未来消费的预期增长价值时才算得上是合理的。

积累制可能不可行。一个国家可能缺乏运行一个积累制养老金系统所需的制度。例如，它可能缺乏管理养老金账户或分配养老金所需要的技巧，或者它也可能缺乏管理金融市场的能力（正如第 9 章中所讨论的那样）。即使这些技巧存在，也可能极为稀缺，从而将它们用于运行养老金系统可能并非其最有效的做法。

总之，我们的观点既不是说积累制是一个不好的政策，也不是说它无助于减轻老龄化问题，而是说它是否有帮助，取决于积累制对经济增长与代际公平的影响，而这又取决于一系列具体的国情。积累制对于促进经济增长可能是很重要的，但是每一个国家必须根据其具体国情进行考量，而非想当然。

6.4　现收现付制与积累制的回报率比较

一些分析者认为积累制系统胜过现收现付制系统，其依据是比较积累制系统可能投资的金融资产的长期资产回报率与现收现付制系统的长期回报率［即经济增长率（或工资增长率）］：

> 与社会保障缴费的 2.6％ 的均衡回报率相比，同期非金融企业资本的实际税前回报率平均为 9.3％……［结果］，这迫使劳动者使用非融资性系统从而大大地增加了他们购买退休收入的成本。（Feldstein，1996，p.3）

> 一个类似的观点是如下的世界银行的分析："因为金融回报率通常被期望会高于经济增长率，名义账户制系统要求一个更高的缴费水平才能达到与［完全积累制］方案相同的养老金给付水平，**并且由于这个原因，一个名义账户制方案在经济回报方面只能算是次优方案**。"（Holzmann and Palmer，2006，p.4）

因为金融资产长期回报率事实上的确超过长期经济增长率，二者的差异有时候被认为是积累制系统的一个纯粹的优势。但是，如果分析政策时只考虑长期，而忽略了转向不同的长期问题时所牵涉的短期成本与收益，这无疑是错误的。这种观点是有缺陷的，因为它没有在相同的情形下进行比较。一个更为全面的分析应当考虑从现收现付制转向积累制的转制成本（第 6.4.1 节）、两种安排方案的相对风险（第 6.4.2 节）以及其各自的管理成本（第 6.4.3 节）。

6.4.1　稳定状态的不当比较

如果能恰当地考量从一个现收现付制系统转向一个完全积累制系统的成本，两种安排方案的回报率一般而言就是相等的。[1] 为了阐明"股

---

[1]　该观点出自 Orszag（1999），这是对 Breyer（1989）的研究结果的一个非技术性概括。对于该观点在美国的应用，参见 Geanakoplos、Mitchell 和 Zeldes（1999）以及 Belan 和 Pestieau（1999）。该观点没有考虑存在资本收入所得税的情况。

市回报超过实际经济增长（或工资增长）会使养老金领取者在一个积累制系统里处境更好"这一观点的缺陷，让我们考虑一个拥有现收现付制系统的国家，其政策制定者正在考虑转向积累制。当现收现付制系统开始时，初始一代会收到养老金，即使他们从未缴纳养老金。所支付给初始一代的养老金收益是一个沉没成本；向积累制的转向将涉及转制成本，正如下面所解释的那样，这是初始一代所收到的养老金的必然后果。一个核心问题在于，转制成本到底该落在谁头上。因为它们必须落在某个地方，从而向积累制的转向就不是一个纯粹的好处；一些人从转制中得到好处，一些人则受到伤害，如果仅仅从长期来看，这一问题就会被忽略，因为这些成本已经被前面的人群支付完了。

　　情形 1：固定收益规则，转制成本由公共借贷来融资。在表 6.1 中，每一代在年轻时支付 1 美元缴费，在老年时收到 1 美元养老金。在第 1 期，更老一代 A 的 1 美元养老金由更年轻一代 B 的 1 美元缴费所支付。在第 2 期，当 B 代变老了，其养老金就由年轻的 C 代的缴费来支付，以此类推。现在，假设资产的真实回报率是 10％。在一个现收现付制系统下，B、C、D 等每一代都支付了每一期的 1 美元缴费，并且在下一期得到了 1 美元的养老金收益；真实回报率为 0。相比而言，在个人账户系统下，这些时代的人群在第 2 期储蓄 1 美元并在第 3 期得到 1.10 美元；10％的真实回报率对于现收现付制系统而言看起来就像是纯粹的好处。

表 6.1　一个简化的现收现付制系统

时期	代			
	A	B	C	D
1	＋＄1	－＄1		
2		＋＄1	－＄1	
3			＋＄1	－＄1
4				＋＄1

资料来源：Orszag（1999，p. 9）.

　　该观点的缺点是，如果 C 代缴费落入其自身的积累账户，B 代养老金就必须由其他方面的资源来支付。如果此资源是政府借债，C 代将收

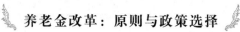

到 1.1 美元的养老金，但是必须交税以覆盖为 B 代养老金融资所进行的借款而支付的 10 美分利息。因此，根据额外税收进行调整后的实际回报率为零——与现收现付制情况下相同。现收现付制系统更低的回报率并不是某种内在缺陷的结果，而刚好是 A 代所获得的养老金收益的成本。严格地说［参见 Breyer（1989）与 Belan 和 Pestieau（1999）］，这两种安排方案具有一种等价性，如果不是孤立地看待对于积累制的转向，而是充分地考虑这种转制的融资成本的话。因此，转向积累制并没有让 C 代变得更好。正如另一项研究所指出的那样，"该模型中货币价值的下降不是源于婴儿潮一代变老、预期寿命增加或大量管理无效率的结果，而是由于现收现付制系统的简单算术"（Geanakoplos，Mitchell and Zeldes，1999，p.86）。

虽然现收现付制系统与积累制系统的回报率差异可以以这种方式解释，但这并不意味着这种差异就是重要的；如果这一缺口太大，就会激励劳动者将缴费抽离现收现付制系统，以期通过其他形式的养老金来获得更高的回报率。第 7.2 节对于由更早辈人群的初始转移支付所造成的代际再分配机制，以及为了避免回报率的过度差异而实施的跨人群成本分担政策，进行了更为详细的讨论。

情形 2：固定收益规则，转制成本通过税收来融资。假设在第 2 期，C 代缴费 1 美元进入个人积累账户（正如以前一样），但现在 B 代的 1 美元养老金不是由借债而是由额外税收来进行支付。C 代所收到的养老金收益也是 1.10 美元，但是 C 代也支付了 2 美元的税收——1 美元用于支付 A 代的养老金，1 美元用来支付自己的养老金。因此，总体回报率为负。（情形 1 避免了这种负的回报率，因为偿还政府债务所必需的税收在各代之间进行了分担，而非仅仅由 C 代来承担。）

如果一个预算盈余可被用来支付 B 代养老金，那么此分析就是类似的。该盈余可能已经被用于 C 代的减税，从而使得此分析与情形 2 一样。或者，此盈余可被用于减少国民债务，从而使得分析结果与情形 1 相同。该盈余因而存在一个机会成本。如果该盈余被用于为现收现付制系统进行预融资，会导致同样的分析结果，其回报被用于增加养老金收益。

情形 3：转制一代没有养老金收益。为转制融资的另一种方式就是通过根本不支付养老金的方式将 B 代扔出救生船。C 代以后都会享受 10％的真实回报，但这些好处都是以牺牲 B 代为代价的，他们承担了全部的转制成本。在这种情况下，A 代所获得的正收益被 B 代所获得的负收益所抵消。

小结。最基本的观点就是：第一代与随后几代面临一个零和博弈。第一代所收到的"礼物"的成本必须被支付。这可完全由转制一代（B 代）来支付（通过违背对 B 代的现收现付制承诺的方式），或者完全由转制期的一代劳动者（C 代）来支付（通过提高其当前税收来为 B 代的养老金进行融资的方式），或者可以通过借债为转制成本融资的方式将该成本在后面各代之间进行分摊。这有可能改变成本支付的时间路径，但无法避免成本本身。再一次，打破该僵局的唯一方式就是向积累制转向的过程偶然能够实现更高的经济增长率（正如我们在前一节中所看到的那样，这一问题仍然存在争议）。专栏 6.4 更为充分地解释了为何在这种情形下错误分析非常严重。

专栏 6.4　**不恰当的稳态分析：不只是一个无关紧要的知识性错误**

由不恰当的稳态分析所导致的错误远比乍看起来的情形更为深刻。考虑如下陈述："其中一些问题——譬如代际转移支付与后代的低回报率的不可避免性——对于现收现付制系统而言具有内在性（World Bank，1994，p.236）。"的确，现收现付制系统从后代向前代进行了转移，从而会减少后代的资产回报率。然而，我们不应当想当然地认为这必然就会是一个问题。

第一，在将"后代向前代转移"视为一个"问题"的说法中，隐含了跨代收入分配的假设，这在专栏 7.2 中进行了更为详细的讨论。

第二，该观点否定了某些政策的帕累托有效性（参见专业术语表）。如果政策制定者是在一个全新的国家里建立一个养老金系统的话，这一点就最为明显了。正如在第 7.2 节中所讨论的那样，如果他们引入一个现收现付制系统，第一代退休人员领到养老金，但是随后几代的养老金回报就会更低；如果他们引入积累制系统，后面几代人会得到更高的回报，但是第一代不能领取养老金。因此，不能将第一代之后的各代养老金领取者获得好处视为一种帕累托改进，因为这牺牲了第一代人的利益。同样的理由适用于那些已经存在现收现付制系统的国家：转向积累制的决定就是从当前一代人向后代人的再分配。那种认为转向积累制属于帕累托改进的观点是错误的。

第三，该观点之所以错误的原因在于，正如在第7.3节中所讨论的那样，通常来说最优的做法是让养老金系统拥有一个现收现付制因素，因为其所能导致的代际风险分担的可能性是一种社会福利改善。正如在第6.2.2节中所讨论的那样，清偿隐性债务必然有益的观点也犯了同样的错误。

6.4.2　风险差异的调整

转制融资成本仅仅是现收现付制与积累制比较的一部分。另一个因素就是风险。任何金融资产的期望回报都不可能是完全安全的，因而会包含一个风险溢价，既包含了市场风险，也包含了政治风险。因此，将养老金资产的总回报率与现收现付制系统的回报率进行简单比较，似乎双方都是无风险的样子，这明显就是错误的做法：现收现付制系统的真实回报率与积累制系统的真实回报率必须分别进行相应的风险调整。我们将在下一章中进行风险调整方面的讨论。

6.4.3　管理成本的控制

个人账户的管理成本比现收现付制系统的管理成本更高——通常高很多——这一事实已经有了充分的证据（参见图9.1及其相关讨论）。这些成本不应当被低估。正如在第9.2.3节中所讨论的那样，在可信的假设下，在整个生命周期中，1％的年度管理费会减少一个劳动者总积累额的20％。

6.4.4　小结

在评估养老金改革方案时，重要的是搞清楚所问的问题到底是什么。例如，Feldstein（2005）认为，美国社会保障系统减少了国民储蓄。一个关键的问题是，我们可以从这一观察中得出什么样的规范性结论。美国社会保障系统远非完全积累制的，因为其对于更早人群的收益支付超过了其缴费所能融资到的额度（参见专栏 7.2）。支付更高收益的目的是提高这些人群退休时的消费水平，并且（不考虑短期凯恩斯主义问题）这将不可避免地减少国民储蓄。因此，国民储蓄的下降并非一个可以避免的由不良政策设计所带来的副作用，而是增加提前退休人员消费水平的政策所导致的一个必然后果。对于储蓄的观察需要基于此视角，而不能将其视为政策制定的一个独立的基础从而孤立地看待它。

如果不包括前代人减少投资所导致的消费的价值，这就隐性地产生了一个稳态比较分析；也就是说，这将美国今天的经济形势与另一种稳态下可能的经济形势进行了比较。因此，潜在的问题是：长期稳态 B 中的社会福利如何不同于稳态 A？本书中的大部分分析都是关于一个不同的问题：从稳态 A 到稳态 B 的转移所产生的福利效应是什么？两个问题及其相应的答案都是合理的。不合理的是将一个问题的答案应用于另一个问题，同样，只考虑一个政策的部分后果（在这里就是只考虑长期后果）也当然无法为政策分析构建出夯实的基础。

事情比简单的回报率比较更为复杂：

● 当政策牵涉到从一个稳态转向另一个稳态时，只比较稳态的分析就是错误的。从现收现付制转向积累制的一个恰当比较应当对转制成本进行恰当的考量——包括它们的总成本以及成本的分布情况。

● 一个恰当的比较也必须考虑风险方面的差异以及管理成本方面的任何差异。

● 在一个假设性的新国家里，所有的这三种调整对于养老金制度的选择都是有关系的，其中转制成本问题被是否应当向那些已经退休或接近退休的人支付养老金收益的问题所取代。

最后，Atkinson（1999，p.8）指出，对福利国家的批评倾向于只考虑成本而不考虑收益：

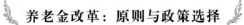

经济学家对于福利国家的负面经济效应的强调可以归咎于其所采取的理论分析框架……其根源于完全竞争与完美市场出清的模型。这种理论框架无法处理任何福利国家所存在的情形……福利国家供给的整个目的在这样的理论模型中全部缺失了。

这里的观点刚好相同：对于转向积累制的好处不应当孤立地进行考量，而是要与相关的成本一起考量。

第7章　再分配与风险分担

养老金系统有强大的再分配效应，这可能是故意的，也可能不是故意的，其结果可能是令人满意的，但也可能并不令人满意。它们可能实现代内再分配（第 7.1 节）。事实上，除非有完全依赖于税收融资的老年最低收入保障，否则几乎所有的养老金系统都将这种再分配作为一个明确的目标，特别是为了提高贫困老年人的退休收入。养老金系统也可以实现代际再分配（第 7.2 节）。如果一个养老金系统无法充分融资，就只能选择代际再分配方式；这也是可以增加国民储蓄的融资方式。此外，养老金安排对于男性与女性的影响也存在重要的不同之处，这将在第 8 章中进行讨论。

这些主要的分配效应是无法穷尽的。使用一般性税收收入来为仅仅覆盖一小部分劳动者的养老金制度筹集资金，本质上就是将更大部分的纳税人的收入转移支付给被养老金制度所覆盖的一小部分劳动者。有些国家针对白领劳动者与蓝领劳动者采取了不同的养老金收入规则，从而可以利用该系统从低收入蓝领劳动者向高收入白领劳动者进行转移支付（通过向后者支付相对于后者的缴费水平而言更为慷慨的养老金收益的方式）。正如在第 5.2.1 节中所讨论的那样，相对于在职业生涯前期收入上升更快的劳动者，许多固定收益型计划对于那些在职业生涯后期收入上升更快的劳动者而言更有利，这一特征往往对高收入者更有利。而一个提供统一年金水平的养老金制度无疑对长寿劳动者更有利。

与这些再分配效应并存的问题是，所有的养老金制度都面临风险。

正如在第 7.3 节所讨论的那样，政策制定者面对的一个核心问题是：这些风险可以怎样被分担，以及它们应当在多大程度上被分担？这些问题既涉及效率问题，也涉及公平问题。

7.1 提高养老金低待遇者的退休收入

一个国家有很多种方法来提高养老金低待遇者的退休收入。一些国家提供最低收入保障，这是一种基于资产审查的社会援助，所有老人都可以获得，不管其是否被养老金覆盖。此处的讨论集中于养老金制度本身对于收入分配的影响，忽略社会援助的补偿性角色。除了减贫，一些国家的养老金制度为低收入者（但并非贫困人口）提供一个占其以前收入更高比例的养老金待遇，从而帮助他们进行消费平滑。

再分配途径。一旦意识到这些问题，国家就会采取不同的方法来实现老年人口的收入再分配。一些国家对于参与养老金系统时间足够长的劳动者提供最低养老金保障。智利就已经为至少缴费 20 年以上的劳动者提供了最低养老金保障（参见第 12 章与第 13 章）。在美国，养老金基于一个累进制待遇规则，其替代率会随着整个职业生涯的收入平缓下降。[①] 墨西哥采取了另一个再分配途径，其在收入相关型缴费的个人账户中增加一笔统一数额的养老金。这些途径的一个差别在于，美国的再分配过程是由养老金系统内部的融资过程实现的，而墨西哥的再分配过程则是由一般性财政收入来实现的。正如墨西哥那样，只要一般性财政收入与转移支付的范围相关联，一般性财政收入的使用就必须对征税范围进行仔细考量。这在那些养老金覆盖面有限的国家很成问题，因为低收入者更有可能处于养老金系统之外。养老金系统内部的再分配也同样可能产生问题。在美国，正如当前养老金制度所设计的那样，一个值得关切的问题在于，配偶养老金收益倾向于恶化当前的养老金系统的整体

---

① 一个核心问题在于，这些考量是适用于劳动者自身还是适用于劳动者的整个家庭，以反映出夫妻双方的收入状况，同时也表明支持一个家庭比支持一个个体需要更大的收入替代。

再分配特征。

一些国家将统一率养老金（其养老金待遇与工作年限有关但与工资水平无关）与一个二级系统组合起来，而这个二级系统将与工资水平相关。[①] 然而，这样的安排通常会导致老年人口的不完全覆盖。因此，缴费原则可以通过各种方式进行修正：

● 养老金待遇可以基于一个更短的时期而非整个职业生涯期。在美国，计算养老金收益时使用了收入最高的 35 年的工资记录。从 2010 年开始，英国以 30 年缴费记录为基础，将对所有达到年龄要求者发放全额养老金。[②]

● 养老金补助给予那些未缴费的年份，例如照顾孩子、服兵役、领取失业补贴的年份。这些养老金补助可以来自一般性财政支出，也可以来自养老金系统之内。这种形式的一个变体是，领取全额基础养老金所必需的年限也可以通过此类活动（照顾孩子、服兵役、领取失业补贴等）的年限来进行相应的减免。第 8.3.2 节讨论了关于护理活动的养老金补助问题。

另一种不同的方法是非缴费型统一率养老金：

● 有些国家的养老金发放基于收入审查或富裕度审查（譬如澳大利亚）。[③]

● 有些国家将养老金待遇基于居住年限（如芬兰和新西兰），

---

① 尽管"统一率养老金"（flat-rate pension）似乎是一个误用的名称，因为养老金待遇会随着缴费年限的变化而变化，但是这个名称就这样沿用至今，因为这种养老金待遇和工资水平无关。

② 对于具体的提案，参见 U. K. Department for Work and Pensions （2006a）与 U. K. Pensions Policy Institute （2006）；关于缴费原则的更为广泛的讨论，可参见 U. K. Pensions Policy Institute（2005）。

③ 收入审查用来剔除那些收入高于某个最低基准点的所有人，重点是留下收入低于该最低基准点的所有人，即最穷的那些人；富裕度审查就是用来剔除那些收入高于某个最高基准点的所有人，重点是筛除那些最富的人。因此，收入审查的设计用来保证只有穷人得到收益；富裕度审查的设计用来保证除了富人之外所有人都可以得到收益。

或者成为公民并居住的年限（如荷兰）。① 此类养老金既可以是专项收费融资的，也可以是一般性财政收入融资的。

统一比率型与收入相关型这两种方式放在一起就会产生一个随着收入而下降的替代率。中国拥有一个此方式的变种，是基础养老金与个人账户的结合。阿根廷也是如此。

除了这些不同的改善个人养老金收益的方法，一个养老金制度既要保护劳动者，也要保护其配偶，譬如通过遗属抚恤的方式，这是养老金制度影响老年人收入分配的一个关键部分。在不同国家，遗属抚恤的使用以及它们的融资方式都各不相同。有些养老金系统会保护离婚中的配偶，有些养老金系统对单身人士与已婚人士区别对待。这些问题将在第8章进行讨论。

哪一种再分配途径效果最好？ 部分地，提高老年贫困者收入的不同方法——最低收入保障、累进制规则，或统一比率型与收入相关型结合养老金——反映了不同的目标、不同的历史，以及不同的政治经济学。部分地，它们也反映了实现专栏7.1中所设定的各种目标的不同方式。经济学理论对此无法提供简单的答案，无法断定某些方式就一定比另外一些方式更好。具体可行性将取决于一个国家的政治经济环境与制度能力；最优方式的选择将取决于对不同目标的权重取舍（譬如减贫与平滑消费），也取决于决定各种显性或隐性税收扭曲效应的参数值，而这当然存在国家差异性。

| 专栏 7.1 | 瞄定收益：收入审查还是指标瞄定？ |

瞄定良好的减贫措施应当致力于帮助所有穷人（有时被称为横向公平）并且只帮助（或主要帮助）穷人（即纵向公平）。有多种方法来将收益进行瞄定［参见 Barr（2004a，pp. 217 - 219）］。在当前情形下，有两种方法值得注意：收入审查与指标瞄定（或代理指标瞄定）。另一个选项（此处不予

---

① 这有时也被称为"公民养老金"。然而，由于它们通常依赖于居住期限而非公民身份，在后面的章节中我们将称之为非缴费型统一养老金。

讨论）就是自我瞄定，也就是说，以某个激励结构为基础（譬如，对主要是穷人消费的商品进行补贴）引导所瞄定人群自动索取收益。

收入审查。也就是说，根据人们的收入状况识别出穷人。其优势在于，在最好的情况下，它能将养老金收益牢牢地瞄定目标人群。如果贫困线是每月 100 美元，原则上就可以通过支付养老金收益将穷人的收入提高到 100 美元，因而不需要向收入处于 100 美元以上的人支付任何收益。

然而，收入审查有重大的弊端。如果养老金收益要牢牢地瞄定目标人群，正如上面所说的那样，那么一个人从工资或资产性收入中每多获得额外的 1 美元，就会相应地损失 1 美元的养老金收益。这就对工作与储蓄造成了严重的负面激励效应。如果养老金收益的瞄定并不那么严格，要么有些人的收入没有被提升到贫困线之上，要么有些收入位于贫困线之上的人也得到了该收益，要么二者兼而有之。此外，收入审查通常基于家庭收入，从而对于家庭的形成具有负面效果。收入审查也具有很高的管理能力要求，即使在发达国家里也是如此，而在发展中国家里甚至会产生许多更严重的测量问题，因为在那里很多收入都来源于非正规部门或家庭生产活动。最后，至少在某些国家里，接受基于收入审查的减贫补助，尤其是收入审查本身，就被认为具有侮辱性。

任何使用收入或资产审查来确定收益发放的方式都会减少老年储蓄的激励。事实上，强制性退休储蓄的一个理由就是它能限制这种搭便车现象：因为人们资产越少从而资产性收入就越少的话，所得到的转移支付就越多，这就会导致人们选择不储蓄。

指标瞄定。也就是说，不是通过人们的收入而是通过其他指标来识别穷人 [此处一篇经典文章是 Akerlof（1978）]。其思想最好通过一个例子来说明。假设只有红发人是穷人，所有红发人都是穷人，并且不存在染发技术。在这些情形下，理论上就可以完全消除贫困（根据贫困线的定义），只要发放红发补贴即可。此外，因为收益只会被发放给穷人，费用已经最小化了，并且因为识别很容易，对管理能力的要求也很小。因此，理想的指标与贫困高度相关，以确保能精准瞄定；由于个人无法控制该指标，从而最大限度地降低了负面激励效应；而且很容易观察，有助于管理。在实践中，普遍使用的指标是家庭是否有孩子以及年龄足够大。

指标瞄定最大的优势就是它避免了收入审查的一些最坏的影响。尽管它不鼓励退休储蓄（因为人们能预期到未来的养老金收益），但它不存在扭曲效应，因为它不会改变由额外储蓄所产生的收入数量。但是，这种方式也不是万能灵药。首先，与其他所有的转移支付一样，收益的融资来自扭曲性税收。其次，可测度的特征在实践中与贫困往往并不是高度相关的：那些具有相关特征但其实并不贫穷的人也获得了收益，而一些不具备相关特征但其实很贫穷的人就无法得到收益。最后，使用家庭结构来确定收益领取资格或收益水平又会对家庭的形成造成负面效应。因此，在实践中，一个基于指标瞄定的系统需要一个基于收入审查的收益系统来补充。

一些项目的确可以做到这一点，譬如，只向穷人发放残疾补贴，只向有孩子的人发放工资相关型收益。美国有两个残疾项目，其中一个针对未经收入审查的被覆盖劳动者，另一个则针对经过收入审查的穷人。

在发展中国家［参见 Coady、Grosh 和 Hoddinot（2004）］，以年龄为基础发放的养老金不需要很强的管理能力就能被执行；特别地，该方式避免了记录缴费历史的需要。这样一个养老金系统一般而言都是瞄定良好的，并且如果养老金领取年龄足够高的话，也就会具有财政可行性。

改变收入分配未必会造成市场扭曲。一个对所有养老金领取者统一的养老金收益率可能是通过某个一般性财政收入进行融资的。与一个严格收入关联的养老金系统（这意味着更高的可纳税收入会得到更高的养老金收益）不同，在一个统一收益率的养老金项目里，一个纳税人所缴纳的税收金额更大并不一定会导致其相应更高的养老金收益。[①] 因此，对于通过工资税进行融资的统一率养老金计划，税收是完全扭曲的。相反，如果一个国家能提供同样规模的最低养老金保障，这些养老金收益就可以仅仅被支付给那些全部养老金总额低于这个最低保障额度的退休人员，从而被支付给更少的退休人员；因此，转移支付的成本以及所必须进行融资的养老金收益就会大为减少。然而，最低养老金保障也

---

① 如果达到最低缴费数量的缴费年限能部分地决定养老金收益，那么分析就会有所不同，因为此时会存在一个参与劳动力市场的激励，尽管一旦所要求的最低数量达到之后就没有了额外的激励。

会导致一个不同的扭曲效应。对于那些预期能得到这个最低保障的劳动者而言，就会对工资税产生扭曲：更多的工作并不能增加养老金收益。因此，对于他们而言，这一扭曲比统一率养老金收益更为严重。与此相比，统一率养老金收益并不会让收入相关型养老金系统下由增加工作而增加的养老金收益消失。因此，与统一率养老金收益相比，最低养老金保障在提高转移支付收益的需求方面会产生更少的扭曲，但对于那些有资格获取最低保障的人而言就会产生更多的扭曲。后一种扭曲可以通过将失去最低保障的过程逐步放缓的方式来减少（这当然会花费更高的成本）。但是，在这一对比中，一个是普遍性的扭曲效应的增加，另一个只是一部分人的扭曲效应的增加。一般而言，我们很难说哪一种方式相对更有效一些。此外，这两种方式的分配效应也不一样。

除了根据收入所进行的明显的再分配过程之外，具有不同预期寿命的人群在一个向在职人员征集缴费并向退休人员支付收益的养老金系统里的受益也是不相等的。有两类这样的模式已经得到广泛认可。女性平均而言比男性寿命更长，因此，在其他条件相同的情况下，一个无性别差异的养老金系统总体上就会从男性向女性进行再分配，这就与一个对男女区别对待的养老金系统不一样了。此外，在每一个性别内部，收入更高的人往往比收入更低的人活得更长——在美国与英国这一差异正在扩大。所以，相比于针对不同工资水平设定不同收益水平的养老金系统，将养老金收益与工资成比例设定的养老金系统将在同一种性别内部从低收入者向高收入者进行再分配。[①] 如果政策制定者希望至少能部分地抵消这种再分配效应（我们更希望如此），也许就会倾向于制定一个累进制的收益规则，或者通过一个最低收益或统一率收益机制，又或者通过一个养老金系统外部的机制（譬如最低收入保障）来实现再分配。

[①] 将强制性养老年金与非年金制的分配方式进行比较，也会牵涉到由于年金所带来的获利差异，这通常更有利于低收入者（Brown，2001）；也可参见 Simonovits（2006）。

7.2 代际再分配的成本与收益

除了代内再分配，养老金系统也可以实现代际再分配，正如在第7.2.1节中所讨论的那样。第7.2.2节讨论了如何通过使用金融资产来对养老金成本进行部分融资从而实现代际再分配。

7.2.1 代际再分配

代际再分配效应如何产生。 一个引入公共养老金系统的国家原则上可以选择其是应采取现收现付制方式还是应采取积累制方式。这种选择除了对劳动力市场、储蓄以及经济增长产生影响之外，正如在第5章与第6章中所讨论的那样，也会对代际资源分配产生不可避免的影响。正如表6.1以及专栏7.2所描述的那样，引入现收现付制养老金系统的决定会造成对早期养老金领取者的转移支付，因为早期养老金领取者会得到超出其缴费所能筹集的金额的收益。这种转移支付的成本将会落到后面的几代人身上。与此相比，引入完全积累制养老金系统的决定意味着，早期养老金领取者只能收到很小的养老金收益。如果一个国家已经有了一个现收现付制养老金系统，再决定转向涉及储蓄增加的积累制系统，将会实现从前代人向后代人的再分配。

专栏 7.2	美国与加拿大的早年公共项目的收益决定

在固定收益型系统中，通常来说收益与劳动者全部职业生涯或几乎全部职业生涯的平均收入是相关的。美国社会保障系统将收益基于劳动者收入最高的35年，而加拿大的公共养老金系统则要看从18岁一直到退休之间85%的年份。由于将收益基于一个短期收入容易造成扭曲（在第5.2.1节中讨论过），将收益基于一个较长的时期普遍被认为是固定收益型系统的正确方式。然而，当系统还不成熟的时候（也就是说，与收入需要计入的全部时期相比，系统的存在时间还没那么长），这也会产生一个如何测量一

个人的平均收入的问题。美国与加拿大通过在系统成熟的过程中使用一个短暂的增长平均期解决了这个问题。

这种方式造成了对早年人群的巨大再分配效应。那些在系统还很年轻时就已退休的人仅仅支付了一些年的工资税，却以与后来那些在全部职业生涯都支付工资税的人相似的方式获得养老金。无论在美国还是加拿大，这一效应还会被叠加：工资税税率一开始很低，之后随着时间的推移其增长速度会比养老金收益计算规则快得多。二者的组合导致了未来后代的大量未融资债务。

图 7.1 表明，在美国，最早出生人群所得到的收益超过其支付的费用（按贴现值计算）——这是一个正转移支付。因为该项目早期整体上很小，对于每一个群体的转移支付也很小，累积的净成本增长很慢。然而，随着后续人群的退休，该项目覆盖了越来越多的人，因而累积的转移支付增长就很迅速了。在 1983 年改革之后，一些人群被安排支付的费用多于其得到的收益，从而减少了将要传递给未来后代的遗留成本。早期人群基于有限的缴费得到了全额收益，从而其缴费具有最高的回报率，但后代人群的回报率则是下降的，正如图 7.2 所示。

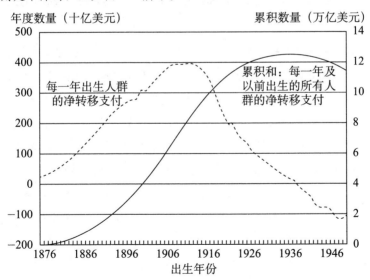

图 7.1　美国社会保障系统的养老金收益（按出生年份分为不同的人群）

数据是以 2002 年的美元单位来表示的现值。

资料来源：Leimer（1994）.

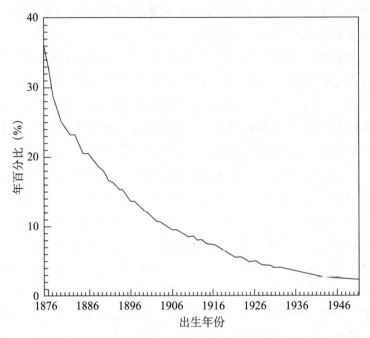

图 7.2　社会保障缴费的实际内部回报率估计（按出生年份分为不同的人群）

资料来源：Leimer（1994）.

　　正如在第6.2.2节中所讨论的那样，未融资债务的存在本身并不是一个问题，而是要根据其成本进行判断，尤其是要根据其可持续性进行判断，同时，重要的是，还要根据其收益进行判断。可以认为，在美国，让早期人群领取全额收益的做法，代表了对在世界大战以及大萧条中所遭受的巨大痛苦的一种人道主义回应：它减少了老年贫困，也减少了从其他项目向贫困老人转移支付的成本。可以说，这一做法也有利于今天的劳动者：至少，某些人很乐意看到他们的父母辈以及祖父母辈得到援助，与此同时，对于某些人来说，这些转移支付减少了他们赡养老年父母的负担。

　　这些固定收益型系统的潜在目的是提供适当的替代率。但是，仅仅从这个角度来决定早期人群的收益水平会在早期人群所得到的转移支付中导致一个不幸的分裂：大部分转移支付都落入了高收入者的腰包，因为在收入相关型系统里，收入越高转移支付就越高。转移支付的这一特征可以算是不好的政策。其所蕴含的收入模式并不能很好地反映收入历史，相反，这是在奖励富人。一个累进制系统可以减少这种向上的再分配，但是收入越高转移支付就越大的模式依然保留下来了。

这个问题可以用多种方式来避免，并且仍然向早期人群提供有效的减贫支持。一种简单的方式就是使用一个长时间的工资"历史"来决定一开始的收益水平，但是对于系统存在之前的年份要使用法定选择的收入水平（譬如平均收入）。另一种方式就是使用一个长时间的工资历史但是在系统存在之前的年份只记录零工资，并且结合一个统一固定比率的收益水平（随着收入相关型系统的成长，其价值就会逐年下降）。在一个像中国这样的国家中，初始覆盖率很低，随着覆盖面的不断扩展，规则的制定必须十分谨慎。

一个没有税收优惠的完全积累制固定缴费型养老金将不会进行跨代再分配。然而，那本身就是一个分配性选择。核心观点在于，认为养老金应当实行积累制而非现收现付制的决策也是并且也应当是一个关于代际收入分配的决策。不可避免地，有些人的境况得到了改善，有些人的境况则恶化了。正如我们在专栏 6.4 中所注意到的，这种再分配效应排除了不同养老金支付方式之间存在帕累托占优关系的可能性。

哪一种方式效果最佳？ 我们应当如何思考代际成本与收益的平衡问题？因为消费加投资等于国民收入，一个提高国民储蓄的政策必然会降低消费。相反，一个赋予某些养老金领取者（譬如美国养老金系统的早期人群）更高收益的政策的设计会提高他们的消费但会降低国民储蓄，总产出因而是固定的。因此，储蓄下降是提高养老金收益的一个必然结果，而非一个意外的不幸结果。

如果任何储蓄增加所产生的额外资源用于提高未来收益或减少未来的缴费，其结果就是增加了未来的消费。为了评估这种跨群体再分配是否值得，我们必须不仅仅考虑所增加资源的回报，还应当考虑在没有增加储蓄的政策的情况下消费在多大程度上还是增加了。我们也必须考虑那些当前消费减少而未来消费增加的群体的内部分配。正如在第 6.4 节中所讨论的，如果对于一个增加缴费或降低收益以增加国民储蓄的方案，我们只是通过简单地比较资本的边际产出与一个现收现付制养老金系统的隐性税收回报率对其进行评估，那么此分析就是不完备的；这个比较忽略了跨期分配效应，因而无法构成一个规范分析的基础。

更具体地，让我们考虑当现在的缴费增加且被用于购买资产以允许今后有一个更低的缴费率时会发生什么。劳动者今天将支付一个更高的缴费率从而有一个更低的消费，而日后的劳动者将支付一个更低的缴费率且有一个更高的消费。我们该如何评价这种从今天的劳动者向明天的劳动者进行的再分配？这种比较可分为三个部分[①]：

● 对不同人群的福利的影响是什么？也就是说，未来的劳动者将如何评估他们的消费增加的价值，以及其与当前劳动者赋予其相应的消费减少的价值相比是否或多或少更具有社会价值？根据边际效益递减规律，一个人的消费越高，其消费价值增加得就越少。因此，与收入增长较慢的情况相比，如果收入增加很快，转入未来的消费对于未来的人们（他们拥有更高的收入）而言就价值更低了。类似地，一个拥有高储蓄率的国家相对于其收入而言有着更低的消费。如果未来的储蓄率更低，未来消费相对于收入而言将会更高。因此，对于一个给定的收入增长率，与预期储蓄上升相比，如果预期储蓄率会下降，转入未来的消费对于未来的人们而言价值更低。

● 额外储蓄的回报是什么？假设对于配置投资总是存在充分的市场，那么一个国家的投资需求越大，资本的边际产出可能就越大。但是一个拥有很高储蓄率的国家可能已经投资于拥有最高回报率的机会了。因此，更高的储蓄率的回报就可能不再会很高了。

● 不同人群的福利的纯粹公共权重：普遍的做法是，既要将群体的终生福利进行贴现，也要分别对一个劳动者一生中未来消费的

---

① 此处的分析提出了另一个方面的问题，即强制性养老金储蓄的增加是否会被自愿性养老金储蓄的减少或政府借债的增加所抵消；参见第 6.3.1 节中的讨论。

效用进行贴现。[①]

因此，通过提高缴费或降低收益的方法来增加国民储蓄，会造成未来群体之间的再分配。同样重要的问题是，在不同的人群之中谁的消费增加了、谁的消费减少了。一个今日向最高收入者征税以建立一个基金用于提高明日的不同人群的收益的项目，不同于一个今日提高不同人群的税收以建立一个基金用于提高明日的富裕人群的收益的项目。

7.2.2　使用资产来为遗留成本融资

*问题。*一个纯粹的现收现付制系统没有资产，因为它给予最早的参保人群的收益大于这些人的缴费量。为了保证系统持续运转，它必须从当前缴费中为其对当前养老金领取者过去的养老金承诺进行融资。除了这个基本事实，其缴费还必须面临其他额外的压力：

● 由于生育率下降，劳动人口的增长可能更慢甚至会下降，正如当前许多国家所预测的那样。

● 在那些从现收现付制转向积累制的国家中，当前劳动者的一些或所有的现存缴费进入了他们的个人账户，因此，除非缴费增加足够多以覆盖积累额的增长，否则当前养老金领取者的收益至少有部分必须通过其他资源来进行融资，或者他们的收益就必须减少。

● 在中央计划经济中（著名的例子是中欧、东欧的转型国家），国有企业的员工通过工资与养老金收益的组合形式得到了补偿，这都是对工作的回报。作为转向市场经济的结果，给定所增加的养老金债务与参与竞争的需要，这些企业支付其应付的养老金的能力下降了。

这里明显的问题就是如何在那些情形下为现收现付制养老金进行融资。存在两种广泛的方法：

● 从养老金系统内部融资：在这种情形下，养老金收入是由被

---

① 关于在全球气候变暖的大背景下跨群体贴现的问题，参见《斯特恩报告》(U. K. Treasury，2006) 与诺德豪斯（Nordhaus，2007）的评论。

养老金系统覆盖的未来劳动力大军来融资的——包括被养老金系统覆盖的劳动者以及正在加入养老金系统的系统外部劳动者（例如农村地区）。

● 从养老金系统外部融资：执行这种方式的一种途径是以资产形式或未来年度收费流的权益的方式转移支付到系统内部。

接下来我们将讨论从养老金系统外部转移资产到内部的不同方式的利弊，并考虑为了达成养老金系统内部与外部融资之间的平衡，所转移资产的合理规模到底应当多大。

债券转移支付。一种方法是使用未来一般性财政收入来覆盖养老金缺口，将负担从未来劳动者转向未来纳税人而不用改变代内模式。在养老金初始覆盖面很小并且增长缓慢的地方，被覆盖劳动者所承受的历史遗留负担十分集中。第6.1节阐述了通过专项收费来为养老金融资的优缺点。尽管专项收费可以增强未来提供收益的政治承诺力，通过将长期政府债券给养老金信托基金从而使用未来一般性财政收入来为养老金融资，仍然是可能的。与通过立法来确定使用未来一般性财政收入进行未来转移支付的做法（尤其是这样的立法只在未来生效）相比，这种方法也会导致更强的政治承诺力，其中政府支付债券的利息，从而有助于养老金融资。传统债券的一个潜在的缺点是其价值对于通货膨胀率的敏感性。因此，对于政府而言，更好的做法是使用通货膨胀指数化债券。政策制定者能够用这种方法覆盖他们所选择的历史遗留债务的任何比例；其所选择的比例应当符合政策制定者所偏好的成本分配方式。

未被资产转移支付所覆盖的债务将影响未来的劳动者。劳动者所支付的税收的回报率取决于其为前代劳动者的资产与负债之间的缺口所进行融资的范围。最新被覆盖的劳动者的回报率的一定程度的下降不是什么大问题——毕竟，他们从公共养老金覆盖中得到了很大的好处，包括低成本年金化以及与个人直接在金融市场上投资相比所面临的更小的风险。但是如果现收现付制缴费的回报与金融资产的回报之间的缺口太大，待在养老金系统之外（合法或非法）的动机就会变得更为强烈，从而使得劳动力市场的效率大打折扣。（缴费率本身也反映了劳动力市场的效率。)此外,对于政府债务的依赖也有一个成本,因为通过增税来为利息支付进行融资会扭曲劳动力与资本市场。

为了对未来养老金收益进行融资,在一般性财政收入(支付债券的利息)与所得税(也就是说,从养老金系统内部)之间的选择,也具有分配效应。一个核心的问题是,财务负担的不同分配方式的公平性与不同融资方式的激励效应在多大程度上会导致其所偏好的依赖于资产与依赖于未来缴费的不同混合方式。一个关键的问题是,养老金系统的覆盖面将在多大程度上进行扩展。在那些已经存在相当完备的覆盖面的国家,一般性财政收入与所得税之间的选择,主要就是应该对所有收入进行征税(包括资本回报收入),还是仅仅应该对工资所得进行征税。在那些覆盖面正在扩展的国家中,还有一个进一步的问题:随着覆盖面的扩展,更早进入该系统的劳动者与更晚进入该系统的劳动者相比更可能有更高的收入。养老金收益如何反映覆盖过程的具体细节对于不同选择的分配性含义而言具有十分重要的作用,正如专栏 7.2 所阐述的那样。我们对于正确的混合方式没什么看法,这部分地取决于一些未知的因国家而异的参数,部分地取决于该国的政治经济背景。

股票转移支付。在有些国家,一种取代债券转移支付的方式是利用最新私有化的国有企业的股票进行转移支付。这种方式在波兰有小规模的实行,在中国则正在考虑。这是另一种使用政府的其他资源为养老金融资的方法。这些股票的功能类似于债券的功能:信托基金持有它们,使用其分红来为养老金收益融资,并且可能牵涉到长远未来的某些股票销售。然而,债券转移支付与股票转移支付存在一些显著的差异:

● 股票与非通货膨胀指数化(名义)债券对于通货膨胀的反应不同。尽管通货膨胀短期内倾向于减少股票的价值,企业的收入在长期内往往倾向于赶上通货膨胀的步伐,所以其股票通常也能赶上通货膨胀。如果政府使用通货膨胀指数化的债券而非名义债券的话,这个区别的重要性就会下降。

● 股票的价值可能会跟随一个不同于债券的时间路径,尽管不太可能精确地比较这两种不同的投资方式的时间路径。

● 在政府内部，各种基金的初始来源将会不同：在债券情形下是财政部，而在股票情形下则是当前持有股票（从而接收分红）的部门。尽管此政治过程可以通过抵消转移支付来减少这种差异，但没有理由认为这会充分地发生，从而没有理由认为这两种方式将会相同。公共经济学意识到，不同类型的基金的政治也大为不同。

● 关于那些已经私有化的国有企业的治理也可能存在一些问题。股票的转移支付是强化还是弱化了公司治理，取决于具体国家，但这的确是一个重要的问题，正如第 15.2.2 节中所讨论的中国的情形。

● 一个关键的问题是，所转移支付的股票是长期持有，还是打算为一个参与的基金管理公司提供一个初始的资产组合。后者将减少治理问题，但可能引致难以监督的昂贵的交易费用。

7.3　代内与代际的风险分担

所有的养老金系统都会面临宏观经济冲击、人口冲击以及政治冲击等各方面的风险（第 4.3 节）。积累制养老金计划还面临额外的风险，特别是管理风险、投资风险以及年金市场风险。[①] 不同的养老金设计在不同的受益人之间分担这些风险的方法也各不相同：一些养老金设计除了可能使用年金来分散长寿风险之外不再设法分担其他风险；另一些养老金设计仅仅在代内进行风险分担；还有一些养老金设计则同时进行代内与代际风险分担。我们应当认识到不同养老金系统所蕴含的不同的潜在的风险分担哲学，因为系统背后的哲学会直接影响其设计并可能影响政策。

养老金设计与风险分担。 在一个基于私有金融资产的纯粹固定缴费

---

① 我们略去了某些风险的讨论，包括发生残疾的重要风险，对此可参见 Reno 等 (2005)。

型养老金计划中，给定预期寿命与其他方面的因素，一个人的养老金取决于其一生的养老金积累额。因此，个体面临前面所提到的所有风险，这些风险关系到不断变化的养老金资产的真实回报率、未来收入轨迹的风险，以及由预期寿命与未来利率的不确定性所带来的养老金未来定价的风险。因为缴费率是固定的，这些风险将表现为个体月度收益的调整。

实践总是会频繁地偏离纯粹的情形。雇主固定缴费型计划可能具备可调整的缴费水平，因此如果劳动者的养老金储蓄的回报低于预期，劳动者可以增加他们的缴费。个人账户的结果可以通过政府转移支付（譬如，保护失业劳动者的养老金权益）或者为了弥补某些劳动者的低资产回报所设立的政府保障（如果这是一个选项，将会鼓励风险更高的资产组合）来改变。进一步，在资产价值严重下降或由其他方面原因所导致的一个巨大养老金计划失败之后，政府将会被施压去帮助那些接近退休的人脱离困境；对于这种施压，政府可能会也可能不会做出反应。

如果一个固定缴费型计划涉及年金的购买，购买之后的融资通常依赖于一个固定收益型基础；也就是说，未来的风险落在了年金的出售方。然而，此风险也可以通过保险公司与再保险公司之间的合同关系转移到供给侧。或者，风险也可以被年金持有者所分担：在一个被称为CREF 的年金中（由 TIAA-CREF 所提供）[1]，养老金收益的调整既要考虑年金积累资产的真实回报，也要考虑受益人群体的真实死亡率情况。[2]

在一个纯粹的固定收益型的积累制养老金计划中，养老金资产回报率变化的风险原则上落在养老金发起者身上。在一个雇主发起的养老金计划中，风险承担可以扩展到多个群体：当前员工（通过对工资率的影响）、公司股东与纳税人（通过对利润的影响）、企业的顾客（通过对物

---

① TIAA-CREF（Teachers Insurance and Annuity Association—College Retirement Equities Fund）是美国教育部门的主要私人养老金供给者。

② 从理论上讲，风险也可以通过滚转年金的方式转移，也就是说，按年度购买年金而非在一个单一购买日期里积累资产［参见 Sheshinski（2008）］。

价的影响）以及未来的员工（如果企业使用某些时期的盈利来提高另一些时期的养老金收益的话）。一个固定收益型计划在不同人群之间分散风险的能力使得它可以比固定缴费型计划更广泛地分散风险，而后者只能在当前的市场参与者之间分散风险。

在一个公共固定收益型系统中，针对负面结果的调整可能来自专项税收的变化（通常是工资税），从而风险在当前劳动者之中进行了分担；如果该信托基金被允许积累或购买资产，风险也可能被未来的劳动者所分担；如果养老金收益的融资部分来源于一般性财政收入，风险也就会被纳税人所分担，包括养老金领取者与未来纳税人（通过政府借债的方式）。

在实践中，风险分担的范围更广。当固定收益型计划遭遇财务困难时，发起人，包括企业和政府，通常既要调整缴费也要调整收益。尽管政府通常有权力同时改变当前与未来的收益，法律约束通常会限制雇主改变所积累的收益（但不是预期的收益）的能力，除了破产之外。此外，一些国家为雇主型养老金提供担保，通过强制性保险缴费的方式将一些雇主的风险转嫁给其他雇主，正如美国与英国那样，并且，如果这种保险安排需要注入政府税收的话，也可能会转嫁到纳税人头上来。保险的覆盖通常会低于劳动者收益的 100%，因此当前与未来受益人也承担了相应的风险。

一个核心点在于，如果一个公共养老金系统并非完全积累制，那么它就可以通过前一届政府，或通过信托基金盈余，或通过本届政府或信托基金借贷来进行融资，从而实现了与未来人群之间的风险分担。因为这种跨代再分配与风险分担的能力，通常而言最好拥有一个现收现付制因素；但这并不是说，任何最优选择也必然包含一些积累制因素。[①] 专

---

　　① 严格地说，基于养老金收益开始发放之后的收入水平的变化而对养老金收益进行调整的能力，使得养老金收益不同于退休人员所能接触到的任何其他资产。类似地，劳动者没有什么办法可以将其收入变动风险转嫁给其他人。任何时候，如果在市场上，潜在的互惠交易（资产互换）不再可行，隐含地将其变得可行的任何养老金安排方案就提供了一种类似于自愿交换的好处。因此，有时候一些此类的调整可以让每个人都变得更好（Merton, 1983）。一个类似的结果也可以通过政府出售（根据未来总工资进行指数化的）债券的市场来达成（Valdés-Prieto, 2005a）。

栏 7.3 (存在一些必要的技术性处理) 解释了如何通过一个现收现付制因素进行更为广泛的风险分担 (如果干得好的话) 从而提高社会福利; 这是关于一个更为一般性的观点的一个特殊例子, 即在许多情形下, 保险的确会增加人们的福利。

专栏 7.3 比较固定收益型计划与固定缴费型计划的风险分担潜力

评估各种替代性养老金资产组合安排方案对于劳动者的价值需要一个校准的终生效用模型。Gollier (2007) 提供了一个这样的分析。他考察了在一个强制性退休储蓄 (且不存在其他储蓄) 的项目里, 一个假设性的理性且信息充分的劳动者的退休效用模型。该劳动者进行了为期 40 年的固定的年度性真实缴费, 并且随着年龄增长对其资产组合进行调整。[a] 该分析假设未来工资不存在不确定性, 并且退休年龄是不变的, 所以, 唯一的不确定性来源就是其养老金资产的回报。

固定缴费型养老金。首先, Gollier 考虑这样一个劳动者, 其在一个养老金系统里进行超额储蓄时只会购买安全的资产。很自然地, 安全回报率越高, 劳动者的效用就越高。Gollier 使用终生效用与回报率之间的关系作为一个比较不同情形的工具, 计算出一个安全利率以使得该情形下的终生效用与他所分析的其他情形下的期望效用相等。

其次, Gollier 检验了一个既能购买安全资产也能购买风险资产的劳动者的最优终生效用水平, 假设风险资产具有独立同分布的年度回报 (将其模型化为一个类似于标普 500 指数基金的投资)。在一个最优资产组合下, 在能同时购买两种资产的情况下的期望退休效用 (从而其所测度的安全回报率) 要高于只购买安全资产的回报率。当安全回报率为 2% 时, 如果能购买股票资产的话, 其所产生的期望终生效用水平就相当于购买回报率为 3.33% 的安全资产所能达到的效用水平。因此, 对于一个以个人账户养老金为唯一储蓄的劳动者而言, 只要他能够进行最优的投资, 能购买股票就是一个很大的改善。当然, 对于拥有足够系统外资产的劳动者而言, 能在系统内购买同样的资产就不会获得什么好处。

固定收益型养老金。接下来, Gollier 计算了拥有一个固定收益型系统对于劳动者的价值, 该系统可以将系统内的资产组合进行总体上的最优调

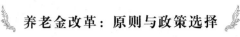

整，将不同人群的收益针对风险回报率的不同结果进行相应调整。他假设这 40 个出生年份所对应人群中的每一个人群在任何时候都具有相同的规模，并且假设所有人群的效用贴现值都是最优的，效用贴现率的选择使其能避免事前再分配。他发现，能更广泛地分散股市风险的能力提高了期望效用，足以与只拥有一个回报率为 4.39% 的安全资产所能得到的效用水平相等——这是一个巨大的好处。

含义。这些结果表明了以下重要的两点：

● 第 6.4 节表明，当我们比较不同的养老金系统时，有必要对风险进行调整。Gollier 的结果清晰地表明，这种调整意义重大。

● 因为能够跨人群分散风险，固定收益型养老金（其等价的无风险回报率为 4.39%）在风险分担方面显著胜过拥有同样资产的固定缴费型系统（其等价的无风险回报率为 3.33%）。如果我们的分析要考虑由这些劳动者个体来做投资决策而非由一个单一的信托基金投资者来做投资决策时会发生管理成本增加的情况，这种差异就会更大。

这些计算假设个人与养老金计划都持有最优的资产组合。这些假设都不是非常现实的。对最优情况的偏离的重要性在不同国家不一样。然而，该计算的确阐明了更广泛的风险分担所带来的价值。

a. 若不考虑其他方面的储蓄，比较不同环境下的退休效用等价于比较终生效用。在积累 40 年之后，退休效用是关于积累额的常相对风险规避型函数，其风险规避系数为 5。

风险与养老金报告。个人完全通过积累的资产来为其退休进行财务规划的最优资产组合一般而言都会包括股票。然而，也有例外：一个人如果对其退休收入表现出极端的风险厌恶，或者其养老金数量很小从而其所面对的交易成本（包括学习成本）是一笔相当大的固定成本，就可能更加偏好完全投资于债券或其他安全的交易成本低的资产。

无论资产组合多样性的经济优势是什么，很明显，在报告其对劳动者终生福利的影响时，任何对劳动者的影响的描述都必须进行相应的风险调整。一个风险规避的人从一个确定的固定不变的 $x\%$ 的回报中所得到的效用要高于其从一个不确定的、可变的平均为 $x\%$ 的回报中所得到的效用，因此，假设劳动者所得到的回报等于一个多样化资产组合的期望（即平均）回报，事实上就是高估了该养老金的价值。最简单的调整风险的方法就是假设股票具有债券的回报率，正如专栏 7.3 所示，这在没有外部资产时会显著地低估其价值。但是，在一个已经被优化过的资产组合中具有足够的外部资产时，它就是一种精确的度量方法。①

一个类似的问题也会发生在一个对资产回报进行调整的固定收益型养老金系统中。如果这样做是最优的，正如专栏 7.3 所讨论的那样，该系统中的劳动者就会承担一些风险。然而，养老金报告通常假设养老金收益规则固定不变。如果该规则设定为调整之后的收益期望值，养老金报告就会将养老金计划描述得比其实际价值更高。历史上，在不成熟的现收现付制系统中，养老金收益的增加通常超出其最初的收益规则下的水平。然而，当前，许多养老金系统不可持续，养老金收益可能比当前规则所给定的水平更低，至少对于年轻劳动者而言是如此。一个可持续系统的一个关键问题在于，当资产回报不同于预期时，可能会产生什么样的政治后果。在面对这个问题时，分析人员也束手无策。这个关于资产回报的焦点不该忽略这一事实：无论固定收益型还是固定缴费型养老金，都应当进行调整以适应人口结构的变化，后者会改变工资、资产回报以及劳动力的增长。

与市场风险并存的是政治风险，也就是说，养老金收益的变化是出于对政治力量的反应，而非仅仅出于对某个养老金设计的一致优化的反应。这些风险既存在于现收现付制系统中，也存在于积累制系统中。关于此类政治风险以及它们如何在不同系统中产生差异的正式分析至今尚没有多大进展。追踪那些已经引入个人账户的拉美国家的发展情况，并将之与其固定收益型系统的历史进行比较，将是一个十分有趣的问题。智利从一个政治权力组织可以要求与获取收益增量的系统转向一个法律

---

①　如果在外部资产中已经拥有可利用的相同资产选项，通过给一个劳动者以养老金资产组合多样化的机会就并不会扩大其选择的机会。反之，如果养老金系统要求劳动者购买股票以取代债券，一个在养老金系统外部已有足够股票的劳动者就可以出售一些股票并买入一些债券，结果整个的资产组合配置基本上没有发生变化。这种等价性是近似的，而非精确的。内部与外部选项的交易成本或许会不同，对于年金化的要求和机会或许也会不同。

迄今为止尚无法基于政治原因来改变账户积累的系统。[①] 但是，并非所有国家都能成功地将养老金系统从短期政治中分离出来。阿根廷的情形我们将在第 11 章中进行讨论。

谁来选择资产组合？ Gollier 的分析（专栏 7.3）假设一个信息充分且无流动性限制的个体能以市场回报率进行借贷与储蓄以最大化其终生的效用。然而，养老金的分析必须考虑关于专栏 4.2 中所讨论过的对最优分析的一系列偏离，包括对于劳动者而言普遍存在的信息问题、中央基金的投资选择或对私人投资的限制背后所存在的可能的政治动机。因此，在一个存在个人资产选择的纯粹固定缴费型养老金计划中，个人不但面临本章一开始所描述的那些风险，而且面临与养老金资产选择相关的或者与资产组合决策机构的选择相关的风险。在一个私人固定收益型计划中，正是养老金发起者——通常是一个企业或一个行业——直接选择资产组合或选择一个资产组合管理者，其可能比普通劳动者的投资更为老练，并且有更多的个体劳动者所无法接触到的投资渠道（尤其是非流动性资产）。关于谁来选择资产组合的决策（将在第 9.2 节与第 9.3 节中进行讨论）对于风险的分配具有重大的影响。

其他方面风险。 正如在第 5.3.4 节中所讨论的，养老金指数化（包括工作时期与退休时期）的不同方法具有不同的风险特征。根据物价进行的指数化可以保障养老金领取者的真实生活水准，但在一个蓬勃发展的经济体中，这也意味着随着时间的推移，其养老金收益会低于平均生活水准。根据工资进行的指数化避免了后一个问题，但也使得养老金领取者面临工资增长回报低于预期的风险。并且，这种方法对于不同的人群有不同的影响。

正如在第 6.1 节中所讨论的，与通过一般性财政收入进行融资相比，通过专项收费进行融资，可以使养老金领取者免受短期财政预算压力。这种风险更多地由当前的劳动者进行承担，因为当前的劳动者事实上有更多的时间进行调整，也具备更多的选项来应付相应的问题。

---

① 智利已经针对养老金系统进行了频繁的立法，但是其主要关注个人账户管理市场的治理以及对资产组合的管制，而非养老金收益的调整。参见第 12 章与第 13 章。

第8章　性别与家庭

人们对于生活方式的安排千差万别，并且，一个人的生活安排会随着时间的推移而变化。在任何时间，都存在单身且独居的成年人，也存在单身但与他人共同分担住房与其他消费的成年人，还存在一些通过婚姻或政府所认可的其他不同方式组合在一起的成年人。[1] 即使是已婚夫妇，也会以各种不同程度的方式分享资源。有些人的夫妻关系会持续到一方死亡为止，有些人会在经历不同时间长度之后选择离婚，还有很多人在离婚或丧偶之后选择再婚。

政府有三种类型的项目可以识别出不同的生活方式安排，既包括一个国家内的不同项目，也包括不同国家间的项目[2]：

- **对穷人进行收入或商品与服务（或二者兼而有之）的转移支付**：此类项目会考虑配偶的收入状况，并且在某些情况下也会将共享生活安排的其他人考虑在内。

- **通过税收来提供一般性财政收入**：税收是分别基于夫妻每一方各自的个体收入与资本收入，还是允许或要求识别夫妻双方的收入与资本所得以使得夫妻双方支付的税收数量不同于其单身时的缴

---

① 儿童也会生活在不同的情形之下，这一问题尤其与贫困的成年供养者有关，但我们在此不做探讨。

② 此外，影响财产分配的规则通常取决于家庭结构，这些规则在不同国家之间存在差异。例如，参见 Cremer 和 Pestieau（2003）。

税量，在各个国家之间都是有差异的。

● **养老金系统**：各个国家的公共养老金系统在对待夫妻关系时也存在差异。一些国家强制要求实行联合人寿年金制（参见专业术语表"联合人寿年金"）；另一些国家则实行自愿的联合人寿年金制。一些国家的公共养老金系统仅仅基于一个人的个人记录，另一些国家的公共养老金系统则会考虑一个人的婚姻状况。[①]

所有的这些项目都必须综合考虑公平与效率的问题。正如第 13 章所讨论的 2006 年智利总统咨询委员会报告所指出的那样，必须既要认识到家庭内部的个人自主性，也要认识到家庭稳固性，"必须认识到妇女作为公民有其自身的权利，而非仅仅是她们作为家庭成员所拥有的权利"[②]。

在本章中，我们考察了养老金系统如何对男性与女性产生不同的影响，主要关注如下三个方面：

● 养老金系统是否针对男性与女性制定了不同的规则（这在历史上是普遍的，但许多国家已经改变了规则以使之逐步统一）；

● 即使规则是统一的，养老金规则也将对男性与女性产生不同的影响；

● 政府如何识别出，许多个体作为配偶生活在一起，其资源分享的程度各不相同，之后的遗赠方式也各不相同。

因为男性与女性的劳动力市场行为与结果（譬如，劳动力参与度与工资率）存在差异，统一的养老金规则对于男性与女性会产生不同的再分配效应。例如，在 2005 年的英国，85％的男性最新退休人员会得到一个全额的国家养老金；相比而言，女性的这一比例只有 30％（U. K. Department for Work and Pensions, 2006a, Executive Summary,

---

① 养老金系统对不同地区的人也会有不同的影响。尽管有很多声音牵涉到不同种族间的差异，以及移民与本土出生的劳动者之间的差异，但是我们将只考虑性别问题。

② "Reconociendo que las mujeres tienen derechos propios por su condición de ciudadanas y no sólo derechos derivados de su posición en la familia" (Chile Presidential Advisory Council, 2006a, p. 12).

para. 28)。此外，在老年时期，男性与女性的整体财务状况通常会大不一样。在大部分国家，女性更可能发生老年贫困，尤其是结过婚的单亲妈妈，包括寡妇与离婚女士。[1] 因为女性有更长的预期寿命并且通常比她们的丈夫更年轻，所以女性比男性更有可能成为一对夫妻中还存活着的一方，故养老金系统如何对待夫妻剩存方，对于养老金性别差异问题而言就显得极为重要。

正如图 8.1 所示，许多国家的男女劳动力参与情况都存在差异。尽管战后男性与女性的劳动力参与情况有接近的趋势，但至今仍然存在显著差异，并且这种差异很可能会继续保持下去。

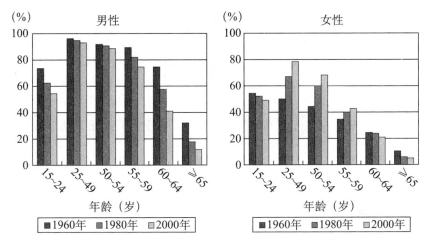

图 8.1　1960 年、1980 年与 2000 年工业化国家的劳动力参与率（性别与年龄分组）
资料来源：Sigg（2005，Figure 1）.

本章探讨了产生这些结果的一些原因，以及影响所观察到的这些模式的一些政策。我们也希望从将劳动者视为单个个体的讨论转移到将劳动者视为家庭成员的讨论中去。将劳动者视为单个个体的原则与将劳动者视为家庭成员的原则，这二者之间的对立在所得税与减贫项目的分析中是一个被长期讨论的话题。在此，我们与之相应的讨论话题是养老金。

---

[1]　关于美国女性的老年贫困发生率，参见 Karamcheva 和 Munnell（2007）。

一个劳动者的缴费型养老金既取决于他或她的工资（这决定了缴费水平），也取决于待遇计算方式。工资取决于三个变量：劳动者的小时工资，给定一年里的工作小时数，以及劳动者参与所覆盖的劳动力市场的工作年限。小时工资水平本身就会强烈地受到劳动力市场工作经验的影响。在第 8.1 节中，我们因而将这一主题进行限定，只讨论影响工资、工作小时数以及劳动力参与的一些要素。第 8.2 节讨论年度所得税对男性与女性的不同影响。这一主题虽然超出了本书的讨论范围，却可以在一个更为简单的情境下阐述一些发生在养老金制度设计中的问题。与性别相关的养老金问题，包括抚恤金问题，将在第 8.3 节中进行讨论。最后一节进行总结。

8.1　框定问题

　　大量文献考察了性别差异的经济影响。[①] 让我们从如下两个事实观察开始：

　　● 男性与女性存在经济与社会地位差异，其中某些差异会受到政策干预的影响。

　　● 个人、夫妻、家庭之间存在经济地位的差异。尽管其中的某些差异可以通过政策干预进行修正，但是也有些差异无法修正。例如，某些重要家庭消费品生产的经济规模变化会导致家庭成员的消费机会的变化。

　　工资与劳动力供给。女性的平均工资率比男性低，原因有很多。在

---

　　① 关于婚姻本质的变化，参见 Lewis（2001）；对于性别与福利国家的讨论，参见 Orloff（1996），Lewis（2002），以及 Stier、Lewin-Epstein 和 Braun（2001）；对于性别与母职收入差距的讨论，参见 Budig 和 England（2001），Davies 和 Pierre（2005），Joshi、Paci 和 Waldfogel（1999），以及 Paull（2006）。对于中欧和东欧转型国家的工资性别差距的研究，参见 Trapido（2007）。

越穷的国家，女性的上学机会通常就会越少①，而且在许多国家女性会受到更少的与就业相关的职业培训。此外，存在不平等的就业机会，而且女性做同样的工作会获得更低的工资。许多国家的法律禁止公开的工资歧视，然而女性的工资仍然比男性低，即使在控制了培训方面的差异之后也是如此。② 尽管这对于养老金制度而言非常重要，但是工资决定问题超出了本章的讨论范围，尤其是它们将会带来许多超出经济政策设计的问题。③

除了有更低的平均工资率，与男性相比，女性平均而言每一年花在有偿工作上的小时数更少，参与的年份也更少，部分是因为她们平均而言花费更多的时间去照顾孩子与失去行动能力的老人。此外，在有些国家，女性更可能在非正规部门工作，这使得她们往往无法获得养老金。花时间照顾他人可能是自由选择的结果，也可能是不得已而为之。一些女性本来可以选择有偿的长期性工作，却主动地、充分知情地、非强迫地选择放弃有偿工作而去照顾小孩。但是，女性与劳动力市场的弱联结性通常是限制与社会压迫的结果。这里包括根深蒂固的社会态度，譬如看护工作的传统分工。这些结果同样也会受到经济政策的影响，其中主要有四种政策：所得税设计、对看护孩童与孱弱老人的补贴方式、上学时间的长度，以及工作时间的灵活性。④

家庭消费。普遍来说，年轻的成年人在很多情况下都乐意共同居住，因为这有着很明显的经济优势。已婚夫妇也会共同居住。除了住房成本，还有其他许多财务方面的优势，譬如共享食物、汽车或其他更一般的耐用消费品。尽管即使不是长期关系也能实现这种优势，但无论有

---

① "女性依然处于劣势，特别是在不发达国家里。她们的教育、社会、经济提升机会通常比男性要少得多，而且由于经济和文化方面的原因，她们要想获得良好的教育与医疗服务通常会面对很多障碍。最终的结果——在一些低等与中等发展水平的国家——就是女孩的受教育程度比男孩更低"（Stotsky，2007）。也可参见 Buvinic 和 King（2007）以及 Lewis 和 Lockheed（2007）。

② 对于美国的工资性别差异，可参见 Blau 和 Kahn（2007）。

③ 关于高级教育方面的政策——通常也适用于更广泛意义上的高等教育和培训——可参见 Barr（2004b）。对于工资歧视，参见 Hakim（2004）。

④ 参见 Apps 和 Rees（2004）；关于德国情况的讨论可参见 Rees（2006）。

没有婚姻，社会通常不会将政策设定基于（慈善捐赠除外）人们会与陌生人共享资源的假设。因此，贫困的测量以及反贫困项目的收益通常设定为单个个体而非已婚夫妇（或其他法律承认的配偶关系）的不同人均水平。一个反贫困项目如果将收益给予那些高收入者的不工作的配偶的话，就会出现目标定位偏差。

在家庭内部，会存在某种程度的明显的资源共享。但是，家庭内部收入与财富控制权的划分通常会影响家庭的消费模式（Lundberg and Pollak，2007）。尽管在历史上许多政府严格限制妇女的经济权利，正如第 1 章中所讨论的那样，但是今天发达经济体中的政府通常很少干预家庭内部的资源分配，除了遗赠法律与儿童保护法律之外（譬如义务教育）。然而，当我们思考政策影响时，却有必要考虑家庭内部的收入与财富分配。

价值判断。一些国家实行性别中立或男女统一的养老金（或其他）政策，这将对男性与女性产生不同的影响，因为平均而言，男性与女性的情况很不一样。另一些国家则对男性与女性采取不同的政策。历史上，养老金规则通常会对女性有着财务上的优惠，例如，女性可以在更低的年龄领取全额养老金。在智利的个人账户系统中，女性的最早领取资格年龄为 60 岁，男性则为 65 岁。但是，这种看起来优待女性的政策也会有负面影响。因为劳动者只能向其账户缴费直到退休年龄，女性虽然可以更早地拿到退休金，但同时会因为其缴费机会被限制而受到损害。

从全球范围来看，存在一个取消男性与女性之间的养老金差异的稳步趋势。由于养老金系统在全力应付成本问题，一个普遍的做法就是提高女性以及男性领取全额养老金的年龄。[①] 在导致这一趋势的各种观念中，一种观点认为，差异化会导致一种社会期望，从而既会影响一些妇女的机会，也会影响一些妇女在拥有这些机会时所会做出的反应。因此，向性别统一规则的转变，通常是降低妇女的养老金机会，已被广泛

---

① 与此相比，1961 年，美国将男性最早领取养老金的年龄从 65 岁降低到了 62 岁，从而与女性一样了。

认为是恰当的。向性别统一规则的转变也被认为是一个保障人权的问题（例如，欧盟立法设定了一个共同的退休年龄，这部分是由欧洲人权法庭做出的决定），也被认为是一个横向公平的因素（纳税相同则待遇相同的原则），这意味着养老金规则应当性别中立。因此，坚持横向公平就会限制我们被允许使用的工具范围。例如，男性的劳动力供给比女性更缺乏弹性，所以，如果不考虑横向公平，一个最优税收方案将对女性征收比男性更低的税。[①] 由于坚持横向公平的原则，本章将不考虑此类政策，从而也因此做出了一个这样的价值判断，即养老金规则应当性别中立，但规则设计应当对男性与女性都具备合理性。

政策影响。 税收与养老金的设计不可避免地从很多方面影响家庭成员的行为。下面是一部分这方面的例子（更直截了当地说，所有的政策都或多或少存在影响激励的问题）：

- 性别中性的税率对于丈夫与妻子平均而言会有不同的影响，因为正如我们所注意到的，男性和女性有不同的劳动力供给弹性。

- 消费行为可能会因为养老金收益是支付给丈夫还是妻子而产生不同。例如，证据表明，如果儿童福利支付给母亲而不是父亲，那么就会有更多比例的钱花在儿童身上（Lundberg，Pollak and Wales，1997）。

- 政策设计可能鼓励也可能不鼓励婚姻。两个人维持单身时面临的税收可能比他们结婚之后更高，也可能更低。类似的问题在养老金系统中也会发生。

- 政策设计可能鼓励也可能不鼓励拥有幼童的妈妈从事有偿工作，这取决于孩童照护的津贴或所得税减免的设计、在校时长，以及针对拥有小孩者的雇佣规则。对于照护幼童者的养老金权益的补

---

① 换句话说（忽略交叉弹性以及"是否参与劳动力市场"与"该工作多少小时"这两个问题之间的区别），对男性和女性差异化征税也存在一个效率问题：与对女性征收同等的税相比，对男性征税（男性对税收的反应更缺乏弹性）所创造出来的无效性更低。然而，根据拉姆齐（Ramsey）的代表性主体模型所阐述的观点，这个效率问题可以被再分配问题所抵消（Boskin and Sheshinski，1983；Kleven and Kreiner，2005；Apps and Rees，2004，2007）。

贴性供给也会影响这一点。

这些问题有很多会在第 8.2 节与第 8.3 节中进行讨论。

产生的问题。 这些政策影响导致了一系列问题，其中许多问题的回答超出了本章的范围：

- 家庭内部的消费是如何共享的？应当如何分享？
- 对丈夫与妻子的收入应当如何征税？
- 应当对当前收益（譬如孩童照护津贴或儿童福利）与未来收益（譬如养老金收益）如何征税才能鼓励拥有小孩的母亲接受有偿工作或者鼓励她们不要这么做？
- 税收与养老金收益应当如何设计才能鼓励婚姻？如果其他政策目标只能通过不鼓励婚姻的规则来实现（例如，如果某些收益在结婚后就会取消），那么在设计此类政策时对于这些负面激励因素应当赋予多大的权重？
- 政策规则如何影响那些与孩子有关的结果？
- 应当如何组织遗属养老金？
- 应当如何安排离婚夫妇的养老金？

意义。 我们提出这些问题的主要原因就是要让大家明白，没有哪个问题有一个明确的答案。采取横向公平作为起点，就会限制政策选择的范围，但其余的政策选择仍然很广泛。因此，正如养老金设计的其他方面，其任务是通过对不同目标赋予不同权重的方式进行最优化；因为这些权重反映了个体品位与社会价值的差异（例如有偿工作与照护行为），关于养老金政策的观点，在性别问题上的差异可能远大于其他方面的差异。这个问题很复杂，因为通常很难搞清楚，一个特定的结果，譬如辞去有偿工作去照顾年幼的孩子，到底是自由选择的结果还是受约束的结果。

这导致的结论就是，在养老金的这方面与其他方面一样，不存在也不可能存在一个适用于所有国家的单一的最优政策。本章接下来讨论政策选项时就有着更为谦卑的目标以便适用于不同情景，绝不会假装我们可以提出一系列斩钉截铁的答案。

8.2　年度所得税

作为比养老金系统更简单的讨论性别问题的方式，本节将讨论单一年份的所得税设计问题。① 有两个基本问题：相对于单身人士，税务系统如何对已婚夫妇征税？在夫妻总收入相同的情况下，税务系统如何对待丈夫与妻子之间相对不同的收入水平？税务设计必须考虑其对于劳动力供给、婚姻、消费以及家庭内部儿童抚养的影响。

适用于个体与夫妇的税务理论。除了一些最新的例外，最优税收理论集中关注个体纳税人，并未意识到家庭的角色。然而，一个设计良好的税务系统的根本原则应当考虑纳税家庭问题，并且事实上应当包括那些不能被忽略的因素。当我们考察一个税率的微小增量的影响时，税务理论必须认识到两个关键的方面：所产生的额外收益以及纳税人的纳税能力。

轻微地提高税率可以增加多少额外的财政收入？在比例税下（也就是说，既不是累进制的，也不是累退制的），此分析将关涉到提高税率对于税基的影响以及与其他税种的互动。例如，人们对于所得税提高的反应是减少其工作时长，从而减少了他们的可纳税收入，从而也减少了所得税的直接总量；作为一个跟随效应，收入下降的人们将减少他们的消费支出。因此，从提高所得税税率所得到的财政收入增量部分地被所得税税基减少以及消费税税基减少所抵消。在一个累进制所得税税率下，也有必要考虑提高更低收入等级的边际税率对于更高收入者的影响：更高收入者不会面临边际税率的增加，但他们的确支付了的。边际税率的增加所导致的财政收入的增加量，就是在无任何行为反应的情况下的财政收入增加量减去有行为反应的情况下的财政收入减少量。后者牵涉到税收增加的效率成本。

---

① 在本节中，我们不考虑那些由资本性收入所导致的边际所得税的复杂性。仅仅关注单一年份使得我们可以忽略未来税收预期的影响。

关于纳税人的纳税能力的问题就是，更高的税收是否在一定程度上就是由那些具备更高纳税能力的人来承担的。更精确地说，最优税收的计算需要根据纳税人不同的经济状况（譬如其收入差异），考虑从纳税人 A 或纳税人 B 身上征收额外一美元的税所分别对应的相对权重。

在既考虑了税收收入的增加也考虑了纳税人的纳税能力的基础上，线性税务理论（例如对某种商品或服务征收统一税率的税务理论）考虑更多的则是那些对税率增加相对不敏感的税基，以及具备更强纳税能力的税基。在这样做的时候，重要的是记住：任何税收变化所影响到的纳税人群在税收反应与具体境遇方面的异质性；相关分析必须充分考虑到各个方面。

当从个人转向夫妻时，可以进行同样的分析，但是有几个因素使得问题变得复杂：

● 存在两种不同的劳动力供给，税收对其影响不同。

● 税收对丈夫与妻子消费的影响，取决于税收对各方的影响如何关系到家庭内部的决策。

● 税收也会与关于儿童照护的养老金安排的其他决定因素一起产生作用，譬如儿童照护与在校时间的补贴。税收也可能影响生育率，这种影响我们并未考虑。

劳动力供给决策。在一个允许工作小时自由变动的环境下，劳动力供给决策（有时也被称为工作的强度边际）取决于边际税率。关于是否工作的决策（工作的广度边际）取决于由劳动力供给变化所导致的收入变化的平均税率。[1] 经验证据表明，男性与女性的主要劳动年龄期内劳动力供给弹性的主要差异是通过劳动参与的阈值效应（全职、兼职，或退出劳动力市场）而非工作时间的平滑调整来体现的。[2] 一种不同的方

---

[1]　关于税收对工作的广度边际与强度边际的影响，可参见 Kleven 和 Kreiner（2005）以及 Kleven、Kreiner 和 Saez（2007）。

[2]　工作的广度边际对于正在考虑是否接受教育的年轻人与正在考虑是否退休的老年人也很重要。

式是考虑一对夫妻之中更高收入者与更低收入者之间不同的劳动力供给反应而非丈夫与妻子之间不同的劳动力供给反应，从而可以以一种性别中立的方式来针对高收入者与低收入者设定不同的税收规则。[①] 我们尚未发现任何采用这种方式的经验研究。

联合纳税与个体纳税。 在一个基于个体收入的税收系统下，夫妻双方都各自面对一个平均税率与一个仅仅取决于其自身收入的边际税率。（再次，我们忽略资本性收入对所得税的影响。）如果该系统是累进的，这些税率对于一个低收入的配偶来说就会更低。进一步，如果单身的个体与结婚的个体所面临的税收方案是一样的，那么一个劳动者无论结婚与否都会面临同一个税率，从而不存在婚姻红利或婚姻惩罚，所以，若不考虑配偶之间可纳税收入的变化，则既不存在鼓励婚姻也不存在反对婚姻的激励因素。但是，一些国家对于单独生活的个体、作为户主的个体（单亲）以及已婚的个体实行不同的税收方案。如果单身人士与已婚人士的税收方案不同，那么婚姻将会影响一个人的税收义务，从而税收就能鼓励或不鼓励婚姻。

在夫妻联合纳税的系统下，夫妻每一方的平均税率与边际税率都可能取决于夫妻双方的收入；到底是否如此，取决于税务系统的具体设计。专栏 8.1 有时能反映出一些已发生过的状况（但避免了过度复杂性），详述了税收取决于夫妻双方收入的多种不同的方式。为了符合税收规则的性别中性原则，我们基于夫妻双方收入的高与低，将双方依次称为主要收入者与次要收入者。

专栏 8.1	不同类型的夫妻税收结构

将一对夫妻中的主要收入者与次要收入者的可纳税收入分别表示为 I_p 与 I_s。他们的税收分别表示为 T_p 与 T_s。如果存在个人税制，其税收函数为 $T = F(I)$（其对于主要收入者与次要收入者都相同），那么我们将有

---

① 在 2001 年，约四分之一的美国已婚妇女的收入高于她们参加工作的丈夫，并且在大约 60％这样的夫妇中，这种情况持续超过三年（Winkler, McBride and Andrews, 2005）。

$$T_p = F(I_p)$$
$$T_s = F(I_s)$$

如果存在一个联合税收，那么税收将取决于双方的收入，但其计算方法将不同于直接求和 $F(I_p) + F(I_s)$。我们将一般形式的结构写为

$$T_c = F(I_p, I_s)$$

我们重点关注夫妻双方支付的税收，但不探讨他们关于到底谁应当"负责"多少税收的问题，尽管这种问题可能会影响家庭内部的消费分配。

作为一个例子，税收可能取决于他们的收入之和，$T_c = F_{sum}(I_p + I_s)$。[a] 或者，可能在个人税制下夫妻双方各自承担的税收是基于家庭总收入的一半：

$$T_p = T_c = F_{share}\left(\frac{I_p + I_s}{2}\right)$$

如果两个税收函数中的税率相同，并且当对收入之和征税时税率等级提高一倍的话，那么这两个例子就相同。在这些情况下，收入双方都面临相同的边际税率，但是当我们将实际收入水平与劳动力非参与者进行比较时，每一方都面临不同的平均税率：如果由于累进制的缘故在相关范围内存在一个边际税率的上升的话，收入越低者边际税率就越高。这对于婚姻惩罚或婚姻红利的影响，取决于单身人士的税收结构与已婚人士的税收结构相同还是不同。

但是，联合税制还可以更复杂。例如，税基可能只考虑次要收入的一个比例 a。或者，税基可能对次要收入存在一个税收减免额 E。又或者两种情况都适用，从而我们可以得到

$$T_c = F\{I_p + a\,[\max(I_s - E, 0)]\}$$

在这种情况下，尽管主要收入者的边际税率是 F'，但是次要收入者的边际税率则可能是 0 或者 aF'，这取决于减免额相对于其收入的规模。次要收入者的平均税率也与主要收入者不一样，取决于其所包含的比例 a 以及收入相对于减免额的规模。

联合归档可能是可选性的，也可能是强制性的；如果是可选性的，那么一个分开归档的已婚人士的税制结构就可能不同于一个单身人士。

a. 直到 19 世纪末期，英国妇女还没有属于自己的收入与财富。后来尽管这种情况已经发生了变化，但是一名妇女的收入（除了免税的补贴之外）通常会继续置于其丈夫之手进行纳

税（一直到 1990 年），因此税收适用于丈夫与妻子的总收入。1990 年，英国转向个人税收制度 [参见 James 和 Nobes（1988，pp. 170-171）]。

为了对专栏 8.1 进行总结，在联合纳税系统下，收入更低者是否参加工作，以及若参加工作的话其工作时间的长短，其激励将取决于三个方面：税基如何定义（譬如，高收入与低收入的征税方式是否存在差异），税率的模式（譬如，更高收入者到底在多大程度上面临一个更好的边际税率），以及更高收入者的收入水平（譬如，是二人具有相当接近的收入，还是二者的收入差距很大）。因为在男性与女性之间，对于净工资变化的工作时长反应可能并无多大不同，而他们的广度边际（即是否参加工作）却大为不同，有理由为更低收入者设置更低的平均税率。（另一个不太相关的关于儿童照护成本的问题将在后面进行讨论。）与劳动力供给效应并行的一个问题是，是否存在一个针对婚姻的税收惩罚或税收优惠；其答案既取决于对更低收入者的相对税务处理，也取决于已婚人士相对于单身人士的税收结构。此外，针对次要收入者的规则适用于所有夫妇，无论他们是否拥有孩子。因此，一些税收政策是对儿童照护政策的不完全替代；这二者应当一起进行分析。例如，针对儿童的税收减免，对于只有一方有收入与双方都有收入的夫妇，可能应当是相同的。

这一次，尽管我们已经意识到一些探索性工作，但是我们所知道的最优税收分析在阐述税收参数的选择方面并未走得很远。此外，这些研究假设一对夫妻内部存在单一的决策结构，并且进而假设该结构下的偏好就是政策制定者认为可接受的偏好。但是证据很明显，一个家庭内部关于成年人消费的决策与关于抚养儿童的决策取决于丈夫与妻子的相对地位。因此，一个更令人满意的理论基础应当要想方设法纳入一个家庭内部的决策模型。[①]

对儿童照护的税收处理与直接补贴。 到目前为止，我们的讨论已牵涉到单身人士相对于已婚人士的税收情况，以及针对夫妻内部收入差异

---

① 对于此种分析的需要，参见 Pollak（2007）。

的税收情况，这会导致因孩子而起的单边问题。现在，我们将在一种特殊情形下考虑这些问题，即与劳动力供给相关联的儿童照护津贴问题。我们先是探讨了收入成本的税收处理方案背后的逻辑，然后转向劳动力市场的参与激励问题。

考虑一个自雇人士。如果所选的税基是收入减去这些收入的成本，那么在总收入中到底应当减去多少成本？这没有简单的答案。一个人的工作也许需要特殊的衣服，而若其从事其他工作的话根本就不会购买这些衣服。然而，这些衣服对其他衣服也有一定的替代性，所以并非其所有的成本都应当算作其赚取收入的成本。类似地，那些涉及旅行的工作，必然要求旅行时在旅馆里吃饭，这可能比其在家吃饭要贵多了（当然，也可能更开心或更不开心）。税务系统没有办法精确地计算这些与工作相关联的额外成本，这些成本与生活成本往往是重叠的。因此，通常会采取一些经验法则来决定哪些项目是可以进行税收减免的，以及如果可以减免的话，到底是部分减免还是全部减免。

儿童照护产生了类似问题。原则上，如果没人照护儿童其父母亲就无法工作的话，应当对儿童照护进行税收减免。但是在实践中，行为是多样化的：一些父母是自雇人士，在家工作，没有使用有偿的儿童照护服务（要么既工作又照护儿童，要么依赖于他人例如亲戚无偿照护儿童，要么与邻居相互交换照护）；有些人不工作，但是使用了一些有偿的儿童照护服务。到底有多少父母依赖于有偿的儿童照护服务，会随着可利用的不同工作而变化。因此，关于儿童照护的任何税收方案，作为决定净收入的一部分，或多或少都有点随意，因为它将在多样化的人群之间施加一个统一的税收规则。

这一问题对于公司雇员而言与对于自雇人士而言稍有不同。这些增加的成本在很大程度上适用于所有持有这份工作的人，其可能会期望市场工资能覆盖这些成本或期望由雇主来支付所需的商品与服务。这些成本在多大程度上存在个体差异（一些雇员有小孩，一些没有），市场工资是一个比较迟钝的工具。无论哪种情形，自雇人士的情况所蕴含的逻辑可以推广。在实践中，为了应付税收征缴工作的复杂性，小型支出可能会被忽略。

对于一个单亲家长，待在家里照看孩子的激励，来源于所得税对劳动力供给的影响、儿童照护津贴的幅度，以及对儿童照护行为的税收减免或养老金优惠的价值。这种比较对于那些试图考虑工作岗位与儿童照护责任的不同程度的兼容性的人而言就更为复杂了。譬如，有些工作与儿童在校时间相冲突。[①] 不同的国家对于一个单亲家长待在家里照顾一个小孩的社会价值持有不同的观点。[②] 对于一对夫妇中的次要收入者（被定义为更可能待在家里的那一方），尽管经济效应与社会态度的潜在逻辑是相同的，但在需要考虑对夫妻的税务处理方案时会使得分析更为复杂。

8.3　养老金制度设计

年度所得税会影响家庭成员的劳动力供给、儿童照护行为的范围与分工、消费配置的决策，以及结婚与离婚的模式。养老金设计也会影响工作时期同样问题的决策，尽管影响一般要小得多。[③]

因为养老金收益依赖于一段很长的收入历史，也因为一对夫妇中一般而言会有一方活得比另一方更长，还因为离婚的原因等，养老金设计还会有额外的影响。这些影响包括：

- 对何时退休有重要的影响，正如在第 5 章中所讨论的那样；

---

① 一个进一步的含义就是，对于那些拥有两名学前儿童的人而言，儿童照护的成本可能会翻倍（一旦入学了，在大多数国家在校期间的儿童照护都是由公共财政来负担的）。英国是发达国家中相当典型的例子，在拥有两个孩子时对每一个孩子都支付相应的福利，但仅仅支付一个孩子的儿童照护补贴，基于收入审查而非家庭规模审查。

② 此外，补贴的水平（与其他政策一起）将会影响生育孩子的激励以及有孩家庭与无孩家庭之间的收入分配。

③ 关于性别与养老金的讨论，参见 Ginn（2003）与 James、Cox Edwards 和 Wong（2003）；对于欧盟的情形，参见 Leitner（2001）与 Zaidi、Grech 和 Fuchs（2006）；对于英国的情形，参见 Rake、Falkinghad 和 Evans（2000）以及 U. K. Department for Work and Pensions（2005）；关于智利，参见 Arenas de Mesa 和 Montecinos（1999）。

● 通过那些影响夫妻双方剩存者的财务状况的决策来影响家庭内部的分配；

● 由不同的婚姻模式所造成的复杂性，譬如离婚、早逝、工作期间的再婚以及退休期间的再婚等。

此外，尽管对年度所得税的一个完备的分析应当意识到关于未来税收期望的角色，但是在我们所知的文献中尚未看到对此角色的分析，因此可以合理地认为，这种角色与未来养老金收益相比看起来或许不那么重要。

之所以在老年贫困人口中女性人口过高，部分原因在于工作时期她们的收入更低以及缴费次数更少且缴费量更低，部分原因在于她们更有可能比她们的丈夫活得更长而非相反。后者很重要，因为当配偶死亡时所继续发放的家庭养老金收益的比例可能不足以维持剩存者的消费，以及老年时期糟糕的健康状况——特别是涉及长期看护时——对于家庭而言这可能是高昂的财务成本。在这种情况下，遗属养老金的设计就非常重要。

本节比较了养老金设计的不同选择对于男性与女性的相对影响。我们先开始讨论老年养老金的一些一般性特征，然后再讨论儿童照护活动的养老金补助，以个体为基础与以家庭为基础来组织养老金的各自利弊，遗属养老金，以及关于离婚的养老金处理方案。

8.3.1　老年养老金

正如在第 8.1 节中所注意到的那样，我们相信，养老金规则的性别中立原则是合适的，但是我们应当关注其对于男性与女性的相对影响的规则细节。这些规则会影响到年轻时期的工作激励以及老年时期的养老金收益水平。

缴费型养老金与非缴费型全民养老金。 一些国家在提供养老金时，养老金领取资格或收益的大小以当事人在该国的定居年限为条件；在另一些国家，养老金收益依赖于当事人在养老金系统中的缴费年限。与基于缴费年限相比，基于定居年限的规则倾向于导致女性相对于男性而言有更高的养老金。

缴费要求。一些国家不给予养老金收益,除非一个人的缴费已经达到一个最低的缴费年限数(在美国社保体系下是 10 年),而另一些国家无论劳动者的缴费期多长都会为其支付养老金收益。

正如在第 8.3.2 节中所讨论的,如果在一个养老金计划中,儿童照护年限也能算作满足缴费要求,相对来说就能帮助女性。英国政府宣称它"将从根本上改革缴费原则,在保留权利与义务的关联性时又要充分认识到对社会的贡献"(U. K. Department for Work and Pensions,2006a,Executive Summary,para. 38)。结果,"所有工作 30 年或从事照护活动 30 年以上的人都将有获得全额基础国家养老金的权利"(para. 47)。[①]

收益规则。养老金收益规则的细节对男性与女性有不同的影响。例如,美国社会保障系统所使用的规则将养老金待遇与劳动者整个职业生涯中收入最高的 35 年的指数化平均收入联系在一起,为了凑足 35 年有些年份的收入可能为零。有一个提案试图将平均期限扩展到 38 年,分析人员注意到,平均而言,为了达到 38 年,女性会比男性有更多的零,从而使得她们会有一个更大的养老金待遇下降幅度。此外,与大多数国家不一样,美国的社会保障系统有一个累进制的收益规则。因为平均而言,女性比男性收入更低,这一累进性因而对她们也更有利。

退休年龄。尽管在今天已经不太常见,但是许多国家过去将女性的法定退休年龄设定得比男性低很多(通常要低 5 年)。假设在更低的年龄下的女性养老金与在更高的最早领取资格年龄下的男性养老金一样,更低的最早领取资格年龄有利于女性。过去的思维包括这一选项部分地是为了反映女性与男性扮演不同社会角色的观念,部分地是因为典型模式下女性比其丈夫更年轻。(一个更低的女性最早领取资格年龄允许一

---

① 在英国的这项提案下,一个人获得领取全额(统一率)国家养老金资格需要满足两个条件:长达 30 年的实际缴费或被视同同等有效的缴费,以及达到领取国家养老金的法定年龄(当前是 65 岁,未来将会增加)。因此,若一个人从 18 岁开始工作并持续不断地缴费,到 48 岁时也仍然没有领取养老金的资格。

对典型的夫妻更近乎同步地退休。）然而，这一机会会让女性产生提前退休的社会压力，从而导致更低的实际退休年龄，这也许并不符合某些女性的最佳利益。与此相比，一个更低的法定退休年龄毫无疑问会更加不利于女性，无论是赚钱机会还是养老金收益（若工作时间更长养老金就更高的话）。若女性的实际退休年龄比男性更低，无论是因为其退休是强制性的还是因为其退休是社会压力造成的，在许多养老金安排方案下都将会减少女性的养老金收益。同样相关的是，其他许多规则，譬如残疾津贴资格与享受税收优惠的退休账户的缴费机会，都是基于最早领取资格年龄的。在这些方面，更低的退休年龄同样会让一些女性处于不利地位。

退休激励也取决于那些对最早领取资格年龄之后继续工作的激励；这些在男性与女性之间可能存在差异，取决于养老金收益规则的结构以及男女典型收入历史的差异。例如，如果在某个缴费年限的阈值处养老金收益有巨大的跳跃，并且如果刚好位于达到最早领取资格年龄的阈值之下的女性多于男性，那么在阈值之上工作的激励对于女性而言就更为重要。那些将家庭结构纳入收益决定过程的养老金系统，对于一对夫妻中的低收入方与高收入方会产生不同的激励作用。（专栏 8.2 讨论了美国社会保障系统的情况。）

如果养老金收益取决于缴费年限，正如许多固定收益型系统一样，那么提前退休就意味着更少的缴费年限从而更低的养老金。如果养老金收益与个人的养老金积累额是精算型关系，正如固定缴费型系统一样，那么在很多情况下女性的收益就会更低。第一，如果一名女性提前退休，那么她的缴费年份更少，故其积累额因而其月度养老金收益就会更少。第二，如果已经提前退休，那么她获取养老金收益的时间就会比一个延迟退休但其他方面均相同的人的时间更长，从而进一步减少了其月度收益；如果养老金计算考虑了女性更长的预期寿命，这种影响甚至会更强。单独来说，女性可能更希望不要被迫比男性在更早的年纪退休。在许多国家，提高女性的领取资格年龄的压力来源于女性。

不同性别的死亡率表与总的死亡率表。政府能够提供基于一个为给定出生人群进行统一定价的年金，或者要求私人供给者也同样这么做。在这样一个系统中，具有相同积累额且在同样年纪退休的一名男性与一名女性将获得相同的月度养老金，并且具有相同积累额且碰巧有相同预期寿命的一名男性与一名女性将会获得相同的期望终生收益。然而，平均而言，由于男性有更低的平均预期寿命，男性的每一单位美元的积累额所获得的养老金收益贴现值将会低于女性。[①]

相反，政府可以允许养老金供给者将年金基于不同性别的死亡率表，在这种情况下，给定男女不同的预期寿命，男性与女性的养老金将分别采取不同的定价：具有相同积累额且在同样年纪退休的一名男性与一名女性将获得不同的月度养老金，并且男性会获得更大的数额。这种情况在拉美国家发生了，但是在美国与欧盟国家的雇主组织型系统中被法律禁止了，并且，许多国家要求对于无论是强制性养老金还是自愿型养老金，均使用不分性别的寿命表。

总之，不同的规则会导致不同的收益模式，从而导致不同的相对于缴费的回报模式——这正是养老金计划的再分配功能的一部分。因为对于同样性别的人而言，更高收入者通常会比更低收入者活得更长，统一定价将对高收入者更有利[②]；此外，由于市场定价会反映管理成本，因而获得更高收益者也会获得更好的定价。因为女性通常比男性活得更长，因此，从统一定价转向非统一定价，就会产生一个额外的再分配模式。这样的结果必须在整个系统中来看待，一般而言会牵涉到其他再分配因素，尤其是减贫功能（例如，若养老金融资部分来源于累进制税收）或当其存在统一率收益或最低保障时。

8.3.2　儿童照护的养老金补助

如果一个养老金系统的养老金权益能够包含照护儿童或照料老人所

---

① 关于这种差异的仔细计算将不得不注意到，在每一个性别内部，更高收入者会获得更高的养老金并且会活得更长。男性与女性之间不同的相对收入分布情况会进而影响这种效应的规模大小。

② Simonovits（2006）在名义账户制养老金的情况下考虑了同样的观点。

花费的年限，相对于男性来说就更有利于女性，因为女性一般而言承担了更多的照护责任。我们先讨论这种养老金权益安排的不同方式，然后再讨论一个更宽泛的问题，即该模式到底是否一个好政策。

不同形式的养老金补助。存在多种认可照护活动的方式，其分配效应与激励效应也各不相同。一种方式是像瑞典的名义账户制系统那样，将一名妇女从事照护活动的每一年以一个固定数量计入其养老金记录。瑞典也会对照护者的个人积累制账户进行补助。因此，她的养老金更多了，因为由一般性财政收入来支付的额外的存款进入其账户了。在一些国家，养老金基于职业生涯的平均收入，通常是人们收入最高的那些年的平均收入。在这种情况下，一个统一的每年儿童照护补助额将会提高那些职业生涯短暂或收入足够低的人的养老金，并且，很多系统对于那些职业生涯较长并且收入较高的人提供的帮助很少甚至不提供帮助。在另外一些国家，包括加拿大与英国，照护活动所花费的年份可能在计算中被去除了，从而减少了在职业生涯平均收入的计算中所使用的年份数。在一个收入相关型养老金系统下，这一方式隐性地为一个更高收入的女性补贴了一个更大的数量。[1]

存在其他类型的养老金补助方式。一些国家对于花费在上大学上的时间也进行补助，从而对于接受更多教育的人们而言更有利。因为更多的教育通常会产生更高的收入，因此不太清楚这到底是否一个好规则。一些国家保护那些服兵役者；这既可以通过将服兵役年份计算在缴费年份之内来实现，也可以通过国防预算为服兵役期间的人支付养老金缴费来实现。

一个更为广泛的问题是，为照护行为所花费的时间进行补贴什么时候才算一个好的政策。注意，养老金补助是一个迟钝的工具，它并不能区分劳动力供给是否受到补助过程的影响。例如，一些家境良好的父母

---

① 对此，假设养老金正常情况下是基于一个人 40 个最高收入的年份。如果某个人有 30 年的收入并花费了 10 年时间照顾孩子，那么其平均收入就是基于这 30 年最高收入，剩下的低于最高收入的 10 年收入将不会参与计算。因此，那 10 年就利用这 30 年最高收入进行采信，而非零收入。这对于这 30 年期间收入更高的女性而言更有价值。对于那些拥有超过 30 年正收入的女性而言，其得益就取决于收入最高 30 年的收入相对于收入更低年份的收入。

亲可能并没有有偿工作，从而获取了补助资格，但是他们可能也雇用了一个全职保姆。也就是说，为那些拥有幼儿且收入很低甚至没有收入的人所进行的养老金补助，无法区分那些自己照顾孩子与那些自己不照顾孩子的人。除非这种补助被加入所有工作的父母亲的养老金缴费中，否则它将无法区分那些自己照顾孩子并且不工作的人与那些努力照顾孩子并同时参加工作的人。

在评估照顾孩子的养老金补助时，我们必须考虑几个维度：社会应当在多大程度上分担抚养孩子的成本；在照料期间提供收入与未来提供养老金之间的平衡；劳动力市场活动的激励与儿童照料活动的激励之间的合理平衡；以及不同家庭类型的相对处理方法。

儿童抚养成本援助。抚养儿童是有成本的，既包括花费也包括可能失去的收入；失去的收入会减少未来的养老金收益。于是产生了两个问题：那些成本应当落在何处，也就是说，在父母与纳税人之间的角色该如何划分；那些成本应当落于何时，也就是说，当孩子还年幼时父母应当在多大程度上得到帮助，而非在孩子长大之后再以养老金补助或类似机制来帮助父母。

许多国家向拥有儿童的家庭提供收入从而在更为广泛的社会层面上分担抚养儿童的成本。它们之所以这么做可能是出于促进不同类型家庭的公平考虑，或者是为了保护儿童，或者是为了鼓励生育。拥有儿童的家庭可以通过所得税减免或退税抵减额从而提高收入，这等价于一项不必纳税的儿童补助福利，即对照护者按周、按月或按年进行的现金支付。[①]（或者，一项儿童补助福利可能会包含在应税收入中从而使得税制更加具有累进性。我们忽略更为复杂的处理方式。）一些国家也可能通过提供免费公共服务的方式（譬如免费教育）来分担父母抚养儿童的成本。所有这些机制都具有收入效应，但是没有提供工作激励效应，除

---

① 这里假设接受税收优惠的人与接受儿童补助福利的人相同；在许多国家，儿童补助福利通常支付给母亲。儿童补助福利（也称家庭津贴）在欧洲以及其他许多国家都是很普遍的［参见 Bradshaw 和 Finch（2002）］。美国不提供儿童补助福利，但会针对不能独立的孩子提供所得税减免。

了有可能将纳税人移到更低的所得税等级中去之外。

现在与未来的金钱平衡。 对于任意给定的抚养儿童的预算援助水平，政策制定者所面临的一个普遍问题是：此种支持到底应该是在儿童抚养时期的收入援助（通常是在家庭资源开始消竭时），还是应该以养老金形式发放的未来收入援助。一个更为特殊的问题在于，儿童补助福利是否应当与工资一样被视为普通收入从而应当被用于强制性退休储蓄。如果忽略抚养儿童的成本，那么对于消费平滑的目标而言，答案就是肯定的。但是抚养儿童肯定是有成本的，因而问题就在于那些成本的存在将如何改变那个结论。

在最为简单的情况下，与消费平滑相关的收入是父母在其给定的总花费中在用于抚养儿童支出之后能花费于其自身消费的收入。这一简单情形假设，相对于在更年长时的花费所得到的边际效用，儿童的存在不会改变父母当前花费于自身消费的边际效用。[①] 一项儿童补助福利的存在将减少抚养儿童的净成本，从而可以缓解与消费平滑相关的收入下降情况。这一逻辑意味着，对于一个有孩子的人而言，强制性储蓄的收入基础应当减少，以体现一些儿童抚养成本的测算（任何儿童补助福利与其他儿童补贴的净值）。原则上，儿童补助福利越高，并且当在孩子更年幼时相对于在孩子（从而其父母）更年长时抚养儿童所降低的父母自身花费的边际效用越大，收入减免基础就应当越小。

有偿工作与儿童照护的激励平衡。最优消费平滑设计问题必须与有偿工作和儿童照护之间的平衡性的政策偏好问题一起考虑。如果儿童照护津贴是以照料者从事有偿工作为条件，并且一个家庭中的次要收入者的税收更低，那么进行有偿工作的激励就会更加强烈。如果照护活动是

---

① 有人认为，应当被平滑的不是消费而是效用，但是父母的效用随着时间的推移会受到很多因素的影响，包括拥有孩子，甚至可能拥有孙辈孩子，以及可能早年丧偶，等等；我们并不清楚，在这些不确定性情况下，到底该如何对效用进行平滑。更严格地说，一生效用最优化意味着跨期消费的边际效用相等。将这种复杂性设定为跨期不可加性、年龄可变的时期效用，以及儿童消费的不可加性，并假设效用贴现率等于实际利率，我们就得到了一个简化的最优固定消费的莫迪利安尼模型。

通过养老金补助的方式进行支持的，那么从事有偿工作的激励就会变弱。与此相比，不以工作为条件（通常如此）的儿童补助福利对于劳动力供给具有收入效应，但没有替代效应。[①]

这些因素的相对规模决定了有偿工作与儿童照护之间的激励平衡性。为了维持对有偿工作的激励水平，需要将养老金补助与其他方面的激励进行抵消与平衡。政策设计也必须考虑有偿的儿童照护服务与父母或其他家庭成员亲自照料之间的平衡性。如下是一些选项：

● 仅限于无收入者或几乎无收入者的儿童补助福利或养老金补助（或二者兼而有之）可以加强留在家里照顾孩子的激励。

● 为了加强从事有偿工作的激励，儿童照护津贴可以某个最低工作时长为条件。这样的津贴鼓励那些能赚取收入的人有意愿接受那些让他们有能力使用有偿儿童照护服务的工作，从而鼓励他们使用有偿的儿童照护服务。

● 有可能将工作的激励与在工作时使用有偿儿童照护服务的激励分开。对非全职工作收入的养老金补助（以及有孩的次要收入者的税收减免）能够鼓励那些会限制有偿儿童照护需求（及使用）的非全职工作。因此政策可以通过限制儿童照护津贴的方式鼓励这样的工作，但不是对有偿工作的净鼓励。

当然，在实践中，避免过度复杂性的愿望将会影响那些援助儿童同时鼓励（或者不鼓励）有偿工作的政策设计。

平衡处理不同的家庭类型。不同政策工具之间的平衡选择具有重要的分配效应。对养老金补助或儿童补助福利的更多的强调，相对于那些无孩家庭而言，将更有助于有孩家庭（假设无论家里是否有小孩，次要收入者的税收相同）。若更多地强调次要收入者的税收减免，则相对于单亲家庭而言就更有利于有孩的双亲家庭。除非对于次要收入者的税收减免仅限有小孩的家庭，否则将与养老金补助不匹配。同时，一项养

---

① 通过增加父母收入，儿童补助福利减少了从事有偿工作的激励；然而，该补助福利对于额外工作的净回报没有影响，因而不会发生由替代效应所导致的负激励结果。

老金补助并不与儿童照护津贴完全匹配，因为儿童照护服务的使用在那些工作人群中并不普遍。因此，各种政策工具的分配效应具有多样性与复杂性，可能需要一些相应的调整。

在处境更好与更差的家庭之间也存在潜在的分配效应。一个关键的问题是养老金补助接受者的总体财务状况。如果养老金补助主要发放给高收入家庭的成员（或许是因为他们最可能有能力让家里某一方不必出去赚钱），他们有大量的养老金，那么这种情况就完全不同于那种养老金补助主要发放给低收入单亲家庭的情况（否则他们将拥有很少的养老金）。因此，养老金补助的情形需要一国一国地进行具体评估，重点关注到底谁获得了养老金以及其在多大程度上符合政策制定者的分配目的。

政治性观点。传统上，在对一个养老金系统的各方面因素进行优化时，我们会充分考虑养老金系统的每一个部分（譬如在此情形下关于儿童照护的养老金补助）。然而，在一个民主体制下，养老金设计可能会体现各种不同观点的妥协。因此，可能发生的情形是，政策制定者认为养老金收益总体上太低了，并且出于政治原因没有能力提高它们，但是有能力对某些人群进行有意的提高。如果政策制定者选择这种路线，就会产生如下问题（既具有经济意味，也具有政治意味）：如果仅仅可行的政策工具就是针对有孩家庭的养老金补助，那么到底是应当将这种补助给所有有孩子的人，还是只给那些在他们的孩子年幼时不工作的人呢？前者不会减少参加工作的劳动激励，而后者则会减少此激励。

小结。在最优化当前与未来消费之间的平衡性、有偿工作与儿童照护之间的激励平衡性，以及不同类型家庭之间再分配的平衡性的过程中，养老金补助具有多方面的功能。正如前面所注意到的那样，任何政策都将影响到某些方面的激励问题。

8.3.3　个体养老金与家庭养老金

养老金制度的设计，正如所得税设计一样，并非偶然性的，而是严重依赖于潜在的社会哲学。特别地，政策到底是应当将一名妇女视为其丈夫的附属从而被其丈夫的养老金所覆盖，还是应当将一名妇女视为一个自主的个体、主要依靠其自身的权利赚取养老金？前一种观点在过去很普遍，但是现在在许多国家里已经被拒绝了，取而代之的观点是认识到女性的自主性，同时将女性视为家庭的一部分。后一种观点促进了一种政策动机，即调整劳动力市场与养老金制度以增强女性的收入并鼓励其参与劳动；它也影响了人们关于一个公平的养老金制度到底应该是什么样子的观点。这些观点部分来说是一种社会价值问题，国家之间具有差异性，正如它们在只有一方有收入的家庭与双方均有收入的家庭的混合程度上的差异性，以及在婚姻普遍性上的差异性。

正如一项所得税设计那样，一个相关的社会考量就是到底应该将家庭还是个人视为一个基本的经济单位。在任何以再分配为目的的项目中，这都是一个重要的问题。与那些贫困家庭的低收入者或低养老金收益者，或者本身就是低收入者或低养老金收益者的单身人士相比，那些富裕家庭的低收入者或低养老金收益者是否应当有资格获得同样程度的再分配呢？大部分人可能会否定这一点，但是有一件事让问题变得更加复杂了，即家庭结构已经变得更具有易变性：与过去相比，获得养老金收益时的家庭与家庭成员工作并进行养老金缴费时的家庭可能已经大不一样了。离婚协议可能已经考虑到也可能还没有考虑到未来的养老金收益分配问题。

一方面，基于个体进行养老金设计而非基于家庭进行养老金设计，从而让女性所拥有的养老金仅仅基于其自身，被不少人认为对于那些拥有如此流动性结构的社会而言会是更好的选择。另一方面，正如上面在所得税情形下的讨论，家庭结构会影响可利用的资源以及对于这些资源的需求。此外，离婚之后的养老金收益调整（下面将进行讨论），作为一种识别家庭结构的方式，对于相对的养老金水平而言可能是很重要的。作为家庭结构的功能的一个例子，专栏 8.2 讨论了当前美国的公共养老金系统对于配偶的养老金收益安排方案及其所导致的劳动力市场激励效果［也可参见 Favreault 和 Steuerle（2007）］。

美国的从属配偶收益与未亡配偶遗属收益

在美国社会保障系统下，拥有至少 10 年被覆盖工资的 62 岁及以上的人就有资格领取一份劳动者收益，只要他们的当前工资不太高（换句话说，存在一个退休审查；关于收益如何决定的细节可参见第 11 章）。如果一个劳动者已经开始领取收益并且已婚，该劳动者的配偶（如果也至少 62 岁并且拥有低工资或零工资）就能享有一个配偶收益，等于该劳动者收益的一半，并根据收益领取的年龄进行相应调整。然而，一个人可能只能领取配偶收益与基于其自身工资记录的收益之间更高的那份收益。因此，如果一对夫妻都在 62 岁以上并且都开始领取收益了，丈夫将可以领取在基于其自身工资的收益与其妻子所领取的收益的一半之间（都根据领取年龄进行了相应调整）更高的那份收益。类似地，妻子也可以领取在基于其自身工资的收益与等于其丈夫的收益一半的配偶收益之间更高的那份收益。（从技术上说，夫妻双方各自领取了一份基于其自身工资的劳动者收益，加上一份额外的收益以达到两份收益中更高的一份。一个拥有 10 年覆盖记录且其配偶收益超过其自身的劳动者收益的人就被称为双重收益领取者。）

当一对夫妻中的一方（譬如说，丈夫）在退休后死去时，就存在一个新的计算，存活方就能得到基于其自身工资记录的劳动者收益与等于其丈夫的（已停止发放的）劳动者收益的 100% 的遗属收益之间更高的那份收益；再一次，这些收益都需要根据开始领取年龄进行相应的调整。当一个被覆盖劳动者在退休前死去时，一旦存活方达到领取年龄时就会存在一个类似的计算。

在这种结构下，一个已婚人士如果与其配偶相比平均终生收入足够低的话，额外的工资将不会带来额外的收益。因此，对工资的隐性税收（工资税减去额外未来收益的价值）就等于养老金的全额工资税，不会被预期收益所抵消。如果工资更高一些，从而能够获得领取遗属收益的潜在资格（基于已停止发放的劳动者收益的 100%）但并非配偶收益（基于已停止发放的劳动者收益的 50%），隐性税收仍然相当高。该系统回到了社会保障系统的早期形态，对劳动力市场参与度、对低收入者以及收入更高的配偶的额外工作时间，都造成了负面激励效应，因为额外的收入并不会带来额外的养老金收益（给定配偶养老金的领取资格）。夫妻双方中的主要收入者的劳动力市场激励也取决于其配偶的收入水平；如果更高的劳动者收益也能提高所领取到的配偶收益的话，劳动力市场激励就会更大。

社会保障收益规则是累进制的（参见第 11 章），从而能为那些工资更低的人（平均来说他们更为贫困）提供一个更高的替代率。这一潜在的逻辑要求将一个个体的贫困程度与一对拥有同样总收入水平的夫妻的贫困程度进行比较。与这种模式相一致，当双方（而非一方）都依赖于收益时就要求进行必要的调整。正如我们在专栏 8.1 中所讨论的针对夫妻的税收处理问题那样，可能存在更为复杂的可以兼顾公平与效率的系统。

注意，在这种结构下，一个未亡配偶获得在夫妻双方都存活时的收益的二分之一或三分之二（忽略针对开始领取收益的年龄所进行的相应调整）。如果丈夫与妻子具有相同的平均收入，未亡配偶就得到二分之一。在只有一方赚钱的情况下（或是一个配偶正在领取配偶收益的情况下），收益从主要收入者的收益的 150% 降至劳动者收益的 100%——减少了三分之一。遗属替代率的这种模式缺乏明显的逻辑。

当一个再婚人士失去了基于其前任配偶收入的养老金时，一套更进一步的激励措施就牵涉到了再婚问题（Baker，Hanna and Kantarevic，2003；Brien，Dickert-Conlin and Weaver，2004）。

8.3.4　遗属养老金

研究表明，一个未亡配偶需要的收入通常多于一对夫妻的收入的一半——通常是 65%～70%——才能维持一个惯常的生活水准。因此，若不存在其他资源与存活收益，如果配偶双方有相同的年纪、相同的收入历史以及相同的养老金收益，那么其中一方死亡将会降低另一方的生活水准。这正是造成寡妇比普通已婚老年妇女更为贫困的部分机理。[①]遗属养老金因而成为保持老年人生活水准的一个重要因素。（专栏 8.2描述了美国的系统。）尽管我们只讨论未亡配偶问题，但这个问题事实

---

① 关于在美国成为寡妇对生活的影响分析，可参见 Holden 和 Zick（1998）与 Karam-cheva 和 Munnell（2007）。

上更为广泛：一个设计良好的系统也有助于年轻的遗属，特别是幼儿[参见 Baker、Hanna 和 Kantarevic（2003）]。

存在多种方法来组织与筹措遗属养老金。在一个积累制固定缴费型或名义账户制养老金系统中，积累金可以被用于购买联合人寿年金，包括一个适当比例的遗属收益。对于一对双方都有收入的夫妇而言，双方都可以这么做。当然，在强制性年金下，所设想的相同年龄者的预期寿命差异就意味着，这样一种强制性肯定会导致一方是赢家一方是输家。相比而言，如果联合人寿年金是自愿性的，就会存在逆向选择问题：那些认为配偶会比自己活得长得多的劳动者更有可能购买此类年金。在瑞典，自愿性联合人寿年金与养老金系统的积累制部分联系在一起（名义账户制部分则不允许这个选项）。影响这些决定的平衡因素会倾向于联合人寿年金，要么将其设为默认选项，要么更强烈地要求当劳动者将默认选项改成单一人寿年金时必须夫妻双方达成一致才行。美国的雇主型养老金就包括这些规则。一个更进一步的做法就是让联合人寿年金具有法定强制性。

一个固定收益型养老金系统可以提供一系列类似选项，其基于从单一人寿年金向联合人寿年金的精算型转换。相反，遗属收益可能会在养老金系统的总体收入之外进行提供，正如美国社会保障系统那样，因此以单身者为代价从而有利于已婚夫妇。此类方案牵涉到劳动者养老金收益越多、夫妻能获得的转移就越大的问题，这一特征已经受到许多批评。因此，更好的做法是使用一个能覆盖遗属收益的更为复杂的规则，从而使得它们部分来源于劳动者自身的收益，部分来源于养老金系统的资源，其中的比例取决于收益水平。

如果养老金与收入成比例，那么其潜在的逻辑就是养老金系统并不试图对不同收入水平的不同需求进行调整；也就是说，它并不想在富裕的养老金领取者与贫穷的养老金领取者之间进行再分配。任何的再分配都发生在养老金系统之外，因而养老金系统本身并不需要在联合人寿年金之处进行再分配调整。因此，当一对特定年纪的夫妻开始领取养老金收益时，养老金收益的期望贴现值既包括双方都活着时的收益，也包括只剩一方活着时的收益，就应当由固定收益型规则来决定或由一个（积累制或名义性）固定缴费型账户的余额来决定。

与此相比，如果像美国那样存在一个累进制的收益规则，那么养老金系统就会调整替代率以体现这种需求。在一个所得税制度下，在总体收入相同的情况下，一个已婚人士通常被认为不具备一个单身人士那样的纳税能力；类似地，在相同的总体收入历史情况下，一个已婚人士与一个单身人士相比具有更强的替代率需求。因此，一对夫妻的替代率（反映了双方的收入水平）可能与一个被判定具有同样需求的单身人士相匹配。但是，这会产生进一步的复杂性，因为夫妻中的一方通常会比另一方活得更长。因此，"替代需求"应当基于整个生命周期进行考量，包括对"遗属替代率"的认可，即支付给遗属的收益与双方都活着时所支付的收益之比。在雇主型计划中，普遍的情况是，劳动者无论其配偶是否存活都会得到某些收益，而若其活得比配偶更长，就会得到一个更小的收益。我们并不清楚这样的安排方案到底是否合理。

8.3.5　离　婚

日益增加的婚姻流动性使得养老金系统对离婚问题的处理方式更加重要。存在一些社会规则，通常涉及法庭，来分配离婚双方所积累的资产（有时还包括人力资本），特别是婚姻存续期间的资产积累。一个公共养老金系统下的权益可能是被分割的一般性权益的一部分，或者它们也可能被视为不能分割的隐性资产。养老金系统的规则可以决定如何分割，或者它们也可能仅仅是限制其分割（即限制一个离婚协议或一份离婚判决所能分割的范围）。这个问题很重要：若没有这些调整，持续多年婚姻之后的离婚可能会导致婚姻期间收入历史不佳的一方得到极低的养老金收益。事实上，在美国，不愿再婚的离婚女性的贫困率非常高。

存在多个策略来为离婚人士提供养老金，都是通过退休时或离婚时的一些决策来执行的。第一个策略就是在一个离婚人士达到退休年龄时就为其提供养老金收益。这可以通过配偶双方的养老金收益转移来实现。例如，当一个劳动者开始提取养老金时，养老金收益就会进行调整，不但要给现任配偶提供一些收益，而且也要给前任配偶提供一些收益，这里所使用的规则与婚姻的长度和时点有关系。此类养老金收益的未来可用性可以被嵌入离婚协议中。相反，离婚配偶的养老金收益可以通过养老金系统的一般性资源来进行融资，不会减少劳动者原本所应得的养老金收益，正如在美国那样（参见专栏 8.3）。

第二个策略就是基于婚姻期间夫妻双方各自的收入记录（如果有资产的话，就要考虑所实现的资产回报率），在离婚时显性或隐性地在双方之间进行财富转移。在加拿大，当一桩婚姻或一段普通法律伴侣关系结束时，婚姻关系存续期间所建立起来的加拿大养老金计划权益可以作为离婚协议的一部分在双方之间进行平分。

第三个策略就是将婚姻期间的收入以年度为基础进行划分。Kotlikoff 和 Sachs（1998）就已经为个人账户制度辩护过，其中每一年丈夫与妻子的收入在双方之间进行平分。这些账户属于个人，即使离婚后也依然如此。然而，当丈夫与妻子的年龄差距很大并且他们还有差距很大的收入水平时（收入更高的一方就是更年长的一方），这种养老金资产的分割会削弱他们为退休融资的能力（如果他们保持婚姻的话）。在只有一方有收入的夫妻的情况中，这是最明显的。当劳动者达到退休年龄时，仅有一半的收益是可以利用的，这种情况要持续到更年轻的配偶也达到退休年龄为止。专栏 8.4 还澄清了一些其他方面的复杂性。

| 专栏 8.3 | 美国离婚配偶的从属收益与遗属收益 |

在美国，如果一对结婚 10 年以上的夫妇离婚了，并且至少有一方在领取收益之前还没有再婚，一方基于另一方的收入记录就可以获得一份社会保障收益。规则与专栏 8.2 中所描述的从属收益与遗属收益相对应：一个离婚人士可以获取在基于其自身工资记录的劳动者收益与一份等于其前任配偶的劳动者收益的 50% 的离婚配偶收益之间更高的那份收益。（1965 年的《社会保障法》修正案规定：如果妇女依赖赚钱方的支持，以及如果其婚姻连续保持了 20 年以上，则为离婚的妻子与寡妇提供养老金收益；1977 年婚姻连续时间减少到了 10 年）。因为该系统并没有由于从属收益是基于

他或她的个人收入记录而减少劳动者的养老金收益，这些支付总体上都来源于养老金系统，对于一个单一的收入记录而言满足家庭收益最大化。如果那个最大化过程适用的话，劳动者收益就不会受到影响，但是另一份从属收益则会减少。类似地，存在一个未亡离婚配偶收益，是劳动者收益的100%，并且也要满足家庭收益最大化。

专栏8.4　　　　　丈夫与妻子之间的收入记录划分

考虑一对夫妻，其中丈夫比妻子大五岁，双方都计划在 65 岁停止工作并开始领取养老金。假设他们参与了一个积累制固定缴费型系统，其中所有个体都具有相同的收益规则，无论已婚还是单身，最早领取资格年龄都是 65 岁。（在具有相似规则的固定收益型系统中也会产生类似的问题。）假设丈夫在 65 岁时的积累额为 X，从而导致月度收益 x，在这种情况下基于 65 岁时的 $X/2$，他只能领取月度收益 $x/2$。一旦他的妻子达到 65 岁，她将可以基于另外的 $X/2$ 领取到一笔收益，在这五年之间可能已经增加了，从而可能产生一笔更大的养老金（但并不必然如此，因为可能需要针对一个不同的死亡率表与一个不同的利率进行年金化处理）。

此外，由于收入共享，丈夫可以基于妻子收入的一半领取一笔收益，直到他自己的收益开始发放。在收入继续共享的情况下，他获得的收益将随着妻子继续赚钱而进一步增加。因为丈夫退休时妻子是 60 岁而非 65 岁，他的收益要低于她在 65 岁时的收益（如果她不继续工作的话），因为她的账户在继续积累。

在一对夫妻中只有一方有收入且其是年龄更大的一方的情形下，只能领取收益的一半可能代表了一个流动性问题，使得他或她很难在 65 岁时退休。

8.4　结　论

本章提出了养老金设计中关于性别与家庭问题的三种不同的观点：

● 不存在明显的最优设计。但有些设计明显更差。

● 政策不应当只关注养老金制度设计本身，还应当意识到其他方面的政策对最终的养老金收益的影响，譬如，包括所得税、儿童照护津贴、全日制学习，以及关于幼儿父母工作流动性的管理规定等。

● 我们不想当然地认为妇女就应当工作或者就应当照顾小孩；而是认为，税收制度与养老金制度（以及其他政策）会不可避免地产生激励作用从而影响有偿工作、照护活动、休闲活动的选择与决策，因而应当反映出多样化的社会价值观、个体偏好以及社会约束，所有的这些无论在国内还是在不同国家之间都具有差异性。

更明确地，养老金设计需要对男性与女性之间的差异化影响具有敏感性。为此，我们就应当：

● 考虑如何认证有社会价值的工作活动年限以及以何种形式来认证，包括照护儿童、残疾人士、无法自理的老人，并且要将这些认证过程与参与有偿工作的激励过程进行平衡处理；

● 为养老金领取资格与养老金收益决策设定普遍的规则；

● 在养老金系统中将账户余额转换为年金时要求使用不分性别的寿命表；

● 确保为未亡配偶与离婚人士提供合意的养老金安排方案。

第9章　养老金制度的实施

第 4 章至第 6 章阐述了良好政策设计所依赖的经济学理论基础，认识到许多不同的政策设计的可能性，并识别了一些不良政策设计的例子。本章超越一般性的经济分析，着重强调了对于一个特定的国家而言，良好的政策设计也依赖于该国的政策执行能力。一个无法充分执行的制度不是一个设计良好的制度。很多精巧构建的改革（譬如养老金、健康保健融资、学生贷款以及许多其他方面的改革）之所以失败了，是因为它们对于管理能力的要求被低估了或者它们的要求实在太高了以至于根本不可能达到，或者是因为这些改革缺乏足够的政治支持。这个问题不是发展中国家独有的问题。在发达国家中，存在大量的延迟、超支甚至完全失败的政府规划案例。[①]

本章讨论养老金制度设计的可行性条件。我们的分析是选择性的，既有篇幅方面的原因，也有本书的两位作者都不是政策实施方面的专家的原因：我们都没有实际运作过一项养老金制度，也都没有详细研究过政策实施问题。我们的核心观点（很明显但却通常被忽略了）就是：一个国家的制度选择受到其财政、政治以及制度执行能力方面的限制。忽略或低估执行任务的难度往往会戏剧性地增加改革失败的可能性。

---

① 例如，Hendy 等（2005）发现，由于缺乏对医疗服务人员的充分咨询，英国国家医疗服务体系的全国计算机系统的发展就面临风险。结果，时间尺度与成本核算都相应地被表明是不现实的。

有效的改革至少需要三个方面的技巧：政策设计方面、管理与技术性执行力方面以及政治执行力方面。尽管对于政治执行力方面我们无法进行更多的讨论，但它们与技术性方面的问题却是同样重要的。在其中一方面很擅长的专家往往会觉察不到另外两方面的重要性；政客们要么对于其政策的连贯性不够重视，要么不够重视管理的水准，譬如急于求成或管理经费不足。管理者与其他技术专家可能会高估变革的难度，从而采取一种目光狭隘的变革方式，或是由于其他方面的原因而不太愿意变革。

一个关键之处在于，政策执行力需要政策设计之外的技巧，并且这些技巧与政策设计技巧也大为不同。如果想当然地以为只要理解了政策就能建立一个相应的执行项目，那就大错特错了。政策执行技巧是改革的不可分割的一部分，而非一个简单的附属品。它们必须在政策设计阶段就进行充分考量，而非在政策设定之后再来应付。一个有深层缺陷的观点认为，政策设计需要更高的技巧：高层次人才设计政策，然后转交给普通官员去执行即可。这明显是错误的说法：这三种不同的技巧——政策设计技巧、技术性技巧与政治技巧——既无层次高低之别，也无先后之别。有效的执行力需要正确的技巧，从一开始就如此。

第9.1节阐述了一个养老金改革想要成功政府就必须能够执行的任务，而这些任务明显会随着养老金制度的类型不同而不同。第9.2节描述了私人养老金供给者能有效执行自愿性或强制性个人账户系统所需要的能力，也就是说，保证养老金的供给侧运行良好。第9.3节考察了养老金个人账户的市场需求侧，尤其是劳动者决策时需要让他们充分地了解不同养老金安排方案的特征与不同养老金供给者的质量方面的信息。

9.1 政府的能力

养老金——无论大小、无论简繁——必须慎重对待三个方面的限制：融资能力、管理能力以及一系列更为广泛的制度性要求。

9.1.1　融资能力

退休人员的消费或取决于劳动者的消费，或取决于投资，或二者兼而有之。因此，从宏观经济层面来看，养老金制度就是将国民产出在在职人员与退休人员之间进行划分。很明显，养老金的总支出必须与一个国家的财政能力相匹配。这种强调与意识形态无关。养老金政策的一个核心目标是提高人们的生活水平。毋庸置疑，超过某个限度的高税收肯定是有害的。因此，公共支出以及公共支出中的养老金支出必须与经济增长相匹配。

然而，重要的是搞清楚，这到底意味着什么，又不意味着什么。从"过度的公共支出是有害的"直接转到"公共支出应当最小化"当然是错误的；前者并不意味着后者。① 在养老金问题中，为养老金收益进行融资的税收或缴费必须尽可能地降低劳动力市场扭曲，并应当与经济增长相匹配。养老金系统的规模与覆盖面应当依赖于宏观经济状况与政府预算状况。正如其他章节所注意到的那样，不同的经济体可以在不同规模与不同规则的公共养老金系统下运行良好。但是，因为养老金系统必须有一个合理的稳定程度来实现其社会目标，所以必须有足够广泛而长期的政治支持，以保证养老金政策出现急剧逆转的概率极低。

9.1.2　管理能力

尽管所有养老金系统都对政府能力有重大的需求，但其中一些系统仍然比另一些系统更需要政府能力。

公共养老金

下面所列举的各种选项是根据其财政与管理需求度按升序排列的。我们主要关注那些周期性地发放养老金收益（譬如，按月发放）的养老金系统，而非那些在退休时一次性给付的养老金系统。

---

① 尽管一些评论者认为政府支出太多了，但一般而言，分析人员认为政府在某些目标上支出太多了，而在另一些目标上则支出太少了；并且，分析人员对于到底哪些项目支出太多而哪些项目支出太少，看法不一。

非缴费型养老金。 在很穷的国家里，有限的预算与行政能力使得它们只能提供轻度的、简陋的减贫举措，例如，只能实施地方因地制宜式的养老金收益、基于资产审查的社会救助，或者是统一缴费率且基于税收融资方式的为那些高龄老人所提供的养老金。即使是此类最为简单的养老金计划也要求政府至少有一定的能力去征税从而有能力将这些收入分配给其想要给付的对象（例如，这需要政府能查明人们的年龄）。

简单的固定收益的缴费型养老金。 更强大的财政与公共管理能力可以造就一个全国性的基于收入审查的社会救助系统，或者一个简单的现收现付型养老金系统（例如，统一的年度缴费率）。这种养老金融资的方式有多种：要么来源于专项的社会保险缴费，要么来源于一般性财政收入与专项收费的混合体；这两种情况都可能存在也可能不存在一个信托基金（也就是说，部分积累资金用于支付未来的养老金债务）。这种养老金制度要求政府能够有效地征缴税费，能够年复一年地为那些在不同地点、不同公司之间流动的劳动者维持缴费记录，能够根据劳动者领取养老金的年龄调整其养老金收益（前提是该系统允许延迟领取），还能够精确而及时地支付养老金。政府还必须有能力预测未来的缴费与收益情况，以使得该养老金系统能够游刃有余地适应不断演化的财政融资能力。

如果养老金系统引入一个信托基金，政府就必须有能力来保护与投资这些未来产出的权益。保护养老金资产从防止贪污的能力开始。合适的宏观经济环境也很关键。特别地，正如专栏9.1所讨论的，在缺乏充分指数化的情况下，高通货膨胀可能会减弱甚至彻底毁掉所积累资产的实际购买力——并且会削弱政府履行其指数化承诺的能力。信托基金所持有的资产组合既可以全部由政府债券构成，也可以包括私有资产。如果是为了增强经济体在未来为养老金领取者提供消费的能力，那么通过信托基金购买政府债券的方式所进行的额外政府借贷就不能全部用于当前消费。如果购买了私有资产，就必须有一个能进行投资的完备的资本市场。尽管投资海外可以代替投资国内资本市场，但在经济发展的不同阶段，这可能是也可能不是很好的选择。[①]

<table>
<tr><td>专栏 9.1</td><td>避免高通货膨胀的重要性</td></tr>
</table>

政府必须有能力避免高通货膨胀，因为迅速的、未预料到的通货膨胀会损害名义债券的真实价值，包括养老基金中所包含的债券。对股票的影响通常也是负面的，尽管股票的价值（正如其所基于的公司价值一样）与经济之间的关系可能会恢复到以前的样子。在一个人的职业生涯（若资产没有充分指数化的话）或退休期间（若年金没有充分指数化的话）的任何时点上，一次单一的快速通货膨胀的爆发就将造成其养老金收益的剧烈下滑，正如下面的例子所描述的那样。

退休之后的通货膨胀有两点值得注意。首先，由通货膨胀所造成的任何损失都是永久性的；退休人员很难有什么机会来弥补这种损失，因为与在职劳动者相比，他们远没有能力通过额外的收入或增加储蓄的方法来针对通货膨胀进行相应调整。其次，随着预期寿命的提升，人们与以前相比要活得长得多了。因此，甚至低通货膨胀也会对退休人员的生活水准产生巨大的累积效应。例如，在 2% 的年度通胀率下，10 年之后的名义收益的真实价值仅仅是其初始价值的 82%，20 年之后则仅为其初始价值的三分之二了。注意，这些损失是由初始收益的方式来表述的，作为劳动者以前的真实收入的一部分，事实上就是替代率；相对于当前劳动者的平均实际收入的上升，其真实价值的下降一般而言就会大得多。

作为通货膨胀对养老金的负面影响的一个例子，英国在 1974 年 1 月的物价指数为 100；1978 年 9 月，在第一次石油冲击的影响下，物价指数上升到 200。英国的大部分私人年金在那时都没有针对通货膨胀进行指数化，因而其实际价值下降了一半。大多数英国私人养老金现在都必须以至少5% 的年化通胀率进行补偿（即所谓的有限制的物价指数化）。如果该规则发生在 20 世纪 70 年代，养老金的名义价值将会从 100 上升到约为 130，仍然远低于 200（这样才能维持其真实购买力）；换句话说，养老金收益将会

---

① 正如第 6.3.2 节中所讨论的那样，发展中国家也许不得不支付一个国家风险溢价以吸引资本流入，而这种资本流入就会增加外国投资者资本外逃所可能带来的损害。

失去三分之一的价值。

如果国家政府与地方政府都希望支持老年人的话，它们就应当有效地协调养老金问题。无论对于一般性制度安排还是具体的养老金设计问题都是如此。与所有的系统一样，养老金系统的执行也是一个很重要的问题。例如，养老金系统的运行软件必须由国家政府统一提供，地方政府不能进行任何修改，除了在一个全国性规则之内设立一个地方性收益水平之外（如果系统允许的话）。经验表明，很可能出现地方政府根据地方特色进行过度修改的情况，除非进行严格的干预。

收入相关型公共养老金。 收入相关型养老金系统要求政府有效地测量人们的收入，并且保持个人缴费记录以计算养老金收益。（附录9.1列出了美国社会保障系统的特定任务。[①]）名义账户制养老金（参见专业术语表）就是这样的例子，其考虑了劳动者所有年份的收入情况，尽管其积累账户包含了关于收益计算的充分的统计数据，然而，如果没有详细的缴费记录，一旦一个劳动者退休了想要核实其收益计算结果的精确性，那么将很难修正其可能发生的错误。因此，收入相关型养老金系统要求政府承担以下任务：

- 精确地跟踪与记录一个劳动者整个职业生涯的收入情况，这需要政府识别与记录每一个劳动者的收入情况；
- 必须记录劳动者在不同工作之间的流动，就业状况的变动（就业、自雇或失业），以及在不同地点工作的变动情况；
- 在名义账户制系统下，将名义账户积累额精确转换成养老金收益水平的过程要进行精算式计算；
- 将劳动者的相关收入记录（或者名义账户制系统中他们的账户余额）、这些缴费记录与账户余额所意味的退休收入与未来缴费量（这当然是基于一系列假设），通过定期的（最好是年度性的）

---

① 计划经济国家避免了这种细节性要求，它们将养老金收益基于个人职业生涯终期的一个短暂的收入期。正如在第5.2.1节中所讨论的，这种养老金系统并不能满足市场经济的需要从而需要避免这样的系统，虽然其所涉及的管理更容易。

报告，详细告知劳动者，以帮助劳动者进行更好的养老计划；

●　精确而及时地发放养老金收益；

●　对于养老金的计算与调整，无论是自动进行还是通过立法变动来进行，都必须做到使养老金系统具有财务可持续性。

仅仅列出这些要求就足以强调它们的严格性。

公共积累制固定缴费型养老金。这种类型的养老金安排所需要的管理能力的范围差异很大。此类养老金系统持有金融资产，从而需要前面所讨论过的那些能力来维护信托基金的投资。除此之外该系统所需要的条件取决于其设计。也许，最简单的情况就是一个公积金系统，只有一个单一的基金通过其所实现的收入来决定所有的收益。因此，这些管理需求与名义账户制系统类似。也许可以依靠一个私人保险公司而非一个政府项目来实际计算与支付养老金收益，但这因而又依赖于私人保险公司的充分管理。

更为复杂的系统允许劳动者选择不同的资产组合。这种方式强烈增加了信息交流与保持记录的需要，因为政府将不得不对每个劳动者的资产组合进行跟踪以便适当地进行账户核算，并且必须维持一个系统来允许劳动者改变他们的资产组合，要么改变新购买资产的组合，要么重新安排现存的资产组合。被允许的选择数量越大，管理的复杂性与管理的成本就越大，正如附录 9.1 所阐述的那样。由于某些劳动者没有成功选择好一个资产组合，有必要设定一个设计良好的默认资产组合，正如在第 9.3 节中所讨论的那样。

私人养老金

政府对于雇主供给型养老金与个人账户系统的作用有三个兴趣：保障养老金能满足它们合理的期望；鼓励低收入者为退休进行更多的储蓄；以及在许多国家（但不是所有国家），鼓励一般性的退休储蓄，既包括促进老年保障，也包括促进经济增长。

自愿性私人养老金安排的早期历史表明，需要政府来帮助这些养老金安排完成这些目标。正如在第 5.2.1 节中所讨论的，雇主先是提供养老金以吸引与保留劳动者，同时也方便那些产出更低、年龄更长的劳动者及时退休。早期的私人养老金系统有时是在缺乏法律监督的情况下进行运作的。因此，没有什么能阻止企业在劳动者获得养老金领取资格之前不久进行裁员，从而打破劳动者的希望。在某些情况下，企业可以简单地终止它们的养老金计划，而被覆盖的劳动者却没有法律追索权。甚至，企业可能原本打算充分支付养老金，但是陷入了财务困境，从而没有能力兑现它们的养老金承诺。为了应对这些问题，政府通过很多方式进行了干预，正如本章后面专栏 9.3 中所讨论的那样。

因此，如果私人养老金方案（无论是雇主提供的还是个人直接向金融中介购买的）是为了提供有效的消费平滑与保险功能，那么一个国家不仅需要充足的私人部门能力——通常被忽略了——也需要充分的政府能力。安全的养老金方案需要宏观经济稳定性、一个设计良好的激励结构以及一个监管良好的金融市场，对于所有这些，政府都扮演着核心的角色。

维持宏观经济稳定性。 如果投资了国内资产并期望产生好的回报，稳健的宏观经济政策就十分关键。特别地，基于专栏 9.1 中所阐述的那些原因，重要的是，政府必须阻止高通货膨胀。（广泛的通货膨胀指数化可以缓解很多高通货膨胀的成本，但是它自身就是一个技术要求很高的制度。）此外，通过国外投资回报来为国内退休消费进行融资的能力，依赖于汇率政策以及能确定这些汇率的环境的其他宏观经济政策（参见专栏 4.1 与第 6.3.2 节中的讨论）。

激励设定。 通过投资为消费进行融资，也将取决于投资总回报的税务处理办法。对于政府而言，普遍采取的办法是对资本所得与劳动所得同时征税。同样普遍的做法是对退休储蓄采取特殊的税收规则以使其更有吸引力。然而，这些规则有时会限制投资的选择。

为了鼓励增加与分散储蓄，税收规则仅仅对那些具备充分覆盖面的养老金计划提供税收优惠。若一个养老金计划仅仅是为高层管理人员所设，则应当扣减或去除其税收优惠。此外，正如专栏 9.6 中所讨论的，最新的行为经济学分析已导致美国的政策开始鼓励企业建立一些更可能鼓励劳动者增加储蓄的制度结构。类似地，有些研究（U. K. Pensions

Commission，2005）讨论了关于英国劳动者自动注册加入储蓄计划的事情，这使得他们若选择退出的话就必须主动注销。国家也有一些规则来帮助实现这些社会目标，譬如，通过强制性联合人寿年金或将其设定为默认设置的方式来保护家庭成员。

管制养老金系统。政府需要具备对企业管制与监督的能力，这些被管制对象既包括掌握个人退休账户的金融机构与保险公司，也包括针对雇主型计划与个人账户的保险市场与金融市场。这些管制在那些太过复杂以至于消费者无法自我保护的地方，对于保护消费者而言是至关重要的。这需要制定紧密的程序，而且需要具备能力与意愿的管理者来执行这些程序。专栏9.2利用英国的例子阐述了管制问题是如何产生的。

专栏 9.2	英国的不当销售丑闻与其他问题

即使在发达国家也存在执行问题：管制私人养老金计划的治理，管制养老金项目的售卖，以及对公共养老金系统的变革措施进行充分宣讲。英国公平贸易办公室（U. K. Office of Fair Trading，1997，p. 7）的一份报告认为：“过去的法律期许已经遭到背叛：镜报集团养老金计划的大量贪污行为以及私人养老金项目引诱人们放弃现存权益而去购买劣质计划的不当销售行为就证实了这一点。”

麦克斯韦尔丑闻。20世纪80年代晚期在英国，在镜报集团所有者罗伯特·麦克斯韦尔（Robert Maxwell）从集团养老基金中非法吸收4.4亿英镑以试图挽救其商业败局之后，发生了一个重大的金融丑闻。尽管劳动者的养老金被置于巨大风险之下，但是1亿英镑的政府资源与金融当局和麦克斯韦尔传媒集团的2.76亿英镑庭外和解金使得该基金得到了很大程度的恢复。由于这一丑闻造成的后果，各种加强管制的提案（U. K. Pension Law Review Committee，1993）导致成立了一个新的独立部门，即职业养老金监管局，其职能后来被纳入了金融服务管理局。

不当销售丑闻。直到1988年，劳动者都是强制性地隶属于国家收入相关型养老金方案（SERPS），除非其雇主能为其劳动者提供一个经过认可的强制性养老金方案。从1988年开始，劳动者仍然被强制性地隶属于某个收

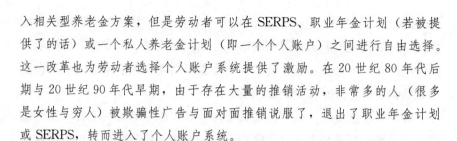

入相关型养老金方案，但是劳动者可以在 SERPS、职业年金计划（若被提供了的话）或一个私人养老金计划（即一个个人账户）之间进行自由选择。这一改革也为劳动者选择个人账户系统提供了激励。在 20 世纪 80 年代后期与 20 世纪 90 年代早期，由于存在大量的推销活动，非常多的人（很多是女性与穷人）被欺骗性广告与面对面推销说服了，退出了职业年金计划或 SERPS，转而进入了个人账户系统。

随着时间的推移，很明显，很多这样做的人不出意外地遭遇了糟糕结果，超过 50 万这样的养老金项目因为不当销售问题而被调查。十年之后，公平贸易办公室主任还写道：

> 很多私人养老金计划根本没有什么价值。它们的收益因为必须支付高昂的营销费用与管理费用从而花费的成本过高。这些成本通常是在该计划的早年间产生的，因而当个人状况发生变化从而导致缴费无法继续时他们就承受了不成比例的代价。与大部分职业性方案相比，雇主的缴费水平不充分甚至根本就不存在。（U. K. Office of Fair Trading，1997，p. 8）

作为回应，金融服务管理局对养老金行业施加了提供补偿的要求，总成本超过 100 亿英镑。

SERPS 问题。执行问题并不局限于私人养老金计划。1986 年法案催生了私人养老金，同时也使得 SERPS 的收益规则在两个方面都显得不太慷慨了：累积率下降了，并且，从 2000 年开始，未亡配偶只允许继承其已故配偶的 SERPS 养老金权益的一半（以前可以全额继承）。然而，直到 1996 年，该养老金管理部门所提供的传单以及其他文件都并没有描述相关的变化，管理人员并没有为人们提供正确的建议。在 2000 年早期，当情况被揭露时，英国的政府巡查员与议会施加了行动的压力。结果，对于在 2002 年 10 月 5 日之前达到官方养老金领取年龄的人群，这些变化都被取消了，此后又逐步扩展到在 2002 年 10 月与 2010 年 10 月之间达到领取年龄的人群［相关细节可参见 U. K. Department for Work and Pensions （2006b）］。

该管制任务比其看起来的要更为艰难：正是因为养老金是如此复杂

的工具，所以管制者需要很高的技能——这种特殊的技能在管制私人部门时将会产生一个非常高的代价。至少存在四个问题：

● 管制系统可能是无效的，要么是因为缺乏能力，要么是因为管制俘获，使得私人养老金系统无法交付所预期的收益。

● 管制系统可能太过于繁重；在企业提供的固定收益型养老金计划中，这可能会导致覆盖面的下降，正如在专栏 9.3 中所讨论的那样。

● 管制系统可能变成被政府实际控制的一部分，这使得养老金供给者事实上就变成了国家的一个代理人，从而可能导致不恰当的设计。

● 养老基金的管理与监控可能会将其他方面对稀缺的人力资本的需求排挤出去。

专栏 9.3	私人固定收益型计划的管制困境

劳动者与退休人员的长期保障需要养老金安排方案的长期财务稳定性。当一个拥有非积累制或不充分积累制的固定收益型养老金的企业或行业陷入财务困境时，其劳动者与退休人员就会失去很多甚至失去所有他们所期望的养老金。许多国家已经发现这非常不合理并采用多种方式进行了回应。

一种方式就是让政府来提供保障。然而，如果政府保障不够慷慨的话，就无法充分地保护劳动者与养老金领取者；但如果政府保障太慷慨的话，就可能会降低基金谨慎经营的动机（也就是说，可能创造了道德风险）。例如，风险养老金投资就可能变得有吸引力了，这是因为在固定收益下，如果投资成功，养老基金就会获得高回报，如果投资失败，政府保障就能覆盖这种损失。

第二种方式就是施加覆盖面与积累制要求。一些要求可能会存在争议：一个例子就是所谓的赋权规则（vesting rules），即若企业已经为其他劳动者提供了养老金，那么在一个劳动者被雇用一个时期之后企业就必须也为其提供养老金。更有争议的是积累制程度的要求，特别是任何资金短缺都必须被迅速弥补的速度性要求，可能会产生很多问题。当资产价值下跌时，如果企业想要迅速恢复到充足的积累额，就必须提高它们的缴费率。但是，这种对企业收入的要求，通常会刚好发生在企业正在经历低利润的时期：低利润与资产价值下跌是高度相关的。

严格的积累制要求所导致的一个后果就是发起人可能会关闭固定收益型计划。当其他要求（例如，当劳动者已离开企业后其所积累的养老金受到完全的保护，以及养老金收益会覆盖配偶时）也被施加后所导致的成本远超企业想象时，这种趋势就值得注意了。在英国这已经是一个重要的趋势，对企业雇主型的固定收益型计划所施加的一系列要求——所有这些要求动机都很好，并且大部分要求单独来看的话也很合理——累积下来就会对发起方企业造成重大的财务负担。至少部分地出于这方面的原因，许多企业对新员工都关闭了计划，并且在某些情况下将现有员工的未来缴费转向固定缴费型模式。Blake（2006）总结道，零碎的变革与不充分的管制性影响评估结合在一起，造成的结果就是，个人最终所得到的养老金承诺比30年前更弱了，而企业则面临因为以前遗留的固定收益型计划所导致的偿债能力问题。

总之，为了确保固定收益型计划的长期稳定性而设计的政策面临一个内在的矛盾：管制太少就不能为劳动者提供足够的保护，但管制太多就会对养老金发起者施加了太多的成本，并且通常是在不合适的时机，从而导致计划的撤出，至少对于新员工会如此。对于这个问题，值得考虑的是，用雇主提供的固定缴费型计划取代雇主提供的固定收益型计划是否能够改善相应的社会后果。

小结。 即使自愿性私人积累制养老金计划也需要重要的政府能力以管制与监督金融市场，包括保险市场。自愿性养老金计划有助于形成一个政治环境以鼓励更好的市场管制，同时也可以作为向强制性养老金计划转向过程中的一个测试阶段，从而可以覆盖更大比例的劳动力人口，以包含更多脆弱的劳动者。此外，养老金计划能在多大程度上完成其社会目标，取决于该计划本身被管制得有多好。强制性私人积累制养老金计划需要重大的财务能力，加上很强的公共与私人制度性能力，正如在第9.2节中所进一步详细讨论的那样。

9.1.3　制度性要求

除了政府融资能力与管理能力，第三类要求适用于更为广泛的背景。产权需要被充分地定义好，无论是在原则上还是在实践中都是如此，以支持竞争性市场有效地配置资源。一个相关但分离的观点是，有效的经济活动会受到广泛存在的腐败行为的阻扰。若没有重要的政府干预以保证产权并对抗腐败的话，一个私有市场经济就无法运行良好。通过法律与法庭，政府设定私有产权与合同的规则，并确保这些规则得以执行。通过法律、管制与法庭，政府为市场互动设定规则，包括产品安全、消费者信息与适当补偿的管理规则。当政府设定了良好的、清晰的规则，并且其执行公平、诚实、及时、可预测时，私有化市场才能运行得最好。

制度性要求也包括在政府与市场之间进行一个定义良好与设计良好的责任划分。尽管这种划分牵涉到意识形态的因素，但是我们应当主要关注技术性考量。市场只有在某种清晰定义的理论情景下才是有效的，包括拥有完备信息的买方与卖方以及竞争。当这些条件大体上具备时（例如，食品与服装市场），生产与分配在私有部门就更有效率；如果这些条件不具备，特别是这些条件非常糟糕时（譬如，医疗服务与基础教育），政府行为就具有重要意义，只要这些政府有足够的能力。①

类似问题在某些被广泛认为政府做得最好的活动中也会产生。这通常是在政府直接生产与政府从私人供给者那里购买的方式之间进行选择的问题（譬如，军需物资与后勤服务、监狱、街道清扫以及记录保管等物品与服务活动的购买）。要判定什么时候某种供给模式优于其他模式，牵涉到很多方面的考量（Sheshinski，2003；Megginson and Netter，2001）。即使当私人供给有效时，也需要政府来强制执行合同、限制欺诈行为、保护竞争，以及保护消费者免受低质量产品的伤害等。

养老金处于中间地位。正如先前关于财务与管理限制问题的讨论所

---

①　更为充分的讨论，可参见 Barr（2004a）、Barr（2004，中文版），或更为简洁的讨论，可参见 Barr（1998）。

清晰表明的那样，所有的养老金系统，无论其为何种设计，都依赖于有效的政府。然而，除此之外，正如在第 11 章中所讨论的，大量的选项不但是可能的而且有些已经被采用。因此，政府参与的程度既不应当最小化，也不应当最大化，而是应当最优化；这种最优化将取决于一个国家的目的以及其限制条件。所有的国家都需要更多的良好管制与更少的不良管制。

9.1.4 制度设计与约束条件相匹配

养老金设计的现实选项会随着政府的融资与管理能力的增加而变得更为广泛。正如第 11 章将要阐述的那样，发达国家几乎可以选择任何组合。相反，一旦超过其政府的融资与管理能力，一项改革就将无法达成其政策目标，并且，如果造成了财务黑洞，就会对经济与政治稳定性造成更为广泛的损害。

因此，政策制定者的一个早期的本质性任务就是将自己的国家——现在以及不远的将来——在第 9.1.2 节中所确认的那些选择范围之内进行定位，以确定对于他们而言可以进行合理考量的系统范围；这一问题将在第 16.2.3 节中进行更为充分的讨论。在必要的经济与技术前提具备之前，复杂的改革，譬如强制性、私人管理型以及个人积累制养老金系统的创建，应当不予考虑。

9.2 私人养老金供给者的能力

强制性个人积累制账户在智利被引入并在许多其他国家被采用之后引发了强烈兴趣，现在我们特别关注这种类型的养老金系统的执行要求。与我们所讨论过的各种公共部门能力相提并论的是一系列补充性的私人部门能力。这可能产生两类问题：

  ● 私人部门能力足够吗？正如下面所要讨论的，私人养老金系统依赖于能保持记录一个劳动者一生的缴费与养老金积累的专业管理能力，以及管理养老基金与支出的金融市场专业能力。无论缺乏哪一种能力，都可能导致一种风险，即管理成本、管理崩溃以及无能或腐败的基金管理都将会损害养老金领取者从投资回报中所应得的收益。因为管理一个个人账户有一个固定成本因素（管理一个积累额较小的账户并不比管理一个积累额较大的账户成本更低），因此，关于小型养老金系统的管理问题就特别值得注意。最糟糕的情形是，基金的管理能力与专业水准不足，会危及整个个人账户系统的可行性。

● 即使私人部门能力足够，将其用于管理私人养老金系统是社会最优的使用方法吗？一个关键的问题在于，一个发展中国家是否愿意让发达国家的企业来承担其国内企业通常难以承担的任务，从而避免让脆弱的劳动者退休保障陷入一种风险境地？

完全积累制个人账户比名义性个人账户需要更多的能力。主要的能力，正如下面所讨论的，包括征收缴费的能力、保持记录并告知劳动者的能力、选择资产组合的能力、投资基金的能力，以及决定与支付养老金收益的能力。正如在第9.3节中所讨论的，教育劳动者的过程——关于他们在给定时刻能得到什么、退休时能期望得到什么，以及如何思考他们所能做出的各种选择——也是非常重要的。如果在一个经济中，大多数劳动者都缺乏此类财务决策经验，那么为各种不同选择的含义提供教育就十分关键。

所有这些能力所需要的成本都会随着养老金系统的设计与其所提供的服务的质量而不同。① 所有这些也都会涉及政府，但涉及的方式会根据不同的设计特征而不同。有一些特征只有在与其他特征结合时才是合理的，但是我们在上述讨论中并未讨论各种特征的交互性。此外，只要资产价格是由市场决定的，由给定缴费水平所能融资到的养老金收益的任何评估所应该考虑的就不仅仅是提供服务的成本，也包括给定该国资

---

① 存在系统设定时的一次性成本，也存在系统成熟时的持续成本。本节仅仅讨论持续成本，但也会为创建一个必要机制的启动成本分析提供一个指导。

本市场现状下可利用的投资回报。

9.2.1 征收缴费

个人账户的缴费可以通过税务部门向雇主征收（譬如瑞典），或者由一个单独的政府机构来征收，或者由一个中心化的私人机构（或许应由接收缴费的基金所监督或者拥有）来征收，或者由雇主分别向不同的个人基金直接支付（譬如智利）。在这个名单上，越往下成本就越高。税务部门可以发挥规模经济优势，因为它通常已经从雇主们那里征收了其他税收。一个单独的政府机构可能会有更高的成本，除非它能跟税务部门很好地协调。这样一个机构与中心化的私人机构很相似，政府可以与私人企业签订合同以让其承担部分任务。无论何种情形，监管都是必要的，以保证征缴数量准确并向正确的地方迅速交付。雇主向个人基金直接支付是最为昂贵的过程，也是政府最难监管的方式。

不可避免地，在将缴费以正确的数量分配到正确的账户中去的过程之中可能会发生错误（更不用说雇主、征收者以及接收缴费的基金等各个层面上的挪用公款行为了）。修正这些错误的强健机制非常有助于提高养老金系统的精确性与可信度，但是其成本也很大。发生错误的概率倾向于随着记录的类型与基金交流的方式而变化。电子记录与纸质记录的错误率大为不同，其倾向于发生的错误类型也不同，并且其修正的难易程度也不同。因此，正规部门的财务成熟度对于养老金系统的效率而言也十分重要。

关于质量的关键维度是征收与交付的精确性、完整性以及时效性。已征收但尚未交付的基金为缴费者赚取的利息很少甚至根本就没有利息，但更为频繁的征收与交付会提高成本，并且基金的数量越多成本就会越高。

9.2.2 记录保持与信息交流

记录保持与信息交流可能是中心化的，也可能是去中心化的。在此，质量的主要维度包括劳动者收到账户报告的频率、其所接受教育的质量与有效性，以及能回答其问题的服务的方便性。一个单独的问题就是劳动者可以在多大程度上改变其资产组合或改变其资产组合管理者。正如在第9.2.3节中所讨论的，由于一些原因，这些选择可能被有意地限制了。譬如，在那些存在个人账户的拉美国家中，劳动者可以进行变更的频率就被限制了。这种限制节约了成本，无论对于养老金系统而言还是对于个人而言都是如此，并且也能减少养老金供给竞争者们不必要的广告以及类似花费。

正如我们已经讨论过的那样，政府在保护记录保持的精确性方面具有重要的管制功能。同样重要的是，政府能否保证系统的完整性，例如，能否覆盖由于盗窃或其他非法行为所导致的损失（但并非那些由劳动者糟糕的投资决策所导致的损失）。这些监管方面的要求涉及重大的成本，这些成本会随着账户数量而变化，但很少会随着账户所拥有资产的价值大小而变化。

9.2.3 资产组合选择

在任何资产积累系统下，牵涉到资产组合选择的制度设计都非常重要。重要的是，要确保资产组合选择是为了当前以及未来退休人员的收益，而非其他目标。重要的是，应当有规则来鼓励有效的资产组合决策。此类规则在不同情形下自然会不一样。可以由专业基金管理者所运作的中心化信托基金来运作，其可以有效地避开政治压力并且有干好本职工作的高度动机。但是，在一些国家，可能有必要限制资产组合决策，以让资产组合管理者免受外部影响。如果资产组合决策是由劳动者自己来做出的，那么这些规则将大为不同：管理成本以及经验不足的投资者们在做出投资决策时所面临的困难，都要求对资产组合选择进行限制。

在考虑劳动者应当拥有多少选择时，三个方面的因素十分重要：第一，他们的选择可能有多好（在第9.3节中讨论过）；第二，在拥有良好决策能力的劳动者中，有多少选择会发生变化，以及这些变化到底有多重要；第三，选择增多所牵涉的成本到底是什么。主张限制选择的观点——劳动者可用的资产组合的数量以及劳动者可以改变其基金资产组合的频率——正是认为消费者并非总能进行良好决策，从而交易成本以及其他成本可能会超过选择增多所带来的好处。因为成本问题是该观点的核心部分，并且会导致成本测量的复杂性问题，我们先讨论各种不同的成本测量方法，以作为资产组合选择问题讨论的前奏。

手续费评估。下面所描述的各种不同的养老金安排方案在成本方面存在系统性差异，因为更多的选择会有更多的成本。这些成本需要在各个账户之间进行分配（或者在账户系统之外进行分配）。存在多种方法在不同账户之间进行成本分配（在一个中心化系统中）或者手续费管理（在一个分散化系统中）。这些费用可以与年度缴费量成比例关系，也可以与个人的积累额成比例关系，意味着所有资产组合相同的劳动者将得到相同的回报率。相反，这些费用也可以包括一个固定成分，以反映成本的潜在结构，意味着具有更高积累额的劳动者将得到更高的净回报率（即减去手续费之后的回报率）。这一选择的重要性取决于所覆盖人群的收入分布的分散性。

对于任何给定的账户成本分配系统，有很多方法来报告它们的手续费。专栏 9.4 中描述了其中一些方法。成本考量与系统比较需要意识到成本的复利效应：不同的成本分配方法对拥有不同时长与不同时点的职业生涯的劳动者有不同的影响。因为复利效应，容易理解手续费的重要性。前端费用与年度管理费的比较可参见表 9.1。

表 9.1　前端费用与年度管理费的账户价值累积效应

预付或年度费用	40 年后积累额（费用率）累积下降值[a]
前端费用（新缴费的百分比）	
1%	1%
10%	10%
20%	20%
年度管理费（账户余额的百分比）	
0.1%	2.2%
0.5%	10.5%
1.0%	19.6%

资料来源：Diamond（2000）.

a. 此处的计算假设实际年度工资增长率为 2.1%，实际年度投资回报率为 4%。由于年度工资增长率与年度投资回报率之间的差别，年度管理费的费用率要稍微高一些。

此表格报告了一个 40 年职业生涯的手续费，对于手续费的评估刚好处于职业生涯末期。许多劳动者被覆盖的就业期更短，并且那些期限可能处于其职业生涯的早期或晚期。对于年度费用，缴费时长对手续费来说就越来越重要。对于在养老金收益发放前一年所缴纳的 1 美元，1 美分的年度费用仅占积累额的 1%。对于在养老金收益发放的 20 年或 40 年之前所缴纳的 1 美元，费用率就高多了，因为 1 美元的积累额会受到 20 年或 40 年每一个年度手续费的影响。当然，在实际利率为正的情况下，存入更早的 1 美元将获得更高的退休收益。但是，这一计算的核心点在于，对于一个给定的资产总回报，更高的费用意味着更低的净回报，并且，缴费积累时间越长、年度收费的次数越多，更高的年度费用的影响就越重要。在面临成本与选择的竞争性压力时，各个国家会采用不同的方式。

专栏 9.4	费用测算

比较个人账户的成本是很复杂的。有些设置成本与系统的规模无关，有些设置成本则与参保人数有关。每个账户的维持成本大多数都是固定成本，因而成本估计通常就用那些成本来进行。除了最小的那些养老金计划之外，总体资产组合的管理成本相对于记录保持成本而言（包括与账户所有者交流的成本）是很小的。例如，在美国的节俭储蓄计划中，正如专栏 11.5 所描述的，投资管理费约为总管理成本的 10%。

在自愿性私人养老金市场上，账户管理费的来源有多种形式。存款时有收费（被称为前端费用或销售费用），提款时也有收费（被称为后端费用或递延销售费用）；基于账户中的资产价值（与类型）或者资产回报率（常见于对冲基金），也会存在周期性（通常是年度性）费用。类似地，成本的测量方法有多种，因而需要一种共同的测度方法来对不同系统进行比较。下面这些测量方法都具有潜在的意义：

前端费用比例。节俭储蓄计划报告了运行账户的美元成本。用年度美元成本除以年度存入额就得到一个前端费用比例，也就是，年度成本作为一个人的年度缴费额的一个比例。这可能会也可能不会与个人账户收费的

方式相匹配。

年度管理费比例。这就是将年度管理费作为账户持有者的账户积累余额的一个比例。

收益扣减。如果收费之前给定一年的回报率是 5% 而收费之后则是 3%，那么收益扣减就是两个百分点。

费用率。在考虑整个账户周期内所有管理费用之后，一个人退休时的总积累额度的百分比减量。

表 9.1 表现了在一个连续时间段计算的基础上，前端费用比例、年度管理费比例与费用率之间的关系。

一个单一的中心化组织的资产组合。最简单与最便宜的选择就是让政府为劳动者选择其资产组合，正如新加坡以前所做的那样。[①] 尽管这可以通过建立一个单一的巨大资产组合来实现，但是也可以在不允许个体选择的情况下，让一个资产组合根据劳动者的差异化特征进行系统的变化。例如，劳动者账户里的股票与债券组合的选择可以随着年龄而变化；在智利，基金的默认配置就使用了一个所谓的"生命周期模式"。给定每个账户的固定成本，一个单一的、简单的、政府设计的基金可以被用于劳动者的个人账户，直到其超过某个最小的规模，在这时资产组合选择的成本才值得那些能自动选择转向另一个方案的劳动者去考虑，正如下面所描述的那样。

少量的中心化组织基金的选择。给劳动者一些选择的最便宜的方法就是让政府建立一个投资基金的有限选项菜单并为每一个基金选择好管理者。然后劳动者可以将其缴费在不同选项之间进行划分，并且可以改变新缴费的分配或者重新安排现存的资产持有量（二者均会影响成本），当然，这需要满足一些特定的限制条件。正如在第 9.3 节中所讨论的，一个默认基金对于那些不能做出选择的劳动者而言是必要的。尽管政府可能会直接进行资产投资，但与私人供给者签订合同让其管理基金就可

---

　① 新加坡的"中央公积金投资计划"提供了有限的选择，正如在第 11.3 节中所描述的那样。

以充分利用现存企业的优势，这可能会带来规模经济优势。此外，在同一个基金中将养老基金与私人投资混合有利于隔离养老金投资的政治压力。要想得到最低的管理成本，就必须利用一个筛选过程来成功选择出一个高效的低成本供给者，这可能会牵涉到符合资格的所有企业之间的竞争性拍卖。（专栏 11.5 讨论了美国节俭储蓄计划的例子，这一为联邦雇员所设的养老金项目很好地阐述了这一方式。）

高度受管制基金的竞争性供给者的选择（导致可选基金范围受限）。在智利以及一些其他国家，养老金资产只能投资于私人的受到严格管制的投资基金（这些基金不能从事其他业务）。任何具备必要资产的企业都可以进入该行业，所以在原则上该行业是竞争性的。然而，正如在第12 章中所讨论的，在实践中，智利的基金选择依然极为有限：少量企业交易了大部分业务，并且其佣金水平受到持续的关注。

其他拉美国家与智利的方式差不多，除了玻利维亚（专栏 11.2），只允许两家企业进入并且在一开始劳动者不能在二者之间自由选择。因为企业必须对成为这两家企业之一的权利进行竞标，手续费比拉美其他地方都要低。然而，在这种情况下，在价格被设定之后，对其服务质量进行管理就至关重要了，而这并不简单。事实上，服务质量是玻利维亚民众抱怨的重要来源。正如表 9.2 所示，即使在遵循类似策略的国家中，成本也各不相同。除了玻利维亚之外，它们的手续费大约占个人年度缴费的 12%～36%，反映了这些账户的微小规模（以及其他方面）。[1]

表 9.2　2002 年 12 月拉美国家的私人投资基金管理成本（%）

国家	管理费与工资之比[a]（1）	基金缴费与工资之比（2）	管理费与总缴费之比＝（1）／［（1）＋（2）］
阿根廷	1.56	2.75	36.19
玻利维亚[b]	0.50	10.00	4.76
智利	1.76	10.00	14.97

[1]　关于拉美国家最近的养老金经验的更为广泛的讨论，参见 Gill、Packard 和 Yermo（2005）与 Arenas de Mesa 和 Mesa-Lago（2006）。

续表

国家	管理费与工资之比[a]（1）	基金缴费与工资之比（2）	管理费与总缴费之比＝（1）/［（1）＋（2）］
哥伦比亚[c]	1.63	10.00	14.02
萨尔瓦多	1.58	11.02	12.54
秘鲁	2.27	8.00	22.10
乌拉圭[d]	1.92	12.27	13.53
平均	1.60	9.15	16.87

资料来源：Gill，Packard and Yermo（2005，Table 7.3）.

a. 只包括设为缴费或工资的一部分比例的账户与资产管理费。不包括保险溢价。

b. 只包括缴费的手续费；资产管理费在 0 和 0.23％ 之间变化，取决于资产组合中的资产数量。

c. 只包括 2000 年 12 月的法定强制性养老金系统。

d. 不包括额外的托管佣金，平均为被管理总资产的 0.293％（2002 年 12 月）。

受价格管制的中心化基金的广泛选择。 与拉美国家的有限选项相比，瑞典（将在第 11.4.8 节中讨论）存在很多种可利用的基金。瑞典既有一个名义账户制养老金系统，也有一个强制性参与的积累制个人账户系统，后者要求占工资的 2.5％。满足特定要求的基金可以加入允许基金名单，只要它们同意政府设定的定价规则。2007 年，已有超过 700 家这样的基金公司。劳动者将他们的缴费配置于五家以内的基金公司并将其选择结果告知政府。政府已建立了一个中央交易所，它保持记录、征收缴费、将缴费汇总进入每一个基金（以及任何的资产组合转换），并将这些结果发给基金。大量基金之间的竞争中所存在的一个潜在问题就是它鼓励广告，这会增加成本却并不必然会改善消费者的选择，尤其是因为消费者的不完善决策，正如在第 9.3 节中所讨论的。在初始启动阶段之后，瑞典的养老金安排方案导致了非常有限的广告，这部分是因为通过中央交易所集中管理意味着企业不知道到底是哪些劳动者投资了它们。在没有价格管制的情况下，很多基金之间的相互竞争可能会变得非常昂贵。即使存在中央交易所，瑞典的养老金安排方案也比美国的节俭储蓄计划明显昂贵多了。至于价格管制的长期效果如何尚有待观察：历史上，价格管制在长时间内通常总是表现不好。

竞争性供给者的广泛选择。 在美国，享受税收优惠的退休账户的个人储蓄可以持有私人供给者的养老基金（满足标准的资本市场管制）。美国自愿性共同基金行业的分析已经发现不同种类的共同基金的手续费有一个稳定下降的趋势。然而，手续费的影响仍然很重大。2006 年，债券共同基金的平均年度手续费是 83 个基点，股票共同基金的平均年度手续费则是 107 个基点（Investment Company Institute，2007）。根据表 9.1，所导致的混合型基金的费用率（由于手续费所导致的收益损失）是 15%～20%。这包括年度管理费与由前端费用所转化的年度费用，不包括基金的经纪人交易佣金。它也没有反映如下事实：许多美国投资者会另外为投资咨询建议付费，有时在所谓的"包管账户"（wrap accounts）下能达到每年资产的 1%。

英国也允许那些决定不参与公共与私人固定收益型系统的劳动者直接与投资于保险市场的企业签订合同，从而本质上让所有的市场都变得可用。[1] 正如在美国那样，这种方式被证明是非常昂贵的：Murthi、Orszag 和 Orszag（2001）估计这些养老基金的费用率高于积累额的三分之一，且不考虑年金化的成本。也就是说，如果这些成本能够避免的话，养老金收益将上升三分之一。尤其是，由于这个原因，已经引入了改革，但管理成本（如图 9.1 所示）仍然值得关心。我们尚未发现有哪个国家采用这种模式进入强制性账户系统。

给定固定成本因素的规模，英国养老金委员会（2004a，p. 224）就问过："［此成本水平］是否意味着存在一部分养老金市场，由低收入储蓄者和小企业员工组成，自由市场永远无法有利可图地出售养老金产品给他们，除了［收益扣减］，从而使得储蓄变得毫无吸引力？"由于那些原因，随后的报告（U. K. Pensions Commission，2005）建议引入低成本储蓄计划，在整合销售的基础上采用集中管制的个人账户记录与基金

---

① 在英国，这些也是劳动者在法定强制性系统下的一个选项；劳动者有义务为一个收入相关型养老金计划进行缴费，可以是公共养老金计划（SERPS），或者雇主型养老金计划，或者一个或多个个人账户。美国也有享受税收优惠的个人账户，允许劳动者在整个金融市场上进行个人选择；这些都是自愿的。

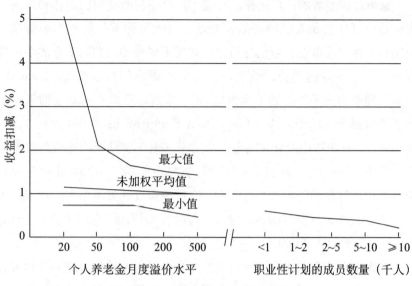

图 9.1　英国的养老金管理成本

资料来源：U. K. Pensions Commission（2004a，Figure 6.9）.

管理服务。

总之，那些提供更多竞争性供给者选项的养老金系统面临两个策略性问题：

- 提供更多选择的方式已被证明是昂贵的。手续费的影响（通常被忽略了）不应当被低估。表 9.1 表明，当手续费在一个相当长时期内按年度收取时，即使手续费低到所管理资产的 1%，也会对积累额产生重大影响。对于 40 年职业生涯期来说，典型的一美元资产通常大约在账户中保留 20 年。因此，1% 的年度手续费在 40 年职业生涯之后会使养老金积累额减少大约 20%（费用率）。

- 此外，正如第 9.3 节中所更详细讨论的，许多投资者的决策很糟糕。

9.2.4　投资基金

一些投资在公共部门内部就能处理好。例如，如果一个公积金希望持有政府债务，它就能以市场利率直接向国库购买政府债券，而不用通过市场。对于私有化的国企股份差不多也是如此，例如在中欧和东欧国家以及中国，只要其意图在于将持有股票作为给予劳动者的一个良好长期回报率的方式。当政府设立一套可让劳动者自由选择的投资选项从而将政府债券作为投资组合的一部分时，同样的观点也适用。

如果一个基金希望投资私人股票或债券，私有市场交易就是必要的。拥有一个资产选择的透明机制就十分关键，这主要是为了保护劳动者的利益，而非促进政府的公共目的或是促进公共或私人部门官员的私人利益。指数基金与基金管理权拍卖机制的使用可以增加透明性。然而，审计以及政府机构（也许是专设机构）的可能监管，对于保证所涉及的巨大资金不会被部分转作他用来说就十分重要了。[①]

一个单独的问题是将养老金资源用于供给养老金以外的其他目的。例如，一些政府要求养老基金持有政府债券，其利率低于市场利率。另一个例子是墨西哥，其中劳动者个人账户资产部分投资于房产——这种设计有利于居民而非投资者。如果此种转向的基金有其他目的，就会严重偏离基金管理方面的工作并对其余部分的工作产生令人怀疑之处。腐败贪污问题总是令人担心。[②]

在一些国家，一个关键的问题就是允许劳动者的资产组合进行海外投资的决策时机问题。正如在第 6.3.2 节中所讨论的，在发展中国家，劳动者的短期利益（一些外国投资可以帮助其通过多样化分散风险）与整个经济体的短期利益（不成熟的海外投资可能会提高国内资本的成本从而减缓经济增长的速度）之间存在冲突。

---

① 对于养老基金投资者的管理问题，参见 Davis（2002）；对于基金管理实践的讨论，参见 OECD（2006a）与 International Organisation of Pension Supervisors（2008）。

② 正如上面所注意到的，透明性非常关键。在美国，"国家与地方层面的情况是，在 20 世纪 80 年代早期，一些公共养老金计划出于社会方面的考虑牺牲了自己的回报，养老金管理者已变得非常成熟。今天［1999 年］，公共养老金计划已经表现得像私人养老金计划一样好了"（Munnell and Sundén，1999，p. 2）。

9.2.5 收益的决定与支付

养老金供给者最简单、成本最低的支付养老金收益的方法是在劳动者达到给定年龄时进行一次性给付。然而，有两个问题会使得这种方式的选择变得十分复杂。第一，正如在第 5.3.5 节中所讨论的，养老金收益是否只支付给大体上已经停止工作的人或完全停止工作的人。这样一个政策要求关于工资收入的可靠信息。第二，一个关键问题在于，受益人将会如何处理一次性给付。有几个原因值得关注。首先是那些其他资产很少但具备潜在的最低收入保障领取资格的退休人员，可能会为其自身利益而过快地花掉这些钱——这一特殊问题时常发生在具有不同预期寿命的配偶之间。其次，如果受益人并不关注定价良好的年金的保险价值——劳动者不会比这一收入期限活得更长——他们可能就不会怎么使用它们。年金可以是"联合人寿"式的，以保护退休人员的家庭（参见第 8.3.4 节），而指数化年金则提供基本的防通胀功能，这是退休保障的一个关键部分（第 5.3.4 节）。因此，有很好的理由要求至少某种程度的年金化。

针对这些问题，政府通常会限制养老基金可被提取的比例，或者要求一定程度的年金化。在智利，劳动者可以在年金与月度限额提取之间进行选择，以预期寿命为基础。相反，如果一个人的养老金收益水平足够高，那么其部分积累额可以进行一次性支付。在美国，总统乔治·W. 布什所任命的一个委员会建议，要求年金必须足以保证受益人生活在官方贫困线之上，但在贫困线之上则无其他要求了。在英国，享受税收优惠的自愿性账户给账户持有者提供了激励，使其至少将积累额的75％作为年金。

年金可以由政府来提供，或者，如果为年金进行融资的资产组合包含市场化资产，则可以由私人保险公司来提供，尽管后一种方式面临专栏 9.5 中将提及的那些问题中的某些问题。这些公司需要被严格管制，以确保它们可以在某些劳动者退休生活的很多年之内持续地履行其年金合同。个人购买的年金要比群体年金昂贵得多。如果养老金系统依赖于保险公司来提供年金，政府就必须对群体进行组织以降低其成本。如果劳动者可以选择的话，要么可以选择年金的形式，要么可以选择不同的供给者，这就将会产生逆向选择问题。预期寿命更长的个体平均而言将是对的，将会选择更为"后载型"的年金。私人年金供给者则试图寻找寿命更短的顾客。这些问题很复杂，难以评估与处理。

养老金收益水平可以根据物价、工资或二者的组合来进行指数化，正如在第 5.3.4 节中所讨论的那样。相反，年金价值的逐年增长可能会依赖于年金背后的资产组合的回报率。年金的定价（特别是，年金到底是不分性别的还是性别差异化的）在第 8.3.1 节中进行了讨论。

专栏 9.5	养老年金供给：不确定性问题

养老年金供给者面临预测预期寿命的问题。正如英国养老金委员会（2004a，2004b）的第一份报告所指出的那样，长寿风险由多个方面组成。

特异性长寿风险。特异性长寿风险是指在一个给定的特定人群死亡率表中所覆盖的一个给定的 65 岁以上的人的死亡年龄概率分布。该风险对于个人而言很重要，正是养老金设计所要覆盖的风险。它反映了一个容易被量化的风险，正如赌场中的赌博风险一样。

群体性长寿风险。群体性长寿风险牵涉到一个给定年份所有男性或女性的预期寿命，反映了未来总体死亡率未知的事实。（当然，群体的不确定性也意味着个体的不确定性。但是，将这两种关于个体的不确定性分开考虑有助于我们的分析。）正如股市回报有风险一样，总体经济也有下行风险并且必定会落在某个地方；不同的制度性安排将风险置于不同的地方。我们都知道预期寿命在增长，但是不知道到底增长得多快。因此，存在一个"怀疑的漏斗"，重要的是，该"漏斗"随着退休期的增加越来越宽阔。例如，过去的英国官方预测就偏低了：他们正确地预测到了 20 世纪下半期预期寿命增长的放缓，但是错误地将之归咎于存在一个生物学上的"最大寿命期限"，而不是抽烟的累积效应，该效应现在已经被吸纳并且已经开始逆转。更一般地，在人口统计学家与精算师之间关于未来死亡率趋势存在巨大的争议。作为一个更极端的例子，在艾滋病流行之前，在非洲大部分地方，保险计划都不太可能考虑到其所带来的死亡率增加，正如图 9.2 所示；

在苏联解体之后，俄罗斯的死亡率也剧烈提高。

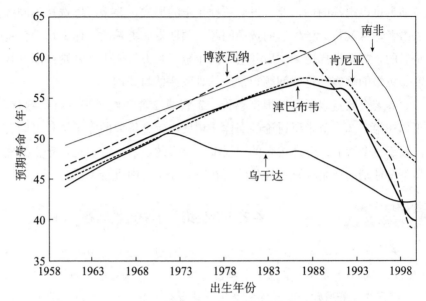

图 9.2　1960—2000 年部分非洲国家的出生时预期寿命

资料来源：World Bank（2004）.

如果制度安排是为了让那些持有传统资产的保险公司承担该风险，那么它最终就会落到股东身上，或者在保险公司无法履行其合约债务的情况下就会落到养老年金持有者或政府保障金身上（如果有的话）。[a]此外，该风险的定价将会被体现在养老年金的价格中。保险公司可以使用再保险的方式，或者使用那些有助于对冲风险的资产投资的方式（譬如死亡率指数债券，如果政府愿意提供的话），来转嫁这种风险（故可避免某些定价动机）。[b]

相反，保险公司可以将养老金收益基于已实现的死亡率经验数据（正如 CREF 年金；参见第 7.3 节）从而将风险显性地转嫁给年金持有者。或者，政府可以对养老金支付进行保障，并对保险公司收取一个附加费（这将会影响年金的价格）。在所有这些情况下，风险并没有消失；它们一定是被分配到某个地方，不同的机制将会导致不同的结果，效率也各不相同。

长期的长寿风险。长期的长寿风险（即对于未来后代而言）的估计相当不精确，因为在越远的未来特定年龄的死亡率的不确定性就越大，并且死亡率与出生年份高度相关。医学突破或新型疾病都会影响很多人群。由于养老金安排的长期属性，其调整结果会落在不同的地方，取决于养老金计划的组织与调整方式。我们在第 7 章中讨论了风险分担问题。

　　总之，政策必须充分考虑到潜在的问题是不确定性，并且这种不确定性能产生无法保险的成本。那些成本必须在某个地方被分担。

　　a. 其他长期不确定性也会产生同样的问题，尤其是高物价问题以及保险政策在覆盖长期护理成本时合同条款不详的问题 [参见 Barr（2001a, Chapter 5）的分析；也可参见 "Aged Frail Denied Care by Their Insurers"，*New York Times*，March 27，2007]。

　　b. 死亡率指数化债券类似于一个通货膨胀指数化政府债券。正如通胀越高、通胀指数化基金支付的利息就越高一样，达到养老金领取年龄时的死亡率越低，死亡率指数化债券所支付的利息就越低。

9.2.6　什么时候积累制个人账户是可行的？

　　结合基础养老金，名义性个人账户与积累制个人账户是为劳动者提供消费平滑功能的两种方式。它们的差异体现在其两种不同的策略性途径上：

> ● 它们有不同的融资需要。积累制账户的缴费用于购买资产，从而不能被用于向当前的养老金受益人支付收益。正如在第 7.2 节中所讨论的，这两种方式的选择存在不可避免的代际再分配效应，从而需要考虑当前劳动者相对于未来劳动者的经济状况。
>
> ● 它们有不同的管理要求。为了让积累制账户恰当运行，上述的所有因素都需要到位；体制无须完美，但必须稳健。并且，我们已经注意到，劳动者的选择还涉及额外的管理负担。

　　在此，我们转向名义性账户与积累制账户存在差异的另一个维度，即它们与资本市场互动的方式。

　　风险与收益。积累制账户所要求的资产最好是在资本市场上购买的，或者是通过银行与保险公司这样的金融中介购买的。在考虑积累制账户与名义性账户之间的选择时，会产生两个问题：现存资本市场与金融中介是否将有效地提供所需要的服务？并且，对资本市场与金融中介服务的额外需求是否会改善二者的功能？

资本市场是否有效取决于所讨论的具体国家。正如在第 6.3.2 节中所讨论的那样，一些国家的金融机构很明显太弱了，不能冒险地将强制性积累制个人账户系统中的大量劳动者的养老金置于其中。在发达国家，资本市场明显能承担该任务。许多国家的情况则居于二者之间，多多少少存在一些运行不善的风险。

积累制账户所产生的额外需求可能改善也可能无法改善资本市场的运作。在发展中国家，关键在于，要持续努力地改善市场的管制功能与一般性的经济运行功能。在智利，个人账户有助于资本市场的发展，特别是在有效管制方面可以作为一个额外的政治压力来源。换句话说，尽管额外需求有助于市场的发展，但是其主要的作用渠道则是政治性的（即更支持有效的管制），从而有更强的能力来立法与执行更好的管理制度。正如我们在其他地方已经注意到的那样，养老基金所采取的典型的"买入并持有"的投资策略将导致更大的市场资本化（通过增加股票发行与提高股票价格），但不会增加太多的交易规模与流动性。这就是智利的情形；然而，在养老金改革的同时，经济中正发生许多其他方面的变化，所以并非智利经济增长的各方面特征都能归功于此。相比而言，一些国家缺乏这种管理能力来有效地改善其资本市场，从而无法充分地抓住这样一个机会。

因此，在一系列的国家能力之中，其有改善资本市场的潜力，也会有养老金系统将表现不佳的风险。到底损失的风险胜过获益的可能性，还是获益的可能性胜过损失的风险，分析人员在这中间无法给出明显的界限。

自愿性养老金的角色。法定强制性的积累制账户可能有能力刺激市场的发展。但自愿性养老金同样也可以。后者的功能取决于一个国家是否已经限制其强制性系统的规模，从而留下自愿性系统来进行补充的空间。其体量会受到多种因素的影响，包括针对此类储蓄的税收优惠条件、对自愿性养老金融资的监督与管理，以及经济体的规模足够大从而可以达到超出自愿性投资的规模经济效应。

账户的创建可以与金融和保险市场的改善相协调。关于现存体制的适当性的一个潜在的市场检验就是它们在多大程度上被自愿性养老金系统所使用。

9.3　消费者的能力

与政府能力和私人部门能力一起，第三个方面的问题牵涉到个人能力，特别是关于个人消费者是否理解良好决策的基础。有观点认为，通过允许更大的选择范围，个人账户提供了两种优势：它们通过改善储蓄的投资配置提高了经济增长从而增加了社会福利；它们也增加了个体劳动者的福利，因为他们可以根据各自不同的风险规避度进行自由的投资。

第一个潜在的优势就是如在第 6.3 节中所评述的那样，这样的好处可能是真实的，但是那也将取决于具体国情。第二个潜在的优势也需要被检验。关于选择的传统观点就是，它能处理好个体之间的偏好差异从而能够最大化社会福利。至少有两个方面的限制条件是相关的，即与选择成本相关的条件，以及与消费者理解和获取信息的程度相关的条件。

选择成本。尽管个人选择增加的好处是真实的，但它们可能被这些选择的成本所抵消（专栏 9.4）。对于个人账户而言这是一个严重的问题：正如我们已经注意到的那样，收费通常很高，在很大程度上是一种固定成本，从而在很大程度上由微小账户来承担了这些费用，并且在那些不存在规模经济优势的国家里尤其如此。取决于具体的定价规则，这一成本尤其对更加贫困的劳动者造成冲击，最主要的是对更加贫穷和更小的国家的人们造成冲击。

消费者理解与信息。这些都是核心问题。经济学中的一个标准命题就是，个体自由选择所带来的社会福利改进取决于年轻时期的消费与老年时期的消费之间的有效选择。给定风险与不确定性的范畴，以及许多养老产品的复杂性，那么，到底在多大程度上，让个体拥有更多的选择会让他们的处境变得更好呢？

第一个潜在的问题是短视。养老金的目的是保障退休收入。但是某些劳动者对于未来关注太少：他们可能并不致力于做出好的选择，并且在投资时可能会受到当前诱惑的影响，例如销售压力以及可能的回扣诱惑。[①]

第二个相关问题是：当牵涉到退休计划时，个体在照顾其自身利益时通常表现很糟糕，正如在专栏9.6中所讨论的那样。许多人在面临复杂的金融产品时并不具备完美的信息，从而为其退休储蓄选择了糟糕的金融中介。（参见专栏9.2中关于英国不当销售丑闻的讨论。）金融市场像大多数零售市场一样，其显著特点就是充斥着大量价格相似，有时候甚至看起来完全相同的产品。有些人就是因为缺乏必需的信息或良好决策的能力从而做出了成本高昂的选择。例如，许多人并不理解资产组合多样性的重要性，某些劳动者重仓持有其雇主的股票就是很好的证据。

| 专栏9.6 | 消费者善于选择吗？来自行为经济学的教训 |

专栏2.1构建了一个最优世界里的简单储蓄理论。以下两组文献有利于解释为何关于储蓄与养老金供给者的选择结果可能会是次优的：专栏4.2与上面所讨论过的信息经济学文献，以及近来逐渐增多的行为经济学文献［参见 U. K. Pensions Commission（2004a，pp. 207 - 210）以及 Tapia 和 Yermo（2007）］。

很多人没有进行足够多的自愿性储蓄以最大化其终生效用，很少购买自愿性养老年金（尽管它们有很大价值）。事实上，广泛存在的次优行为已被观察到。一种类型的问题就是人们可能根本就没去选，或者总是推迟选择：

拖延：人们可能拖延储蓄、不储蓄，或者储蓄不够。存在大量证据表明（Choi et al. , 2001），在退休储蓄以及其他方面，人们认为自己应当做

[①] 消费增加可能部分源于回扣。例如，一个基金经理可以使用部分源于管理费用的收入来向销售代理承诺每招揽到一个新顾客就支付一笔大型预付佣金；销售代理从而可以与客户共享此管理费用，以此作为加入基金的诱惑性条件。

得更多，但往往拖延行动。

避免明确选择：理论上，无论个体面临的是"加入确认型"供给还是"退出确认型"供给，都应当没有差别；但在实践中，自动注册模式却会导致更高的参与度。在美国，是否存在"退出确认型"自动注册，会让雇主型 401（k）计划的参与率具有明显的巨大差异。

僵化：复杂性与信息冲突会导致消极的行为。拥有更大范围 401（k）选项的人们往往参与度更低。表 9.3 展现了瑞典没有做出选择的新劳动者的巨大比例。

此外，当人们进行选择时，他们的选择通常是不合理的：

短期满足：很多人在法律允许的最早年龄退休，但这对其自身或其配偶而言可能并非有益。在美国，大量退休发生在 62 岁，尽管对于一个普通劳动者来说大体上在精算公平的基础上延迟退休会增加其养老金。

框架效应：决策问题的不同呈现方式会导致不同的选择结果。当面临四个股票型基金和两个债券型基金时，与面临四个债券型基金和两个股票型基金时相比，人们选择一个股票型基金的可能性更高。

熟悉感：另一个糟糕而普遍的决策就是，人们总是过度投资于自己雇主的股票；如果该公司破产了，投资该企业的雇员们既会失去其工资，也会失去其资本积累，正如安然公司的许多员工那样。此类行为表明人们对多样化投资分散风险的好处缺乏认知。

羊群效应：人们喜欢跟随潮流，譬如 20 世纪 90 年代后期的技术股热潮。一个相关的现象就是过度交易：许多人似乎交易太频繁了，平均而言损害了他们在风险-回报边界上的处境并增添了交易成本。另一个现象就是试图择机入市，在不同类型的资产之间来回折腾，相对于期望回报率而言增加了风险，事实上平均而言也降低了期望回报率。

年金的不当使用：人们关于年金的选择往往是错误的，尤其是因为大多数人其实并不理解其所基于的保险思想。

最近的实验证据表明，在某些情况下人们在短期内会存在高贴现率的倾向（也就是即时满足的倾向），而在中期内则会存在低贴现率的倾向。问题在于，当未来来临时，就变成了现在；因此短期满足继续，从而产生了时间不一致性。

这些发现无论对于雇主型养老金计划还是公共养老金计划而言，都有许多意义：

● 为了避免僵化，为用户所提供的选项必须很简单，譬如，只提供少量的差异化很明显的基金选项。

● 使用自动注册方式，从而将个体的惰性转变为个体的优势：一旦自动注册了，大多数人都将会留在计划里。

● 设计一个良好的默认选项：自动注册方案加上劳动者对方案的自由选择，要求为那些不会做出选择的劳动者提供一个默认选项。默认选项的存在与设计十分重要 [更为详细的讨论，请参见 Beshears 等（2008）]。

● 在雇主型计划中，一个进一步的选项就是设计政策以使得现在就做出未来行动的承诺，从而利用拖延来帮助政策实施。人们很乐意承诺在未来进行更多的储蓄，正如在 Thaler 与 Benartzi（2004）的"明天要储蓄更多"计划中那样。该安排的本质在于，人们承诺储蓄其收入的一个给定的比例，但仅仅从下一次收入提高时开始；该比例一开始很小，但是，除非个人明确采取行动终止该计划，否则以后随着每一次收入增加该比例都会进一步提高。

一个与之相关的可能性就是，劳动者将根本无法做出选择；这也可能在消费者信息很不完善时发生。在瑞典，尽管在 2000 年发起积累制个人账户系统时努力进行了大量的公共教育，仍然有大约三分之一的劳动者没有自主选择一个基金，结果被动选择了默认基金，而该项基金有大约 85% 的资产投资于股票（尽管他们之中有少数人，包括一些专业的经济学家，可能是故意放弃自主选择，将默认基金视为最佳选择）。正如表 9.3 所示，在初期过后做出选择的劳动者的数量低了很多。到 2003 年，超过 90% 的新劳动者（他们大都很年轻并且在一开始可投资的东西很少）没有主动选择资产组合。也没有太多证据表明随着年龄的增长与账户余额的增加，人们将会改变默认选项。[①] 一个默认选项的存

---

① 在 2004 年，政府委托一个评估委员会来处理这一问题。根据调查的结果（50% 的受访者说他们缺乏充分的投资决策知识），其报告建议减少基金数量并给储户更好的指导。参见瑞典财政部（Sweden Ministry of Finance，2005）。

在本身就可以影响选择，或者是因为劳动者将默认选项视为推荐项，或者是因为默认选项使得他们不必为做出选择而了解诸多信息。因此，相比于经济学家的理性选择模型是完全精算型的情形，在其他情形下一个设计良好的默认选项将更加重要。

表 9.3　首次选择者投资瑞典默认基金（附加储蓄基金）的比例

	2000	2001	2002	2003	2004	2005
投资默认基金的比例（%）	33.0	72.4	85.9	91.7	90.6	92.0

资料来源：Sweden Ministry of Finance（2005，p.36）。

第三个相关的问题就是，即使在一个人具备进行良好决策的必要能力的地方，个人账户也是一个持续存在的关系，因此在任何特定月份，更聪明的交易（即高回报与低费用）所带来的好处很小，而用时间来衡量的交易十分巨大。因此，劳动者特别是低收入者的月度收益是最小的，从而没有激励去时刻关注各种可选投资的细节变化以及各种可选的费用。[①] 在缺乏详细管制的情况下，其风险就是产生各种令人眼花缭乱的价格与安排方案。

在此情况下，重要的是超越"平均"劳动者，考虑劳动者之间的收入差异及其决策差异。将系统评价仅仅基于低成本选项的分析方式是不够的，它们假设每一个选择了高成本选项的人都有充分的理由期望因此得到足够的回报。无论是出于实证经济学方面的原因，还是出于规范经济学方面的考虑，都要求一个严格管制的具备内在收益与成本的市场。

个体选择将在各方面出现差异，不存在一个统一的核心公式。这是好事还是坏事？我们的答案是，可能二者兼而有之——这取决于这个核心公式的质量与复杂性以及个体选择的质量。一些个体在给定其风险规避度与其所面临的风险-收益边界时能够做出良好的选择（从事前意义上而言）。在这些人中有许多人可能是有经验的投资者，他们在强制性

---

①　即使是最简单的金融方案也是如此。某些国家的银行对于新类型的储蓄账户提供更高的利率，与此同时现存账户的各种名目则保持不变，这就是凭借现场储户的惰性，其中许多人总是停留在低产出的老账户里。在另一些国家，监管会限制银行用这种方式提供差异化利率的自由。

系统外部还拥有大量的资产组合以使他们能够进行适当调整，从而使得系统内部的选择不会产生严重的后果。其他人的选择往往很糟糕，其所做出的选择没有落在其风险-收益边界之上，或者与其风险规避度不匹配。毕竟，金融学原理——多样化的优势、风险与回报之间的权衡、潜在随机结构的识别，甚至市场的有效性——并非都是些直觉上非常简单的概念。事实上，认知心理学告诉我们，即使是非常简单的统计学概念通常也并非很符合直觉。进一步，给定资产回报的各种噪声，任何人都很难区分资产管理者的好与差。[1] 利用某些组织结构，努力防止欺诈与不当销售是极其重要的。基金选择将被管制，并且政策制定者需要意识到，正如直接的政府资产选择的政治过程一样，资产组合管制的政治过程也有其自身的潜在缺陷。

结论。专栏 9.6 建议，存在很好的理由去怀疑强制性账户制度下个体选择的好处。"干中学"会起作用吗？经验证据表明不会。美国的401（k）计划表明，必须对劳动者教育进行大量昂贵的投入才能对投资选择产生重要影响。这并不意外，因为可以说，所涉及的不只是信息获取的问题，同时也是一个信息处理的问题（专栏 4.2），并且这还进一步牵涉到当前努力与未来消费的权衡问题，从而会导致专栏 9.6 中所讨论的那些困难。更一般地，那些即使在拥有多代个体投资经验的国家里也仍然存在的投资决策的巨大困难，在那些个体投资历史有限的国家里，将是一个非常重要的问题。

总之，对竞争性养老金供给倡导者进行反驳的观点是：理想化竞争的优势取决于是否有足够好的个体决策。不确定性、风险以及其他消费者信息问题的规模，并不必然说明消费者选择不可能产生社会福利改进，而是说，应当作为一个参照点，特别是在那些较穷的国家里，那里的居民金融市场经验有限。

---

① 通过研究瑞典的共同基金，Dahlquist、Engström 和 Söderlind（2000，p. 410）"发现了货币市场基金表现的持续性证据，但没有发现其他基金类型的证据"。

附录 9.1　美国社会保障系统个人账户的实施：一个假设性任务清单

这个清单首先考虑美国社保系统之内实施个人账户所必需的任务，其次考虑如果这些账户由私人企业来组织的话哪些任务将会不一样。[①]

政府组织的账户

我们假设缴费是在全年从头到尾进行的，并在年底结束之后要提交 W-2 型表单时与个体纳税人进行联系。[②] 还假设政府接收缴费，安排投资、缴费记录以及收益支付。标注星号的项表明社会保障管理局已经完成的任务，或者与已完成的某些任务相似的任务。

1. 征收雇主缴费

- 在发薪日后不久接收与记录来自雇主的缴费。*
- 将雇主的季节性 941 型表单与年度性 W-2 型表单进行金额核对，以审查遗漏付款或出现差异的付款。*
- 分离出账户中雇主所支付的其他方面的税收。

2. 投资基金

- 选择私人基金管理者。
- 根据政府政策与账户持有人指南将年度新缴费进行投资。
- 为那些未选择资产组合的个体指定一个默认的资产组合。
- 向记录者报告投资回报情况：年度平均新缴费额、月度或季节性账户余额估值。

----

① 该附录改编自 Diamond（2000，Appendix A）。

② 在美国，W-2 型表单（Form W-2）是在纳税年度的年底雇主给劳动者寄送的收入与所得税和社保缴费扣款情况的年度报表。941 型表单是雇主季节性纳税申报单。1040 型表单是基本的个人纳税申报单。

3. 为劳动者账户的新缴费记账

● 通过核对年度报告与季节性报告识别遗漏或不一致的地方，并通知雇主修正问题。*

● 记录新缴费。识别出 W-2 型表单与社保档案之间的差异，并通知雇主或雇员解决相关问题。

● 设立管理账户所需的一个新的信息记录系统：劳动者身份认证，资产组合选择，有效的选择日期，基金内部转移及其日期，确定死亡受益人，婚姻状况，配偶身份认证，配偶许可码（取决于政策），当前住址。

4. 对劳动者进行注册并记录其资产组合选择（以及其他新的信息）

这些任务取决于雇主参与的性质与范围（法定强制性或自愿性）。其选项包括：

● 持续要求雇主招收新员工并每年报告他们的资产组合选择。

● 一次性雇主有责任将劳动者纳入计划并将数据发送给记录者。

● 不涉及雇主，而是通过 1040 型表单、邮件通信、电话、网络或亲自拜访的方式直接与劳动者对接。

5. 劳动者教育与交流

● "批发"型任务（譬如美国节俭储蓄计划；参见专栏 11.5）包括开发教育性手册、视频，以及让雇主用来招募劳动者的培训视频。

● "零售"型任务（在节俭储蓄计划中由雇主来执行）包括通过社会保障地区办公室、免费电话号码以及网页与劳动者进行一对一交流。

6. 支付死亡收益

● 决定死亡收益的政策，包括州继承权法律登记，以及若有必要的话，要确定相应的司法管辖权。

● 设立可决定正确的死亡受益人的证据的规则，并维持一个记录系统作为支撑。*

● 当发生权益冲突时解决相关冲突。*

7. 离婚时账户处理政策的实施

可能的政策包括：让法院来裁决；婚姻存续期间发生的账户余额变动进行自动平分；将每一年的缴费在配偶之间自动划分。取决于具体政策，包括如下各个任务：

● 设立政策来处理来自法庭的"合格的家庭关系令"（作为法庭调解下的离婚协议的一部分）。

● 维持相关的历史记录以便可追溯性地用来对两个人在一些年份里或每一年里的账户余额变化进行组合与分割；将丈夫与妻子的账户进行联合或办理相应的分割。（该能力在一桩离婚伴随着个人账户资产再分配的时候就很重要了。）

● 设立制度来识别婚姻状况与配偶的身份，设立政策来解决争端与差异，以及通知账户交易的各方。

8. 支付退休收益

● 决定关于各种提取收益选项的性质的政策。

● 关于养老年金，决定是由政府还是由保险公司来认定死亡率与投资风险以及由谁来管理年金。

● 如果涉及保险公司，决定其参与的相关政策，譬如参与标准、群体合同的竞标，以及某些再保险政策。

● 设立联合与遗属年金的政策以及非年金化基金受益人指定的政策。

9. 退休收益咨询

假设存在大量的关于提取收益方式的选项：

● 向养老金领取者解释各选项以及各条款的含义，向受益人描述不同的选项如何影响特定的养老金领取者及其配偶。

● 设立制度来确定谁将来提供信息以及谁将来为之支付。

10. 遇到困难时提前使用账户

● 决定困难认定的规则以及如何应用这些规则。

● 如果是通过贷款方式来使用账户的，要设立关于如何偿还的制度。

私人组织的账户：额外任务

我们假设雇主扣缴基金并将其转移给政府，雇主发送年度性 W-2 型表单以报告属于每一个劳动者的数额。于是，政府在征收缴费过程中的任务与其在政府组织型账户中的任务就相同了。当 W-2 型表单已经提交之后，政府根据每个劳动者的选择将劳动者的基金发送给金融机构。金融机构对账户持有者的所有进一步处理负全部责任，包括投资基金、为劳动者创建新缴费的账户、获取劳动者资产组合选择的信息、获取向劳动者或其受益人支付收益所需的相关数据、对劳动者进行投资选择方面的教育与交流活动、支付死亡收益、执行离婚时的账户处理政策、在适用规则下支付退休收益，以及提供退休收益咨询服务。它也负责实施任何适用于提前支取收益方面的政策。

在这种模型下会产生新的问题与任务：

● 对于那些没有指定金融机构的劳动者，政府会维持一个默认计划或默认机构。

● 政府为金融机构获得持有社保账户的资格而设定规则。*

● 如果劳动者被要求一次只能在一个金融机构里持有其账户，政府与金融机构必须落实相应的制度以确保这一点。

● 一旦基金被转到金融机构了，金融机构就必须负责接受劳动者的资产组合选择、修正相关错误，并确保错误的成本以及延误修正的成本不会落到劳动者头上。

● 政府政策可能会对金融机构的管理费用方案进行管制，包括哪些机构可以接受账户，以及可能对机构的市场营销实践进行管制。

● 政府政策可能会对被允许的资产组合类型进行管制。

● 政府监督金融机构关于账户基金的积累与分配方面的任何规则的遵从性。

● 必须制定审计、托管、法务与相关功能，以及其他以上未包括的功能。

第 10 章　第一部分总结

本章将第一部分的主要结论整合在一起，第 10.1 节讨论基本的分析原则，第 10.2 节考虑其所导致的各种政策教训。

10.1　原　则

10.1.1　分析原则

养老金制度有多重目标。 对于养老金，个人的主要目标是消费平滑与保险。政府则可以有额外的目标，譬如减贫与再分配。养老金分析与政策设计必须考虑所有这些目标，政府还必须将它们与其他政策目标联系起来，包括经济效率与经济增长。

必须从整体上分析养老金系统。 养老金设计会影响劳动力市场、经济增长、风险分担以及收入分配（包括男女收入差距）。分析这些影响必须考虑整个养老金系统，特别是整个系统的任何一部分的变革都可能会影响其他部分的变革。类似地，养老金分析必须考虑任何变革在短期内与长期内的不同影响，包括从一个稳态转向另一个稳态的路径。

分配效应的分析必须考虑养老金系统整体上的累进性质，而不能只关注其中一个方面。因此，必须综合考虑养老金系统各方面的收益，而且对于很多目的而言，还要考虑为其融资的税收问题。例如，假设每个人都获得一个统一的养老金，而这一养老金系统是由比例税来融资的，那么，尽管单独考虑税收方面的话它不是累进制的，但是整个养老金系统是累进制的，因为低收入者虽然比高收入者交了更少的税，但每个人都获得了相同的养老金。事实上，即使税收系统是累退制的，只要养老金收益方面的累进程度超过税收方面的累退程度，整个养老金系统就仍然是累进制的。[①]

必须考虑对最优分析的重大偏离。 最简单的理论情形（正如在专栏 2.1 中所阐述的那样）假设每一个人在一生中都会自我支持，劳动力市场、储蓄机构与保险市场存在并运行良好。[②] 然而，养老金问题为消费者的终生选择提出了新的问题，而养老金产品通常又是极为复杂的。在帮助消费者更好地获取信息方面的进展极为有限，即使在发达国家也如此，尤其是因为选择特定养老产品的消费者不但面临信息不完美问题（这或许可以通过提供更多信息来解决），也面临信息处理问题，也就是说，对于大多数消费者而言这些问题实在太复杂了，即使给他们足够的信息也无法解决（很多医疗方案的选择问题就具有类似特征）。结果，人们通常在最大化长期福利方面都是失败的，从而使得他们更倾向于根本不做出任何明确的选择——当消费者面临的选择过多或过于复杂时往往就是这样的结果。养老金制度的设计必须充分考虑这样的信息与决策问题。例如，相比于最简单的理论情形，限制消费者的选择有时反而会让结果有所改善。此外，当人们不做明确选择时，事先就为人们设计出良好的默认选项也是十分关键的。

除了选择养老金产品时面临的这些问题，消费者还面临选择退休时间的问题。如果养老金收益与退休期限之间是精算型的，更长的寿命与尽可能早退休（普遍发生）相结合不可避免地会加重老年贫困。考虑到一些人为了自身利益会选择过早退休，这对最早领取资格年龄的选择非

---

①　该系统通过一个有上限的比例税为一个统一率收益进行融资，从而在该上限以下具有累进制性质，但是在超出该上限之后则不再具有进一步的累进制性质，因为在该上限之外每一个人支付相同的税收并得到相同的收益，无论其收入水平如何。

②　关于经济理论的更为全面的讨论，包括信息问题，可参见第 4.2.2 节和专栏 4.2；关于消费者选择问题，包括行为经济学的教训，可参见专栏 9.6。

常重要，也增加了仔细设计在超过最早领取资格年龄之后继续工作的激励措施的重要性。

在供给侧，保险公司还面临信息问题。专栏 9.5 讨论的一个特别关注的问题是预测群体预期寿命的困难。在政府组织的强制性系统缺位的情况下，保险公司还面临年金市场的逆向选择问题。

除了这些信息问题，分析时还应当考虑对最优分析的其他偏离，尤其是不完全市场和税收。

养老金积累的分析必须考虑积累资金的来源。 养老金设计对未来产出的影响是一个核心因素。一种增加积累的方式是在当前增加缴费率（或减少收益）以求在未来降低缴费或者有更高的收益；另一种方式是在养老金当局放置资产而非其他地方。第一种方式可以提高国民储蓄，从而可以提高产出，所以就可以提高未来发放收益的能力。其核心观点非常简单：为了提高国民储蓄，养老金安排的变化必须能降低个人的消费，要么降低劳动者的消费（若增加缴费的话），要么降低退休人员的消费（若减少收益的话）。如果该资产本来就是要用来储蓄的，那么这种资产转移就不会有这种效果。它不会创造额外的产出，而仅仅只是改变了养老金收益的支付负担的分配，包括更早的养老金系统所遗留下来的收益。

这些原则构成了良好政策设计的基础。如果没有观察到前面章节中的例子所阐述的这些原则，就将会导致专栏 10.1 中所概述的那些分析性错误，它们都是上述各点所反映的结果。这些错误，除了它们本身就很重要之外，能够也必将导致错误的政策设计，因此，我们会不厌其烦地重复这些观点。

专栏 10.1	分析错误：世界银行与其他犯错者

养老金的讨论容易陷入下面这些典型的分析错误——犯此错误者肯定不止世界银行。第 11.3 节讨论了与之对应的政策失误。

视野狭窄。 正如第 2.2 节中所讨论的，那些通常隐含地聚焦于一个单一目标（譬如消费平滑）的分析可能是错误的，因为它没有对其他目标给予足够的重视（譬如减贫）。类似地，这种分析通常孤立地考虑整个养老金系统的一个部分，而忽略了其他部分。将养老金系统的再分配功能从系统的一部分转向系统的另一部分，并不能提高系统的效率，即使该转向没有使得系统各部分偏离完全的精算型原则。

最优分析的不当使用。一种错误就是只关注由一系列养老金方案所造成的劳动力市场扭曲，却忽略了或淡化了那些方案对其他各种养老金系统目标的贡献——那些贡献在不产生劳动力市场扭曲的情况下无法实现。Diamond（2003）的核心思想就是，任何最优项目均必然会导致扭曲，这是因为，从自由放任的起点开始，扭曲产生了二阶效率成本但是带来了一阶分配性好处。那种认为"缴费与收益之间的精算型关系从劳动力市场影响的角度来讲为最优"的观点（第 5.2.2 节）从一般意义上来讲就是错误的。养老金设计的正确做法，是应当根据其对系统目标的贡献大小来进行权衡以避免更大的扭曲，但这并不是说，扭曲最小化就是正确的目标。

不加批判地接受那种认为养老金供给者之间的竞争增加了消费者的选择并降低了管理费用从而必然对消费者有利的观点（参见第 9.3 节）也是错误的。尽管在很多情况下的确如此，但是该观点的思路忽略了严重的信息获取问题与信息处理问题，而这会严重影响养老金。这些问题并不意味着消费者不应当有太多选择，而是说，消费者的选项应当被仔细设计，譬如，有约束条件的选择以及精心设计的默认选项。

稳态分析的不当使用。一种错误的做法是只关注养老金改革系统的稳态特征而忽略了达到稳态所需的必要过程。在考虑是否应当从现收现付制转向积累制的时候，该问题尤为重要。正如在第 6.4 节中所讨论的，那种因为股市回报率超过工资增长率从而认为积累制具有内在优越性的观点是错误的，原因有多方面，尤其是因为它没有考虑到在向积累制转向的过程中所面临的融资问题。

隐性养老金债务的不完备分析。正如第 6.2 节中所讨论的，那种只看到未来债务（即未来的养老金支付）的分析忽略了系统的显性资产与政府征税能力这项隐性资产，从而具有误导性。太过于狭窄地关注成本方面也会忽略老年保障增加给人们所带来的巨大社会福利改善。正如公共债务并不需要被完全清偿（只要相应的债务与 GDP 之比没有剧增），公共供给的养老金也并不需要完全的积累制（只要未融资债务相对于缴费基础不会剧增即可）。一个相关的错误就是将隐性债务与显性债务同等对待。

积累制效应的不完备分析。一个养老金领取者的老年生活水准将取决于其消费由年轻劳动者所产出的商品与服务的能力。现收现付制与积累制就是对年轻劳动者的产出进行组织消费的两种方式而已。因此，过度关注养老金该如何融资的问题而忽略了未来国民产出及其在劳动者与养老金领取者之间的分割，就是错误的。这种错误的一个普遍的例子（正如在第6.3.3 节中所讨论的）就是认为积累制必然有助于调整人口结构性变化。这种观点的错误之处在于，它没有认识到积累制的影响将取决于对一系列问题的回答，其中许多问题通常没有被充分地表述出来或者根本就被忽略了：

- 积累制养老金系统会增加储蓄吗？
- 增加储蓄是正确的目标吗？
- 积累制养老金系统是否能增强资本市场的发展？
- 如果能，法定强制性养老金系统对于该目标而言是必要的吗？
- 跨代再分配效应——这是不可避免的——是理想的政策吗？

忽略了分配效应。由于养老金系统能够在不同出生年份的人群之间进行再分配，有必要考虑到底谁受益谁受损的问题，因为在某个时候（可能是在未来）就有为养老金融资的需要。最糟糕的错误就是忽略如下事实：积累制与现收现付制之间的任何选择都必然会造成跨代再分配的选择。正如在第7.2 节中所讨论的，转向能增加储蓄的积累制会产生从今天一代向未来后代的再分配。不管这种转向有何优点，忽略那些再分配效应就是错误的分析。

正如专栏 6.4 所讨论的，忽略分配效应而造成的错误是深刻的：其隐含了跨代收入再分配的假设；其导致了对一些政策的帕累托有效性的错误结论；其忽略了如下事实，即养老金系统中的一个现收现付制因素一般而言会提高社会福利，正是因为其能够导致代际风险分担的可能性。

10.1.2 政策设计原则

政策必须避免那些对实现政府目标而言不必要的变化。当然，要想政策不会发生任何根本性变化是一点儿也不现实的。但是，同样也很错误的看法是，认为新颖的或根本性的变革本身就足以达成政府目标。一般而言，"如果它还没坏透，那就不要修它"是一个可靠的政策建议。各种具体类型的改革必须小心谨慎，因为变革是艰难的，也因为养老金政策会影响很多人很多年，会影响很多不同的群体。

养老金系统必须尽可能地采取最简单的方式来实现目标。改革的另一个重要特征是"越简单越好"，这一点却通常被忽略了。政策的简单性即使是在发达国家也是需要格外注意的[①]，但在发展中国家尤其重要，以保证养老金制度的设计与一个国家的行政能力相匹配。例如，强制性养老金系统不能草率地依赖于私有的市场化资产；必须等到适当的管制结构已为各养老金账户、年金供给者、金融市场主体、企业会计系统等主体充分准备就绪之后才予以考虑这样一个系统。为所有劳动者而设的强制性养老金系统若要依赖于私有的市场化资产，必须基于成功的经验，要么是自愿性养老金的成功经验，要么就是在一部分人群之中已成功试点的经验。

养老金给付在统一的系统内部应当十分便捷。流动性对于一个有效的劳动力市场而言具有本质意义。因此，在可能的范围内，当一个劳动者从一个地点转向另一个地点，从一个公共部门转向另一个公共部门，从公共部门转向私人部门（或者反过来），从未被覆盖部门（非正规部门或农村部门）转向被覆盖部门，以及进入或退出自主创业等时，养老金的相关操作应当十分便捷。当一个养老金系统在整个被覆盖人群之中具有统一结构时（包括地区统一与部门统一），这种便捷性最容易实现。这并不排除养老金收益的差异性——事实上，在生活水准与生活成本差异巨大的大国中，这种差异性十分重要——但这确实意味着其框架必须是全国性的。如果一个系统在不同地区或不同部门具有分离的养老基金，流动劳动者在其以前的工作地区或工作部门的缴费必须计入新的地区或部门。美国的养老金系统跟这些原则是一致的；该问题在扩张的欧

---

① 关于英国养老金系统复杂性的批评，参见 U. K. Pensions Commission （2004a，2004b）。

盟中已被日益提上议程了，尽管迄今为止尚进展有限。对于像中国这样的庞大而多样化的国家而言，这种全国性问题就显得关系特别重大了。一个统一结构并不会排除私人企业或政府雇员选择一些补充性养老金系统（在企业层面是自愿性的）的可能性。

结构上的统一性也有重要的政治含义。养老金系统的多样性可能会产生将资源向具有更多政治关联的被覆盖劳动者与退休人员系统转移的政治压力。这种统一性可以避免产生与公共社会目标相悖的政治压力。

养老金设计必须密切关注激励结构。 正如在第 5 章与第 6 章中所讨论的，养老金对劳动力市场与居民储蓄都有重要影响。正如专栏 10.1 所讨论的，寻求扭曲效应最小化是错误的做法，因为某些养老金目标的达成，譬如减贫、保险、再分配等，都会不可避免地导致扭曲效应。相反，政策设计应当寻求包含负面激励，时刻记住养老金的各种目标之间的权衡取舍。尽管如此，我们知道某些类型的政策设计会产生本来可以避免的负面激励；正如在第 5.2.1 节中所讨论的那样，固定收益型养老金应当基于一个人的相当长时期内的工资水平，而非严重依赖于其最后一期的工资水平。

特别值得注意的是退休激励。一个全国性法定退休年龄是一个很差的政策设计，应当避免。重要的是，应当激励人们在能领取养老金的最早年龄过后继续选择工作。这只需要让人们在此时即使继续工作也能照样领取养老金就行了，或者提高延迟退休的养老金收益即可。

政策设计应当密切关注管理成本。 不同类型的养老金计划有不同的成本，正如图 9.1 所展现的英国的情况以及表 9.1 所展现的更为一般的情况。在劳动者可以选择它们的投资服务供给者或能在金融市场上直接购买其资产组合的地方，成本通常是最高的。很明显，政策制定者的一个重要问题就是如何一般性地管理养老金，特别是手续费问题。

积累制个人账户有两个优势：一是它们增加了个人的选择，二是它们往往提供了比现收现付制养老金更高的回报。给定已经讨论过的决策问题，前者的福利回报值得怀疑。积累制个人账户的第二个优势，正如在第 6.4 节中所讨论的，忽略了一些与收益分配、成本分配和风险分配相关的重要问题：正如我们已经注意到的，向积累制转向会不可避免地产生不同人群之间的再分配。此外，这一观点还忽略了一个事实，即积累制个人账户通常有着更高的管理成本，这通常是每个账户的一个固定成本；如果手续费与成本相当，那么手续费对于小账户而言就太高了。

瑞典通过一个清算所模型来处理这些问题，将个人账户的管理与维持集中进行。与瑞典一样，美国联邦节俭储蓄计划（专栏 11.5）也已经进行集中管理；它也限制了劳动者的选择范围，进而降低了成本。在这两个国家，将基金转给私人企业进行投资管理，这总体上已经由政府完成了，而非由劳动者一个一个地自行投资管理。

养老金系统必须具有适应与进化的能力。任何养老金系统都需要随着时间的推移进行调整。随着收入的增加、改革的推进以及行政能力的增长，养老金系统也需要进行相应的调整。因此，养老金设计既要关注眼前，也要关注未来。养老金系统必须具备某种程度的对于环境变化的自动反应能力，特别是对于通货膨胀与预期寿命变动的自动反应能力。

10.2　政策教训

本节概括了前面章节关于养老金设计的一般性经验，也包括融资与积累方面的经验，还包括政治与管理执行力方面的经验。

10.2.1　养老金设计

许多国家的养老金系统分为三个部分：基础养老金、强制性个人账户以及自愿性养老金。每一个部分，如果设计良好的话，都可以帮助其他部分充分实现其社会目标。另外一些国家，譬如美国，强调了再分配与消费平滑的问题，从而将三个部分整合成一个单一的公共养老金系统。每一种方式都可以通过良好的政策设计来实现系统的多重目标。

一个基础的公共养老金对于个人账户是非常重要的补充。个人账户本身并不能充分地提供减贫功能、收入分配功能，或不能对负面劳动力市场结果提供保险功能。政策必须面对这一事实：很多人是贫困的；只拥有个人账户将可能使得他们位于贫困线以下，甚至他们在很长的职业生涯里都进行了养老金缴费之后也依然如此。在许多国家，政策制定者还有着比减贫更多的再分配目标。因此，仅仅从技术性角度来讲，与意识形态无关，有明确的理由支持基础养老金与个人账户进行混合，或者其他能将各种目标进行整合的机制。每一个因素的相对规模与特定设计将取决于政策制定者所给予不同目标的权重。

因为养老金系统的设计主要是面向那些大部分成年期都处于工作状态的劳动者，我们也需要一些其他机制来解决那些缺乏长期被覆盖就业记录的人或自雇人士的贫困问题。要防止这些人的贫困，可以通过养老金系统内部来进行（譬如，通过一个非缴费型全民养老金），也可以通过分离的机制来进行（譬如，通过一个基于收入审查的社会援助项目），或者二者兼而有之。

国家可以通过改善现存的基础养老金与收入相关型养老金（有时也被称为参数变化）来获得很大的好处，许多国家采用这种策略来处理人口老龄化问题，无论他们是否也在追求其他形式的改革方案。

个人养老金是实现消费平滑的一种方法。如果在一个国家中大部分人都是穷人，养老金制度的收入相关性就不那么重要了。但是，如果在一个国家中人们的收入很高，或者在像中国以及欧洲那些转型国家中那样，收入增加很快并且收入差距越来越大，那么，消费平滑的要素就成为基础养老金的一个越来越重要的补充。养老金的设计——是完全积累制、名义制，还是某些其他方式的收入相关型——将取决于一个国家的偏好与其行政能力。

自愿性养老金对于增加个体选择非常重要。人们有不同的需要、品位、预期寿命以及职业：一些人比另一些人更厌恶风险，一些人比另一些人更关注其老年的生活水准，一些人比另一些人更希望早点退休。因此，不同的人应当有不同的退休储蓄率以及不同的职业生涯最优储蓄时间。一些人希望早点生孩子而另一些人希望晚点生孩子，从而会在生命的不同时期承担抚养孩子的成本。类似地，住房成本的模式，特别是购买价格，在一个国家内部不同地区以及不同国家间均不同。然而，国家养老金系统在有效地（并且政治上成功地）处理这些复杂度方面受到限制。补充性的自愿性养老金为应对这些不同的偏好提供了一个可选机制，尽管它们需要严格的管制以保证它们能很好地服务于它们的社会目标。强制性养老金系统的规模与自愿性养老金系统的税务处理方法对于它们的发展空间而言都是很重要的。

不同的系统分担风险的方式也不同。 在由私人部门组织并基于私人金融资产的一个纯粹的个人账户系统中，出现令人不满意的结果的风险被强加于个体劳动者身上（如果养老金收益采取年金方式的话，那么长寿风险将是个例外）。在纯粹的情形下，风险分配的方式可以通过政府保障或政府紧急财政援助的方法来变更。在一个纯粹的、私人组织的、固定收益型养老金安排方案中，如果亏损的成本部分落在价格上的话，风险由雇主承担，因而最终就是由雇主的当前与未来的劳动者、股东以及客户来承担；因此，风险在更广泛的范围内被分担了。这种风险分配也能通过政府紧急财政援助的方式来变更，或者，如果一个雇主没能支付其所承诺的养老金的话，也会改变这种分配方式。在一个由社会保险缴费进行融资的纯粹的固定收益型养老金安排方案中，风险由所有当前正在工作的缴费者进行分担，并且如果收益进行调整则可以在所有受益人之间进行分担。在纯粹的情形下，风险的分配可以通过部分融资变化来进行变更，或者通过借贷的方式来变更，这就将风险通过缴费或收益的调整进行了代际转移。最终，在一个通过一般性财政收入与（或）所得税的方式进行融资的养老金系统中，其风险就在所有纳税人之间进行分担，因而也进行了跨代分担（因为未来的税收与现在的税收都能随着债务的变化而变化）。政策制定者的一个核心问题就是：风险到底应当在多大范围内被分担？这个问题既有效率性含义，也有公平性含义。（关于风险分担的更为全面的讨论，参见第 7.3 节。）

不同的系统对不同性别有不同的影响。 与其他制度一样，养老金系统会对有偿工作的决定、照护活动的决定以及闲暇的决定产生相应的激励效应。因此，相关的分析必须充分反映一个国家内部以及不同国家之间的社会价值、个体偏好以及经济状况的多样性。正如养老金系统更为广泛的其他方面一样，不存在唯一的确定无疑的最佳设计，但可以肯定，有些设计的确很糟糕。

养老金设计的选择范围很广，设计良好的养老金系统的方式有很多种。 不同国家的养老金方案选择部分取决于政策制定者的政策目标，部分取决于其初始条件，尤其是现存社会保障系统以及现存市场的发展水平。一个养老金系统中不同因素的设计与相对规模取决于老年人的收入水平、自愿性养老金的地位以及社会团结的程度。养老金系统运行良好的国家已经做出了很多不同的选择，正如第 11 章中所阐述的那样。

10.2.2 融资与积累

正如在第 6 章中的讨论所清晰表明的那样，养老金系统的融资与积累导致了一些既复杂又充满争议性的问题。这也是专栏 10.1 中所讨论的某些分析性错误容易产生的地方。

不可持续的养老金承诺需要直接处理。 一个经常听到但有缺陷的观点认为："现收现付制养老金面临巨大的财务问题，所以它们需要被私有化。"这是一个不合逻辑的结论——这里的"所以"并没有任何逻辑可言。无论一个养老金系统面临何种融资问题，私有化均很少能或者根本就不能减轻这些问题（例如，可以参见最近美国的一些提案）；事实上，私有化甚至可能加剧它们〔例如，阿根廷就曾经如此，以及美国的一些提案也是如此；参见 Horney 和 Kogan（2005）〕。重要的是区分如下两个问题：

- 公共养老金系统的财务成本是一个问题吗？
- 转向积累制将是有益的吗？

这些是不同的问题，需要分开进行回答。如果一个公共养老金系统正运行在一个不可持续的赤字之下，唯一的解决方法就是通过增加缴费、缩减收益或二者混合来让其变得可持续。与此相比，如果积累制具有潜在的好处，转向积累制就是一个稳健的政策，即使一个公共养老金系统的财务成本不可持续，也是如此。

转向积累制一般而言存在大量财务成本。 在一个现收现付制系统中，年轻劳动者的缴费用来支付老年人的养老金。但是，如果一个国家转向积累制系统，年轻劳动者的缴费就会进入他们自己的个人账户，从而退休人员的养老金必须来源于其他资源：更高的税收，或者额外的政府借债，或者其他政府项目的支出削减。因此，转向积累制一般而言会对今天的劳动者施加一个额外的负担，他们不得不既要支付他们自己的缴费，也要为当前养老金融资支付部分或所有的税收（参见第 6.3.1 节）。

一种分散（但不是消除）这种转制的财务成本的方式就是分阶段逐步实行积累制养老金。另一种方式是推迟向强制性积累制账户转向的过程。一个国家如果想引入个人账户但无法消化转制的财务成本，或者其体制尚未足够强大到可以支撑强制性积累制账户，那么就可以选择引入强制性名义账户制养老金，并以自愿性积累制账户进行补充。这种方式维持了个人账户的结构，但是避免了额外的融资财务负担与管理负担；它也为以后逐步引入强制性积累制账户留下了开放式的选项。这个战略适用于中国，正如第 15 章所讨论的那样，同时也潜在地适用于强制性养老金制度尚未成熟或已经采取了不成熟的强制性养老金制度的其他国家。

转向积累制会产生代际效应。 如果积累制是为了提高未来的经济增长，那么今天就必须增加储蓄。但是为了增加储蓄，今天的劳动者就必须降低消费（通过更高的缴费），或者今天的退休人员就必须降低消费（通过降低收益），或者二者兼而有之。[①] 因此，向积累制转向通常会为了未来几代的收益向今天的一代施加负担。取决于具体国情，这可能是也可能不是可靠的政策。（关于一个更为完备的讨论，参见第 7.2 节。）更一般地，与引入一个完全积累制系统相比，引入一个新的现收现付制系统会让更早的参保人群获得更多的养老金。因此，现收现付制与积累制之间的选择，也必然是关于代际收入分配的一个选择。

积累制与经济增长之间不存在自动的关系。 如果积累制能够提高储

---

① 有一种例外会发生，那就是一个国家通过所积累的一般性财政盈余来为这种转向融资——譬如智利的情形。因为这些基金无论如何都会被储蓄起来，所以这里并没有储蓄的增加。

蓄或改善储蓄被引导进入投资的效率（参见第 6.3.1 节），那么积累制就能促进经济增长。但是某些提供融资的方法可能并不会增加储蓄；另一些方法，譬如提高强制性养老金储蓄，可能会被其他方面的储蓄下降所抵消；此外，在储蓄率已经很高的情况下，积累制可能就不是个好政策了。将储蓄有效地引导进入投资，需要一个正规的资本市场，与非正规资本市场相比，这些正规的资本市场必须有能力更有效地将养老基金分配到更好的投资机会上去（参见第 6.3.2 节）。有效的资本市场有可能带来回报，但这取决于有效的管理，还取决于在金融市场管制过程中对这些有效管理的政治支持。因此，关于积累制的经济方面的考量必须依据每一个国家的具体国情。

一个相关的问题是，积累制并不是人口问题的自动解决方案（参见第 6.3.3 节）。更确切地说，积累制对于人口问题的作用是间接的，并且该作用取决于其是否真的有利于经济增长。如果没有额外的资源，那么无论养老金的融资方式如何，寿命的提高必定要求延迟退休或减少月度养老金收益。

10.2.3　政治与管理执行力

执行很重要。有效的改革需要比良好政策设计更多的东西；更确切地说，它基于三种能力：政策设计能力、政治执行能力，以及管理执行能力。执行能力的重要性通常被低估了。像政策设计需要技巧一样，执行也需要技巧，并且这些技巧在政策设计之时就必须考虑到，而非事后。[①]

政策制定者需要考虑一系列问题：

● 对消费平滑、保险、减贫以及再分配等不同目标到底应当赋予怎样的相对权重？这在很大程度上是一个政治问题。

● 财务约束到底有多么严格？

---

① 更为详细的讨论可参见第 9 章的开始部分，以及关于在高等教育财政改革情形下的讨论可参见 Barr 和 Crawford（2005，Chapter 16）。

● 体制能力的约束到底有多大；特别地，一个国家到底应当在第 9.1.2 节中所讨论的能力要求中处于何种位置？

下面的讨论列出了关于执行能力方面的一些主要问题。

强制性养老金系统的规模必须与财务能力相适应。用宏观经济学术语来讲，养老金系统在某种意义上就是在劳动者与退休人员之间进行产出分配的机制；它们也会影响产出在消费与储蓄之间进行分配。因此，养老金支出必须与一个国家的财政能力相匹配，特别是为退休人员的消费进行融资的能力以及为未来经济增长所必需的投资进行融资的能力。

在任何的养老金系统中政府都是一个重要参与者。所有的养老金系统都十分依赖公共部门的技术能力（参见第 9.1 节）。在现收现付制系统下，这包括征收税收与缴费的能力，跟踪记录那些流动劳动者与改名劳动者的多年缴费历史的能力，以及以合理的精确度预测未来缴费与收益的能力（以使政府能够逐步调整系统来适应财政能力的变化，避免对退休人员或接近退休人员造成剧烈冲击）。

假设私人养老金系统可以将政府排除在整个养老金行业之外，将是一个非常基本的错误。给定专栏 4.2 所讨论过的那些主要的市场不完备性，只关注保险与消费平滑的纯粹私人养老金安排方案要么是无效的，要么是不存在的。因此，在所有国家，政府在养老金系统中都扮演着重要的角色，无论其养老金系统是如何设定的。政府必须强力推进各种缴费条件的遵从度，维持宏观经济稳定性，并确保对金融市场的有效管理与监督，包括保险市场与年金市场。此类保护在那些过于复杂从而让个体无法很好地自我保护的地方就显得至关重要。更一般地，只有在将政府置于良好清晰的规则之下，并且政府的执行公正、诚实、迅速且可预测时，私有市场才能发挥出最佳的作用。此外，在培育一个稳定持久的制度环境方面，政府也扮演着一个非常重要的政治角色。

私人部门能力对于私人养老金系统而言十分重要。除了政府能力，私人养老金系统也需要足够的私人部门能力（参见第 9.2 节）。管理能力包括征收缴费的能力、保持个人账户的长期记录的能力、通知劳动者其积累额与期望收益的能力，以及决定与支付收益的能力。财务能力包括管理大型资产组合的能力。

消费者能力很重要。养老金计划的参与者需要被教育：他们将在退休时可以得到什么，以及如何思考他们所做出的各种选择。这一任务在发达国家就已经很难了，而在那些大多数劳动者根本就缺乏此类金融决策经验的经济体中就更难了。

争议是不可避免的。没有任何一个地方的养老金系统有能力避免所有的争议。一些争议关系到养老金系统的各种可能的改革方案，其答案意味着某些群体的损失，以及关于到底该由谁来承担那些损失的价值观或政治态度的差异。许多国家所拥有的养老金系统的设计很糟糕，从而产生了负面劳动力市场激励问题以及不可持续性问题，导致劳动者与金融市场都面临过度的但本来可以避免的不确定性。争议也可能发生在其他地方，包括最低退休年龄、公共养老金与私人养老金之间的平衡、公共养老金的设计、性别平等规则，以及任何私人部门的法定规模等。因此，有效的政治对于任何成功的改革而言都是核心问题。①

---

① 关于智利最新改革的政治将在第 13 章中讨论，智利总统咨询委员会对此掌握得很好。

第二部分

政策选择

第11章　国际差异与变化

第一部分表明，完善的政策设计与政策执行能力都是非常重要的。基于此分析，本章的核心观点就是，国家可以选择不同的养老金制度，并且这些选择会随着其经济与体制能力的增强而变得更为宽广。第11.1节讨论了今天的养老金制度与50年前已大不相同的一些原因。第11.2节考察了养老金制度与其制度设计方面的发展状况，并考察了其对于长期趋势的经济与政治反应。有些国家的反应十分成功；其他国家则很不成功，尤其是如第11.3节所阐述的那样由政策失误所导致的失败。第11.4节对很多国家的养老金制度进行了简要的描述，包括阿根廷、澳大利亚、玻利维亚、智利、中国、匈牙利、荷兰、新西兰、波兰、新加坡、南非、瑞典、英国与美国等，从而阐明了各种大量可能的制度选择。在后面几章中我们会详细讨论智利与中国的养老金制度。

11.1　过去50年的变化

养老金制度已经处于合乎情理的变化之中：许多先前的制度结构不再适合已经发生深刻变化的社会和经济环境。因此，国家必须持续关注当前的实际状况，寻找最符合当前状况的制度变革，而非沉溺于那些本应适当抛弃的旧制度。

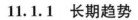

11.1.1　长期趋势

关于接下来的讨论，其背景就是第 1 章中所讨论过的长期趋势：预期寿命提高、生育率下降、老年男性的劳动参与度下降以及妇女权利的扩张。

人口变化。在很长一段时间内预期寿命一直在提高（正如第 1 章所讨论的与图 1.1 所展示的那样），并且很可能将继续提高（图 1.2），原因在于儿童死亡率下降、工作时期死亡率下降以及退休之后更长的存活期等。第二个长期趋势，即生育率下降（图 1.4），不但在工业化国家很明显，而且在更为贫穷的国家中也很明显。这两种趋势都有重要而广泛的影响，影响了美国、加拿大、西欧与北欧国家、欧洲的转型国家、澳大利亚、新西兰、日本，以及许多其他发展中国家等。

老年男性劳动者的劳动参与度下降。这个趋势在很大程度上是生活水准提高的结果。随着人们变得越来越富有，他们就可以更好地权衡工作与休闲。图 1.7 与图 1.8 展现了这一长期趋势。图 11.1 描述了 2002 年的情形：相对于年轻人而言，老年人（包括男性与女性一起）的劳动参与度降低了，并且在许多国家降低了很多。许多男性在 60 岁之前就退休了，包括全世界大部分地区的大量公务员。更早地退休与更长的寿命相结合就会延长退休期：到 1999 年，日本男性的退休期增加了 15 年，意大利男性的退休期增加了 21 年（Sigg，2005，Table 8.1）；女性的退休期甚至更长。然而，在有些国家，早退休的趋势已经停止（Scherer，2001；OECD，2002，Table V.1；Sigg，2005，Figure 3）。

妇女的经济与政治权利增加。这一变化趋势在第 1 章中也已经讨论过，是养老金设计演化过程的一个关键部分，也是未来养老金设计的核心。随着女性有偿工作数量的增加，并且已增加了很多年，认为女性老年保障仅仅只能依靠其丈夫的养老金缴费的观点已经越来越被认为是过时了。此外，正如下面将要进一步讨论的，养老金设计需要顺应更多的各式各样的生活方式安排。

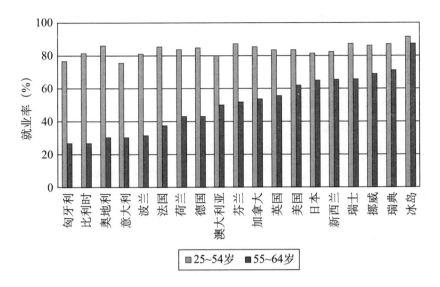

图 11.1　2002 年部分 OECD 国家按年龄分组的就业率

就业率包含男女两个性别的数据。

资料来源：Sigg（2005，Figure 8.2）.

11.1.2　战后变化

叠加于这些很长期的趋势之上的是二战结束之后所发生的一系列变化。

养老金制度的发展。 在二战之前，养老金系统通常不会覆盖到城市正规部门以外的劳动者。但正如在第 11.2.1 节中所讨论的那样，这些养老金系统无论是覆盖面还是待遇给付水平都经历了急剧的膨胀。

婴儿潮。 二战之后，婴儿潮（图 1.10 中展现了美国的情况）成为一个广泛的全球性现象，这与其他人口趋势相结合就会对一些国家产生巨大影响。但是，它的重要性也不应当被过分夸大：正如图 1.5 所示，预测的 2050 年美国的年龄金字塔与未经历过婴儿潮的印度和中国将不会有太大不同。

女性劳动参与度提高。 "男人赚取面包、女人照顾孩子"的典型的家庭结构并非西方的全部历史；在苏维埃系统下，女性的劳动参与度总

是很高。战后在大部分西方国家，越来越多的女性不只是从事有偿工作（如表 1.2 所示），而且也开始追求终生职业。对于养老金系统的一个重要含义就是，更多参加工作的人使得养老金缴费基础更广了，从而缓解了现收现付制养老金系统的短期融资压力。另一个重要含义就是，许多养老金系统必须重新设计，以充分考虑到女性基于其自身收入记录获得养老金权益的情况。

所有的这些因素——长期趋势与战后变化——对于养老金系统的成本都有直接而明显的影响。下面两个进一步的变化对于养老金设计的其他方面也有重要的影响。

不断变化的国际环境。国际贸易与国际金融限制减少之后，人们越来越意识到国际劳动力流动的重要性。移民到另一个国家、在那里工作、有时又回到原来的国家——这种实践具有比其他全球化表现更长的历史：例如，许多早期的英国殖民者在一个现在被叫作"美国"的地方就采取了这种策略。养老金系统如何处理这种壮年移民（他们通常在定居国的工作时间会比其在出生国的工作时间更短）相对而言还未受到足够的重视。但随着养老金系统的成熟，不完善的权益规则开始变成一个越来越受关注的问题。因此，如何处理移民问题以及——一个相关的问题——如何处理养老金权益的国际便捷性问题正变得而且将会继续变得越来越重要。另一个重大事件就是，欧盟扩张后，如何处理欧盟内部的养老金权益问题，到今天仍然是一个悬而未决的问题。

更不稳定的家庭结构。在许多国家，与 50 年前相比，现在的核心家庭既缺乏稳定性，也没有数量上的优势。在一个大部分人都结婚并且婚姻稳定的世界里，妇女单身的最主要原因就是由于丧偶而成为寡妇，这一问题只需要在养老金系统中包括遗孀抚恤金即可。今天，很多妇女离异之后选择单身或者干脆从来就不结婚。在英国，现在大约 40% 的母亲会成为单身母亲，其中大约有一半成为单身母亲的时间会超过五年（Ermisch and Francesconi，2000）。养老金系统必须重新设计以适应这种生活方式安排的多样性，既包括个体之间的多样性，也包括一个人一生中不同阶段的多样性。在那些传统上依靠扩展家庭来支持老人的国家中，城乡移民以及（在一些国家譬如中国）家庭结构变小，就会大大增加用养老金制度来填补这种不断增加的缺口的重要性。

11.2　问题与反应

今天，养老金制度运行的经济和社会背景与 20 世纪 50 年代已大为不同：经济和社会环境不一样了；养老金系统已经有了一定的自然成熟度，各种可行的经济与政治变革选项也发生了变化；养老金变革需要适应长期趋势。在本节中，我们将考察过去 60 年来许多国家的政策制定者所面临的各种因素。我们先后讨论养老金制度的调整与设计（第 11.2.1 节）、调整养老金制度以适应长期趋势的经济选择菜单（第 11.2.2 节），以及这种调整的政治因素（第 11.2.3 节）。

11.2.1　养老金制度与设计的发展

尽管不同国家差异很大，二战后很多方面的发展却是普遍性的，包括养老金规模的增长、对于覆盖面缺口的处理办法、针对工资与物价上升所采取的养老金收益指数化、为达成性别平衡而进行的调整，以及在某些国家引入了名义账户制养老金。除了这些变化（主要是关于养老金系统的变化），还有两个进一步的发展：强制性个人账户的引入（与处理其管理成本的各种测量方法一起），以及在增强私人养老金系统治理方面的努力。

养老金系统的覆盖规模与范围的增长。即使在发达国家，二战前的大多数养老金系统的覆盖面也都相对较小，养老金收益也相对较少。这些养老金系统意在覆盖城市居民，但没有覆盖农业部门的劳动者，而且通常也不针对自雇人士。这是一个重要的漏洞，因为一般而言那时的农业人口比例要远大于今天。专栏 7.2 中的图 7.1 表明了，在美国的社会保障系统中，对于早期参保人群的转移支付有多么小。养老金系统的扩张，包括其覆盖面与替代率，已经是战后养老金政策的一个广泛特征。

更大的覆盖面使得养老金系统变得更加昂贵，也增加了养老金改革政治的有效管理的重要性。

覆盖面缺口的处理。强制性养老金系统的一个主要目标是减少老年贫困，通常伴随着对养老金系统以外的基于收入审查的那些项目的依赖性减少；收入审查通常伴随着羞辱并且有更高的管理成本。降低贫困率已成为一个覆盖面广泛的养老金系统的一个重要成就；正如前面所提到的，覆盖面已扩大到城市劳动者以外，是该成就的一个重要部分。但是，对于基于收入审查的老年人援助项目仍然是有需要的。这种需要部分来源于在被覆盖劳动力市场上不完备的个人就业历史（也就是说，来源于不完善的缴费记录）。不完备的覆盖面发生在养老金系统不成熟的国家，也发生在行政能力有限或存在大型非正规部门（或二者都有）的发展中国家。然而，即使在几乎完全覆盖的国家中，碎片化的职业生涯也会导致覆盖面的不完备性。因此，这并非偶然：即使是在发达国家，也并非所有劳动者都有完备的缴费记录。2005 年，在英国——该国有成熟的养老金系统与很强的执行缴费的能力——只有 85% 的新近男性退休劳动者和 30% 的女性退休劳动者拥有全额的基础国家养老金。

正如智利总统咨询委员会所正确意识到的那样，将更好的行政管理视为覆盖面问题的完全解决方案是一种错误的想象：

> 在养老金改革时期（智利在 1981 年），劳动力大军主要由男性户主构成、从事永久性岗位，并且在整个职业生涯期进行不间断的缴费的情景，在这个国家已经越来越不具有真实的代表性，未来更不可能如此。这意味着，在特定时点上所设计的系统也会逐步失去对整体人口需求变化做出反应的能力。①

---

① "La imagen predominante en la época de la reforma previsional de una fuerza laboral compuesta mayoritariamente por hombres jefes de hogar, con empleos indefinidos, cotizando en forma continua a lo largo de su vida activa, se ha ido volviendo menos representativa de la realidad del país y lo será aún menos en el futuro. Esto hace que el sistema entonces diseñado también vaya perdiendo capacidad para responder a las necesidades del conjunto de la población." (Chile Presidential Advisory Council，2006a，p. 6)

意思就是，养老金系统的设计应当意识到缴费缺口将会发生。一种处理方式是将缴费的规则进行调整，譬如为那些失业或照顾幼儿的人们提供缴费抵免（加上收入审查式减贫措施的补充）。另一种处理方式是减少养老金领取资格所需要的工作年限。在这种思路下，一些国家现在将居民在其他国家的养老金缴费也算在内，以充分反映移民情况。

一种不同的途径（意识到在现代经济下缴费缺口是不可避免的结果）就是引入一个非缴费型全民养老金来帮助覆盖妇女、职业碎片化的人们，以及非正规部门的劳动者。澳大利亚、新西兰以及荷兰已经采取了这种形式的养老金，智利在 2008 年也引入了该系统。南非（专栏11.3）的情况表明，一个非缴费型全民养老金可以在发展中国家实行，并且可以扩大到农村人口。

根据上升的工资与物价指数化收益。 利用指数化来抵消通货膨胀对退休期间养老金收益的购买力的影响，对于保证养老金收益足以维持一个给定的消费水平而言，是非常关键的。许多国家已经采取了这种指数化，有时是针对物价水平，有时是针对工资水平，有时随着系统的成熟会采取二者的混合。如果没有指数化，仅仅依靠通货膨胀本身就能"治愈"养老金系统的财务缺口——一些中欧和东欧国家走过了一段很长的这样的路——但那明显是一个不好的政策。

除了指数化退休期间的收益，现在许多国家也将劳动者工作时期的缴费记录或工资记录进行指数化，通常是针对工资水平的指数化，从而在决定其初始收益与避免通货膨胀对其初始收益的真实价值的不确定性影响时就考虑到了一个劳动者整个职业生涯的工资增长情况。结果，我们再次强调，政治过程必须明确地考量其养老金系统中任何财务缺口，而非依靠通货膨胀来处理财务失衡问题。

指数化基础的变化会有重要的影响。在 20 世纪 80 年代后期，英国的改革将基础国家养老金根据物价水平而非（与以前一样）根据工资水平进行了指数化。结果，基础养老金所提供的替代率从 20 世纪 80 年代中期占平均收入的 20％左右下降到了 2002 年的 16％（U. K. Pensions Commission，2004b，Figure F. 3），并且只要物价指数化继续生效的话，预测这个替代率就会继续下降。

调整性别之间的平衡。最近半个世纪，我们已经越来越关注到，在许多国家，妇女地位上升，妇女劳动参与度增加，离婚率上升，结婚率下降。这使得许多国家将其养老金系统逐步转向甚至完全转向性别中立的法制结构。例如，英国正转向男性与女性拥有共同退休年龄的情形。其所导致的家庭结构不稳定性的增加意味着，让一名妇女的收益很大程度上依赖于其丈夫的缴费，正变得越来越不令人满意了。由于已经变化的态度，随着对于妇女作为公民的权利的越来越多的强调，它也广泛地被认为是不受欢迎的。① 在第 8.3 节中，我们认为，养老金系统必须寻求性别中立，但也应当意识到家庭的存在。因此，养老金设计必须在夫妻一方死亡时或离婚时保护配偶的权利。专栏 8.2 与专栏 8.3 概述了一个在美国的例子。另一个问题是，是否、如何以及在多大程度上一个养老金系统应当覆盖照顾孩子的年份。几个国家已经明确地做到了这一点，包括加拿大、瑞典与英国。正如在 8.3.2 节中所讨论的，存在多种不同的方法来考量这个问题。

引入名义账户制养老金。在养老金设计方面，一个新近的创新是名义账户制养老金（名义固定缴费型养老金）的发明，并且几乎是同时在意大利与瑞典被执行了（但有一些不同）。追根究源，正如在第 3.4 节中所讨论的，名义账户制养老金系统的组织基于现收现付制，但是它们模仿了积累制个人账户（因为其收益与一个人以前的缴费严格相关，并且使用了政府选择的名义利率而非市场回报率）。其他一些国家也引入了基于此的养老金系统，包括大量转型中的中欧和东欧国家。该设计的创新之处在于，其在一个现收现付制系统里使用了固定缴费型的词汇以及为预期寿命做了相关的收益调整。依赖于指数化的所有收入之和，这早已成为法国与德国养老金系统的一部分（Legros，2006）。

个人账户的管理成本问题。管理成本尽管看起来是一个更为狭隘的

---

① 在英国，一直到 1978 年，一名已婚妇女可以选择一个被巨幅减少的国家保险缴费，从而没有相应的养老金权利（因为她被她支付的缴费所覆盖了）。今天，这样的养老金安排是不可思议的，也违反了欧盟的法律。

技术性问题，事实上却有着重要的政策后果。正如表 9.1 所阐述的那样，1％的年度管理费就会使得在整个职业生涯中一个人的养老金积累从而其月度收益大约减少 20％。当智利在 1981 年引入积累制个人账户时，一些分析人员认为市场竞争会导致一个较低的管理成本。但事实并非如此，无论在智利还是在模仿智利的其他国家，除了玻利维亚（专栏11.2）；玻利维亚并未像智利一样依赖于市场，而是为掌管劳动者个人账户的权利设立了一个由政府组织的竞标系统。结果，智利的政策为了降低管理个人账户的成本出现了反复的变化。正如在第 9.2.3 节中所讨论的，那些允许自由选择供给者或允许在市场上自由选择资产组合的个人账户通常会有很高的管理成本，大体上每一个账户都有一笔固定的管理费（与积累额大小无关），从而对于更小的积累额而言却有着更大的负担。因此，意欲强化竞争的政策被倡导过，并且已被尝试过，但是在没有严格监管的情形下，并不是很成功；出于在第 9.3 节中所讨论过的那些原因，这并不令人意外。

为了对这些成本的存在以及其规模提高警惕，许多国家探索了减少成本的其他方法，正如在第 9.2 节中所讨论过的。瑞典已经将养老金管理的很多方面进行中心化，并施加了价格控制。美国将中心化与极其有限的个人选择结合起来，但仅仅对于联邦雇员如此，而非针对所有工作人群（专栏 11.5）。英国也采取了一个类似的提案，包含了简单的个人账户（U. K. Pensions Commission，2005；U. K. Department for Work and Pensions，2006a）。

如果一个养老金系统采取了政府选择资产组合的方式，那就会有更低的交易成本，但同时会有更低的投资回报率。这种方式可以通过个人账户或通过为固定收益型养老金系统设立一个信托基金来执行。历史上，投资的质量参差不齐。过去，一些国家的中心化投资表现很糟糕。① 但是，更多新近的关注集中于此种投资的激励方面与投资过程的

---

① 例如，参见 World Bank（1994，Box 4.5），其表明在许多国家，在一个较长的时期内，真实回报率其实是负的；表现最糟糕的是秘鲁，其在 1982—1988 年间的真实回报率是－37％。

透明性，一些国家已经看到可与私人投资相比的回报率。高质量投资更有可能具备充分而透明的会计，包括清晰而透明的期限、独立的非政治性管理，以及详细的公开审计的账户［譬如，参见 Norway Central Bank（2006）］。然而，要想计一个系统确保有一个稳健的投资，本身就具有内在的困难，特别是当此类投资经验极为有限时。

加强私人养老金系统的治理。增强金融市场管制在许多国家（包括大多数发达国家）已是普遍现象并且是必要的过程。（专栏 9.2 阐述了美国的一些问题。）与此同时，许多国家提高了私人养老金系统的积累制要求，并且已加强了对其的管制。一些国家已经引入了法定强制性保险。①

加强积累制要求的目的是保护当前劳动者的未来利益，以及保护政府收入以使得政府可以在很大程度上为养老金提供保险。在这种情况下，严格的积累制要求将有利于劳动者，但是正如专栏 9.3 所讨论的，对雇主施加太多的成本或太多的风险，或者要求缴费缺口必须迅速被补全，都将会适得其反。这样做将会导致雇主对新进员工关闭其养老金计划，并进一步提高现存员工的缴费，并且有时还会用固定缴费型养老金系统来取代固定收益型养老金系统。这种转变已经损害了一些劳动者。

11.2.2 针对长期趋势的经济调整

在二战之后，各个国家对于养老金系统的财政不平衡问题做出了各种不同方式的反应，这些问题主要来源于各种人口压力以及老年男性劳动者劳动参与度的长期下降趋势。很少有政府会认为这一过程已经完成。

面对越来越大的养老金领取者人数，一些政策制定者（例如，一些欧洲国家）一开始都是忽略这一问题，用一般性税收来支付持续增长的赤字。一系列其他可能的政策方向——提高缴费、降低月度收益以及延迟退休——通常而言会更加现实。经济增长也有助于调整，因而那些提

---

① 例子包括美国的养老金收益担保公司（由美国 1974 年的《雇员退休收入保障法案》所创建）以及英国养老金保护基金（由英国 2004 年的《养老金法案》所创建）。

高产出的政策（譬如增加国民储蓄）在此情景下也都是重要的举措。

提高缴费。 在大多数国家，通过提高缴费率或提高征收缴费的收入上限的方式，使得缴费都有上升的趋势。[①] 尽管存在变化的空间，但缴费率面临负面激励效应的约束，最近许多国家在面临国际竞争时对这一问题正变得越来越敏感。给定许多国家的老龄化现状与高缴费率的现状，提高缴费这一做法本身往往并不是一个完备的解决方案。事实上，一些国家已经开始尽量避免大幅提高缴费率。

更低的月度收益。 如果人们活得更长，平均退休年龄与可利用的融资方式却不变，那么平均的养老金收益就不得不下降。这种方式避免了财务问题，但是存在增加养老金领取者贫困的风险。在拥有名义账户制系统的国家中，譬如瑞典与波兰，随着预期寿命的提高，养老金收益会自动下降（参见第 3.4 节）。因为名义账户制系统是准精算型的，人们可以通过工作更长时间来抵消养老金收益下降的影响，这一做法在拥有固定收益型系统的国家也能奏效，即通过延迟领取从而可以充分地增加养老金收益。一些劳动者通过延长工作时间来应对养老金收益的下降，使得精算型（或近似精算型）收益增加，从而可以部分地或完全地中和掉替代率的下降幅度。

降低养老金的关键是在不同人群中适当地分摊这种下降以及给予充分的提前通知，同时继续增加储蓄机会，增加工作机会，或二者兼而有之，以提高替代率。减少养老金收益的政治方面也可以变得更容易一些，只要这些减少不是那么急切——当长期问题能被早点提出来时就有这样的机会。

延迟退休。 如果养老金收益大体上是精算型的，那么更长的工作期不会影响养老金系统的长期财务状况。但是它的确会提高替代率，从而影响养老金收益的充足性。我们仍然需要关注那些一到时间就立即退休的劳动者的替代率。当任何给定退休年龄下的养老金都会降低时，就可以通过增加最早领取资格年龄的方法来限制替代率的下降。

---

① 与缴费和待遇相关的收入上限在第 5.2.1 节中进行了讨论。

如果我们为一个新的星球设计一个养老金系统，这一星球中的更为高级的生命形态活得越来越长，那么我们将不会选择那样一个最早领取资格年龄以使得其在任何给定年龄下都总是固定不变的。我们所需要的是一个能将最早领取资格年龄与预期寿命合理地紧密联系起来的程序。政府若在面临成本压力时降低月度收益，就会想方设法提高老年劳动者的就业率，并且，为了鼓励这种趋势，也将会需要寻找各种办法来鼓励劳动力市场的流动性，以使得老年劳动者在从全职工作向完全退休的转变中有更多的选择，包括选择的时间，以及转变方式到底是立即转变还是逐步转变。第5.3节对这些问题进行了分析。

养老金、储蓄与增长。 促进经济增长的政策是应对人口趋势的重要部分。一种方式是通过一些额外收入来提高储蓄。挪威政府石油基金（Norway Central Bank，2005，2006）使用一些石油税收收入作为应对人口变化的一个缓冲器。美国建立了一个信托基金，其所得税税率设置在覆盖支出所必要的水平之上，作为应对"婴儿潮"退休问题的一部分。[①] 智利已经转向积累制个人账户系统，同时通过一般性财政收入为旧系统的养老金收益融资。

一个并行的问题是设计更为广泛的战略来促进经济增长：

● 提高劳动者生产力的措施包括：鼓励投资于更多更好的资本设备的政策，通过更好的资本市场与税收政策来改善资本配置的政策，通过增加教育与培训来改善劳动力质量的政策，以及改善劳动力流动性以允许一个更富有生产力的劳动力配置的政策。

● 能提高每一个年龄段的劳动者数量的措施包括：增加劳动力供给的政策（例如，为已婚妇女提供更好的儿童照护设施以方便其更好地参与劳动力市场）、提高平均退休年龄的政策、提高生育率的政策，以及引进劳动力的政策。

对于政策制定者来说，就是要充分考虑促增长政策的整个选择菜单。

---

① 给定其余政府预算的政治过程，信托基金的建立到底在多大程度上增加了国民储蓄并不清楚，依然是一个存在争议的问题。

11.2.3 调整的政治

各国的政治文化差异巨大：一个国家的政治可能更具敌对性，也可能更具一致性；可能更具精英主义色彩，也可能更具民粹主义色彩；严肃参与政策辩论的公众意愿可能较高，也可能较低。英国与美国都有敌对性传统，与此同时，在像挪威与瑞典这样的国家，政治文化则更具有一致性，其政治辩论的形式也大相径庭。瑞典 1998 年的改革导致了其名义账户制养老金系统，这一改革基于长期的政治辩论与公共讨论。有趣的是，瑞典举行了两次议会投票：第一次投票是关于转向名义账户制系统的原则，而后来进行的第二次投票则是关于所执行的特定系统。这种方式是为了避免出现一种情形：一项改革方案之所以没有通过是因为，尽管每个人总体上都支持该方案，但该方案的某个部分却对大部分投票者产生了负面影响从而遭到他们的否决——类似地，大部分人都支持建垃圾场的需要，但没有人愿意将垃圾场建在自家后院。挪威在养老金改革辩论中采用了一个类似的过程，结果在各党派之间都达成了一致，除了各个极端党派［参见 Grønvik（2006）］。

养老金能影响很多人很多年，因而养老金的变革需要一个由许多更为详细的大量工作所支撑起来的一个清晰的战略。但是，提高税收、减少养老金待遇（甚至未来的待遇）以及提高最早领取资格年龄的做法，在政治上都是极为困难的——也没法变得更为简单，因为公开辩论通常很难区分提高最早领取资格年龄、提高正常退休年龄以及由延迟退休所带来的任何待遇变化之间的差异。因此，政府通常会发现，设定一个委员会来评估情势与提供建议——既包括收集必要的专业知识，也包括提供政治隔离——是非常有用的。美国、英国、德国以及许多其他国家都已经建立了相应的委员会，由一位非选举产生的人士领导，来帮助它们应对敌对性的政治过程。我们简要地介绍四个这样的委员会。

美国：格林斯潘委员会。 自 1935 年建立美国社会保障基金到 1971 年，许多轮立法已对覆盖面进行了扩展，并提高了养老金收益与税收。1972 年立法包括了养老金收益的真实增长以及养老金系统针对通货膨胀所进行的第一次自动指数化。然而，正如专栏 5.6 所详细讨论的，这一指数化方式是不正确的。因此，到 1977 年，一个预期的社保赤字将使得 5 年之内养老金收益被迫削减，在标准的 75 年预测期内所预测的赤字将需要把所得税增加 75% 才能提供所规划的养老金收益。这样一个明确的短期改革需要，以及意识到 1972 年立法中的错误，导致了两党一致的改革模式，从而导致了 1977 年立法所创建的当前养老金系统的基本结构。然而，由于财政失衡如此巨大，其目的就是勉强度过这一短期并覆盖住相当长的一个时期，但是依然少于完整的 75 年期限。该立法也许刚好达到了此目标，但是由于 20 世纪 80 年代早期的深度萧条，短期融资已不可行。因此，仅仅一些年之后，就必须重新考量养老金收益与税收问题。

这一次的立法过程争议更大，好几个产生立法的尝试都失败了。由里根政府（1980 年选举产生）所发起的一个提案由于缺乏充分的公共与政治基础，遭受了强烈的党派政治反应，从而使得 1982 年国会选举中里根所在的党派遭受了严重的损失。到 1983 年，长期预测的财政不足仅仅是 1977 年的四分之一，但是该系统被预测在那个春季就会面临资金短缺，因而不得不削减养老金收益。这需要立即同时削减养老金收益与增加税收。因为选民已经表明他们对于所选政府所提出的这些变化强烈不满，就需要两党达成一致以避免任何一方独自承受痛苦。在此种政治刺激下，双方达成了一个妥协，由以艾伦·格林斯潘（Alan Greenspan）为首的跨党派委员会在此扮演了一个重要角色——那时他尚未成为美联储系统的世界级明星。这个委员会包括由两党各自所任命的成员，并与其党派领袖紧密联系。[1]

这一跨两党的解决方案包括增加收费与减少收益的措施（以大体上相当的比例）。这些变化措施中的某些措施由于摇摇欲坠的短期财政状况在短期内就需要立即实行。另外一些变化措施则需要经历几十年才能达成这一传统的 75 年期内的平衡。

---

① 关于格林斯潘委员会的工作的更为详细的描述，参见 Light (1985)。

　　这一经验为那些存在两党敌对政治传统的国家提供了三个可能的教训。第一，应付公共养老金系统资金短缺的政治动力通常很缺乏，除非其对财政的影响迫在眉睫。第二，一个跨两党委员会（或者在某些国家是跨多党委员会）在打破政治僵局的过程中非常有用。第三，这种立法方式通常必须具有真正的非党派性。

　　美国：强化社会保障的委员会。 1983 年的立法不足以覆盖标准的 75 年预测，在刚超出该预测期的年份就会出现巨大的赤字。因此，滚转的 75 年预测马上就显示会再次出现赤字，但是发生在非常遥远的未来。[①] 从 20 世纪 80 年代中期到 2000 年总统选举，存在大量的关于社保财政短缺问题的公共讨论并提出了各种不同的改革方案，但是没有任何严肃的立法尝试。克林顿政府提出了部分计划以重建精算平衡，克林顿总统花费了大量时间对此问题进行了公众教育。也是从 20 世纪 80 年代早期开始，保守派智囊团促进了一种智利型个人账户系统的采用。

　　在 2000 年总统选举中，乔治·W. 布什州长说他将任命一个委员会来提出一项改革，汇集了大量的原则，包括积累制个人账户并且不增加税收。在当选总统后，布什任命了一个跨党派委员会，即委员会成员既包括共和党成员，也包括民主党成员，但是与格林斯潘委员会不同的是，所有成员都是由政府任命的，因此该委员会并非真正代表了两个政治党派。由于 2011 年 9 月 11 日的恐怖主义袭击事件，社会保障改革很大程度上被搁置了，直到 2004 年选举之后。然后布什总统实施了他主要的国内政策目标并发动了一场激烈的运动来将他的改革方式推向公众。尽管他并没有成功推进一个完整的方案，但布什充分利用了委员会的建议并带领委员会成员参加他的公众集会。然而，他的改革方式从来没有得到广泛或持续的公众支持，并且事实上在他的公开宣传期间公众支持度下降了。因此，除了进一步肯定了前面已经提到过的三个教训，

---

　　① 这一经验已经导致对 75 年正规标准（被称为精算平衡）的一个修正，得到了所谓的**可持续**精算平衡标准，从而对正规标准进行了补充（增加了进一步的条件，即信托基金在预测期末端不能下降）。它也导致对无限期预测的更多关注，从而对 75 年预测进行了补充。参见第 6.2.1 节中关于开放系统法的讨论。

并重新定义了"跨两党委员会"中"跨两党"的含义，这一教训也许说明，将美国的固定收益型计划部分地用个人账户系统来取代而没有额外的积累，对于美国公众来说是不可接受的。[①]

英国养老金委员会。 2002 年，英国成立了一个委员会来应对公共养老金系统的问题，特别是养老金领取者的高贫困率、对收入审查越来越高的依赖性，以及较低的养老金储蓄率。该委员会的核心建议 (U. K. Pensions Commission，2004a，2004b，2005) 就是：基础国家养老金收益水平的分阶段增长；养老金领取年龄的分阶段增长以期在 2024 年达到 66 岁、之后每十年增加 1 岁；引入一个简单的个人账户，该个人账户具备美国联邦雇员节俭储蓄计划的许多特征（专栏 11.5），包括劳动者可以从少量基金中进行有限的选择、中心化的账户管理以及批发式的基金管理。

该委员会提供了一些有用的教训：

● 它采用了一个战略性视角，从整体上看待整个养老金系统，因此，其建议同样也是战略性的。

● 它吸收了劳动与养老金部门的一些成员，因而具备详细分析的能力。

● 委员会的第一份报告发表于 2004 年，关注现状诊断与潜在选项。这在政治上是非常精明的。其中一个选项就是提高养老金领取年龄，这到现在依然是一个政治雷区。第一份报告所体现出来的沉稳的语气与委员会随后的公共讨论表明其态度变化具有实用主义特点。

● 2005 年发布的第二份报告中所建议的养老金领取年龄的提高还非常遥远。在公开简报中，委员会主席说过："如果你已经超过 50 岁，这将对你没有影响；如果你现在四十多岁，你将要多工作一年。"这个长长的提示在很大程度上对激烈的政治气氛进行了大降温。

● 作为与政府的原始合同的一部分，委员会的财务基础允许其

---

① 关于该委员会建议的更进一步的讨论，参见 U. S. President's Commission（2001）以及 Diamond 和 Orszag（2002）的一个批评。

在第二份报告之后依然可以维持一个精简的为期六个月的成员班
子，以使其有能力回应——并持续回应——各种误导信息以及此类
改革提案所不可避免地导致的各种诡辩歪曲。

德国社会保障系统可持续融资委员会。德国公共养老金系统在
2002 年经历了一场危机，主要是因为在统一之后的繁荣发展出现了意
外的长时间深度衰退。[①] 为了使系统能够维持下去，执政联盟的多数党
提出增加缴费率；这一提议遭到了少数党的反对，后者承诺要改善养老
金系统的财政可持续性。最终，执政联盟在一揽子短期增加缴费的方案
以及对整个养老金系统的评估上达成了一致。

由社会民主党学者贝尔特·鲁鲁普（Bert Rürup）担任主席的委员
会，由学者、商人、公共利益集团（包括雇主联合会与工会）的代表以
及公共养老金管理部门的代表组成，一共 24 人。该委员会由三个工作
组构成：公共养老金工作组、健康保险工作组以及长期医疗保险工作
组，每个工作组都有两名联合主席来代表反对派意见。

健康保险工作组与长期医疗保险工作组迅速分成两大阵营，最终仔
细陈述了它们为何各自保留不同意见。然而，公共养老金工作组成功地
在一揽子改革建议上达成了一致，这建立在三年前由劳工部长瓦尔特·
里斯特（Walter Riester）所引入的多支柱系统的基础上。

2003 年发布的建议有三个要素：

● 未来养老金收益将针对工资与系统抚养比的倒数（即劳动者
数量除以养老金领取者数量）的加权值进行指数化。这可能将传统
的固定收益型系统转变为一个类似于名义账户制的系统，从而人口
老龄化将自动减少养老金收益以维持系统的财政平衡。

● 2011—2035 年，正常退休年龄将从 65 岁增加到 67 岁。

● 放松私人养老金系统的规则以鼓励更多人参与。

不像健康与长期医疗保险方面的建议，这三个要素得到了委员会的
大多数支持，并于 2004 年得到了联邦议会的支持；只有延长退休年龄

---

① 感谢 Axel Börsch-Supan 为我们提供了相关的讨论背景材料。

不受欢迎，不得不等到 2007 年才正式生效。

这项改革将德国公共养老金系统的隐性债务减少了大约 50%，受到公共补助的私人养老金储蓄在 2004—2007 年增长了三倍。退休模式也发生了变化，部分是因为以前的改革，部分是因为委员会工作结束后所开始的关于延迟退休的感性公共辩论所导致的关于老年劳动者的社会态度变化。

很难评估为何该委员会中一个工作组成功带来了改革而另外两个工作组却失败了。一个原因可能在于，学术界成员早期的那种不固守极端立场的一致的态度；他们后来还试图将政治人士推向同样的中间立场。另一个可能的原因在于，媒体将其所有注意力都集中在关于健康医疗的痛苦争论上，从而很少有机会去公开讨论养老金问题。最终，公共养老金工作组的观点迅速转向如何合理化国家的"以规则为基准"的养老金政策，基本上不再进行意识形态方面的辩论了。

11. 3 政策失误

在专栏 10. 1 中关于分析错误的讨论在此也对应着一个政策失误——通常是分析错误的结果——这已影响到了长期趋势的调整。再一次，世界银行作为一个在养老金改革方面具有世界性重大影响的主体，提供了很好的示例。然而，可以提供示例的远不止世界银行［譬如，参见 Piñera（1995）］。此外，世界银行通常能正确地诊断对以前的养老金制度进行改革的明确需要，这在许多国家会同时牵涉到高昂的财政成本以及覆盖面有限与激励不足的问题。最后，在专栏 11. 1 中所概括的最有力的最新错误诊断之一，就是世界银行对其自身在养老金方面的工作的评估。[①] 下面我们将讨论各种政策错误并指出一些过度乐观的预测。

---

① 特别地，可参见 World Bank（2006a），并且 World Bank（2006b）与 Gill、Packard 和 Yermo（2005）对其进行了概括。也可参见 Rofman（2007）和 Valdés-Prieto（2007a，2007b）为 World Bank（2006a）所撰写的背景文章。此外，Devesa-Carpio 和 Vidal-Meliá（2002）、Rofman 和 Lucchetti（2006）以及 von Gersdorff（1997）也与之相关。

| 专栏 11.1 | 世界银行所诊断的养老金政策失误 |

世界银行在 2006 年的一份研究识别了在许多国家的养老金系统中由世界银行所导致的大量政策失误，这些失误被详细地总结在该研究的目录中所列出的图题列表中（World Bank，2006a，p. v），包括如下各个例子：

图 2.1　处理财务问题与转制成本的部门工作变多，讨论公共管理问题的报告变少

图 3.1　许多国家改革中出现了高通胀

图 3.2　一些国家在其养老金改革期间出现了很高的财政赤字

图 3.3　一些欧洲与中亚的多支柱改革者的财政部门资金短缺

图 3.5　许多改革者在改革期间存在严重的腐败问题

图 3.6　一些潜在的改革者腐败率指数表现很糟糕

图 3.7　一些多支柱国家已经有很高的储蓄率

图 4.2　许多拥有第二支柱的国家的财政赤字已经开始增长

图 4.3　只有哈萨克斯坦的储蓄率在增长

图 4.4　市场资本化程度仍然很低

图 4.5　阿根廷危机之后的养老金资产组合转向政府债券

图 4.6　拉美与加勒比海地区的养老金参与率还没有发生变化

11.3.1　政策问题

对于减贫的关注不够。这个问题在很大程度上是对一系列养老金目标的关注不够所造成的结果，特别是分配效应容易被忽略。政策讨论往往倾向于格外关注财政可持续性，导致政策制定者无法充分考虑减贫问题。该问题已经越来越被意识到："秘鲁养老金系统的主要问题不是其花费了 1.2% 的 GDP……而是其覆盖面如此之低，以至于养老金系统的基本目标——为老年人提供收入保障——远远没有实现"（Rofman，2007，para. 5.4）；Gill、Packard 和 Yermo（2005，p. 11）写道："首先，最重要的是，与最近十年拉美国家的情况相比，贫困干预支柱系统应当受到远为更多的关注。"

类似地，智利的总统咨询委员会意识到（在第 13 章进行了更为详细的讨论）：

> 如果事情继续下去，那么可以估计在 20 年之内，仅有一半的老年人可以获得高了最低保障水平的养老金……［这使得］大约一百万人的养老金在 2025 年将低于最低保障水平。最有可能得到此结果的人群就是低收入劳动者、季节性工作者、自雇人士，以及很大比例的女性。[①]

对于执行的强调不够。第 9 章的分析特别强调了养老金改革的有效执行所必需的前提条件，特别是亟须向个人积累制账户转向的改革。正如下面所讨论的，关于是否能达成这些前提条件，许多改革都显得过于乐观。

个人积累制账户需要足够高效的金融机构，即养老金业务的权重增加能够使得这些机构进一步增强。然而，"世界银行持续地鼓励像乌克兰与俄罗斯这样的国家推行多支柱系统的改革，即使其财政部门条件有限"（World Bank，2006a，p. 56）；世界银行也鼓励那些腐败指数表现很糟糕的国家进行此类改革（World Bank，2006a，Figure 3.5）。

对个人账户的管理成本所赋予的权重是不够的，这些成本即使在拥有已经建立很长时间的个人账户系统的大型发达国家中也非常重要（譬如英国的那些决定不参加国家的收入相关型养老金方案的个人账户，以及美国的自愿性个人退休账户），而对于刚开始经营一个新养老金系统的小型国家中的小型个人账户而言就更为重要了。

政府的管理能力也很重要，然而，

> 在玻利维亚，公民记录的有限质量使得人们可以改变自己的年

[①] "De seguir las cosas como están, se estima que dentro de 20 años sólo alrededor de la mitad de los adultos mayores podrá contar con una pensión superior a la pensión minima. … Esto significa cerca de un millón de personas con pensiones inferiores a la mínima en 2025. Entre quienes se encuentran en mayor riesgo de encontrarse en esta situación se cuentan los trabajadores de bajos ingresos, los temporeros, los trabajadores por cuenta propia y una importante proporción de las mujeres. "（Chile Presidential Advisory Council，2006a，p. 7）

龄甚至捏造相关的项目受益人。此外,国家没有相应的官僚部门有
能力向老人实际发放 Bonosol［养老金收益］,许多老人不得不从乡
下长途跋涉亲自去城市部门领取其养老金收益。(Valdés-Prieto,
2007b,para. 3. 61)①

政治执行力同样重要。然而,

> 世界银行作为 Bonosol 项目的设计者与外部观察者,并没有观
> 测到任何陷阱。未来政府可能在选举年份大幅增加 Bonosol 的巨额
> 支付额……事实上,政府会选择将该改革的选举影响力最大化,即
> 刚好在 1997 年选举前一个月支付第一期 Bonosol 收益(一个单一
> 的年度总量收益)……结果使得 1998 年的支付不得不推迟。
> (Valdés-Prieto,2007b,paras 3. 63 - 3. 64)

所承认的问题并未解决。当一个系统处在一个不可持续的轨道上
时,对于长期问题处理的拖延会让以后所要解决的问题规模变得更大。
当一个养老金系统存在许多设计缺陷时(譬如,退休激励不足),其经
济就会由于改革延误而承担相应的成本。进一步,那些成本在改革之后
很可能会继续一段时间,因为这些改革被逐步引入的过程十分缓慢,从
而让有些劳动者可以从这些不当设计因素中钻营得利(譬如一个过分吸
引人的提前退休选项)。

11. 3. 2 过度乐观的预测

如何将实际结果与预测进行比较?

替代率。"政策制定者在设定这一新型多支柱系统的缴费参数时所设想
的替代率的范围为退休前的某个平均收入水平的 60%～70%。"［可参见
Gill、Packard 和 Yermo(2005,p. 225);也可参见 Piñera(1995)。］这些

---

① 另一个例子尽管没那么重要,但也说明了同样的问题。我们已经注意到对未来成本充
分预测的重要性。世界银行养老金改革模拟工具箱(The World Bank's Pension Reform Simu-
lation Toolkit,PROST)模型在这方面帮助了许多国家。然而,对于政府的技术能力仍然没
有给予足够的重视,以至于"一些国家无法执行 PROST,因为缺乏足够的训练有素的专家"
(World Bank,2006a,p. xxv)。

预测通常过于乐观，部分是因为财务回报低于预期，部分是因为这些预测通常基于总回报而忽略了管理费用，以及部分是因为一些预测基于那些认为竞争有助于降低成本与收费的天真的观点。阿根廷或许是最明显的例子。但远不止阿根廷："2005 年早期在智利，由于个人账户令人失望的预期替代率，公务人员开始被允许转回改革前的现收现付制"（Gill，Packard and Yermo，2005，p. 15）。

覆盖面。转向个人账户系统所预测的覆盖面扩张并未发生。"在纯粹现收现付制下工作人口的低覆盖率是养老金改革的一种强烈驱动因素"（Gill，Packard and Yermo，2005，p. 96），其理由是"缴费与待遇之间的紧密关系……应当阻止逃向非正规部门以及其他方面的市场扭曲"（James，1998，p. 276）。

由于在第 5.2.2 节中所阐述的那些原因，这一观点理论上并不成立，在实践中也已经被证伪。Arenas de Mesa 和 Mesa-Lago（2006，Table 1）［也可参见 Rofman 和 Lucchetti（2006）］将此时的拉美改革国家的覆盖面与其在 2004 年时的覆盖面进行了比较。所有国家的覆盖面事实上都下降了：在阿根廷从 50％下降到了 21％，在墨西哥从 37％下降到了 28％，在秘鲁从 31％下降到了 12％。智利的覆盖面也下降了，但幅度轻微。因此，

> 增加覆盖面的进步被拖延了……这是各地方政府关注的原因。归于正规养老金系统的劳动人口比例持续很低……在几个拉美国家中，获取养老金的老年人口比例正在下降。至少对于某些个体而言，这些新型的积累制的私人管理的个体储蓄支柱系统并不具有它们原来所声称的那种吸引力。（Gill，Packard and Yermo，2005，p. 125）

转制成本。改革的财政成本很重要，然而对于从现收现付制系统转向积累制系统的成本的规模与持续时间存在被低估的趋势［参见 Devesa-Carpio 和 Vidal-Meliá（2002）］。玻利维亚的转制成本在 1997 年时预测将在 1999 年达到顶峰，约占 GDP 的 2.6％，此后就会下降（von Gersdorff，1997，p. 20）。事实上，"养老金设计的一个主要缺陷是导致早期养老金急剧上升……一系列的养老金政策决定导致实际转制的赤

字增加了（2002 年）GDP 的 2.6%，远高于 1996 年中期所计划的水平"（Valdés-Prieto，2007a，para. 3.79）。

如果在财政赤字时期开始转向积累制系统，转制成本的融资就是一个特别重要的问题："玻利维亚、哈萨克斯坦、拉脱维亚和罗马尼亚的预算赤字都已经超过了 GDP 的 3%，这一数量对于执行一个积累制系统的财政条件而言很不理想"（World Bank，2006a，p. 22）。尤其是因为这些财政成本，与世界银行相比，国际货币基金组织对于积累制养老金的推崇更缺乏热情。

转制成本已经很高并且具有持续性。智利的养老金系统尽管非常具有可持续性，依然继续要求大量的年度公共支出，在 1981—2004 年平均约占 GDP 的 5.7%，预期在 2004—2010 年期间将占到 GDP 的 5%，正如第 12.2.6 节中所述。这些成本高于 20 世纪 80 年代所预测的水平（Devesa-Carpio and Vidal-Meliá，2002，p. 29）。

经济增长。养老金改革将促进经济增长的说法大体上都没有实现："世界银行也强调了多支柱改革系统的促增长方面，也就是说，增加储蓄与资本市场的发展。但是［世界银行内部］评估发现很少有国家能达到所预想的结果"（World Bank，2006a，p. 56）。

小结。其倡导者预测：

"一个关于老年保障的法定强制性多支柱安排方案可以帮助国家……

● 在私人性法定支柱系统中达成增量缴费与收益之间的紧密关联。这应当能减少有效税率、逃税行为，以及劳动力市场扭曲。

● 在第二支柱中使用完全积累制与分散化控制，以增加长期储蓄、进一步深化资本市场，以及提高经济增长……

● 让养老金系统避免那些迫于政治压力而导致的既无效也不公平的设计特征。

更大范围的经济从长期而言结果应当会更好。老年人与年轻人应当都是如此"（World Bank，1994，pp. 22 - 23）。

到底发生了什么？虽然其中一些已经发生，但并不具有普遍性：

在许多拥有多支柱系统的国家中……私人积累制支柱的投资并不是非常分散，尽管其回报率由于对政府债券的投资而相对较高。虽然这些债券的回报率较高，但是它们通常刚好只够补偿宏观经济与投资的风险。此外，私人积累制系统，正如现收现付制计划一样，还会受到政治方面的影响，特别是在经济危机时期。（World Bank，2006a，p. xxiv）

11.4 不同国家的养老金制度

不同国家的养老金制度人为不同。并不存在世界上绝对最好的养老金制度。从战略性层面来讲，一个国家的养老金方案必须体现不同政策目标的相对权重。对于这些权重的差异性的一个反映就是，老年人口的贫困率与工作人口的贫困率之间的对比，在各个国家之间差异巨大，如图 11.2 所示。

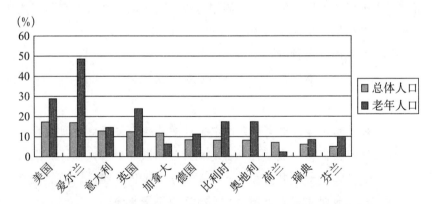

图 11.2 2000 年部分 OECD 国家生活在中位数收入之下的人口

资料来源：Luxembourg Income Study.

各个国家所采取的养老金系统或多或少都有些不同，从纯粹的消费平滑型养老金系统（以少量或者没有保险的强制性储蓄的形式，例如新加坡的公共管理型公积金，本质上就是一个储蓄计划）到以减贫为主要目标的养老金系统（通过一个非缴费型统一率养老金来实现，消费平滑功能则通过一个自愿性基础部分来实现，正如新西兰那样）。介于二者之间，一系列养老金系统都明确地同时解决了这两个问题，其中一些系统非常依赖于积累制（智利），一些系统中度依赖于积累制（瑞典与美国），还有一些系统则主要基于现收现付制（法国、德国与意大利）。荷兰有一个非缴费型现收现付制全民养老金，以居住年限为基础，并结合了积累制职业养老金。智利的改革，正如第 13 章所讨论的那样，引入了一个非缴费型现收现付制基础养老金，与现存的个人积累制账户系统相结合，从而增强了减贫功能。简而言之，许多国家使用了非常不同的混合结构并成功地执行了各自的养老金制度。本节简要地描述了其中一些国家的情况。[①]

11.4.1 阿根廷

阿根廷在 1994 年对养老金系统进行了改革，同时使用了固定收益型现收现付制公共养老金系统与法定强制性个人积累制账户系统。存在一个法定退休年龄，男性为 65 岁，女性为 60 岁。此改革需要极大的财政能力与技术能力，并且该系统没有承受住 2001 年的经济危机。[②] 为了应对经济冲击，政府迫使养老基金从其所拥有的以美元计价的债券转换成其所新发行的以比索计价的债券。新发行的债券的恰当估值问题产

[①] 根据养老金的收入相关程度进行分类的国际性比较分析，可参见 U. K. Pensions Commission（2004b，Appendix D）；关于 OECD 国家与欧洲转型国家，参见 OECD（2004c）、Queisser 和 Whitehouse（2006），以及 Whiteford 和 Whitehouse（2006）。关于美国与英国的最新发展评估结果，可相应地参见 Thompson（2006）与 Hills（2006）；对欧盟福利国家的情况分析，则可参见 Pestieau（2006）。关于拉美，可参见 Arenas de Mesa 和 Mesa-Lago（2006）以及 Mesa-Lago（2007）。也可以参见其他论文（*Oxford Review of Economic Policy*，vol. 22，no. 1，Spring 2006）。关于有用的制度性描述，可参见 OECD（2007）与 U. S. Social Security Administration（2007b）。关于各代理机构与组织的描述的链接，可参见美国社会保障局网站上的"其他国家的社会保障系统"（www. ssa. gov/international/links. html）。也可参见 AARP 的全球老龄化项目（www. aarp. org/research/international/map/）。参见 Whiteford 和 Whitehouse（2006，Tables 2 and 3）所提供的一个总览。

[②] 一些评论认为，养老金改革的财政需求偶然导致了经济崩溃，这一猜想仍然没有定论。关于阿根廷改革的进一步讨论，可参见 Bertranou、Rofman 和 Grushka（2003）以及 Arza（2006），并且关于拉美经验的一个更为广泛的评估，可参见 Gill、Packard 和 Yermo（2005）。

生了持续的问题，因为它们的估值依赖于政府政策的可信度。

若一个国家拥有一个大型的非正规部门，其缴费系统就会产生进一步的问题，即缴费条件的低遵从度。结果，许多劳动者无法达到阿根廷所规定的至少 30 年缴费记录的要求从而无法符合领取养老金的任何资格，而这就限制了养老金系统在提供减贫方面的有效性。

阿根廷经验为我们提供了三个教训。它阐明了着手于目标过高的改革的风险，以及尽管在最优假设下可行，但一旦面临经济波动时就不够稳健的那些改革的风险。它也表明了经济危机时的政治干预的相关危险，这既会影响固定收益型系统，也会影响固定缴费型系统。最后，它还强调了规则遵从度的重要性，以确保实践中的系统覆盖面不会偏离书面规定的覆盖率太远。

11.4.2　智　利

第 12 章与第 13 章会对智利进行详细的讨论，故在此处我们只做简要讨论。[①] 类似于新加坡，该系统的根源是法定强制性储蓄。然而，智利依赖于竞争性私人供给，任何企业只要满足最低的管制性要求都可以自由进入，并结合大量的市场管制手段。1981 年之后的系统由私人管理的固定缴费型个人账户构成，雇员被强制要求缴纳被覆盖收入的 10%，并加上残疾保险与遗属保险以及管理费用。劳动者可以将他们的养老金按照通货膨胀指数化年金的形式领取，也可以分阶段支取。

个人账户系统提供了消费平滑功能，与各种制度一起就能协助实现减贫功能。直到 2008 年，智利设立了一项由一般性财政收入进行融资的最低养老金保障，那些已至少为法定养老金系统缴费 20 年的人才有资格使用。此外，还有一项也是由一般性财政收入来融资的家计审查型养老金，其养老金支付额大约为最低养老金保障额的一半。从 2008 年开始，最低养老金保障与家计审查型养老金逐渐被非缴费型基础养老金

[①]　也可参见 Diamond 和 Valdés-Prieto（1994）、Edwards 和 Edwards（2002），以及在更为广泛的拉美情境下对智利进行更为详细的讨论，可参见 Gill、Packard 和 Yermo（2005），Arenas de Mesa 和 Mesa-Lago（2006），以及 Mesa-Lago（2007）。

所取代。

尽管政策制定者的目的并非如此，但是私人养老金供给变得越来越集中，从而使人们对其竞争性的可信度产生了怀疑（即使是在智利这样一个中等规模的经济体中）。这一点对于更小的经济体而言尤为重要，正如专栏 11.2 中所讨论的玻利维亚的情形。

专栏 11.2　　玻利维亚的养老金

1996 年，玻利维亚使用来自国有企业私有化的基金为 65 岁以上的居民建立了一个非缴费型养老金（Bonosol）。[a] 与此同时，就像许多拉美国家那样，玻利维亚跟随智利，为劳动者设立了一个法定强制性积累制个人账户系统。玻利维亚为这些账户组织了共同基金，充分认识到其管理成本（第 9.2.3 节）与玻利维亚市场的小规模特征，从而开辟了一条新途径。该系统要求所覆盖收入的 10% 作为缴费，加上 1.71% 作为残疾与遗属保险，以及 0.5% 作为管理费。正如表 9.2 所示，这些管理费大大低于该地区的其他国家；譬如，相比而言，智利的管理费为 1.76%，而秘鲁则为 2.27%。

玻利维亚不允许企业自由进入该行业，而是决定只有两个养老金供给者，每一个供给者覆盖全国的一半，并对这两个供给者的资格进行竞标；竞标过程基于每个账户的平均月度管理费。该计划让这两个供给者从 2000 年开始竞争，并从 2002 年起开始有管制的行业自由进入（von Gersdorff，1997）。

这种模式产生了两个问题。第一个问题就是，管理当局是否能够保证提供充分的服务质量。作为一个普遍的命题，对于竞标过程结束之后所赋予的垄断权，就很难保证那些难以测量从而难以管制的服务维度的充分性。第二个问题就是，从这种模式开始之后，竞争的引入将导致额外的市场营销成本的上升，那么这是否还能维持最初的低成本结构。在一个现存企业已牢固扎根的小型市场上，后来者要想进入这个市场就很难甚至根本就不可能，其所导致的双寡头垄断不太可能与单一垄断有太大的不同。

a. 对于相关评估结果可参见 Escobar 和 Osvaldo（2004）、Leach（1998）、Martinez（2004）以及 von Gersdorff（1997）。该养老金在 1998 年停止了，在 2002 年被重新引入。在本书写作时，玻利维亚正打算将这个年度非缴费型养老金（Bonosol）用一个更为慷慨的月度收益支付方案来替代。

因此，智利在 1981 年之后的系统对消费平滑赋予了很大的权重，通过自愿性年金提供一些保险，并对减贫功能赋予一定的权重。该系统的问题，包括养老金领取者的高贫困率、不完备的覆盖面、性别平等问题以及高昂的管理费用与财政成本问题，将在第 12 章中讨论。该系统的一系列主要改革措施，包括引入一个非缴费型基础养老金，将在第 13 章中讨论。

11.4.3 中 国

自 1997 年以后，中国已经从一个以企业为基础基于终期工资的固定收益型养老金系统转向一个面向全体城市劳动者的统一养老金系统。① 这一新系统由三个部分构成：一个固定收益型现收现付制的第一层级养老金（社会统筹账户）；一个强制性积累制固定缴费型养老金；以及一个自愿性的企业型养老金。

从 1999 年开始，覆盖面已经扩展到包含城市地区的私人部门与其他各种类型的企业、自雇人士以及非正规部门。该系统由所筹集的缴费来融资，主要来源于企业与劳动者的缴费，部分也来源于自雇人士与非正规部门劳动者的缴费。

该系统具有长期的战略意义，但是并未按照预期运行。这三个部分一起提供了减贫、保险以及消费平滑功能，其中也考虑到一些偏好差异问题。然而，问题仍然存在：碎片化、系统财政赤字、个人账户问题、管理困难等等，这将在第 14 章和第 15 章中进行更为详细的讨论。

11.4.4 荷 兰

荷兰有一个非缴费型全民养老金（也就是说，不存在缴费审查或收入审查），从 65 岁时就可以开始领取。全额养老金被设定在一个温饱水平，为税后最低工资水平的 70％。该系统与传统的社会保障系统有两

---

① 关于中国的养老金系统，将在第 14 章和第 15 章中讨论，也可参见 Drouin 和 Thompson（2006），Salditt、Whiteford 和 Adema（2007），以及 Williamson（2004）。

个方面的区别：第一，养老金收益基于居住条件而非缴费条件。[①] 第二，养老金收益是通过专项税收来融资的，即 AOW（algemene ouder-domswet，一般养老金法）附加费，这是所得税之外附加的费用，与所得税整合在一起。AOW 附加费的税基是收入而非工资，并且只有 65 岁以下的人才会缴纳这一附加费。一个人如果领取全额养老金的居住年限不够的话，可以得到部分养老金，并且如果其所有各方面来源的收入仍然处于温饱水平之下的话，则有资格获取社会援助。

思考该方案的性质是十分有趣的。从一方面来讲，收益是非缴费型的，也就是说，这是人权的一部分，从而解决了覆盖面的问题。另一方面，它由 AOW 附加费来融资，因而应当被视为缴费型，但它是通过收入所得税而非工资税来实现的，尽管其并不要求至少达到某个可纳税收入水平。这些观点都有道理，都能从不同的政治立场获得支持，因此，也许并不意外，该系统自 1957 年引入之后至今依然很稳固。从覆盖面的角度来看，这里的技巧就是对缴费有要求，但养老金收益并不基于个人缴费记录。当前，面临日益增长的预期寿命，政策制定者正在与日益增加的养老金成本进行角力。

非缴费型全民养老金是与行业性职业养老金系统结合的。尽管在严格意义上，此类养老金是自愿性的，但一旦一个行业采取了这样一个计划，养老金的参与对于该行业的劳动者来讲就具备了强制性。[②] 超过90％的劳动者参与了职业养老金，在 2002 年其中大约三分之一的人处于以职业平均收入为基准的固定收益型计划中，大约三分之二处于终期工资型养老金计划中。养老金还可以通过雇主、工会以及政府之间的谈判来协商，并且法律要求其必须是积累制的。劳动者与雇主之间的缴费

---

① 全额养老金在 65 岁时领取，领取者需要在 15 岁和 65 岁之间在荷兰居住 30 年以上；居住条件每缺少一年，全额养老金就要减少 2％。在 2005 年，84％的受益人得到了全额收益，尽管随着日益增加的国际劳动力流动性，该数量预期会下降。

② 如果在一个行业里，社会合作者（工会与雇主组织）之间达成了某一个养老金计划或基金，它们就会要求社会事务部长强制该行业未组织的雇主实施该计划（因而对在此类企业工作的雇员也具备了强制性，因为养老金计划是雇佣合同的一部分）。通过这种方式，养老金计划事实上对于该行业的所有雇主与雇员而言都是强制性的。

分割，不同计划有不同的标准。一个非缴费型全民养老金与一个（覆盖几乎全部职业生涯的）职业养老金提供了大约相当于劳动者平均终期工资70％的总体替代率。

给定固定收益型计划所面临的压力——寿命提高、金融市场动荡、公司账户面对基金赤字时日益提高的透明性要求——荷兰的养老基金正采取各种不同的方式进行应对：无论是与传统的固定收益型系统相比（一个纯粹的固定收益型系统的风险只是落在雇主身上）还是与传统的固定缴费型计划相比（一个纯粹的固定缴费型系统的风险只是落在劳动者身上），劳动者、雇主与养老金领取者共担风险的范围都变得更广了。[①]

11.4.5　新西兰

新西兰的养老金系统在很多方面走向了新加坡系统（第11.4.7节）的极端反面。该系统的基石是一个非缴费型全民养老金（新西兰养老金），由一般性财政收入来融资，向通过居住条件审查的65岁以上的所有人支付[②]，并且属于一个人的可纳税收入。对于一对已婚夫妇而言，养老金被允许的变动范围从最低为税后平均工资的65％到最高为平均工资的72.5％。对于一个单身人士而言，支付水平取决于其生活安排。在2003年，一个与他人同居的单身人士所获得的养老金为税后平均工资的40％；对于独居的单身人士而言，则为44％。自愿性养老金对基础养老金进行补充，这些自愿性养老金在许多国家并没有税收优惠。[③]新西兰不存在强制性的收入相关型养老金，这也算一个异类。然而，统一收益率的养老金待遇非常高，足以代表一个很大部分人群的高替代率，从而减少了消费平滑问题方面的担心。

储蓄制度在2007年进行了改革，引入了KiwiSaver储蓄基金，这是一个受到补贴与税收优惠的固定缴费型计划。参与是自愿性的，但劳动者是

---

① 更为详细的讨论可参见Ponds和van Riel（2007）。

② 该养老金向所有65岁以上生活在新西兰的居民支付，但必须在20岁以后至少在新西兰居住10年以上，50岁以后至少居住5年以上。

③ 更为详细的讨论，可参见St John（2005）。

自动注册的，所以若一个劳动者希望退出就必须主动提出。该设计很简单，部分地是因为认识到了在第 9.3 节中所讨论过的那些消费者选择困难。[1]

正如荷兰的养老金方案，该系统在减贫方面高度有效。因为养老金收益是全民性的，超过了贫困线，并且基于居住条件而非有偿工作的历史记录，所以不出意外，仅仅只有 7.6% 的养老金领取者（通常是那些没有满足居住条件的人）位于贫困线之下（New Zealand Ministry of Social Development，2005，Table A.1）。这种方式也解决了缴费型系统中通常容易产生的性别不平等问题，并且它也处理了多样化的劳动力市场配置以及易变的家庭结构问题，因为，譬如说，一名妇女的统一率养老金既不依赖于其自身的缴费记录，也不依赖于其丈夫的缴费记录。

该系统很受欢迎。1997 年 9 月的一项全民公投，即用税收融资的统一缴费率养老金系统取代强制性积累制个人账户系统，没有通过。80% 的选民参与了投票，但 92.8% 的投票者都反对该提案。自 2000 年以后，公共养老金计划已经进行了部分的预融资，以使得其随着人口年龄变化呈现出平滑的税率结构。[2] 专栏 11.3 讨论了一些国家的非缴费型养老金。[3]

专栏 11.3　　　　非缴费型养老金

高收入国家。正如新西兰与荷兰一样，澳大利亚也有一个非缴费型养老金。其收益支付来自一般性财政收入并且不需要收入审查（用来将收益

---

[1] 关于 2007 年改革，可参见 St John（2007）以及新西兰政府的 KiwiSaver 网站：www.kiwisaver.gov.nz。

[2] 这里意在将为期 20 年每年大约 20 亿新西兰元的一般性财政收入分配给一个基金，政府以后可以进行适当抽取以摊平养老金供给的成本。该基金的法定任务就是以一种不存在太大风险的回报最大化的方式将这些钱进行投资，但必须是以一种负责任的方式。该基金从 2003 年开始投资；到 2007 年 6 月 30 日，其资产总额为 131 亿新西兰元。预期其到 2025 年将增长至大约 1 090 亿新西兰元，使其成为澳大拉西亚国家中最大的基金之一。可参见新西兰养老基金网站：www.nzsuperfund.co.nz/。

[3] 关于非缴费型养老金的进一步讨论，可参见 Willmore（2004，2006）；除了专栏 11.3 中所提到的那些国家，还讨论了加拿大、丹麦、芬兰、冰岛、挪威、瑞典、英国以及中等收入国家如毛里求斯。

支付限于穷人），但是需要一个富裕度审查，其目的只是为了追回已发放给富人的收益。[a] 自 1992 年以来，劳动者事实上还被强制性参与个人积累制账户系统，其产生于该国的自愿性雇主型计划项目，随着时间的推移，政府决定将其制度化。[b]

中等收入国家。 智利的新型非缴费型养老金将在第 13 章中进行讨论。南非也有一个非缴费型养老金，即国家老年基金（State Old Age Grant）。这两个国家都采用了富裕度审查。南非的情况很有趣，因为它不但有效地覆盖了城市养老金领取者，而且覆盖了农村老年人，同时很好地瞄定了目标对象。最后这一点并不意外，因为年老本身就是一个很好的潜在贫困指标（参见专栏 7.1 中关于目标对象瞄定的讨论）。

养老金从男性 65 岁、女性 60 岁开始支付，通过一般性财政收入进行融资并且没有缴费条件要求。养老金收益——约占平均家庭收入的一半——相对于南非大部分非白人的极低收入水平而言是很高的。最初在 20 世纪 30 年代引入作为白人减贫的手段，该计划后来逐步扩展以覆盖所有族群。研究发现表明，无论是从社会政策的角度还是从计划执行的角度来看，它都是高度有效的：

> 南非的社会养老金就是一个用年龄来决定资格的转移支付计划的例子。尽管目标对象瞄定指标很简单，但是该养老金十分有效地覆盖了最贫困的家庭以及孩子多的困难家庭……南非当局克服了偏远农村地区的现金支付困难，甚至克服了在文盲性养老金领取者中进行资格审查的困难。[可参见 Case 和 Deaton（1998，p. 1359）；也可参见 Lund（2002），以及 Burns、Keswell 和 Leibbrandt（2005）]。

养老金系统的管理在南非社会保障局的作用下得到了巩固 [参见 South Africa National Treasury（2007）]。在大多数城市地区，人们都是通过银行账户或邮局来领取养老金。在农村地区，政府将其外包给了私人部门（在省级层面上进行组织）。该系统在最好的状况下是有效而新颖的。在一些地区，配备了自动取款机的车辆会在预定的时间到达预定的地点。养老金领取者输入他们的 ID 号（或指纹），然后就取出了养老金。理论上应当存在一个政府官员手把手提供帮助，但是这种配置尚不完备。

　　然而，问题仍然有很多，包括：私人部门承包商获取超额利润的潜在可能性；对车辆的劫持；银行没有足够的动力进入农村，而这本来就应该是它们的主要功能之一。特别是因为这些原因，最近一个重大的转向就是在超市里放置自动取款机。因此，现在提供了银行的现金取款功能，也提供了储蓄功能（因为养老金领取者不必一次性提取所有的月度收益），但银行的其他方面功能仍然没有提供。

　　低收入国家。大量低收入国家都有非缴费型养老金（有时也称社会养老金），包括玻利维亚、博茨瓦纳、纳米比亚以及尼泊尔。总支出通常较低（在博茨瓦纳、纳米比亚与尼泊尔都低于 GDP 的 1%），而收益通常也较低（Willmore，2006，Table 1）。

　　正如在第 13 章中所讨论的，这种类型的养老金有一种巨大的潜在优势，即将覆盖面扩展到缴费记录不足的人，特别是女性以及非正规部门的劳动者。当在一个特定国家中评估该系统的合意性与可行性时，政策制定者需要考虑如下一系列因素：

　　● 养老金系统瞄定目标对象的能力如何？一个非缴费型全民养老金的成本有效性取决于将年龄作为瞄定机制的准确性。理论上，一个国家穷人越多，减贫的重要性就越大，一个非缴费型养老金就将能越好地进行瞄定。然而，关于在多大程度上光靠年龄就能成为一个好指标的问题，不同国家将有不同的具体情况［参见 Kakwani 和 Subbarao（2007）］，这将取决于，譬如说，老人是独居还是在大家庭里与亲人一起生活。

　　● 管理能力足够吗？即使是一个简单的养老金系统，也存在管理能力要求。政府必须有能力建立人们的年龄档案，防止一个人领取多份养老金，还要防止一个已经死去的人被其亲人冒领养老金的情况。

　　● 相对于所考虑的养老金规模，交付成本是否足够低？

　　如果政府具备所必需的执行能力，政策制定者将有一系列选项来囊括成本：

　　● 养老金水平维持在低位（例如，在博茨瓦纳与尼泊尔仅为人均 GDP 的 10%）。

　　● 第一次领取养老金的年龄设置得较高（在尼泊尔只有 1% 的

人口高于这一符合资格的年龄）。

● 如果管理能力允许，一个进一步的选项就是向更年轻（譬如，在 65 岁和 75 岁之间）的老人支付更少的养老金，向更年长（譬如，75 岁以上）的老人支付更多的养老金。

a. 关于一个更为详细的讨论，可参见 Carey（1999）、Whiteford 和 Angenent（2001）、Mitchell（2002），以及 Borowski（2005）；关于性别方面的讨论可参见 Jefferson 和 Preston（2005）。

b. 1992 年，澳大利亚政府引入一个附加税，让那些不缴纳养老金的雇主，在与其缴纳养老金的情况相比时，要缴纳更多的税。其结果是让养老金的覆盖率从劳动力人口的 75％～80％增加到 92％或 93％。对于自雇人士或极低收入的劳动者而言，缴费则并不是强制性的。

11.4.6 波 兰

波兰从计划经济时代所继承的养老金系统很不适应市场经济的发展。[1] 一个战略性问题就是养老金领取者数量太大了，部分是因为覆盖面几乎接近全民——这是该系统的一个优点——但也是因为退休年龄设置得太低了。后者有一系列的原因：许多人在经济衰退期被允许提前退休以保持社会和平，并且这一过程在转型早期一直持续以吸收那些因社会重建而失业的劳动者；出于类似原因，残疾养老金也相对更容易获取了。第二个战略性问题就是：20 世纪 90 年代早期的养老金支出已经达到了 GDP 的 15％，这一水平与本就已经很乏力的财政能力的其他方面需求根本无法兼容，特别是在产出下降已严重销蚀了财政能力的时候。养老金收益出现非系统性的变动，与缴费或需求方面关系很少甚至没关系。最后，尽管社会保险缴费已经征收，却没有关于每个劳动者已缴纳数量的详细记录，这些记录对于全民充分就业（从而大部分劳动者有完备的缴费记录）与终期工资型养老金计划而言在很大程度上都是不必要的。

1998 年的改革建立了一个具备两要素的法定养老金系统。第一个

---

① 关于东欧经济转型国家养老金改革的一个总览，可参见 Barr（2001a，Chapter 15）、Müller（1999），以及 Whiteford 和 Whitehouse（2006）。关于波兰改革的更具体描述，可参见 Góra 和 Rutkowski（1998），Golinowska、Pietka 和 Zukowski（2003），Muturi、Zajkowski 和 Chlon-Dominczak（2000），Chlon-Dominczak（2002）以及 Chlon-Dominczak 和 Góra（2006）。

要素就是一个名义账户制养老金。一个人的名义性基金账户根据总体经济范围内的工资额进行了指数化，因而与产出及就业趋势具有一致性；在退休期间，其目的就在于将养老金根据养老金领取者价格指数进行指数化。① 因此，一个人的公共养老金与其名义积累缴费额呈严格的比例关系（使用名义利率作为贴现率），但有两个例外：存在一个最低养老金保障（只要有合适的缴费记录），以及在为了抚养孩子而退出劳动力市场的年份里可以支付相应的养老补助。该系统中的第二个要素由法定的私人管理的固定缴费型养老金构成，通过多种方法与第一层级进行整合。尽管改革的意图就是让男性与女性的最低退休年龄同为 62 岁，但是缺乏必要的社会与政治上的一致认同性，从而男性的最低退休年龄仍然是 65 岁，女性的最低退休年龄仍然是 60 岁。所描述的所有这些安排方案适用于年轻的劳动者，对于年长的劳动者则有一些过渡性安排。因此，波兰提供了一个实例，即该养老金系统通过名义账户制系统账户与积累制个人账户提供了消费平滑功能，与一个减贫要素相结合（最低保障、儿童照护的养老金补助，以及其他形式的老年人减贫措施）。因此，这就与瑞典的情形相似。

　　波兰的养老金系统从其执行性来看也很具有启发性。尽管该国具有强大的制度能力，并且在改革过程中特别强调建立充分的管理性基础设施，但是其改革几乎成为悲剧，因为该系统一开始就无法追踪人们的缴费。该问题的根源在于新计算机系统的执行被延误、初始的遵从性问题，以及由历史遗留问题所造成的管理无效性（Muturi，Zajkowski and Chlon-Dominczak，2000）。这种情况被修正了，但是从外部来看似乎就像是勉强地避开了一场坍塌而已。

　　中欧与东欧的一些其他国家——例如拉脱维亚——已经采取了一个很多方面与波兰系统相似的战略，其中第一层级是一个名义账户制系统，第二层级则是一个法定强制性积累制系统。其他国家则采取了不同的方式。捷克共和国与斯洛文尼亚决定不采取法定强制性积累制账户系

---

　　① 退休期间的养老金收益的指数化在 1998 年之后的年份里被设定为通货膨胀加上工资增长率的 20％，但在现实中养老金收益的波动性其实并不小。

统，而是选择改革其现收现付制系统并鼓励自愿性养老金储蓄。匈牙利采取了一种中间路线，其中包括法定强制性积累制账户，从而产生了一些在专栏 11.4 中所描述的重要问题。

专栏 11.4　　　　　　　　　匈牙利的养老金改革

匈牙利的改革影响了养老金系统的两个部分：现收现付制元素的参数变化，以及一个法定强制性、积累制、固定缴费型账户系统。现存的自愿性积累制账户继续像以前一样存在着。

这个新的第二层级的参与对于 1998 年 7 月 1 日之后进入劳动力市场的劳动者而言是强制性的，对于其他所有人则是自愿性的。第二层级从 1998 年 1 月开始，到 2004 年其资产规模已达到 GDP 的 4%。

改革产生了很多问题，包括关于第 6 章中所讨论的转制成本问题以及第 9 章中所讨论的执行与管理成本问题：

● 引入积累制账户所导致的转制成本占 GDP 的 1.5%，从而产生了巨大的财政赤字。

● 一项世界银行与国际货币基金组织的联合研究发现，"［养老基金的］平均回报表现相当令人失望"（World Bank，2005，para. 30）。在 1998—2005 年，加权平均的真实净回报率为 3.75%（在某些年份真实回报率甚至为负），低于 5.3% 的实际工资平均增长率（World Bank，2005，Table 12），并且低于任何改革的拉美国家（World Bank，2005，Table 13）。

● 管理成本很高。使用与表 9.1 中同样的方法评估长期成本（也就是说，对高昂的启动成本并不给予过多的权重），世界银行与国际货币基金组织的研究估计其年度管理费为 1.18%（World Bank，2005，para. 48），其总费用为 18%～30%（World Bank，2005，Table 20）。

● 在部分时期，管理费使得净实际回报减少到了零［参见 Auguszt-inovics 等（2002），更新于 Matits（2004）］，对于那些在其职业生涯晚期转向新系统的人而言产生了巨大的不利影响。正如 Matits（2004，p. 11）所注意到的："给定劳动者对于新私有支柱的低理解程度，如果旧劳动者不被允许转向新系统的话，可能结果会更公平一些。"

出于这些与其他方面的原因，由匈牙利国家银行所发起的一份不定期报刊总结道：

> ……匈牙利养老金部门的表现可以说是很不令人满意的……可以预计，在相同的工资结构与服务年限下，多支柱系统的［新］养老金领取者所得到的收益将显著低于那些纯粹的现收现付制系统成员……并且……养老金低于最低社会保障就可能会产生重大的社会矛盾。（Orbán and Palotai，2005，p. 28）

11.4.7　新加坡

新加坡的养老金系统是法定强制性的、公共管理的、固定缴费型系统，主要由中央公积金（The Central Provident Fund）来提供。[①] 因此，该系统的核心就是由专栏 2.1 中的简单模型所描述的个人储蓄计划，年金形式的保险则很少甚至没有。

参保人的缴费渠道分为三种类型的账户。普通账户积累退休金，但是在获得批准的情况下（例如购买房子）可以提前支取。医疗储蓄账户覆盖了医疗费用并允许自愿购买由中央公积金所提供的重大灾难性疾病保险。特别账户原则上意味着只能为退休使用但也可以有条件地用于偿还抵押贷款。缴费率随着年龄而下降，其假设就是 55 岁以上的劳动者工资更低从而可以鼓励企业更愿意雇用他们。[②] 除了中央公积金，一个预退休中央公积金项目允许个人从世界范围内的资产组合中进行选择，尽管其管理成本很高。[③]

养老金积累受到退休前的巨额提款与养老金储蓄的低回报率的阻

---

① 更为详细的讨论可参见 Asher 和 Amarendu（2006）。

② 在 2007 年，50 岁以下的劳动者的缴费率为被覆盖工资的 34.5%，50～55 岁的劳动者为 28.5%，55～60 岁的劳动者为 20%，60～65 岁的劳动者为 12.5%，65 岁及以上的劳动者为 10%。2006 年 3 月，参保人的账户余额总和等于 GDP 的 63%。

③ 中央公积金于 1955 年引入。核准投资方案在 1986 年引入，1997 年被重新命名为 CPF 投资方案。

碍。尽管政府保证每年有一个 2.5% 的名义利率，1987—2005 年的实际年度回报率仅为 1.3%。一个小型基金池（约占总额的 3%）被外包给了私人基金管理者。1987—2004 年，这些基金的实际回报率为 2.9%，是中央公积金的两倍多。

退休时，一个人可以选择购买年金，但并不要求必须这么做。只有一小部分养老金领取者选择了年金的形式，因而，大部分新加坡老年人可能会面临长寿风险。也不存在任何方案来应对通货膨胀风险。

总之，新加坡的养老金系统主要依赖于法定强制性储蓄来提供消费平滑功能。然而，替代率不足（一项研究估计为以前收入的 20%），也不存在税收融资型再分配要素来提供减贫功能。长寿风险、通货膨胀风险以及政治风险的减缓程度是有限的。该系统的设计与治理受到持续关注。

11.4.8 瑞 典

在 20 世纪 90 年代的重大改革之后，瑞典的养老金系统由两部分构成：一个部分积累制的名义账户制系统（结合一个慷慨的养老金保障，以使所有老年人脱离贫困），以及一个积累制个人账户系统，即附加养老金。[①] 这项养老金保障意味着，一个在瑞典居住 40 年以上的人在退休时就具有了领取全额最低养老金收益的资格。对于更短的居住年限而言，养老金收益会按比例减少；还存在一个收入审查型最低养老金。此外，工作生涯中还有养老金补助（既包括名义账户制养老金，也包括附加养老金），即当一个人因为照顾年幼的孩子而退出劳动力市场时，或在领取失业补贴或疾病补贴时，就可以获取。

该系统的缴费率为 18.5%，其中 16 个百分点属于其中的名义账户制系统，剩余的百分点则归于完全积累制个人账户系统。该名义账户制系统使用了一个名义利率，等于平均工资增长率。然而，在任何时候，如果该系统所计算的财务余额不令人满意，利率就会自动下调，无须立法行动。每一个劳动者会收到一份年度报告，告知相关的名义账户与积

---

① 更为详细的讨论可参见 Sundén（2006）。

累制账户信息，包括账户中的金额、当年的缴费，以及在不同假设下对未来收益的预测。

养老金收益从 61 岁时第一次开始领取，这一年龄不会改变；然而，在实践中，大部分人首次领取时间多为 65 岁（相比之下，在美国，许多人会选择在最早领取资格年龄时领取）。[①] 这项初始收益以劳动者同期出生群体的死亡率、其第一次领取收益时的年龄，以及所预测的收益增长率为基础，由一个准精算型计算规则来设定。退休后每一年的收益增长基于名义利率（通常是工资增长率）与所预测的 1.6% 的年度增长率之间的差异。

进入积累制个人账户的那 2.5% 总缴费由政府来征收，并依照其相应的资产组合决策分发给参与的对冲基金。基金的数量十分巨大，2007年时超过 700 家。个人可以选择基金将其个人账户缴费进行投资，但最多选择五家；正如在第 9.3 节中所讨论的那样，对于大量并不主动选择基金的劳动者而言，存在一个默认基金。政府根据劳动者向各个基金缴费的总额以及其资产组合变化的总体情况，将劳动者的缴费转移给对冲基金并在各基金之间腾挪。基金必须通过政府核准，且必须接受由一个中心化的规则所设立的管理费水平。在退休期间，劳动者在基金中的累积资产必须用来购买由政府所提供的年金（个人型或联合人寿型）。

瑞典通过一个中央交易所解决了管理成本问题，其中个人账户的管理与维持都是中心化的。名义账户制养老金与个人账户的缴费一起收取，然后这些资金就会被批量注入个人账户，因此，基金管理者对个人缴费者一无所知。平均年度费用（净）是资产的 0.73%，等于 14% 的费用率。[②] 这种中心化的基金管理方式类似于美国的节俭储蓄计划（在

---

　　① 2006 年，在瑞典，7% 的参保人首次领取养老金的年龄为 61 岁，4% 的人为 62 岁，4% 的人为 63 岁，4% 的人为 64 岁，75% 的人为 65 岁，4% 的人为 66 岁，以及 1% 的人为 67岁，此时几乎所有人都在领取养老金了（尽管并不一定就停止工作了）。在 65 岁之前就停止工作的领取者通常领取的是残疾补贴。

　　② 2005 年，个人账户的费用包括：向所有账户收取的管理费为资产的 0.3%；平均基金费用（包括默认基金）为进行扣除之后的资产的 0.43%（平均扣除率为资产的 0.37%）；默认基金的平均基金管理费为扣除后资产的 0.16%。因此，平均总费用为 73 个基点，正如表 9.1所示，这将 40 年职业生涯的积累额大体上减少了 14%。

专栏 11.5 中讨论过），但后者严格限制了基金的选择且基金管理成本要低得多。节俭储蓄计划的账户管理成本也要更低，但是这些成本并不是完全可比的，因为节俭储蓄计划只需要应付一个单一的雇主，即联邦政府。

在重要的方面，瑞典的系统是智利 1981 年之后的系统的一个半公有化版本，但对减贫功能赋予了相对更多的权重。该系统的经验就是阐明了一种如何组织一个设计良好的名义账户制系统的方式，并且表明，即使在发达国家中，完全积累制的个人账户系统也可能十分昂贵，许多劳动者对于投资选择的多样性并没有太大兴趣。

11.4.9 英　国

英国的养老金安排方案多年来已经发生了许多变化。[①] 在 1946 年《国家保险法》下，统一缴费率就产生了统一收益率的权利，包括退休养老金。退休年龄设定为男性 65 岁、女性 60 岁。要获取一份全额养老金，一名男性必须缴费 44 年；一名女性必须缴费 40 年。不存在法定的养老金收益指数化程序，而只是周期性地提高收益。[②]

1975 年《社会保障法》将统一缴费率换成了收入相关型缴费，赋予了统一的基础国家养老金权益以及一个新的国家收入相关型养老金系统（SERPS）。缴费条件不变，一个例外就是为照护活动所引入的养老金补贴。参与基础国家养老金是法定强制性的。劳动者也属于 SERPS，除非他们的雇主选择退出该计划，在这种情况下他们就属于其雇主所核准的职业年金计划。在 1975 年法案下，缴费通常根据工资变化进行指数化，退休期间的养老金收益则会根据工资与物价变化之中的变化更大者进行指数化。（对于这种方案的设计缺陷，可参见专栏 5.8。）

1986 年改革将退休期收益的指数化方法变成了物价变化指数；它

---

① 关于英国 2004 年的养老金系统的描述，可参见 U. K. Pensions Commission（2004b，Appendix F）。

② 这些特意设定的收益增长的长期趋势是为了让养老金收益相对于税前平均收入维持稳定；这种趋势的短期偏离通常涉及大选前的收益增长；参见 Barr（1981）。

们扩展了退出的权利，让个人可以选择拥有一个个人账户来取代SERPS 或一个雇主供给型养老金；并且，它们还宣告了 SERPS 从 2000年之后将会减少的方式。（专栏 9.2 描述了执行这些改革时所遭遇的一些问题。）一个进一步的改革就是逐步将女性的退休年龄增加到 65 岁。结果，尽管存在显著的人口老龄化，所预测的英国公共养老金支出占GDP 的比重表现出不寻常的下降模式，如图 9.1 所示。

然而，在 20 世纪 90 年代中期，英国养老金系统面临重大问题。物价指数化的累积效应以及缴费系统的覆盖面下滑造成了养老金领取者贫困问题。职业年金掩盖了公共养老金系统的许多问题，但是对于低收入者的覆盖面不够。公共养老金系统的进一步改革已经宣布，试图为低收入者引入个人账户系统。这些都增添了系统的复杂性，但影响很小。职业年金的问题加剧了该情形，部分是因为 2000 年之后不如人意的股市条件，也可能是因为重度管制（参见专栏 9.3）。

这些问题就是英国养老金委员会报告（U. K. Pensions Commission，2004a，2004b，2005）的背景，其主要建议在第 11.2.3 节中进行了讨论。在接受那些战略性建议的过程中，政府做出了进一步的变革：从 2010 年开始，全额养老金的领取只需要满足 30 年缴费记录即可。

英国的经验说明了两个战略性误区。第一，该系统变化太频繁，时间期限也太短。因为养老金的一个核心目的是为日益增长的寿命提供消费平滑功能，故长期稳定性十分重要；政策变化不应当过于频繁，必须提前足够长的时间进行宣布，并且应当循序渐进。第二个问题是过度复杂性，这部分是第一个问题的后果。一个系统刚开始很简单、很容易理解，到最后不仅对于普通公众而言过于复杂因而难以理解，甚至对于许多专家而言要理解起来也十分困难。[①]

---

① 作为一个例子，公共养老金中不同的部分对于延迟领取养老金而言体现了不同的收益增长率，从而使得预测一个人在不同年龄退休所能获得的养老金权益变成一个重大难题。另一个问题是，如果基础养老金仍然保留收入审查要求（预计未来许多年之后仍会如此），那么可能就不值得一个低收入者去建立养老金储蓄；到底是否值得，既取决于劳动者未来的收入水平，也取决于退休时所实施的收入审查要求的具体细节。由于这两项条件都是未知的，英国的私人养老金销售者担心这可能导致多年后会让他们因为不当销售而陷入法律诉讼。

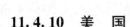

11.4.10　美　国

美国社会保障系统自 1961 年之后就开始采取了性别中立原则。年龄在 62 岁到全额收益领取年龄（正从 65 岁向 67 岁延长）之间的收入足够低的劳动者（也就是说，经退休审查之后）也可以领取退休收益了。在全额收益领取年龄之后就没有退休审查要求了。

残疾补贴与退休养老金的收费都来自一个从 12.4% 开始的工资税税率一直到一个最大的税率，这个最大税率足够高，以使得每一年大体上 94% 的劳动者所有的收入都应当纳税（但是大体上有 15% 的总体收入会逃避税收）。收费也来源于一些对养老金征税而来的所得税收费。当前收费超过了支出；超额部分进入了一个信托基金，该基金持有支付市场利率的美国国债。在 2007 年年末，这一退休与残疾保障的信托基金刚好持有超过 2.2 万亿美元，稍微低于 2007 年支出的 3.8 倍。

除了公共养老金，所有的养老金系统都不是法定强制性的，但是劳动者会向大量雇主与私人方案缴纳养老金。联邦公务员节俭储蓄计划对于社会保障系统具有补充作用，专栏 11.5 对其进行了讨论，在此提供了一个关于低管理成本的简单养老金计划的有趣实例。

专栏 11.5　　　　　　　　美国节俭储蓄计划

美国政府在 1986 年为联邦公务员建立了节俭储蓄计划。该计划为参与者提供了有限的资产组合选择。一开始时有三个选择：一个股市指数基金，一个持有私人企业所发行债券的基金，以及一个持有政府债券的基金。2007 年，劳动者有了六个选择，其中包括一个生命周期基金的选项。一个政府代理机构负责对个人资产组合进行集中记录。基金管理基于一个"批发"基础。私人部门资产的投资由私人金融企业来掌握，这种机会是通过竞标的方式来获取的（并在自愿性私人市场上管理同样的资产组合）。

结果，管理成本之低令人惊讶：年度费用小到只有 6 个基点，即每 1 000 美元账户余额只需要收取 60 美分的费用。到 2007 年，该项目已经增长到 380 万个参与者与 2 250 亿美元的资产规模。乔治·W. 布什总统所任命的委员会提出了社会保障改革提案,建议采取同样的方式,其他正在考虑改革的国家也对此产生了广泛的兴趣,特别是那些体制能力有限的发展中国家。正如在第 11.2.3 节中所讨论的那样,英国正在考虑一个类似的计划。

11.5 结 论

尽管支持养老金系统的制度是非常复杂的,我们得到的结论却很简单:

● 今天的养老金系统与 50 年前看起来大为不同。这并非偶然,而是正该如此。

● 达成养老金系统的不同目标有多种不同的方式。(或多或少)良好运作的养老金系统具有显著的多样性。这也正该如此。

● 许多国家的养老金系统结构设计很糟糕,而那些拥有良好结构的养老金系统通常都具有一些良好的特征从而使其总能从养老金制度变革中受益。

第 12 章　智利的养老金制度

智利 1981 年的养老金改革已经让许多评论者着迷，并且已经影响了其他国家。这项改革尚未完成，从最初改革以来发生了频繁的立法变动。2005 年，智利的新当选总统任命了一个咨询委员会来考虑进一步的必要立法变动。该委员会的分析结论是最新一轮立法改革的基础，该立法于 2008 年通过，正是本书出版前不久，对此我们将在第 13 章中讨论。本章讨论与评估 1981 年之后的养老金制度（也就是 2008 年改革之前的制度安排）。该制度以强制性储蓄为基础，同时也存在提供储蓄与年金的保险公司。成功效仿这一模式的难度远远超过许多政策制定者的想象，正如希望遵循类似路径的其他拉美国家的经验所表明的那样。[1]

12.1　1981 年以后的养老金制度

12.1.1　个人账户

在 20 世纪 70 年代后期，智利的养老金制度面临巨大问题，主要是

---

[1]　参见 Diamond 和 Valdés Prieto（1994）、Edwards 和 Edwards（2002）；在更为广泛的拉美国家情形下关于智利的更为充分的讨论，可参见 Gill、Packard 和 Yermo（2005），Arenas de Mesa 和 Mesa-Lago（2006），以及 Mesa-Lago（2007）。

现收现付制固定收益型养老金计划面临多重问题，包括不可靠的养老金待遇水平与随意的待遇差异。1981 年的主要变革就是为受雇于正规部门的员工引入强制性个人账户。员工必须将其被覆盖收入部分的 10% 存入个人账户，必须另外购买一个强制性的残疾与遗属保险（费用由市场决定），此外还必须向处理个人账户、征收缴费并管理养老金的企业支付一笔佣金。退休职工可以向保险公司以购买通货膨胀指数化年金的方式领取养老金，但这并非强制性的。相应地，他们也可以将其所积累的资金进行逐步提取；对于提取率的限制可以减少他们在死亡之前就提光的风险。在这种情况下，养老基金仍由养老基金管理公司来管理，它们负责养老基金的投资与养老金收益的给付。年金及其提取都要满足对相关家庭成员的法律保护。

为了处理个人账户，智利组织了一个受管制的市场，让养老基金管理公司（被称为 administradoras de fondos de pensiones，或简称 AFPs）来参与基金管理的竞争，而原先它们都只能管理一个单一的共同基金。这个行业对于任何企业都是开放的，只要该企业达到了足够的资本与管理标准（例如，企业的管理者必须没有犯罪记录）。智利后来允许每一个养老基金管理公司最多管理五个基金组合，并且有着不同的股票与债券混合比例。因此，尽管这些资产组合的精确组成结构完全留给了私有市场（这不同于那些参与专栏 11.5 中所描述的美国联邦节俭储蓄计划的企业），养老基金管理公司的选择范围其实是很有限的。①

由于历史上经历过巨大的通货膨胀，智利有比其他国家更多的指数化资产，既包括公有的，也包括私有的；它们的价值基于一个每日发布一次的通货膨胀指数。许多政府债券也是通过这种方式进行指数化的；某些抵押贷款与公司债券以及一些劳务合同与许多类型的商业合同也是如此。但从 2002 年开始，智利中央银行推出了一些长期名义债券，既包括公共债券，也包括私人债券。智利的养老基金同时持有指数化债券

①　正如在第 12.2.5 节中所进一步讨论的那样，行政管制要求有一个最低回报保障，这种制度设计方式会鼓励企业持有相似的资产组合。进一步的管制会影响账户持有者在不同养老基金之间进行转换的过程。

与名义债券，其中 40％的养老基金投资于股票（大约一半是海外股票），从而针对通货膨胀提供了一种中期性保护。

12.1.2　减　贫

在 1981 年改革之前，个人账户（意在平滑个人消费）有两种制度来支持：第一，对于缴纳养老金至少 20 年以上的低收入者而言，从一般性财政收入中提取的津贴为他们的养老金待遇提供了一个最低保障水平。第二，对于老年贫困者，存在一种基于资产审查的福利养老金，由一般性财政收入支付大约一半的最低养老金保障。正如下面将要讨论的，这种收益保障的低水平以及低覆盖率会产生一系列问题。

12.1.3　自愿性养老金

与强制性养老金系统相对应的是自愿性养老金系统（ahorro previsional voluntario，或 APV）。该系统可以被自主创业者采用，或者被那些与正规劳动力市场关系零散的劳动者采用，还可以被那些希望缴纳超过强制性的 10％比例的劳动者采用。

自 2002 年以来，当被政府授权的私人养老金供给者数量扩张时，自愿性养老金系统增长迅速，但相对于强制性养老金系统而言，它们的规模仍然很小。[①] 平均而言，参与自愿性养老金系统的劳动者缴纳了其相关缴费基数的 6.4％左右，而强制性养老金系统则高达 10％。雇主并没有被强制要求缴纳自愿性养老金，但有些雇主会自愿选择缴纳。

12.1.4　养老基金

正如专栏 6.2 所讨论的那样，进入一个积累制养老金系统意味着每个劳动者的缴费必须进入他或她自己的账户，因此，政府必须为现存养老金领取者的养老金进行融资，也必须为旧系统中还存续的劳动者所得

---

① 在 2005 年 12 月，APV 总额达到 19 亿美元（除非特别指出，数据都是以美元为单位），相当于强制养老金总额的 2.7％。在同样的数据中，大约有 323 000 名储户持有 APV 账户，相当于 AFP 账户总数的 4.4％，也是 AFP 活跃账户数量的 8.5％。

养老金的成本进行融资。为了给这一制度转型进行融资，智利将改革期间相当于 GDP 的 5％的资金留用。1978 年以后巨大的系统性财政盈余使得政府可以应付这些历史债务而无须借入更多的债或削减更多的财政收入。相比于用这些财政盈余来减税或提高（非投资性的）公共支出（这会提高国民储蓄），这对于试图促进经济增长的养老金改革而言十分关键。在这方面，智利的经验与大多数国家形成了鲜明的对比，在这些国家中类似的改革建议通常处于财政预算赤字的大背景下[①]，而养老金改革让这些赤字状况进一步恶化，从而导致了进一步的财政困难，因为养老金改革使得政府债务的利率升高了。

这种途径的倡导者强调这种资产有很高的实际回报率。有如下方面值得注意。首先，在早年间，这些养老金完全是由政府债券与政府背书的银行存款来支撑的。因此，资产的高回报率反映了智利的高利率，而非基金经理的精明。其次，由于所允许的资产组合范围扩大了，研究表明，一旦账户不再受到资产组合的法律限制，就会处于风险回报的边缘。一个最新的官方报告（将在下一章讨论）表明：

> 那些认为养老金系统已经制造了每年 10％的实际回报率的看法，并没有充分反映出养老金系统的实际表现。关于劳动者缴费的实际产出（换句话说，劳动者直到退休那一刻所得到的实际回报）的更为现实的估计（扣除佣金后的净额），表明其实际回报率应当是在每年 4.5％和 6.5％之间。[②]

核心观点就是，资产组合的回报率与储蓄的回报率之所以不同是由管理费用造成的，因而，有必要计算剔除管理成本之后的投资回报率。还与此有关的是，预期未来的回报率可能与当股票和债券市场正经历如

---

① 例如，玻利维亚、哈萨克斯坦、拉脱维亚与罗马尼亚在启动改革时，其财政赤字已经占到 GDP 的 3％以上；参见 World Bank (2006a, Figure 3.2)。

② "La afirmación de que el sistema de pensiones ha generado rentabilidades reales del 10％ annual no refleja adecuadamentre el desempeño del sistema desde la perspectiva de los afiliados. Estimaciones más realistas de la rentabilidad efectiva de los aportes del trabajador, es decir, del retorno neto de comisiones hasta el monento del retiro，indicant que ésta se ubicaría entre un 4,5％ y un 6,5％ anual" (Chile Presidential Advisory Council, 2006a, p. 23)。

此巨大变化时的回报率大为不同。

12.1.5　管　制

智利通常被认为依赖于无限制的市场，几乎没什么政府干预。这种看法具有误导性。持有这些钱的养老基金管理公司与它们所投资的这些股票和债券市场都是受到严格管制的，包括对资产组合的限制、对劳动者收费的结构（但不是收入水平）的限制，以及对企业之间如何竞争的限制。事实上，智利创建了一个新的管理部门专门来监管这些养老基金管理公司。提供养老年金的保险公司也受到严格的管制，既包括它们的资产组合范围，也包括它们销售养老金的方式。在发达国家，无论是强制性养老金还是自愿性养老金，其管制都是标准的。智利的经验表明，政府与市场协作可以产生一个依赖于市场的运行良好的养老金系统。为了保证投资于股票与债券市场的强制性储蓄能够投资成功，其所造成的政治压力明显来自试图管制这些市场的政治努力。事实上，当前形式的债券市场以前根本就不存在，直到面临共同基金与保险公司持续增加的需求时才出现，因为它们需要持有指数化债券来为其指数化养老年金进行相应的储备。

12.2　评　价

本节评估 1981 年之后的养老金系统所采取的基准点不是之前存在过的系统，而是今天的养老金系统到底应当为居民提供什么。本章的讨论因而关注养老金领取者贫困问题、覆盖面的完备性问题、纵向公平与性别平等问题、管理费问题、竞争与基金多样化问题、财务成本问题以及经济增长问题。这里所提出的所有批评都已在智利国内被提过了。[①]

---

　　①　例如，2004 年在圣地亚哥的一个会议上，一名智利参议员提出"智利养老金系统的七个致命的原罪"：覆盖面低、收益低、管理成本高、财务成本高、缺乏性别平等、竞争性弱以及养老基金管理公司董事会成员的任命缺乏政治审查。

12.2.1　养老金领取者的贫困

智利所面临的老年贫困问题并不是很严重：老年人口中所测量到的贫困率（大约为整个老年人口的 10％）是整个国家的贫困率的一半。然而，这个结论不应当被夸大为 1981 年后的养老金系统的成功结果。在 1981 年之前的养老金系统里的老年人如果选择留在旧系统的话，将被允许继续留在该系统中，而且很多人选择了这样做。许多今天的退休人员的花费远少于他们在 1981 年后的系统里整个职业生涯期间的花费：只有在 1981 年 35 岁以上的女性和 40 岁以上的男性在 2006 年分别超过了 60 岁和 65 岁的退休年龄。因此，今天的老年贫困率数据只能部分地反映新系统的影响。

展望未来，"许多劳动者在新系统中很少储蓄或根本不储蓄"[1]。在一个财政资源有限以及非正规部门相对很大的中等收入国家中，这个结果很难避免。但是，有几个原因使得即使对于那些花了很多时间在正规部门工作的劳动者而言，贫困仍然是一个潜在的问题：与其他国家相比，相当于所覆盖收入的 10％的养老金缴费率（净收费）仍然是较低的[2]；正如后面所讨论的，随着人们进入或退出被覆盖就业岗位，覆盖面是不完备的，这既影响了个人养老金积累，也影响了最低保障的获取资格；并且除了最低养老金保障，缴费型养老金就其本质而言更是一个消费平滑的工具而非减贫工具。该问题的前两个根源原则上可以通过提高缴费率与扩大覆盖面的方法来解决。第三个根源则是 1981 年改革战略的一个内在后果，从而要求重新审视最低养老金保障的设计问题。该系统的另一个反贫困工具，即基于收入审查的福利养老金，只提供有限的收益（正如前面所提到的，大约只有最低养老金保障的一半），并且直到 2006 年才开始限量配给。[3] 尽管这两组收益对于很多老年人而言都

---

[1]　"Muchos trabajadores han ahorrado poco o nada a través del sistema de pensiones" (Chile Presidential Advisory Council，2006a，p. 5).

[2]　尽管在许多国家劳动者的缴费率大约为 10％，这些缴费相应地伴随着雇主们大体上相同规模的缴费。

[3]　福利养老金也面临制度设计问题。原则上，当一个受益人的生活水准超过一个门槛时，整个收益将会停止给付，从而在市政层面上可能会产生收益管理方面的腐败动机。

是有关系的，但是持续的并且可能增加的养老金领取者贫困问题并不是一个令人惊讶的结果，这也是下一章中所要讨论的改革的关键驱动力。

除了贫困，另外一个问题是不确定性。老年保障的一个重要因素就是，随着劳动者变老，需要发展出一个关于退休时的可用养老金的不确定性的公正的测度。个人账户面临收益的波动与年金价格的变化，留下了相当大的不确定性，并且，至少从历史上来看，还存在一个关于福利养老金水平的政治性因素。有证据表明劳动者将不安全性视为重大问题，这是改革的另一个驱动力。

12.2.2 覆盖面

养老金系统的覆盖面仍然不完整的原因有两个。部分问题在于养老金的设计：缴费仅仅对于雇员而言是强制性的，而对于自雇者而言就是自愿性的，并且对于花费多年照顾幼童者而言也没有补贴。然而在实践中，许多劳动者经历了多期正式的就业、失业、自雇，或者退出劳动力市场去从事照护工作或接受教育。另外，因为有些应当缴费的人没有缴费而造成缴费遵从的不完备性。由于这两个方面的原因，许多劳动者的缴费记录有很严重的缺口。

覆盖面（由一个特定年份的缴费人数与总劳动力数量之比来衡量）在1980年大约是64%；该数据维持在大约60%——虽然较低，却是拉美国家中最好的表现之一（Mesa-Lago，2005，Table 1）。像养老金领取者贫困问题一样，覆盖面问题在中等收入国家很普遍。然而，值得注意的是，尽管智利进行了强有力的管理，覆盖面问题仍然持续存在。因此，智利的结果并不支持以前的观点，即认为缴费与待遇之间更紧密的关系可以产生缴费遵从度的巨大改善。基于第5.2.2节中所讨论的原因，这一结果是可以预见的。

减贫问题与覆盖面问题被负面激励问题所进一步激化，Gill、Packard和Yermo（2005，Chapter 8）讨论了这一主题。因为劳动者只要基于20年的缴费记录就可以享有最低养老金保障的权利，所以低收入者就有动力将其缴费限制在20年；类似地，对于那些永远不可能缴满20年的劳动者而言，其缴费动力仅仅来源于通过其缴费所能得到的养老金收益。因此，对于缴费满 20 年的低收入者而言，"住房、家庭作坊式经营，甚至儿童教育都属于个人致力于投资的范围"（Gill, Packard and Yermo, 2005, p.184）。所以，低收入者的缴费意愿很低。另一个动机是低报收入，因为最低养老金保障的权益只基于缴费的年限而非缴费的数量大小。

12.2.3 纵向平等

除了最低养老金保障，智利的个人账户还提供了完全的精算型收益，作为消费平滑的一个工具。其设计规则的一部分就是将更高的收益给予收入更高的个人。这样一个系统不会造成从富人向穷人的再分配，但是，在这些购买年金的人当中，将会从那些寿命低于年金定价中所使用的预期寿命的人再分配到寿命超过者身上。不出所料，不同的收入分位数之间缴费密度提高了。因此，一个处境更好的人不但每个月有更高的缴费（恰当地反映了其更高的收入），而且平均而言，每个月都比收入更低者缴费更多。[1]

这里的观点不是说精算型收益是不公平的，而是说，它们需要在养老金系统中包含有效的减贫要素。第 13 章讨论了通过更强有力的减贫措施来代替最低养老金保障的问题。

此外，自愿性养老金享受税收优惠。正如在许多国家中那样，那些税收优惠的设计给收入最高的人以最高的养老金收益。[2]

12.2.4 性别平等

性别与家庭在第 8 章中进行了讨论。[3] 以下两种方法存在一个明显

---

[1] 关于一个更为全面的讨论，可参见 Gill、Packard 和 Yermo（2005, Figure 8.1 及相关说明）。

[2] 如果税收是累进制的且缴费能根据个人的边际税率进行减免，收入更高的缴费者一般而言比收入更低的人缴费更多且会在一个更高的边际税率上获得税收减免。此外，如果养老金收益以与缴费减免同样的税率进行缴税，纳税人从延迟纳税中会得到好处直到在增量基础上获取收益而非支付税收。税率越高，延迟就越有价值。也可能通过其他方式获得税收减免，譬如免税额度或以一个相匹配的存款代替税收减免。这个免税额或匹配率可能是统一的，也可能是收入越低免税率就越高。

[3] 也可参见 Arenas de Mesa 和 Montecinos（1999）。

的冲突：养老金系统将妇女视为依赖者并且试图抵消其相应的劣势，或者也可以使男性与女性之间的区别变小甚至变无。发达国家越来越倾向于起草立法以采取后一种方法。在养老金系统里考虑性别问题，有必要既考察一名女性的收入记录（这决定了她的缴费），又考察养老金系统的设计（这决定了她的收益）。

在智利，正如其他国家一样，平均而言女性的工资低于男性，因为平均而言女性获得的培训更少，并且因为她们从事同样的工作却会获得更低的工资。此外，女性的劳动参与度与男性相比更为零散，这部分是因为女性经历了更高的失业率且更有可能在非正规部门工作；这些因素都会明确导致女性的养老金更低。此外，通常来说女性会花更多的时间来照护孩子或不能自理的老人。如果这是在信息充分的条件下所做出的自愿选择，那么这是无害的；但至少在发达国家，这被认为是性别不平等的表现，其源于照护责任分工的社会态度，特别是在那些不太提供零工的缺乏灵活性劳动力市场的地方。在第 8 章中我们讨论了鼓励女性劳动力供给的几个政策，其中两个与智利有关：

- 儿童补贴有不同的影响，取决于其具体设计。无论妇女是否从事有偿工作，家庭津贴都不会鼓励劳动力供给。[①] 以工作为条件的儿童照护津贴相比而言就能增强工作的激励，从而提高劳动参与度。[②] 在智利，抚养孩子通过家庭津贴进行了补贴，但并没有补贴儿童照护的全国性制度。

- 全日制学校有利于提高妇女的劳动参与度。智利的学生在校时间自 20 世纪 90 年代中期之后就已经延长了，但仍然比工作日时间要短。因为智利的劳动力市场机制不太提供零工的便利，这就产生了问题。

部分地出于这些原因，智利的女性倾向于拥有比男性更少的养老金

[①] 事实上，通过收入效应，家庭津贴会鼓励闲暇从而不能鼓励劳动力供给。此外，所增加的收入可能会使得家庭想方设法为更高质量的儿童照护筹集资金，从而使得工作更具吸引力。

[②] 例如，英国的儿童税收减免（Barr，2004a，Chapter 10；U. K. Treasury，2005）包括儿童照护补贴。

积累。此外，养老金系统的设计将某些妇女置于不利境地：

● 女性有一个比男性更低的养老金领取年龄，从而从经验上
来看，倾向于更早退休。可以更早领取养老金的能力，本身并不
一定就是个劣势，尽管更早退休与精算型收益的组合意味着女性
在实践中会得到更少的养老金收益。自愿性缴费只能缴至法定领
取资格年龄为止，从而对于那些希望继续缴费的女性造成了
劣势。

● 让我们进一步加强前一个观点：因为最低养老金保障只给那
些至少缴费 20 年以上的劳动者，那些缴费不足 20 年的劳动者只能
依赖于（更低的）福利养老金。女性参与劳动力市场的时间倾向于
比男性更少，并且养老金系统并不将照护行为计算在内；结果，相
比于男性，这个 20 年规定更多地忽略了女性。

● 养老金供给者被允许使用针对不同性别的死亡率设置不同的
年金与程式化提款规则，从而对于给定的积累额，会向女性支付更
少的收益，以反映她们更长的预期寿命。[①] 这种安排的理由在于，
在贫困的家庭里，主要是男性参与被覆盖就业，因此，不分男女的
数据将会把低收入家庭置于不利地位。

劳动力市场与养老金设计中的这些因素是相辅相成的。结果，智利
70% 的劳动女性缺乏领取最低养老金保障所需的 20 年的覆盖要求，这
一数据远高于男性（Berstein，Larraín and Pino，2006），并且我们甚
至不需要观察数据就可以定性地推断出这一结果。对于寡妇存在一些保
护，这是因为男性被要求购买年金以支付其养老金的 60% 给万一失去
丈夫的妻子；但女性并不被要求为其丈夫购买同样的年金。这种意图就

---

① 年金供给者也被允许使用那些随着退休期养老金积累额规模而变化的死亡率数据。因
为拥有更高积累额的人们平均而言有着更好的财务状况，该设计抓住了如下事实：财务状况
更好者往往活得更长。如果没有这种测度，精算型收益（从短寿者向长寿者再分配）将因而
实现从穷人向富人的再分配。

是故意为女性提供一个优待①，并且该系统在很多方面都是如此：譬如，正如我们已经注意到的那种观点，使用男女分开的寿命表并根据养老金积累需要调整寿命表。很明显，这种方式与本节开头所描述的那种很大程度上性别中立的方式，存在一个重大的差异。

12.2.5 行政性收费、竞争与基金多样性

尽管智利的管理费用在拉美国家中已经很低，但依然值得关注（Arenas de Mesa and Mesa-Lago，2006，p. 155）。在一个简单的模型中，理想的竞争会使得消费者选择最大化，并迫使价格下降。真实世界里的竞争将价格竞争与广告和回扣组合在一起，并且反映出消费者对环境变化反应迟缓。很难区分共同基金的高回报到底是由于更好的资产管理还只是由于运气（未来回报的预测太不可能了），一些投资者并未意识到一个更高的回报可能是基于其承担了更高的风险，因此，不出意料，在许多国家，投资公司对其回报进行广告宣传，而一些投资者只考虑回报而不考虑相应的风险。一般而言，在共同基金市场上，我们通常会在诸多相似投资选项的手续费率种类繁多以及价格与边际成本之间的巨大差距中看到真实世界里（而非理想世界里）竞争的特征。智利的劳动者与其他地方的劳动者并无多大不同，这些问题在许多针对小型个体投资者的市场上经常出现。

尽管已经采取行动强化竞争，智利的养老金收费因为几个方面的原因仍然很高。首先，作为一个经验性问题，劳动者对于价格差异往往不敏感："对价格变化的低弹性源于多方面的因素，其中一个因素就是养老金产品的强制性与复杂性特征。因此，绝大部分劳动者对于不同养老基金管理公司之间的差异性并不是很关心。"②

---

① 然而，如果丈夫是唯一的赚钱者，那么失去丈夫的妻子所能获得的收益，只是当丈夫活得比妻子更长时丈夫所能获得的收益的60%。

② "La baja elasticidad a variaciones del precio se origina en varios factores，entre ellos，la obligatoriedad y complejidad del producto. Esto hace que la gran mayoría de los trabajadores no se informe y no responda a las diferencias de comisiones entre AFP"（Chile Presidential Advisory Council，2006a，p. 21）。

　　这并不意外，只要我们注意到专栏 4.2 中所讨论过的信息问题以及第 9.3 节中所解释过的事实，即每个月所节省的手续费很小，而所付出的时间与精力却很大，故劳动者的反应都很迟缓；因此，参与竞争性行为的动力消失了。消费者反应的迟缓性也被如下事实所加剧：不同形式的资产组合看起来其实都比较相似，这部分是由于政府强制要求每一个企业的表现都不能显著低于平均水平的结果。[①] 所以，劳动者所面临的选择事实上是很有限的。

　　其次，尽管该行业的进入理论上是自由的，但是企业的数量已经极大地缩减了：2004 年，只有六家公司仍然在市场上活跃着，前三家公司持有了 80% 的资产（Mesa-Lago，2005，Table 3）。这种集中部分是管制的结果，部分是养老基金管理公司被禁止从事其他业务的结果（这限制了这些公司设备共享的能力从而减少了新进入者能寻求规模经济的机会）。

　　当依靠竞争来降低成本时，重要的是对竞争进行管制以保证其尽可能地依靠价格竞争而非营销方面的努力。这并不容易。法律要求养老基金管理公司对其所有的参保者都收取相同比例的缴费率。因为对于每一个账户而言成本大体上是固定不变的，所以拥有稳定高收入的客户就变得非常有吸引力："基于礼物与折扣的营销模式使其更有可能接触到此类客户，从而就会偏离降低所有参保者的价格的责任。"[②] 因此，智利的经验表明，竞争并非一件自然而然的事情，即使在那些大到足以维持足够多的共同基金公司以产生可信的竞争的国家里也是如此。这个问题在更小的经济体中更为重要（参见专栏 11.2 中关于玻利维亚的讨论）。然而，话虽如此，如果一个养老金系统希望让劳动者自由选择不同的养老金供给者，那么高成本在某种意义上就是一个内在的结果（参见第

---

　　① 对于低风险基金（多元基金 C、D、E），每一年的回报不可以比过去 36 个月期间同一类型所有资产组合的平均回报率低 2%（200 个基点）以上，或不能低于同期所有养老基金管理公司的平均回报的 50%。

　　② "La comercialización basada en regalos y descuentos permite llegar a estos clients, soslayando la obligación de bajar el precio a todos los afiliados"（Chile Presidential Advisory Council，2006a，p. 21）。

9.2.3 节）。

智利的股市相对于 GDP 的价值这些年来已经显著地上升了。这种改善既归功于养老金改革本身，也归功于股市监管的改革，以及资本账户对外国股权投资者的开放。然而，因为掌管个人账户的基金大多追求一种买入并持有策略，这种相对于 GDP 的价值增长并没有伴随相匹配的交易增长规模，所以流动性并没有同步增长。与此同时，长期债券市场已经增长，并且对于政府与企业的融资而言都非常重要。这主要归功于养老金改革与成功的通货膨胀指数化。

12.2.6　财务成本

智利的养老金财务成本一直都很高而且会持续很高。2004 年，政府的直接养老金支出占 GDP 的 5％，与 1981—2004 年间平均 5.7％的比例很接近，官方预测 2005—2010 年间（几乎是养老金改革被引入 30 年之后）占 GDP 的 5％（Arenas de Mesa and Mesa-Lago，2006，Table 2）。这部分是由向积累制转向的遗留财务问题所导致的。[①] 但是，高支出也存在其他几个方面的原因。其中一个原因就是减贫：2003 年，最低养老金保障与福利养老金一起的支出略低于 GDP 的 1％，以及额外的针对年龄 65 岁以下者的残疾人养老金支出。还存在进一步的针对军人与警察的公共养老金支出（2003 年约占 GDP 的 1.7％），这并不是 1981 年改革的一部分。[②] 这些高额的财务成本本身并不是一个缺陷，但是它们有助于提醒其他国家，养老金系统不可避免地会涉及公共支出，并且转制的时间期限可能会很长。

12.2.7　经济增长

自 20 世纪 80 年代以后，智利就表现出良好的经济增长，一些评论

---

① 关于由向积累制转向所导致的公共支出的估计，参见 Valdés Prieto（2005b）。

② 此外，政府预算会计的变化，与修正的 IMF 程序（International Monetary Fund，2001）一起，导致所测算的 2000 年以前的养老金系统的赤字增加了。这种变化牵涉到认购债券出现在公共账户中的方式；修正的账户包括但不限于未付债券的累积利息，而非退休时这些债券的现金支付。这增加了改革早年间的赤字，并减少了 2000 年之后的赤字。

者在讨论这一点时看起来就好像这个经济增长主要就是由养老金改革所导致的。这种归因是错误的；很多其他方面的改革也很重要。养老金改革对经济增长有两个方面的贡献：增加了国民储蓄（假设用于转制的财政盈余如果不投资的话就会用于消费），以及改善了资本市场的运作。要确定其对经济增长的总效应以及每一种改革到底对经济增长有多大贡献，本质上是非常困难的，也许根本就是不可能的，虽然一些跨国回归研究宣称已经做到了［参见 Beck、Levine 和 Loayza（2000），被引用于 Holzmann 和 Hinz（2005，p. 34，p. 47）］。

12.2.8　自愿性养老金

自愿性养老金允许有更进一步的选择。2006 年，大约四十家公司出售自愿性养老金，其中只有六家是养老基金管理公司。然而，正如前面所注意到的，该系统仍然很小。对于大多数人来说，自愿性养老金在其养老金财富中并不是一个主要成分，这部分地是由于养老金产品的本质，特别是其非流动性；部分地是由于参与的税收激励对于低收入劳动者而言更低了。这个故事的一个很重要的部分就是，正如大多数国家那样，非常穷的人很少甚至根本不会参与自愿性退休储蓄。

自愿性养老金系统主要是收入更高的劳动者在使用。2005 年，前五分之一的养老基金管理公司的缴费者之中，26% 的劳动者也会参与自愿性养老金缴费；相比而言，后五分之一的缴费者之中，只有 2.7% 的劳动者会参与自愿性养老金缴费。参与自愿性养老金系统的劳动者的平均收入是每月 1 350 美元；相比而言，强制性养老金系统的劳动者的平均收入是每月 635 美元。再次，这个结果并不意外：高收入者面临更少的流动性问题，并且其税收减免更慷慨了，因为税收减免取决于劳动者的边际税率，而这意味着收入越高者税收减免就越高。

12.3　结　论

智利的被覆盖劳动者所享受的养老金系统对于拥有相当完备的缴费

记录的劳动者而言在提供消费平滑功能方面是稳定而有效的，并且养老金改革已成为改善资本市场过程中的一个重要部分。但是，智利的整个经济改革项目（养老金改革只是其中的一个部分），已经需要采取由强劲的宏观经济政策所支持的可持续的成功的政治行动。进一步，在智利，存在一个对于养老金收益低、覆盖面小、性别不平等以及管理费用高等一系列问题的持续关注。此外，由于向积累制转向需要很长的时间，且由于现存的反贫困项目，养老金系统对一般性财政收入提出了持续而重大的要求。

可以认为，这些结果是1981年改革战略的两个核心要素的可预料的后果：对个人账户的关注，以及竞争性养老金供给的潜在模型。对于第一个后果，个人账户直接与个人的收入历史相关。因此，它们提供了消费平滑功能，但是根据其定义，它们本身并不能为那些终生被覆盖收入都很低的劳动者提供老年反贫困功能。提供减贫功能需要其他工具。两个这样的工具（即最低养老金保障与基于收入审查的福利养老金）都已经就绪，但如前所述，都存在重大的缺陷。持续的老年贫困问题因而就是该战略的一个直接后果。

当消费者信息充分并且对市场条件做出高度反应时，竞争与消费选择具有最佳的表现。在养老金的情形下，这些消费的失败（正如在第10.1.1节中所概括的那样）质疑了竞争的社会福利好处，并且部分地解释了管理费用过高、养老基金管理公司利润持续过高以及行业集中度过高的问题。（也可参见第4.2.2节、专栏4.2以及专栏9.6节中的讨论。）

由于这些以及其他方面的原因，"1981年改革所创立的个人账户系统目前并不能满足所有智利人的养老金需求"[①]。减贫功能要求强化那些能对个人账户系统进行补充的各种保障措施。如果预期寿命在提高，但强制性储蓄率或开始领取养老金的年龄都没有变化，那么替代

---

① "El régimen de capitalización creado por la reforma de 1981 no es actualmente capaz de resolver las necesidades previsionales de todos los chilenos"（Chile Presidential Advisory Council，2006a，p. 17）。

率将不可避免地下降，除非利率大幅提高（但并没有理由预测会如此）。

此分析重点关注养老金系统实际运作中的基本功能，忽略了养老金系统在分担风险方面那些更难以量化的功能。第一个功能就是资本市场与总体劳动力市场的风险分担。正如在第 7.3 节中所讨论的那样，积累制个人账户就放弃了由其他方式所提供的代际风险分担的潜力。

第二个功能就是被大量讨论的政治风险问题。在旧制度下（在1981 年之前），智利政府频繁地干涉由养老金系统所产生的结果，从而导致该系统更有利于那些拥有更大政治权力的人，对其他劳动者与纳税人则更为不利。类似问题也产生在其他国家。自 1981 年改革之后，影响养老金系统机构的频繁管制已经不再基于政治权力来对低回报者进行救助或在不同人群之间进行转移支付，并且系统的资产可持续地用来为养老金收益进行融资。这些结果并非这类型系统的自动结果，而是由智利的政治过程的质量与其养老金系统的设计所导致的结果。

尽管如此，基础养老金设计的政治问题可能依然没有解决："人们向养老金系统的有限投入趋势可能是一个会随着时间的推移而不断加深的问题。这种有限的投入趋势，是由信息的缺乏、系统的复杂性以及较低的政治合法性造成的……如果未来养老金收益不能满足人们的期望的话，可能就会有更多的人彻底拒绝投入该系统。"[1]

主要的教训有三重：

● 强制性积累制个人账户能成为良好改革的一部分，但是这样一个改革并不容易。

● 私人供给加上自由竞争，本身并不足以降低交易成本或管理

---

[1] "La limitada adhesión que la población revela hacia el sistema previsional es un problema que puede ir profundizándose en el tiempo. Esta escasa adhesión, originada en la falta de información la complejidad del sistema y su baja legitimidad política … puede transformarse en un rechazo más abierto en el futuro si sus beneficios se encuentran muy por debajo de las expectativas de la población" (Chile Presidential Advisory Council，2006a，p. 7).

费用。

● 除非伴随着一个强有力的减贫系统，个人账户本身并不是一个完整的养老金系统，而只能成为一个养老金系统的一部分。

第 13 章　智利养老金改革的方向建议

2006 年，被任命来处理前一章中所讨论的那些问题的总统咨询委员会发布了一个详细的报告，考察了智利养老金制度的实施环境，并提出了关于制度改善的评价标准与 70 项改革建议。在那一年年底，总统米歇尔·巴切莱特（Michelle Bachelet）向立法机构发出了一项养老金改革法案，其中包含了委员会的许多但非全部建议。这项法案（在做了一些修正之后）于 2008 年 1 月通过了立法，这正是本书出版前不久。

本章阐述并评估了委员会的一些建议。在我们的眼中以及委员会的眼中，智利在执行一个基于市场、提供消费平滑功能的积累制个人账户养老金制度方面干得很好①，但是尚未充分发展其分配功能与减贫功能。因此，问题更可能是政策战略问题而非执行问题，而委员会的建议正是强调该政策战略的缺点。此外，我们也同意该报告在对于达成重要目标而言并非必要的地方力求避免剧烈变革的出发点，这既是因为变革十分困难，也是因为任何的改革都需要长期的政治支持。

第 13.1 节简要地概括了委员会的战略思考。第 13.2 节阐述了一个关于新型基础养老金的建议。第 13.3 节概括了关于个人账户的建议。第 13.4 节讨论了法定覆盖面问题。第 13.5 节考察了此改革如何增加性别平等。第 13.6 节提出了一些战略性结论。附录 13.1 简要地概括了此改革的一

---

① 正如在第 9.2.3 节中所注意到的那样，一个由劳动者选择供给者的基于市场的系统比一个由政府组织的系统更为昂贵；智利所采用的养老金设计进一步增加了成本，因为它没有创建一个中心化的缴费机制（Diamond and Valdés Prieto, 1994）。然而，在这种框架下，智利还没有产生在一些其他国家里已经产生的制度执行问题。

些其他方面。本章用斜体字加黑书写的建议都是委员会的建议。

13.1 核心战略

委员会报告认识到，智利的养老金制度面临三个基本的挑战："将社会安全保障变成一项普遍权利，将老年贫困风险最小化，将养老金系统变成一个依据每个人通过生产与养育工作（无论是否得到过报酬）向社会做出的贡献来进行公平给付的系统".[1] 简而言之，委员会呼吁采取行动以保证养老金制度可以提供广泛的覆盖面、减少贫困且能有效地平滑消费，既考虑到个人的工作，也考虑到个人的家庭责任。委员会判断，现存的养老金系统自身无法应对这些挑战：

> 如果 1981 年改革产生了一个不平衡的系统，即赋予个人账户系统过多的责任，那么该系统自身就不太可能修正这些问题，也无法应对该国在不远的未来将持续经历的这些变化。修正养老金制度的缺陷也不是这些养老基金管理公司（管理个人账户的私人公司）的责任；等待问题自行解决与等待国家临时抱佛脚般地采取应对措施，都是不明智的。养老金改革的目的必须能阻止这些挫败的结果并避免那些临时抱佛脚的行为。[2]

因此，

> 委员会建议从一个由个人账户占主导的养老金系统转向一个能平

---

① "Universalizar el derecho a la protección de la seguridad social；minimizer el riesgo de la pobreza en la vejez y transformer a las pensiones en una retribución justa al aporte de las personas a la sociedad a través del trabajo productivo y reproductivo，remunerado y no remunerado" (Chile Presidential Advisory Council，2006a，p. 11).

② "Si la reforma de 1981 generó un sistema desequilibrado，que hizo recaer demasiadas responsabilidades sobre el régimen de capitalización individual，difícilmente esta sistema podrá，por sí solo，corregia los problemas y hacer frente a los cambios que el país seguirá experimentando en el future próximo. La responsabilidad por corregir las limitaciones del sistema no es de las AFP y no parece prudente esperar a que los problemas se presenten para improvisar compensaciones desde el estado. Prevenir la frustración y evitar la improvisación debe ser el objetivo de la reforma previsional" (Chile Presidential Advisory Council，2006a，p. 7).

衡与整合各个成分的养老金系统，包括那个方案。不同于偏好于某个养老金方案胜过另一方案或试图发展出一套平行系统，委员会所建议的养老金系统将由三个支柱构成：团结型支柱、缴费型支柱与自愿型支柱。这些支柱必须能够相互补充与相互整合，从而保障老年人能有一个体面的老年生活。①

委员会所提出的这一关键的战略性改革方案引入了一个"团结型支柱"。此外，委员会提出了一个新颖的改革方案，试图降低个人账户的融资成本。这些变化只是整个改革方案措施中的一部分，我们将在后面讨论更多的措施。2000 年，政府执行了一个占 GDP 1% 的结构性盈余，这在 2006 年之后被《财政责任法案 2006》所制度化了。这一法案建立了大量的基金，包括一个养老金保障基金（为了平缓养老金融资所导致的税收负担），还包括一个经济与社会稳定基金（为了在财政紧张时期保障社会支出水平）。

另一个单独的改革方案被统称为社会保护制度，该制度旨在解决社会排斥问题。该制度由三个主要部分组成：一个基于资产审查的减贫制度（即智利团结计划，由上一届政府所创立）；一个儿童保护制度（与 8 岁以下的儿童有关）；一个劳工保护制度（养老金改革方案就是其中的一部分）。我们只讨论其中的养老金部分。

13.2　基础养老金

本节先是列出了委员会关于基础养老金的建议，并进行了简要讨

---

① "El Consejo propone pasar desde un sistema dominado por el régimen de capitalización individual，a un sistema previsional capaz de equilibrar e integrar sus distintos componentes，incluido dicho régimen. Esto significa que，en lugar de privilegiar un régimen de pensiones por sobre otro，o desarrollar sistemas paralelos，se propone estructurar el sistema en base a tres pilares：un pilar solidario，un pilar contributivo y un pilar voluntario. Estos pilares deben ser capaces de complementarse e integrarse，y contribuir a que los adultos mayores tengan una vida digna en la vejez"（Chile Presidential Advisory Council，2006a，p. 13）.

论；第 13.2.2 节给出了一个评估结果。

13.2.1 收益与融资

委员会建议：必须建立一个新的团结型支柱，以提供基础养老金以及残疾抚恤和遗属抚恤。基础养老金必须替代最低养老金保障和福利养老金。

这是委员会最核心的建议之一。基础养老金（与残疾抚恤和遗属抚恤一起）在 65 岁时就可以支付（男女一样），并且不需要任何缴费限制。[①] 委员会报告将"基础养老金必须高于贫困线"设定为一个明确的目标。基础养老金取代了最低养老金保障（2006 年低于每月 88 000 比索）、福利养老金（接近贫困线，大约每月 44 000 比索）。与委员会的建议一致，2008 年 1 月的立法引入了每月 66 000 比索的基础养老金（接近 125 美元，大约是月人均 GDP 的 21%），从 2008 年 7 月开始实行，发放对象是那些没有养老金积累或积累很少的人，以及处于家庭收入分布底端的人群。该养老金收益上升到每月 75 000 比索，从 2009 年 7 月开始实行。

对于更高的个人及家庭收入水平，基础养老金的止付则基于双重审查：

● 基础养老金会随着个人的缴费型养老金收入的上升而逐步止付。

● 基础养老金也会随着整个家庭各方面收入的上升而逐步止付，凡是不属于最穷的 40% 的家庭（立法将其提高到了 60%），也将会止付。

因此，存在一个个人缴费型养老金收入审查和一个家庭收入审查。[②] 这一养老金制度与澳大利亚有相似之处，后者提供了一个税收融资型养老金方案，没有缴费条件，但有一个富裕度审查（参见专业术语表）。

---

① 因此，该养老金系统是普惠制的，正如专业术语表中所定义的"非缴费型全民养老金"。

② 一旦该制度被逐步引入，止付率相当低，大约为 30%，从而避免对工作与储蓄产生太多的负面激励效果。收入审查的操作细节非常复杂，特别是它还包含了对通货膨胀率的考虑。

由于收入审查部分地基于家庭缴费型养老金收入，而不仅仅是个人养老金收入，关于已婚夫妇的处理提出了一些关于横向公平的问题。对于性别平等而言十分重要的一点就是（这将在第 13.5 节中进一步讨论），在贫困家庭中，丈夫与妻子都有获取全额养老金的权利。然而，一名妇女若自己拥有很少甚至没有养老金权益但拥有一个富裕的丈夫的话，就将无法获得养老金。

委员会建议：必须为养老金建立一个团结型基金。

为了覆盖基础养老金的成本，该报告建议建立一个信托基金，即团结型基金（Fondo Solidario de Pensiones），该基金的主要来源为当前缴费，仅有一小部分来源于以前所累积的现金流储备。关于这一基金的建立有两个理由：其作为公共养老金系统的一个明确的项目而存在，有利于保护参保者的利益，并且增强了政府针对养老金系统的承诺的透明性（咨询委员会非常关心其透明性）。这个团结型基金既能覆盖基础养老金的成本，也能覆盖对于个人账户的补贴（第 13.5 节讨论了这一点），例如，补贴一个照顾孩子的母亲。因此，该建议是为了在一种流量基础意义上使用该基金，而非为了在积累账户之外再增加整个养老金系统的积累额。

13.2.2　评　估

这些提案有很多地方值得注意。

减贫：强化了不发达因素。 基础养老金直接强调了旧战略的核心问题，这在第 12 章中我们已经认识到了。私人账户系统自身主要是一个消费平滑的工具，因而只能构成一个完备的养老金系统的一部分。其缺少的因素是保险与减贫；最低养老金保障与提供减贫功能的福利养老金都是不充分的，这在第 12.2.1 节中已经讨论过。此外，给定它们对于受益者所强加的高额的隐形税收，最低养老金保障与福利养老金对于参保者的激励作用太有限了。基础养老金从三个方面强调了这个战略问题。

首先，它缺乏缴费审查。任何人只要通过了富裕度审查就有权利获得这个养老金，包括正规部门与非正规部门的劳动者、城市劳动者与农村劳动者、自主创业者，以及那些退出劳动力市场的人。因此，基础养老金帮助了那些低收入者和打零工的人。这意味着，它也认识到照护工作的价值：那些因为照顾孩子或不能自理的老人而没有有偿工作的人，其在个人账户中的缴费很少从而只能为退休积累很少的资金；这些人有资格获取全额的基础养老金，前提是满足其配偶的养老金水平的限制条件。所以，基础养老金让妇女格外受益。正如下面所要讨论的，对个人账户的进一步变革意在充分认识到照护工作的价值。

其次，基础养老金收益远高于贫困线。作为一个社会政策，这是令人满意的特点，但是也提出了关于财政可持续性的问题，正如下面将要讨论的。在这种情况下，有效的精算型预测就显得十分重要。

最后，与1981年后的系统（图13.1）形成鲜明的对比，基础养老金制度下的收益与缴费型养老金系统协调良好（图13.2），所以这两个因素能够很好地协调为一个系统。[①]

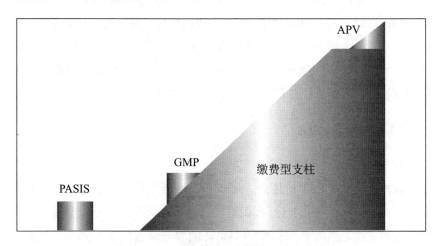

图 13.1　1981 年之后智利养老金系统结构

PASIS（pensión asistencial de ancianidad）是该国基于家计审查的福利养老金；GMP 是最低养老金保障；APV 是自愿性养老金系统。

资料来源：Chile Presidential Advisory Council（2006a，p. 18）.

---

①　一个人不能同时获得缴费型养老金和福利养老金（PASIS）。一个人如果在 AFP 系统下有一个很小的积累制账户并且不符合最低养老金保障的 20 年缴费要求，就必须按月在其积累制账户的养老金里提取等于最低保障养老金的额度直到该积累制账户提完为止。此时，积累制账户中的养老金被提光了，此人就有资格获取 PASIS 了。

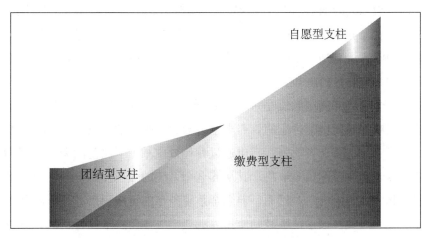

图 13.2　智利改革后的养老金系统结构

资料来源：Chile Presidential Advisory Council（2006a，p. 18）.

激励效应。 基础养老金造成了工作努力与储蓄激励方面的问题。正如我们所重复表明的，不存在无扭曲效应的养老金制度；对待此问题的正确方法是既要考虑增加税收所带来的扭曲，也要考虑通过该税收融资的减贫措施所带来的福利改善。一个很低的基础养老金收益会有最小的激励效应，但是对于减贫也没有什么效果；一个很高的基础养老金收益可以达到非常好的减贫效果，但是成本也更高，会对工作能力产生更强的非激励效应。类似地，一个随着收入增加而快速削减的基础养老金将会在一个更为狭窄的范围内产生更强的激励效应；一个随着收入增加而缓慢削减的基础养老金将会在一个更为宽广的范围内产生更小的激励效应，同时因为成本更高了，会产生为养老金收益进行融资的缴费水平的必然提高所带来的激励效应。[①] 基础养老金收益与削减率之间的选择必须在减贫的好处与税收的负面激励之间进行平衡。

　　一个基础养老金系统是否不鼓励低收入者努力工作？定性地说，这个问题的答案是肯定的：养老金收益通过收入效应减少了潜在受益者的

---

　　① 更精确地说，重要的不是税务系统的整体累进性，而是为一个养老金的不同成本进行融资的税收变化。因为这样的假设性选项通常难以测度，标准的做法是简单地假设收益的增加类似于平均收益增加。

工作努力；同时通过替代效应减少了其努力，因为，如图 13.2 所示，随着缴费型养老金的增加，基础养老金会减少。因此，通过在缴费型养老金的收入上施加一个隐性的税收，基础养老金就会对所覆盖的薪水部分施加一个隐性的税收。

一个基础养老金系统是否不鼓励低收入者的自愿储蓄？定性地说，这个问题的答案也是肯定的：养老金收益通过收入效应减少了储蓄的激励；对于某些劳动者而言，它也通过替代效应减少了储蓄的激励，因为基础养老金收益的减少取决于其从养老金系统的强制性部分与自愿性部分一起所得到的收益。然而，养老金系统外部的资产积累不会影响基础养老金。因此，该系统不鼓励使用养老金系统作为一个储蓄机制，尽管这个效应对于拥有极低储蓄的贫穷劳动者来说是无关的。这种适用该养老金系统进行储蓄的负面激励效果，应当利用养老金系统内部与外部的相对储蓄机会以及在不同收入水平下系统内部税收激励的规模这两项指标一起进行评估。

该报告认为，由于提高了收入与储蓄，每个人的处境都变得更好了。因为缴费型收益每提高 1 美元，基础养老金收益就会减少 1 美元，所以这在 2010 年之后的确是对的，但这不是一个完备的分析。取决于基础养老金收益弥补的比例以及税收优惠的重要性，在自愿性养老金系统中将会存在一个对于储蓄的负面激励因素，在强制性养老金系统中则将会产生低报收入与缴费不遵从的动机。

基础养老金与个人账户余额之间的关联对两组劳动者没有影响：对于低收入或收入不确定性很高的劳动者，其缴费型养老金永远不可能大到造成其基础养老金的减扣；以及对于高收入且收入确定性很高的劳动者，其缴费型养老金远高于任何基础养老金的上限。这两个极端之间的劳动者会面临负面激励，正如他们在任何能提供再分配或保险功能的养老金方案下那样。没有理由认为，此方案会格外昂贵，但是更为全面的判断必须等待对基于被覆盖的劳动力供给量与自愿性税收优惠型储蓄的弹性的经验估计的详细分析。由于税收优惠与通过系统内（而非系统外）获得共同基金的机会的价值对于那些拥有低边际税率的人来说不会很大，这种关联对于那些处于基础养老金正被抵消的范围之内的人而言，其自愿性储蓄可能会被挤出。从效率的角度来说，这一代价可能并不算高昂，有两个原因：收入在此范围内的人们在任何情况下都不太可能进行太多的自愿性退休储蓄；低税率意味着，那些的确会进行储蓄的人将不会受到养老金系统外（而非系统内）储蓄的太大影响，只要他们可以以不错的净回报率获得共同基金投资的机会。

分配效应。 在一个缴费型社会保障系统内部，社会的团结可以清晰地表现在收入更高者补贴收入更低者。在所提议的团结型支柱中，净收益（在缴费型系统中进行抵消之后的收益）是从缴费型系统外部通过一般性税收（因而包括所得税以及资本所得税）进行融资而得到的。该提案是累进制的，正如前面所讨论的，其提供了强大的减贫功能。①

融资与积累。 在思考团结型基金时，有三个问题值得注意：基础养老金的非缴费性、财务可持续性，以及其部分积累制的特征。关于利用专项收费还是利用一般性财政收入来为养老金融资的正反两面的观点在第 6.1 节中已经阐述过。一个非缴费型养老金系统的强大优势在于其广泛覆盖的潜力；其劣势是该系统的脆弱性，即该系统的融资状况容易受到短期财政预算压力和政治哲学变化的影响。正如我们已经注意到的，各种方式都能找到强有力的理由来支持，其选择往往既是政治性的，也是经济性的。

该系统在财务上负担得起吗？委员会的报告预测了基础养老金的成本在 2025 年将达到 GDP 的 1%，大约是 2006 年最低养老金保障和福利养老金支出的两倍。根据委员会的报告，当旧系统（1981 年之前的系统）的遗留成本开始下降时，这些养老金承诺就可以随着时间的推移逐步实现。

团结型基金可以完全依靠当前缴费进行融资，也可以具备一些积累

---

① 这里有一个潜在的警告。如果税收系统是累进性的而养老金收益却主要局限于白领劳动者（即城市正规部门的劳动者），那么一个基于税收融资的养老金系统将会是累退性的。因为智利的基础养老金适用于所有部门——正规部门与非正规部门、城市部门与农村部门——故该警告不适用。

制融资特征。2006 年，政府建立了养老金保障基金，作为《财政责任法案 2006》的一部分，其被制度化为占 GDP 1‰的财政预算盈余，每一年若有财政盈余，则通过一般性财政收入的方式接受 GDP 的 0.5‰，若没有财政盈余，则通过一般性财政收入的方式接受不低于 GDP 的 0.2‰。（存在一个并行的创新基金，通过向私有铜业公司征收矿产使用费进行融资。）在养老金保障基金建立的时候，财政盈余部分是通过高铜价与国家铜业公司科德尔科（Codelco）上缴的一般性财政收入一起来实现的。养老金保障基金的主要目的是税收平滑而非经济增长[①]；特别地，其目的是帮助实现更高的养老金支出，直到 1981 年以前的养老金债务遗留成本全部被清偿为止。因而，这可以与美国社会保障系统的暂时性盈余相比，其设计是为了帮助婴儿潮一代人的退休成本进行融资。然而，该基金的收益在前十年是不能动的，所以，自 2008 年以来，基础月度养老金收益的支付至少在前些年需要额外的公共支出。

尽管养老金保障基金已经建立，该报告留下了一些尚未解决的细节，包括管理方面的细节。一种可能性是跟随挪威政府全球养老基金的管理模式，其政府石油收入的一部分会存入该基金的账户（Norway Central Bank，2005，2006）。挪威基金具有公共责任，有社会责任授权，在国际范围内进行投资，并且拥有关于未来养老金支出的税收平滑效应的想法。智利政府深入学习了挪威基金在避免自然资源开发所带来的负面宏观经济效应（即所谓的"荷兰病"）的潜在可能性方面的经验[②]，而非基金管理方面的经验。这个例子对于许多自然资源丰富的其他国家具有潜在的参考价值。

---

① 正如在第 6.3 节中所讨论的，养老基金的经济影响取决于其是否代表了储蓄的增加。

② "荷兰病"这个术语源于荷兰在 20 世纪 60 年代由于在其北海发现大量天然气储备所引发的一个危机。它主要跟自然资源的发现有关，但也可能是由大量外汇流入导致的，无论是源于外国直接投资、外国援助还是自然资源价格的巨大提升。外汇流入导致本土货币升值，从而导致本国商品的竞争力下降。从长期来看，竞争力下降会导致工作机会流向成本更低的国家。其所导致的结果就是，在资源行业所创造的大量财富增量下，非资源行业极度受伤。类似的问题也发生在 20 世纪 70 年代的英国，原因很类似。英镑急剧升值，但是当英国的劳动者要求更高的工资从而出口竞争力下降时，国家就进入了萧条。

13.3 个人账户

委员会报告非常关注强化个人账户系统：援助低收入者（第13.3.1 节），改善个人账户的整体操作（第 13.3.2 节），以及采用其他改革措施（第 13.3.3 节）。

13.3.1 援助低收入者

委员会报告提出了一系列举措，其中下面几个是最重要的。

委员会建议：对失业人员的养老金缴费进行补贴。

委员会建议通过失业保险项目为领取失业补助收益的失业者支付养老金缴费。像一些其他国家已经完成的那样，该机制有助于消费平滑。

委员会建议：对低收入者的初始缴费进行补贴。

委员会提议对所有低收入工作者最开始的 24 个月缴费提供一个缴费补贴。该思想大概基于行为经济学视野，帮助劳动者开始一个系统有助于他们克服由行为惰性导致的非遵从性（参见专栏 9.6 的讨论）。[1]给定对于自雇人士的覆盖法令（参见第 13.4 节），该津贴有助于鼓励对于新法令的遵从性，而非鼓励劳动者参与一个新的自愿性养老金计划。[2]

委员会建议：增加手续费的公开透明性。

委员会提议，养老金供给者的佣金应当单独列出来作为劳动者工资的扣减部分而非包含在工资的整个养老金扣减部分中。这也许可以让手续费更加透明从而更有可能降低手续费。与其他援助低收入者的措施一起，一系列对个人账户系统的进一步改革将趋向于解决性别不平等问

---

① 对于每一个收入低于最低工资的 150% 的年龄在 18～35 岁的劳动者，雇主都会收到一个来自一般性财政收入的月度津贴。一个相当于强制性缴费的 50% 的津贴被用于支付最开始的 24 个月缴费。劳动者的个人账户将会收到一个等额的津贴。

② 美国通过一个所谓的"储蓄者减免"（一个对于此类缴费的额外的免税额度）对低收入劳动者和中等收入劳动者的自愿性退休储蓄的缴费进行补贴。

题。这些将在第 13.5 节中进行讨论。

13.3.2　改善个人账户的整体操作

到目前为止，我们所讨论的大部分措施强调了收入分配问题，并且目的在于直接增加劳动者的养老金积累。更进一步的政策目的在于更一般性地改善个人账户的操作。

委员会敏锐地意识到，个人账户持有者对于基金的选择缺乏价格敏感性：

> 委员会所面临的挑战是提出一套机制使得参保者能够更充分地意识到价格，从而允许更为充分的竞争或者更可能有新的养老金供给者进入。这些机制的目的是为了在不牺牲其他相关特征的前提下（譬如所提供的财务管理与服务的质量），以及不会降低行业产出效率的情况下，达成手续费的减免。①

为此，委员会建议重点关注减少养老金的管理成本以及改善其实际回报。

减少管理成本

委员会建议：为了发挥管理性规模优势，扩展合法的选项。

在 1981 年之前的养老金系统下，一个养老金供给者不能参与其他任何经营活动；这意味着在管理合作方面存在着大量限制。委员会的报告注意到了这一点：应当将账户管理（譬如，保持个人缴费记录）与基金管理（譬如，选择金融资产的资产组合）分开，并建议撤销关于账户管理的各种功能外包的限制。这就是为了允许养老金供给者在账户管理方面发挥其潜在的规模经济优势。

---

①　"El desafío para el Consejo era proponer mecanismos que sensibilizaran a los afiliados al precio, permitieran una mayor competencia y, eventualmente, la entrada de nuevos actores. Estos mecanismos deben apuntar a conseguir rebajas en las comisiones pagadas, sin sacrificar otros atributos relevantes como la calidad de la gestión financiera y la del servisio prestado, y sin reducir la eficiencia productive de la industria" (Chile Presidential Advisory Council, 2006a, p. 22).

值得注意的是，这些建议消除管理功能方面的限制的提案，包括
"允许与社会保障相关联的各部门参与到这些功能上面来"[①]。因此，这
些措施允许公共权力部门协助管理，从而有可能发挥巨大的规模经济优
势。这一选项的利弊很明显取决于政府行为的质量。

委员会建议：为劳动力市场新进入者提供竞标。

如果在一个系统中，市场上的企业都在为个体劳动者而竞争，那么
该系统就必然成本高昂，虽然这依然可以维持高质量服务的良好激励。
在一个像玻利维亚这样的系统中，企业需要为了对某一个群体提供服务
的排他性权利进行竞标，成本相对低一些，但企业依然缺乏足够的动力
来提供良好的服务。委员会提出了一项实验，将竞标与个体选择结合起
来，从而可能导致更低收费的同时维持服务的质量。委员会报告推荐了
一个系统，其中养老金供给者必须为劳动力市场的所有新进入者进行为
期一年的竞标，一旦竞标完成，劳动者就必须留在竞标赢家的系统里至
少 18 个月。[②] 如果供给者的竞标佣金低于它们当前的佣金水平，那么
它们就有义务对现存参保者提供同样的佣金水平，以及对任何希望以此
低佣金参保的人提供同样的佣金水平。在 18 个月之后，供给者被允许
对所有参保者统一提高其佣金水平。

这一过程的吸引力部分在于如下可能性：劳动力市场的新进入者还
没有积累养老金，从而不太可能对不同企业的佣金差异具有足够的敏感
性。因此，该试验所基于的事实就是，这些劳动力市场新进入者尚未对
竞争性价格产生任何压力。随着时间的推移，到底会发生什么，仍然是
一个值得探讨的问题。但是，这个试验需要被仔细设计与评估。尽管这
不在我们的研究范围之内，但我们会很自然地考虑一个随机试验，其中
只有一部分新进入者会进入这个竞标机制，以此来探索其长期意义。

一个意在降低收费的进一步改革就是允许养老基金管理公司为在

---

① "permitiendo la participación en estas funciones de entidades vinculadas a la seguridad
social"（Chile Presidential Advisory Council，2006a，p. 22）。

② 一个相同的机制也在某些国家使用，从而让人们可以自由选择其更偏好的医疗保险供
给者或药品供给者；参见 Barr（2001a，Chapter 4，section 2.2）。

18 个月之后继续参与的人们提供折扣以鼓励他们留下来。这将放松那个要求每一个养老金供给者都必须为其所有参与者提供统一的收费规模的规则。这有可能会在短期内为养老基金管理公司的用户降低价格，但是，这对于那些参与时间不够长的用户来说就存在提高价格的风险，其中当然也包括新用户。如果所有公司都采用这一折扣方式的话，该过程就会引入一个变换管理公司的成本（因为会失去折扣），从而从长期来看就会存在一个降低竞争程度的风险。故在竞标效应之后，这种折扣方式可能并不会有什么帮助。因此，这两个规则的试验——新用户竞标与继续参与者折扣——需要一起进行考虑，并紧密跟踪检测这两项规则是否值得继续维持。可能并不需要同时改变这两项规则，可以对其各自的影响分开考察。

这些措施的目的在于使得市场在面临消费者对价格差异的迟缓反应时变得更具竞争性。该竞标机制至少在短期而言具有降低价格的激励，意在鼓励市场新进入者以更低的价格竞标（新进入者当前还没有什么客户，从而没有太多必须降低价格的压力）。这使得市场进入变得更容易了，因为从基金管理中将账户管理分离出来的可能性被认为可以使得养老基金管理公司的最低盈利规模从 100 万个参与者减少到大约 25 万个参与者。

委员会意识到由如下事实所产生的一个无法避免的矛盾：维持账户的大部分成本是每个账户的一个固定成本，与账户余额的规模大小并没有比例性关系。对于是否应当继续维持设定一个固定收费与比例性收费并行的选项，委员会没有提供建议。法律消除了统一的管理费。[①]

改善实际回报

委员会建议：简化投资的法律限制。

该报告建议简化限制养老基金所能持有的证券类型的法律，包括股票和债券的类型及其混合，放松对于其海外资产持有比例的法律限制，将此类限制的具体细节留给监管方来处理。此类管制的设计及其随时的修正可以委托给一个新成立的技术性投资委员会。

---

① 尽管法律设定了可允许的收费形式，但具体的收费水平已留给养老基金管理公司自行设定。

委员会建议：改变管制焦点以反映风险。

资产组合管制主要聚焦于一个基金所能持有的资产类型的混合，而非此类管制的基本目标，即优化劳动者养老金储蓄所面临的风险与回报的组合。该报告建议，管制应当更加关注风险本身。譬如，委员会建议，随着时间的推移，管制的焦点不应当是对外国投资的限制，而应当是其面对的外汇风险。

委员会建议：采取措施增强基金管理的竞争。

正如在第 12.2.5 节中所讨论的，政府强制保证任何养老金供给者所提供的回报不得显著低于平均回报，这会导致基金管理者采取相似的投资策略。这就消解了基于不同策略来获取更高回报的竞争性，同时可能会增加价格竞争，因为这已成为企业之间最主要的差异化因素。委员会报告建议将这些管制进行重新设计以增强投资管理的竞争。因为很难判断此类管理的质量（很难判断其到底是承担了更高的风险还是仅仅运气好而已），我们不是很清楚，在企业已经提供了 5 个不同的共同基金的情况下，这是否仍是一个有价值的目标。

13.3.3　采用其他改革措施

委员会建议：发展一个早期人寿年金市场。

这个建议背后的思想就是，劳动者在退休前的 10 年之内应当拥有提前购买年金"模块"的选项，从其未来退休日开始就可以支付。只要这个年金针对物价进行了指数化，这一"早期人寿年金"安排方案就使得劳动者对于其未来收益具有了确定性，同时将未来年金定价风险从劳动者转向了年金供给者。当然，这一转向会影响年金的定价。经济学家已经意识到滚转年金在理想的市场设定下作为转嫁风险的机制的价值（Sheshinski，2008）。当然，允许劳动者使用多次小额交易而非一次大额交易可能会影响年金的均衡价格，同时也会影响年金咨询市场。但是，这是一个有价值的思想，其执行应当受到密切的监管。

委员会建议：引入措施以便劳动者有更灵活的退休选择。

关于合适的最早领取资格年龄的观点在第 5.3.2 节中进行了阐述。

随着人们活得越来越长——尤其是，若生育率也同时下降——人们应当在何时首次领取养老金，对于养老金的充足性与其成本之间的平衡而言就是一个很重要的变量。

在1981年之后的系统下，人们不必在刚达到最早领取资格年龄时就开始领取养老金收益。因为该系统是基于积累制固定缴费型个人账户，收益领取日期的任何延迟都会导致以后在开始领取收益时会有一笔相当可观的精算型收益增加额。但是，对于有能力活得更长的人们来说，有几个方面值得注意。第一个问题是，女性的最早领取资格年龄要低于男性（女性是60岁，男性是65岁）；正如在第13.5节中所讨论的，委员会提出二者最终应当相等。

第二个问题是，退休储蓄优惠的机会在达到最早领取资格年龄时就会立即结束。关于人均寿命提高的相关调整措施应当包括超过最早领取资格年龄之后的自愿性储蓄的税收优惠机会。委员会并没有提出这方面的建议。

第三个问题与如下事实有关：在1981年之后的安排方案下，人们被允许提前支取其养老金收益，只要他们的积累额足够大、能提供至少70%的替代率即可。因此，该系统将最早领取资格年龄与能被一个替代率条件所取代的规定结合起来了。该报告建议降低接近退休年龄的劳动者所需的最低替代率条件：替代率的要求从60岁时的70%平滑地下降到64岁时的54%，从而为提前退休的劳动者提供了方便。放松领取退休金的规则被认为对低收入劳动者很有用，因为他们最有可能面对负面劳动力市场状况以及更短的预期寿命。将一个替代率审查条件与一个无替代率审查的最早领取资格年龄结合起来是一个很有趣的创新，虽然领取养老金的最早年龄需要仔细选取。关于允许人们以更小的积累额来提前退休是否会导致今后替代率的大幅下降，需要进行认真的监测。一个提前退休的劳动者不得不等到65岁才能领取基础养老金。我们并不清楚，基础养老金到底该如何与一个被提前领取从而数额更小的缴费型养老金进行整合。为了避免对提前退休的过度激励，这一整合应当基于缴费型养老金收益原来在65岁开始发放时本应该发放的数额，而非基于其在提前退休时所应当发放的数额。

许多意在改善个人账户的建议本身是有价值的并且也很难有什么争

议。一个仍然开放的问题是，那些意图强化竞争的措施会有何影响，譬如把竞争性投标与将账户管理从基金管理中分离出来放在一起；正如专栏 9.4 所讨论的，管理费用对个人养老金积累具有重大影响；竞标机制在减少整个职业生涯的养老金管理费用方面的确是有用的。对服务质量的可能影响也需要被持续监测。这并不是一个反对竞争的观点，而是说，监测新措施的有效性并进行必要的调整是非常重要的。

正如以前所注意到的那样，该报告的出发点是试图避免不必要的重大变革，这既是因为变革本身极为困难，也是因为任何变革都需要长期的政治支持。尤其是因为这些原因，委员会的建议避开了更为激烈的改革，譬如去模仿美国节俭储蓄计划（专栏 11.5）。特别地，该报告没有建议一个公共的养老基金管理公司，这是关于智利养老金改革的最为激烈的争论之一（另一个争论就是女性的退休年龄）。尽管瑞典有一个公共基金与众多私人基金一起运作，但其仅作为一个默认选项，劳动者并不能从当前账户转换为该公共基金的账户。只要此公共选项的提供是基于一个公平竞争的环境，公共基金与私人基金的竞争似乎就有潜在的好处。

13.4　法定覆盖面

正如前一节中所讨论的，引入一个无缴费审查的基础养老金系统有双重目的：提高那些若离开基础养老金就没有任何养老金的人的收入，扩大覆盖面以覆盖到那些很大程度上或完全地被当前系统所忽略的人。此外，一些与个人账户相关的建议，特别是那些意在帮助低收入者的建议，都企图提高养老金的覆盖面。

委员会建议：扩大强制性养老金范围，以与雇佣劳动者同样的基准覆盖自雇人士。

委员会报告建议，应当摒弃雇佣劳动者与自雇人士之间的区别，以使得自雇人士与雇佣劳动者具有相同的养老金待遇，从而面临相同的税收制度。因此，自雇人士将具备领取基础养老金的资格，并且其基础养老金与缴费型养老金之间的交互方式与雇佣劳动者是一样的。

对于个人账户，委员会报告建议，在接下来五年中逐步采取一些措施使得自雇人士与雇佣劳动者一样进行强制性缴费。尽管这是一件潜在的好事情，但国家养老金系统在处理自雇人士的问题时面临两个复杂性：

首先，正如图 13.2 所示，在一个低收入范围内，基础养老金收益将会部分地被养老基金管理公司提供的养老金吸走。因此，扩展强制性系统事实上将要求自雇人士为其部分基础养老金进行融资，特别是，他们往往拥有不成比例的低收入；在这种情形下，某种形式的所得税减免可能是有帮助的。[①]

其次，自雇收入的报告对于监管当局来说就困难多了，从而使得缴费遵从问题变得更加严重。一个系统的再分配特性越强，缴费遵从问题就越复杂。

从长期来看，让全国性系统覆盖到所有劳动者是很有价值的，因此，现在的一个关键问题就是：到底什么时候制度将准备就绪并且有足够资源来承担起扩张强制性系统覆盖面的巨大任务？如果智利已经准备好了，那么这就是很好的一步。

委员会建议：自雇人士应当具有领取自愿性养老金的平等资格。

委员会报告强调了自愿性养老金对于那些在强制性系统下拥有不完备缴费记录的劳动者的重要性，对于那些超过税收优惠上限的高收入者的重要性，以及更一般地，作为一种增加个体选择的方式的重要性。1981 年之后的系统并不鼓励自雇人士加入自愿性养老金计划：税收优惠有限，并缺乏对此类养老金计划的信心。对于这些问题的修正很明显是必要而迫切的。

13.5　性别差异的考量

一系列重要的建议（一些与整个养老金系统有关，另一些则只与个

---

① 参见 Ellwood（2000）、Barr（2004a, Chapter 10），以及 U. K. Treasury（2005）。

人账户有关）很明确地向性别中立原则迈出了更大的一步。

13.5.1　影响整个制度的措施

委员会建议：丈夫与妻子各自享有独立的基础养老金。

正如第 13.2 节中所注意到的，在贫困家庭中，丈夫与妻子各自拥有独立的全额基础养老金。尽管这对于性别平等是有益的，政策设计却会面临一个困境，即在那些条件较好的家庭中（丈夫是单一或主要的赚钱方），一方面需要在一个严格的个体基础上对待女性，另一方面其政策目标是要提高最贫困家庭的收益。正如第 8 章所讨论的，如果一名妇女的基础养老金不考虑其丈夫的积累额，那么她将被视为一个单独的个体，但是这使得其定位很不明确。相反，如果一对夫妻被一起视为一个整体，那么拥有富裕丈夫的女性将不会得到一个基础养老金从而被视为一个依赖者。这本身并不违背性别中立原则，如果这种安排是性别对称的，即所有收入一高一低的夫妻均会被同等对待，无论夫妻之中谁是低收入者。正如上面所注意到的，富裕度审查基于家庭收入，因此，如果家庭收入很高的话，即使夫妻双方中的一人仅仅只有一个很低的个人所有的缴费型养老金，也不会有资格领取一个基础养老金。委员会报告建议这一点应当男女对称从而符合性别中立原则。

委员会建议：将男性与女性的退休年龄设为相同。

女性在 65 岁时将获得一个团结型养老金，与男性的年龄相同。一旦本节中所讨论的各种性别措施得到执行，委员会的报告建议，在一个 10 年优惠期之后，缴费型养老金系统下女性的退休年龄应当逐步上升到与男性相同。如果这被恰当地执行了，那么这种方式就与专栏 5.10 中所讨论的提高退休年龄的原则一致。

委员会建议：引入性别对称的遗属与残疾收益规则。

委员会报告建议对遗属抚恤实现性别对称的规则，从而包括将丈夫作为其妻子缴费的遗属养老金的受益人。正如在第 12.2.4 节中所注意到的，在 1981 年之后的系统中，遗属抚恤只有女性可以获得，而男性无法获得。

在该标题下的另一个建议就是男性与女性的最大的残疾与遗属保障年龄都是 65 岁。关于这一变化的时间与期限，则没有任何建议。

委员会建议：扩展社会保障系统以包括儿童照护。

这一建议背后的思想就是通过确保所有劳动者都可以使用儿童照护服务以方便女性参与劳动力市场，该服务可以是私人性的，也可以是公共性的。私人性的儿童照护服务往往更加昂贵。目前，政府为低收入者提供儿童照护服务；收费取决于家庭收入并且对收入最低者不收费。[①]委员会在保证数量充足与高质量方面的目标很高。这一点很重要，因为早期儿童发展的核心重要性已得到越来越多的理解〔譬如，参见 Feinstein（2003）〕，以及因此需要确保有足够的基础设施与培养合格人员的教育条件。正如在第 8.3.2 节中所讨论的，儿童照护服务的可获得性对于女性的劳动参与度也非常重要。

13.5.2　关于个人账户的性别相关提议

委员会报告提出了一系列措施以提高妇女的养老金积累。

委员会建议：为女性产假提供政府融资型养老金权益。

正如 2008 年的立法那样，最贫困的 60%人口中的女性凭孩子出生得到其个人账户的缴费资格，以一年的最低工资为基础，这些缴费由一般性财政收入来融资。这一供给意在保护女性的养老金权益，以免女性一旦由于孕育方面的原因离开劳动力市场就失去了养老金权益。瑞典有一个类似的政策。

委员会建议：允许第三方养老金缴费。

这一建议背后的思想就是，例如，让丈夫可以为照料孩子或年老亲戚的妻子支付养老金并且得到与其为自己缴费时相同的税收优惠条件。

委员会建议：允许离婚时进行养老金账户余额分割。

1981 年之后的系统并不允许账户余额的再分配。委员会报告中的这一建议就是允许（但不强迫）此类分割作为离婚或婚姻结束时财务处

---

① 一个儿童委员会（与养老金改革的咨询委员会并行报告）建议为所有 8 岁以下的儿童建立一个综合性的政策。

置的一个选项。

委员会建议：在养老金系统的不同部分考虑使用男女不同的寿命表。

委员会报告明显认为，在一些地方存在各种分离的可能性，例如，将男性与女性的残疾与遗属保险合同分离。这个观点就是说，女性与男性相比有更少的事故发生率，从而有更少的风险，所以应当支付更低的风险溢价。该份委员会报告对于年金是否应当基于性别分离的或性别统一的寿命表格，显得更为谨慎。它提出，应当就性别统一的寿命表格的合意性进行研究，但在现阶段不应当对其赋予强制性。

该建议看起来与上面所讨论的将遗属抚恤与残疾抚恤进行性别对称处理的建议相冲突。我们认为，性别中立的方式要求对养老金系统内部不同的保险因素进行统一的定价处理。如果该研究发现了年金定价变化的不幸的分配效应，就应当通过与养老金收益规模相关的各种措施（而非通过一个笨拙的统一定价工具）来直接地（很可能也是更有效地）处理这些问题。

13.5.3　小　结

委员会的一系列与性别相关的措施体现了第 8 章中所识别出的多种不平等的源头：

- 提供更多的儿童照护可以让劳动力市场参与的机会变得更加公平。
- 一系列转移支付——孕后的纳税人津贴、第三方缴费的可能性，以及离婚时的转移选项——将会大大提高女性的养老金积累。
- 相同的法定退休年龄将会扩展女性积累储蓄的期限，与此同时也减少了她们的退休时间。
- 为低收入者与自雇人士提供养老金对于女性而言也具有不成比例的重要性。

该报告将养老金收益应当继续基于性别差异化的寿命表格还是应当

使用性别统一的寿命表格的问题留给了未来。许多国家（或地区），包括欧盟，不允许在强制性系统的年金定价中使用性别差异化的寿命表格，并且在固定收益型系统中使用性别统一的规则。在美国，那些适用税收优惠、由雇主提供的固定收益型计划，也不允许使用这种性别差异化的群体年金定价方式。因此，该建议的这方面特征可以说是很谨慎的，这或许是由于政治方面的原因：在智利的一个地区曾经产生过巨大的政治争论。这本身并非一个批评：如果不具备政治上的可持续性，最好的政策设计也将会失败。

13.6 结 论

智利的改革基于大量显性或隐性的原则。第一个原则就是在该系统还未处于危机之中时以及该系统的减贫功能的不充分性还没有那么严重时（尽管已经很明显了）就开始深思熟虑改革计划。因此，咨询委员会认为智利并不需要机会主义式的改革，而是要落实各种措施（其中一些只是中期措施）以应对未来可能出现的问题。第二，委员会拒绝对原系统进行全面颠覆，因为这并不是必需的。第三个原则就是其所分担的责任：

> 养老金系统的运作是国家的责任、私人管理者与保险公司的责任、劳动者与雇主的责任……**特别地，国家对该系统的完整性负有最终的责任**。[1]

总体上，尽管在细节上存在许多可以商榷的地方，这一系列建议是一个真正意识到需要加强减贫决心的真诚的战略："委员会将致力于构

---

[1] "La operación del sistema de pensiones es responsabilidad del estado, de los administradores y aseguradores privados, de los trabajadores y de los empleadores…. *En particular, el estado es el responsable último de la integridad del sistema*" (Chile Presidential Advisory Council, 2006a, p. 12, emphasis added).

建出一个和谐的改革方案集，以便让各种方案相互补充以建立一个完整的养老金系统。"①

更具体地说，这一揽子建议强调了在第 12 章中所概括出的当前系统中的许多问题：

● 养老金领取者贫困问题由基础养老金来解决；通过各种措施，包括对低收入者的津贴，来增加个人账户的养老金收益；并且随着时间的推移，将会让自雇人士按法律要求加入此系统。

● 这一揽子建议解决了纵向公平问题：1981 年之后的系统对于处境最好者最有利；缴费更多且缴费强度更大者将会得到更大的税收优惠。基础养老金以及那些有助于穷人的个人账户系统变化可以减少养老金收益的变异性。

● 通过一系列措施解决了性别不平等问题。让儿童照护服务更容易获得的那些措施有助于提高女性的劳动参与度。随着时间的推移，将提高女性的退休年龄一直到与男性退休年龄相同为止，这将有助于提高女性的养老金积累。最低养老金保障（要求至少有 20 年的缴费记录）将被基础养老金取代，后者将没有缴费方面的条件要求。性别差异化或性别统一的寿命表格问题仍然是一个有待进一步讨论的问题。

● 智利已经立法改变了养老基金管理公司的竞争规则，试图达成一个更低费用的均衡。这个任务很难完成。委员会正在进行另一项尝试，即通过竞标（第 13.3.2 节）以及对挖掘管理规模经济优势的合法选项进行扩展，特别是将个人账户管理与基金管理解绑，以便允许公权力部门协助管理。

最重要的是，1981 年之后的系统的基本弱点（已在第 12 章结尾描述过）在于，它提供了消费平滑功能，但在减贫方面的功能较弱。这些

---

① "El esfuerzo del Consejo ha estado puesto en articular un conjunto armonioso de reformas, capaz de complementarse para generar un sistema previsional integrado"（Chile Presidential Advisory Council，2006a，p. 31）.

改革通过引入非缴费型基础养老金与个人账户的结合，直接应对了这一问题。

附录 13.1　进一步改革

养老金收益设计

委员会建议：继续提高养老金权益跨国流动的便捷性。

这一建议与一个长期持续的过程相关。在一系列国际协议下，养老金收益在很多国家之间实现了跨国流动的便捷性，特别是在智利、秘鲁与瑞典。这些协议建立了一系列养老金权益的跨国便捷性，在此可以从智利居民的视角来看（同样适用于所涉及的其他国家的居民）：

● 一个生活在秘鲁的智利人有资格获取其在智利的全部养老金（与其在智利生活所能获得的养老金水平相同），并且该养老金可以在秘鲁支付。

● 最低缴费年限的要求可以通过在每一个国家的缴费年限相加得到；譬如，如果一个人已经在智利工作并缴费了 10 年，在秘鲁也已工作并缴费了 10 年，那么其缴费年限就算作 20 年。

● 一个在秘鲁生活的智利人如果想要申请智利的残疾养老金，就可以在秘鲁进行相应的体检。

● 一个智利劳动者可以将其智利个人账户转移到一个秘鲁养老基金，只要其在智利至少缴费 5 年以上、整个个人账户都进行转移并且该转移是永久性的。

养老金系统的管理

委员会建议：采取行动来改善公众关于养老金系统的知识与理解。

委员会报告建议创建一个基金来提供养老金教育，其融资由私人养老金供给者与纳税人分担。消费者信息的核心作用在第 9.3 节中进行了讨论，其观点是：要改善居民对于养老金运作的普遍方式的理解既是可能的，也是可取的，但是若假设此类教育就是一个完备的解决方案，那就是幼稚的。特定养老金计划的细节高度复杂，即使是掌握一定财务知识的人也很难全盘掌握。因此，正如专栏 4.2 中所解释的那样，养老金既有信息获取的问题（通常是可以解决的），也有信息处理的问题（通常是无法解决的）。特别地，最优投资的原理（譬如风险-回报边界的概念）十分微妙，年金化与分期提取之间的选择以及开始领取收益的正确时点选择也都很微妙。此外，要理解个人账户收益与新的基础养老金收益之间的互动关系，还会牵涉到一定程度的数学计算能力。

委员会建议：发展一个独立财务顾问资质鉴定系统。

在人们缺乏充分信息的地方，譬如关于个人财务或医疗健康方面的问题，一个解决方案就是寻求专业人士的帮助。因此，委员会报告建议发展一个独立财务顾问资质鉴定系统，这一系统可以适用于所有类型的养老金产品。这个想法值得称赞。无论如何，人们都会想办法寻求财务建议，并且很明显，他们将会就自己信息不充分的地方寻求建议。因此，重要的是提供有效的咨询服务培训并对咨询行业进行严格的监管。然而，要对此进行有效的监管并不容易：不同形式的支付建议所产生的扭曲效应众所周知。[①] 该鉴定系统因而需要特别关注，尽管这种方式是有益的，却并非万能灵药。此外，还应当教育人们如何最优地使用这些咨询服务。

---

① 在医疗护理系统中，众所周知的是，由保险公司所提供的按次付费方式与医疗服务可追溯性赔偿制度的组合会创造出医疗支出的无效率的向上偏差（Barr，2001a，Chapter 4）；金融产品的预付佣金模式也会产生类似的问题。关于发达国家财务咨询行为的分析可参见 OECD（2004a），也可参见 Bodie（2003）关于美国情况的分析。

第 14 章 中国的养老金制度

本章描述了中国的养老金制度（第 14.1 节），简要讨论了其改革背景，并评估了其优缺点（第 14.2 节）。下一章将阐述我们对于此改革的建议。①

14.1 介 绍

14.1.1 背 景

尽管中国已经出现了爆炸式的经济增长与发展，该国与其他发展中国家却有着许多共同的特征：人均收入相对较低而且收入差距较大；存在城乡二元经济结构，大部分经济增长发生在城市；体制能力有限。

中国与中欧及东欧的那些经济转型国家也有一些共同的特征。在经济改革之前，国家在生活的几乎所有方面都扮演了主要角色。几乎是充分就业，所有的收益都来自正规部门的企业，城市居民一生都就职于国有企业。社保缴费主要由企业来支付，但企业也面临预算软约束：未达

---

① 这两章都利用了我们所参与的一个专家组的报告（Asher et al., 2005；http://www.oup.com/us/pdf/social_security_study_2005）。关于其他改革评估与建议，参见 Drouin 和 Thompson（2006），Salditt、Whiteford 和 Adema（2007），以及 Williamson（2004）。

344

到产出目标将会受到惩罚，但财务损失则不会受到惩罚。给定农业与其他农村活动的绝对主体地位，国有企业的就业仅仅是总体就业的一小部分，从而导致养老金系统具有很低的覆盖率。该养老金系统与正规就业急剧增长的竞争性市场经济需求之间的不兼容性十分明显。随着中国改革的步伐加快，

● 出现了较大规模的公开失业。数以百万计的中国人失去了工作，从而产生了对失业进行补贴的紧迫需求，而该制度由于以前不需要从而根本就不存在。

● 贫困急剧增加，从而需要更为全面的减贫措施*；收入差距也急剧增大，无论地区内部还是地区之间的差距都是如此（OECD，2004b）。

● 由企业为养老金收益融资导致它们在国际竞争环境下的生存能力出现了问题，并且对于企业员工也产生了问题，他们的养老金收益很难转被移到私人部门的岗位。

然而，在其他方面，中国却有着突出的积极表现。经济增长很强劲并且在过去 25 年中一直保持着这样的表现，储蓄率格外高，正如表 14.1 所示。但是，在这个趋势下，存在显著的区域性差异，无论是国民收入水平还是其增长率——基于该国的巨大规模，各区域的规模也非常大。中国正在经历快速的老龄化，正如图 1.5 中所示的人口金字塔，这既是因为预期寿命的上升（与其他国家一样），也是因为中国的"一孩"政策。尽管"一孩"政策对老年人口与工作人口之比有重要影响，但其对缴费人群与领取收益人群之比的影响就没那么重要了，因为该养老金系统仍然只覆盖了整个劳动力人口中的一小部分。然而，正如表 14.2 中所描述的与第 14.2.2 节中所进一步讨论的那样，养老金系统抚养比（参见专业术语表）已经迅速恶化。

1997 年养老金制度的基本改革力求将这一陈旧的企业养老安排方案转化为一个全国性养老金系统，以适应市场经济的需要。其所导致的

---

　* 中国已于 2020 年底消除绝对贫困。——译者注

养老金系统有三个部分：基础养老金（第14.1.2节）、个人账户（第14.1.3节），以及自愿性养老金（第14.1.4节）。第14.1.5节简要地介绍了其他形式的减贫措施。

表 14.1　1981—2005 年间中国的经济增长与储蓄（%）

时期	平均实际 GDP 增长率	总国内储蓄 （占 GDP 的比重）
1981—1990	9.3	n. a.ᵃ
1991—1995	13.1	40.9
1996—2000	8.6	37.1
2001—2005	9.5	39.6

资料来源：世界银行数据。
a. 数据缺失。

表 14.2　1980—2002 年间中国的退休人口与养老金系统抚养比

年份	退休劳动者数量 （百万）	系统抚养比（每个退休劳动者 所对应的被覆盖在职劳动者）
1980	8.2	12.8
1985	16.4	7.5
1990	23.0	6.1
1995	30.9	4.8
2002	36.1	3.1

资料来源：Zheng（2004a，Table 2），基于中国劳动和社会保障部*的数据。

14.1.2　基础养老金

基础养老金，有时也被称为社会统筹账户，是中国减贫政策的一个基本要素。只要满足缴费条件，所有的城市居民都有资格获取。不同的人群有不同的待遇。1997 年之后参加工作的人（被称为"新人"）全部加入改革系统。在该系统下，基础养老金是现收现付制固定收益型养老金，原则上所有城市居民只要缴费满 15 年都能获取，且金额为当地平

---

* 现为人力资源和社会保障部。——译者注

均工资的 20%。在实践中，养老金待遇水平可能低于目标，甚至在城市里的覆盖率也很低。

1997 年之前退休的劳动者（被称为"旧人"）被改革前的养老金系统所完全覆盖。他们的全部养老金来自社会统筹资金池，在很多情况下来自以前的企业的缴费。[①] 第三组劳动者（被称为"中间人"）在 1997 年正处于工作中，他们在 1997 年之前参加了被养老金系统覆盖的工作。这些劳动者将领取部分新系统下的养老金收益加上一部分过渡性收益（由省级政府决定）。一名在 1992 年参加工作的 20 岁的劳动者到 1997 年时已经在旧系统下工作了 5 年，从而可以继续按旧系统方式获得 6 年（或更多）旧系统下的收益作为过渡。这本身没有什么问题，但是强调了在更全面的情况下考虑问题的重要性，而非仅仅考虑长期的稳态情况。

这个系统中存在大量可供操作的地方，尤其是养老金随着物价与收入上升而进行调整的方式，这种调整的体量与频率是省级政府所要面对的问题。男性的法定退休年龄为 60 岁，白领女性的法定退休年龄为 55 岁，蓝领女性的法定退休年龄为 50 岁；对于"高强度"岗位，男性退休年龄为 55 岁，女性退休年龄为 45 岁。基础养老金账户与个人账户的养老金领取年龄是一样的。然而，在实践中，许多人可以提前退休而不会被降低退休待遇（无论基础养老金账户还是个人账户）。

自 1998 年以来，劳动者、雇主与不同层级的政府共同分担了成本。缴费基础是标准工资，这一概念比市场经济下典型意义上的应纳税收入要更为狭窄一些。除了专项收费，中央与地方政府还从一般性财政收入中提供了大量津贴，因为不是所有地区都能征收到足够的缴费以发放所有的养老金收益。2000 年，国务院设立了全国社保基金作为战略性储备。最后，正如第 14.2.3 节中所讨论的那样，基础养老金账户的部分筹资已经被移用到个人账户基金中进行使用。

[①]　此类劳动者如果是在 1945 年之前参加工作的，就会享受到相当于标准工资 90% 的养老金；如果是在 1945—1949 年间参加工作的，其替代率为 80%；如果是在 1949 年之后参加工作的，其替代率为 75%。

14.1.3　个人账户

自 1998 年之后，国有部门与非国有部门的劳动者将要为一个积累制固定缴费型个人账户缴纳养老金。对于固定缴费型特征的重要性，主要在于它提供了一个平滑消费的工具，这一因素越来越重要，因为随着市场在收入决定中的地位越来越高，收入出现了前所未有的差异化。对于积累制特征的重要性，主要是基于其对经济增长的贡献，要么是通过增加国民储蓄的方式，要么是通过改善金融市场操作的方式，要么二者兼而有之。这一观点的分析基础在第 6.3 节中进行了评述，并且将在第 15.3 节中用于分析中国的情况。

每个劳动者从其自身的个人账户所得到的养老金收益是其退休时个人账户积累总额的 1/120 的月度收益；也就是说，养老金所基于的假设是退休时的平均预期寿命为 10 年，且忽略利率因素。被允许提前退休的劳动者从其个人账户获取养老金收益时并不需要进行相应的精算式削减。

14.1.4　自愿性养老金

与全国强制性养老金系统（具有省级与地方特征的统一结构）一并运行，自愿性养老金系统对于基础养老金与个人账户而言是一个潜在的重要补充。事实上，一个统一的全国性系统在与规模巨大的私人养老金系统共存时才是最有价值的。自愿性养老金能应付不同的偏好与限制条件，正如在第 5.1 节中所讨论的那样；它们有助于发展资本市场与专业管理知识，正如在第 6.3.2 节中所讨论的那样，从而有助于提高私人部门在养老金供给方面的长期功能；它们能应付不同行业的不同工作条件，也能应付在像中国这样的大国里所存在的广泛的区域性差异下的不同工作条件。

目前，自愿性养老金计划主要是以企业为基础的，还没有个人养老金计划的供给。在中国，一旦存在合法的个人养老金计划的供给，这两种方式就都将随着时间的推移而得到进一步发展。①

---

① 在 2003 年年底，这些基金的资产约为 350 亿元（45 亿美元），此数量与商业银行存款比起来可以忽略不计。2004 年 5 月生效的《企业年金试行办法》开始朝一个日趋成熟的企业型自愿性养老金计划转变了。

14.1.5　其他形式的减贫措施

与养老金系统并存的还有一个最低生活保障项目（低保），该项目在1993 年开始于上海，随后变成了一个全国性的城市政策，由民政部管理（在某些省份也存在一个该项目的农村版本，但在此我们不讨论）。这个项目迅速增长，2003 年达到 2 200 万人次，占城市居民总人口的 6%。[①]

该系统的基础是一个市级层面的最低收入（低保水平）。原则上，该系统的目的是填补城市居民的收入与低保水平之间的缺口。关于该政策设计的一个令人关注的问题（参见专栏 7.1 中关于收入审查的讨论）在于，居民面临一个 100% 的边际收益回撤率（即如果居民多赚 100元，就将失去 100 元的低保收益），这明显是对劳动力供给的一个负激励。然而，Ravallion 和 Wang（2006）发现，该系统的实际操作却在很大程度上抵消了这一回撤率。该系统的主要缺点不是其负激励特征，而是其覆盖面太小。至少有一半有潜在领取资格的人无法获得该低保，从而该项目只覆盖了低保线以下的总收入缺口的一小部分。尽管原则上该系统的设计应当可以保证任何人的收入都高于低保水平，但在实践中其对于贫困问题的影响很小。

14.2　评　价

1997 年的改革框架将基础养老金（社会统筹账户）与个人账户组合起来，这提供了一个非常清晰的战略。基础养老金为低收入者提供了一个更高的替代率，从而在减贫与为低收入者提供保险方面扮演了重要的角色。将养老金收益与收入水平联系在一起的个人账户已经变得越来越重要了，因为这些收入的分布范围更广了。而且，通过年金方式支付

---

① 关于 1980 年之后中国的贫困趋势的概况，参见 Ravallion 和 Chen（2007）；关于低保系统的一个概况，参见 O'Keefe（2006）；关于该系统的有效性的评估，参见 Ravallion 和 Wang（2006）。

养老金收益也使得二者都提供了长寿保险。因此，基础养老金与个人账户的结合提供了减贫、保险与消费平滑的作用。自愿性养老金则考虑到了劳动者的个体偏好差异与他们各自所面临的限制条件差异。

从实践的角度来看，这个养老金系统比以前更统一了：至少在原则上，缴费与待遇在市级层次上进行了统一整合。在原则上，这个系统也可以推广到城市中的私有部门的就业与自雇情形。企业的养老金管理责任在理论上已经被剔除了。

然而，在这个新养老金系统的执行中也产生了新的问题。在战略层面，四个问题很突出：碎片化、系统赤字、个人账户问题，以及自愿性养老金系统的不成熟。

14.2.1　碎片化

尽管有至少在省级层面上统一养老金系统的目标，当前管理仍然是碎片化的，在很大程度上处于市级或县级层面，有些地区养老金管理仍然以企业为主。在极少的地区达成了省级层面的统一。在市级层面上，政府通常无法执行缴费，尤其是由于下面所要讨论的负激励因素。

此外，覆盖面有限，城市居民的覆盖面较低。尽管当局宣称强制性系统要覆盖全部城市居民，国有部门以外的雇主与劳动者的缴费仍然比较有限。因此，养老金，以及更一般意义上的社会保障，主要集中于城市、正规部门、国企员工以及外企员工。由于缴费遵从的不完备性，这个问题会更严重。

为何碎片化问题很重要？从公平的角度来讲，它之所以重要是因为它削弱了养老金系统社会统筹的有效性。它之所以重要，也是因为如果不同的人群被区别对待的话，例如若某些企业的覆盖面优于另一些企业，或者农村居民的社会保障很少甚至没有，很多人将其视为横向不公平。它对于效率而言也很重要，因为碎片化违背了良好设计的一个核心特征，即一个运行良好的全国性劳动力市场，其统一性与便捷性是一个养老金系统有助于经济发展所必须具备的两个本质要素。

14.2.2　系统赤字

这个国家的大部分养老金都是赤字运作的，这是高养老金支出与征缴能力有限共同导致的结果。当前的规则以及可预测的抚养比上升意味着这些赤字可能会持续下去。[①] 高养老金支出有多个原因。

一个对老年劳动者十分慷慨的替代率。 基础养老金与个人账户组合的目标替代率是地方平均工资的 60%。然而，在实践中，"中国以前的退休工资替代率是世界上最高的替代率之一，平均大约为 80%，并且在某些地区高达 100% ～ 130%"（Williamson and Zheng，2003，p. 10）。这个结果可以用所继承的系统来解释：劳动者收到公家工资，这通常是非常低的；在退休时他们收到一个公家工资代替了这些工资。事实上，养老金被认为是一生工资的一部分。从此视角来看，高替代率看起来很自然。然而，在市场经济条件下，工资将上升，养老金的财务成本很重要，并且劳动者有为老年保障融资的其他选项，包括私人财富。在这样一个世界里，远低于 100% 的替代率是很正常的。

一个很高的系统抚养比。 养老金系统的高抚养比（表 14.2），部分是由于该系统向国有部门以外进行扩张的覆盖面有限，以及很多国有企业的就业急剧缩减。因此，缴费者的数量相对于养老金领取者而言太小了，所有的养老金领取者都来自所继承的系统。高抚养比也是源于该系统本身的某些特征，特别是较低的领取年龄与大规模的提前退休量，这些一起导致了一个很长的平均退休期。在官方法定的男性 60 岁与女性55 岁的退休年龄下，剩余的预期寿命分别是 19 年与 26 年。[②]

此趋势还进一步恶化了，因为与以前相比，很多人在更为年轻的时

---

① 这里假定，即使将养老金系统扩张到覆盖整个城市劳动力队伍（这将通过引入大量年轻的非国有部门劳动者，在短期内改善养老金系统的融资状况），这一上升的老年抚养比也不会被抵消。

② 在 2001 年，55～59 岁与 60～64 岁的男性的剩余预期寿命分别为 21.1 年和 17.3 年；50～54 岁与 55～59 岁的女性的剩余预期寿命分别为 27.9 年和 23.6 年。文中的数据是两个年龄组的简单平均。参见 World Health Organization，Life Tables for WHO Member States：www3. who. int/whosis/life/life_tables/life_tables_process. cfm? path＝whosis. bod，life，life_tables&language ＝ english。

候退休了。部分地，这是当前激励结构的一个预料之中的结果：

● 劳动者面临提前退休的激励，特别是如果他们在那些拖欠工资的下滑企业中工作，以及如果最富生产力的劳动者可以在领取养老金的同时也可以找到一份新工作，就会如此。

● 经历困难期的企业鼓励提前退休从而可以将工资负担转移给养老金部门。

● 地方政府会面临相同方面的激励：有效的政策成本高昂，并且可能在政治上不受欢迎，而额外养老金的成本却不会落到它们自己的身上。

因此，不出所料，一份关于 13 个省份的调查结果表明（Jiang Shi Ming，2004，p. 13），1997 年总养老金支出中有将近 28% 与提前退休有关，即使很多受益者在领取养老金时会继续工作。[①]

慷慨的指数化。养老金原则上可以根据工资变化进行指数化，但并不能完全做到这一点，正如下面将要讨论的。尽管关于工资指数化的定义存在统计性的难题，但是在实际工资增长迅速而通货膨胀很低时，这种指数化方法可能会十分昂贵。

单独来看，指数化的方法论是错误的。正如在第 5.3.4 节中所讨论的，养老金的实际价值不应当随着通货膨胀水平进行非系统性的变化。然而，这正是中国发生的情况，因为养老金没有以正确的加权方式进行指数化。目前，养老金收益的增加假定大约为名义工资增长的 40%～60%。这使得养老金收益的实际价值变得不可靠。譬如说，若劳动者有 5% 的实际工资增长，这可能是 5% 的名义工资增长与零通货膨胀，也可能是 10% 的名义工资增长与 5% 的通货膨胀。如果名义收益增加是名义工资增长的一半，那么这两种情形会产生极为不同的结果：在零通货膨胀下，名义收益与实际收益都增加 2.5%（5% 的一半），或实际工资增长的一半；在 5% 的通货膨胀下，名义收益增加 5%（10% 的一半），这意

---

① 一个类似的现象发生在中欧与东欧国家。例如 1990 年在波兰，三分之一的养老金支出都被发放给低于正常领取年龄的人了（World Bank，1993，Chapter 4）。

味着实际收益没有增长。因此，实际收益的增长并没有达到实际工资增长的一半。更高的通货膨胀会使得这种情况变得更糟。在 15％的名义工资增长与 10％的通货膨胀下，名义收益增长 7.5％——实际收益减少了 2.5％。正确的指数化可以避免这种对于通货膨胀的不牢靠的反应。这个问题将在第 15.5.2 节中进行讨论。

错误的精算型计算。正如前面所提到的，劳动者的个人账户的月度养老金是根据其账户积累额的 1/120 计算得到的。忽略利息，这个参数隐含地假设退休时的预期寿命为 10 年。事实上，正如刚刚所提到的那样，男性的预期寿命几乎是这个数据的两倍，而女性的预期寿命甚至还要多于两倍。其所导致的成本都落于社会统筹资金池，因为该系统的这两部分账户的财务不是分离的，从而会进一步加大养老金的成本压力。

这个错误是非常值得注意的。假设退休年龄是 60 岁并且出生时的预期寿命是 70 岁。在那种情况下，假设一个典型的退休人员继续存活 10 年就是错误的：相关的统计数据不是出生时的预期寿命，而是 60 岁退休时的预期寿命。如果出生时的预期寿命是 70 岁，60 岁时的预期寿命将多于 10 年，除非 60 岁以下的死亡率为 0，而这明显不可能。

征收缴费的不完备性。在缴费方面也会产生系统的赤字。部分地，这是一个执行能力的问题，但是，这也部分地是由系统融资所必需的高缴费率所引起的不良动机而导致的。那些失败的企业会面临延迟缴费的动机、低报债务的动机，甚至违约的动机。更为成功的企业不太愿意补贴那些不太成功的企业，也会面临类似的动机。这些因素都加剧了问题的严重性，因为劳动者越是在表现不好的企业里就越会努力寻求提前退休。

14.2.3 个人账户问题

正如专栏 6.2 所讨论的那样，从一个现收现付制系统转向积累制系统，会导致不可避免的预付现金流成本，因为必须同时为当前已退休的一代人的现收现付制养老金融资，同时又要为当前劳动者的积累制个人账户支付缴费。在中国，刚刚所描述的赤字意味着，不可能完全满足这些现金流成本，从而导致"空个人账户"，因为地方政府有时会使用劳动者为其个人账户所进行的缴费来为社会统筹账户的赤字进行融资，并用政府欠条来补满该账户，这事实上就是政府债券。因此，在实践中，空个人账户与名义账户制养老金安排有某些相同的特征：它们都基于现收现付制，因为缴费用于为当前收益进行融资，利息支付与债券赎回都来源于当前的公共财政收入，然而个人养老金收益却与个人账户的积累有着严格的关系。[①]

进一步的问题是，个人账户缺乏一个合适的制度性结构以便持有私人资产，并且在任何情况下，合适的私有部门资产的供给都是不充足的。因此，如果个人账户是积累制的，其主要持有的就是低利率的政府债券与银行存款。

14.2.4 自愿性养老金系统的不成熟

正如我们已经注意到的，中国的自愿性养老金只限于由企业运作的养老金计划，对于自愿性私人养老金计划并没有合法的供给，尽管私人储蓄当然是一个选项。因为自愿性养老金尚处于初始发展阶段，下面的讨论更多的是提出问题而非为现存问题提供诊断方案。

覆盖面。基础养老金与个人账户的强制性缴费率相对较高，为28%（尽管其缴费基准低于通常的工资测度），这不利于鼓励所覆盖的劳动者积极参保自愿性养老金计划。因此，最有可能被企业所提供的养老金计划所吸引的劳动者首先就是那些乡镇企业的劳动者，他们在强制性养老金系统之外。许多乡镇企业很大，也有能力实施这类养老金计划。此外，在一些发展良好并且增长迅速的城市（譬如北京与上海），一些企业可能会提供额外的退休收益作为留住劳动者的举措。在这些情形下，一种扩展自愿性养老金系统的方式就是建立个人账户的法律框架，为自雇人士以及其他人员提供自愿性退休储蓄的途径。给定中国的高储蓄率，目前并没有为自愿性养老金储蓄提供税收优惠的迫切需要，尽管在将来某个时刻税收优惠将会变得有必要。

管理成本。在当前的管制下，每一个企业必须设定其自身的年金理

---

① 与名义账户制养老金主要的差别在于，在中国，账户的利率是各个政府用空账户来支付欠条的任何利率，而不是一个由法律规定的利率来支持系统的长期稳定性。

事会，其中必须有劳动者代表。对于小型与中型企业，由于其能力有限，有可能将此类合同外包给专业机构。无论养老金管理是内部执行还是外包出去，交易成本都与资产净回报紧密相关，正如在第 9.2 节中所讨论的那样。这至少意味着管制的需要。

管制。自愿性退休计划需要一个强有力的管制与监督框架。在当前的养老金安排下，这是中央政府与地方各级政府的劳动与社会保障部门的责任。[①] 管制的有效性从两个方面而言至关重要：确保自愿性养老金按预期运行，并且，由于政府在私人养老金计划中的密切涉入从而导致中央与地方政府产生了或然债务问题，即使它们没有被法律所明确。此外，多个监管主体将企业置于多重监管之下从而给企业造成了更多复杂性以及更高的成本。

我们已经强调了体制能力的重要性，这一点对于自愿性退休计划而言有紧要而直接的相关性，其扩张需要根据管制能力以及金融与资本市场能力的发展状况进行校准。一种可能的情况是，这些账户的自愿属性意味着企业不会进入它们没有太多信心的金融市场。然而，这种可能性必须以一个强有力的监管体制作为后盾，随着养老金系统最终扩展到个人账户而必须发展出一个相应的平行制度。

14.3　结　论

1997 年引入的基础养老金与个人账户的结合，潜在地提供了减贫功能、再分配功能、保险功能以及消费平滑功能；自愿性养老金作为新出现的第三层级，允许偏好与约束的差异性。因此，这个战略十分有力。然而，在执行中，该系统面临诸多困难，包括碎片化、系统赤字、个人账户问题、自愿性养老金系统的不成熟，以及城市部门的有限覆盖面与对农村人口的极低供给等。

---

① 一般性的原则就是，政府的责任等级（中央、省级或市级）取决于养老金计划的组织发起方是国家、省还是地方。

这些问题的一个结果就是，城市养老金系统为劳动者所提供的养老金收益是参差不齐的。劳动者事实上能否获得全额基础养老金取决于政府——通常是市政当局，某些情况下仍然是国有企业——在多大程度上能够为其融资。这个问题与其说是一个纳税能力的问题，不如说是一个如何从快速增长的私人部门征集税收与缴费的能力问题。

个人账户既受到这些征缴困难的影响，也受到基础养老金方面的影响，譬如提前退休年龄，这增加了整个养老金系统的成本。这两个因素都有助于解释"空账户"现象，这一现象产生的原因在于，所收到的有限的缴费需要用来支付今天的收益，因而无法用来为当前劳动者的个人积累账户进行融资。

如果这些问题能够被解决，还会产生一个进一步的问题：给定中国当前的以及可预测的未来经济条件，完全积累制个人账户真的会令人满意吗？并且，给定当前的管制能力与当前的金融市场状况，它们真的可行吗？这些问题将在下一章中讨论。

第 15 章　中国养老金改革的潜在方向

在前一章中我们认为，中国关于养老金系统的战略（即基础养老金与个人账户的组合）是合理的，但是，我们也认为，在实践中，该养老金系统也会面临一系列问题。本章内容基于我们所参与的一个专家委员会的报告（Asher et al.，2005；http://www.oup.com/us/pdf/social_security_study_2005），阐述了一系列政策建议（我们的概括性建议将用斜体字加黑表示）以处理那些问题，并进而以各种能有效地与经济理论兼容、符合国际经验且符合中国政府政策执行力的方式，强化该养老金制度达成其改革目标的能力。第 15.1 节讨论了其总体结构与行政管理方式。第 15.2 节、第 15.3 节和第 15.4 节分别讨论了基础养老金、个人账户以及自愿性养老金的选择。第 15.5 节讨论了与退休年龄相关的问题；第 15.6 节讨论了扩大人口覆盖面的各种方式。第 15.7 节阐述了我们的主要结论。[①]

15.1　总体结构与行政管理

15.1.1　一个全国性养老金管理制度

用可操作性术语来说，合适的讨论起点就是养老金系统的管理

---

① 关于其他改革评估与建议，参见 Drouin 和 Thompson（2006），Salditt、Whiteford 和 Adema（2007），以及 Williamson（2004）。

结构。

建议：应当有一系列法定养老金的管制措施，最好是以可强制执行的法律形式来确定。

一个统一的国家养老金系统对于养老金权益的便捷性与劳动力流动性是至关重要的。由于各个地区共同分担了整个国家的缴费池，因此有必要维持地区之间的公平性。因此，养老金的缴费与待遇规则必须通过某个规则进行集中设定，而解释与推动相关的养老金法规就必然成为一个中央部门的责任了。然而，这些规则应当在基础待遇水平上给地区差异性留有余地。在一个物价与生活水平都存在巨大地区差异的国家中，养老金的地区差异有存在的必要，但是这种地区差异必须与整个国家养老金系统兼容。

建议：应当有一个单一的全国性养老金管理系统与一个接收所有养老金收入的全国性资金池。

一个全国性管理结构有几个核心的要求。首先，必须有一个国家数据库，其中包含每一个劳动者的账户信息，这样做既可以促进全国性劳动力市场的发展，也因为这是控制各地方养老金支出的唯一方法（否则，各地方可以任意支出养老金从而超出全国性养老金资金池的承载能力）。其次，必须有一个单一的保持记录的标准软件系统。该软件系统的设计构造必须能有效地防止地方政府为了地方利益按照除中央规则以外的其他方式进行任意修改。

这些管理安排都必须对地方政府具有强制性。维持每一个劳动者的缴费记录是一项主要任务。必须识别每一个个体，跟踪其身份的时间与地点变化，将其整个职业生涯中的每一年份的所有缴费情况都记录下来。对于许多劳动者而言，其缴费记录需要保持 40 年以上，而且这些劳动者可能会在整个国家范围内的不同时间与不同地点从事一系列不同的工作。

国家养老金管理部门是中央政府的一部分，其融资直接来源于中央政府的预算支出。它既要管理基础养老金账户，也要管理个人账户。行政管理需要必须被给予足够的权重，并且有一个现实可行的执行时间框架。

为了实现社会统筹，重要的是国家养老金管理部门必须能收到所有养老金收入。社会统筹就是养老金系统的再分配与风险分担功能的核心。给定中国的巨大规模与多样性，强制性养老金系统的全国统筹尤其重要。然而，这不应当阻止地方政府发起各种自愿性养老金计划。

建议：中央当局应当创设一个机构来预测法定养老金系统的财务状况并进行持续的养老金研究。

由于养老金系统已经运行了几十年，对未来支出进行定期预测就很重要，以进行适当的中期调整从而让缴费与预期支付总体上保持平衡。这种预测若能形成诚实的与非政治性的声誉，就能在政治过程中充当重要的角色。充分理解养老金系统如何在实践中具体运作，而非仅仅是纸上谈兵，对于改善整个养老金系统十分关键，特别是在那些发生大范围变化的国家里。密切跟踪经济理论的最新发展与国外经验当然也是很有价值的。

15.1.2　筹资与收费来源

建议：养老金系统的融资必须继续与国家财政预算分开，采取专项收费的方式融资。

正如在第 6.2 节中所讨论的那样，通过专项收费的方式而非通过一般性财政收入的方式来为基础养老金融资，具有相当强的理由：

● 专项收费有助于养老金融资过程的去政治化，让其免遭短期财政波动的影响。专项收入资金流与分开管理也有助于养老金预测的去政治化，从而提供了一个基于长期可利用的融资方式的政治平衡过程。也就是说，所观察到的长期平衡需要可以改善养老金立法的政治过程，因为其使得提高养老金收益的成本问题与实现养老金收益的长期计划水平所需要的足够的缴费量问题十分突出。相比而言，对纳税人补贴的强烈依赖可能会使得养老金系统在面临其他财政预算需求的波动时更为脆弱。

● 它们使得养老金待遇更具可预测性，从而增加了劳动者的保障性。

● 如果人们（正确或错误地）认为与一般性征税相比，专项收费是未来养老金收入的一个更为安全的资金来源（事实上可能真是如此），那么缴费型养老金制度就可能具有政治经济学优势。

有两个额外的点值得关注。首先，基础养老金是否有一个专项收费来源，与基础养老金收益到底应当基于个人缴费记录（正如中国）还是不应当基于个人缴费记录（正如新立法后的智利），逻辑上是两个分开的问题。荷兰的养老金设计（第 11.4.4 节）是具有启发意义的：在荷兰，这个非缴费型全民养老金（参见专业术语表）基于个人的居住期限，但并不是通过专项收费来源来进行融资的。其次，一个非缴费型养老金（例如荷兰与智利）并不太适合像中国这样存在较大城乡差距的国家，除非是在养老金收益非常低的情况下。

建议：养老金缴费应当由税务部门来征收并转交给养老金管理部门。

最有效的征收方式是与个人所得税一起征收。中国的税务部门拥有完成该任务所需要的技术能力（尽管有必要保证它们具有足够的资源）。然而，由于养老金具备分离的、要求苛刻的行政任务（正如上面所描述的），税务部门在征收并将具体个人缴费情况登记完毕之后就应当将所征收的资金以及相关信息转交给养老金管理部门——在许多国家都可以看到这样的任务分工。

建议：缴费与待遇的计算应当与所得税采用同样的收入基础，但允许在一个全国性的规则之内进行变化。

很重要的一点就是，要使得税务部门所面临的激励与养老金管理部门所面临的激励具有一致性，从而避免出现税务部门只关注总体征收量而忽略了精确跟踪每一个劳动者的个人缴费记录。当税务部门与养老金管理部门都需要大体上类似的个人信息时，这个问题就能最小化。[1] 因此，如果养老金的缴费基础与个人所得税的缴税基础相同，这个系统就会同时具备经济与管理两个方面的优势。

---

① 在英国，学生贷款偿还是与所得税征收一起进行的，学生贷款管理部门参与其账户与税务部门的账户的协调过程。结果这促进了所得税机制、国家保险缴费机制与学生贷款偿还机制的执行。

缴费目前基于标准工资，这一收入测量标准低于市场经济下的总收入。该缴费基础促使劳动者与雇主采取了各种形式的补偿性收入，从而使得这些收入处于标准工资之外。它也是累退制的，因为高收入者所获得的非工资性收入往往会不成比例地高。因此，这个缴费基础应当改变为使其更接近总补偿性收入的可测量部分的一个收入测量标准，而且这个收入测量标准应当用于决定所得税应纳税额①；这个缴费率应当进行调整以使得总缴费总体上不会受到这种变动的影响。这种方式也有利于促进消费平滑，因为更广泛的收入明目是比当前所使用的缴费基础更好的消费机会测度。

类似地，来源于社会统筹的基础养老金收益应当近似地维持其当前的水平，但是应当基于地方平均工资进行计算，使用与决定缴费水平时一样的定义。使用一样的定义可以限制那些通过操弄报告收入以在不增加缴费的前提下增加收益的企图。因此，养老金收益应当根据地区进行变化，但必须在一个全国性部门所设定的规则之内。

15.1.3　替代率、缴费率以及待遇水平的设定

建议：在短期，替代率、缴费率以及待遇水平应当在满足某些技术性修正的条件下被广泛地保持。

在接下来的年份里，养老金系统的融资状况将会发生巨大变化，特别是当那些让系统具备可持续性所必需的改革被执行时，以及覆盖面在城市居民中更广泛地扩张开来甚至可能扩张到城市以外时。在这些主要变革被确立且长期金融预测可用之前，都必须十分谨慎地保持养老金系统的各种基本参数——替代率、缴费率以及待遇水平——基本上保持不变。频繁的变化将是破坏性的，很容易产生错误。最后，正如在第

----

① 所得税与养老金有一个共同的收入基础并不意味着它们有相同的起征点。在大多数国家，这两个系统有不同的起征点。特别地，养老金缴费几乎总是有一个不变的缴费上限，但所得税并没有这样的上限。有一些雇主供给型养老金很难去测量个人的收入基础。雇主自保型集体健康保险就是一个例子，其中不同的劳动者有不同的事前医疗费用，在应纳税收入中简单地加入劳动者的平均成本，并不能精确地描述一个年轻健康的劳动者到底接受了多少补偿。

14.2.2 节中所讨论的，计算个人账户的养老金收益的精算型基础是错误的，应当在早期阶段就进行修正。

建议：设定缴费与待遇的机制必须同步解决。

强制性养老金系统的相关替代率是在该系统中基础养老金与个人账户整合在一起的替代率。这两个因素的平衡应当反映政策制定者关于养老金与收入之间的相关程度的偏好。总体目标替代率应当反映了支付能力、充足性、覆盖面以及开始领取养老金收益的年龄等各方面之间的平衡。

一旦进一步改革的选择完成了且成本与收益的预测准备就绪了，政府就应当考虑基础养老金与（基础养老金和个人账户的）缴费率之间的平衡。如果缴费与待遇都是全国性地设定而没有地区性变化的，政府就需要将其设定成与（成本与收益预测所展示的）可持续性之间具有一致性。如果存在地区变动的空间，那么，要么让中央确立限制条件以保持平衡，要么主要依靠地方融资，其潜在的原则就是，养老金收益一般而言必须由设定它们的（无论哪一级）政府来融资。也就是说，养老金系统必须让管理者在面临缴费决策时的激励与其在面临待遇决策时的激励一致。此原则可以被修正，但必须十分谨慎，譬如应当通过一次性拨款而非配套拨款。①

15.1.4 公共信息

建议：改善公共信息应当处于优先地位，既包括整个养老金系统的

---

① 从中央政府向省级政府进行一次性拨款，可能是绑定的（也就是说，只能用于支付基础养老金），也可能是非绑定的。如果是绑定的，省级政府就面临超过一次性拨款的额外养老金支付的边际成本（例如，如果它为提前退休者提供一个慷慨的养老金，或者对提前退休采取宽容的态度）。如果拨款是非绑定的，省级政府就面临养老金的全部边际成本（因为它可以将拨款花在其他事情上）。与此相比，若是配套拨款，中央政府同意支付相当于省级养老金成本（譬如说）50%的成本；因此，对于任何的养老金支出的增加量，省级政府只面临一半的成本；这就产生了无效高支出的动机。在极端情况下，如果省级政府设定养老金收益而完全由中央来为其融资，其结果就相当于创造了一个"火药桶"：省级政府没有任何动力去削减其养老金支出，并且事实上可以将其视为一个无成本的支出；因此，它们可以增加支出，尤其是为了获得政治人气方面的原因。这样一个激励结构是一种形式的道德风险，众所周知，会导致成本爆炸。它部分地解释了美国的高额医疗支出；1992 年在捷克共和国，在医疗服务的融资与供给被分开之后也发现了类似效应。

变化情况，也包括随时间推移而变化的每一个劳动者的个人状况。

劳动者应当至少可以从三个方面获取信息。首先，相关部门应当告知劳动者养老金系统的规则，只要这些规则与他们的个人利益相关。例如，为了得到一个全额基础养老金，他们应当知道他们还应当缴费多少年。其次，相关部门应当通知劳动者他们的累积缴费额以及他们的可预期收益，以帮助他们在消费与财务计划之间进行决策，以及帮助他们监控养老金系统的精确性。最后，相关部门有必要告知劳动者关于财务计划的更为广泛的信息，因为不完美的信息与不完善的理解在像养老金系统这样复杂的地方是普遍存在的（参见第 4.2.2 节与专栏 9.6 中的讨论）。

15.2　基础养老金的选择

将基础养老金（本节）与个人账户（第 15.3 节）放在一起进行考虑是很重要的。就其自身而言，个人账户并不能充分地解决贫困与分配问题。尽管收入增长迅速，收入差距同样增长迅速。在中国，许多人依然贫困，个人账户尚无法让他们摆脱贫困，虽然他们会工作更长的时间。因此，基础养老金——社会统筹账户——是对个人账户的一个非常重要的补充，每一个因素的相对规模与特定设计细节取决于政策制定者的目标。

15.2.1　养老金待遇水平的决定

除了前面所描述的账户变化之外，还应当适当调整基础养老金的决定方式以反映劳动力的流动性——中国的劳动力流动性将不可避免地增加。这就必须认识到，不同的人想要并且需要在不同的年龄退休。

建议：现存基础养老金的形式大体上应当保持。

关于在当前形式下广泛地保留一个统一率养老金，存在两种观点。第一，现在已经就绪的养老金系统在战略上很牢靠并且已经得到了广泛接受。第二，与其他形式的组织相比，譬如像在美国那样的一个收入相关型基础养老金，一个统一率养老金对于管理方面的要求更低。

建议：基础养老金应当进行三个方面的调整：职业生涯不完整的人们的养老金，整个职业生涯期间在不同地方工作过的人们的养老金，以及养老金收益开始领取的年龄。

给定中国经济条件的变化速度以及该国越来越灵活的劳动力市场，重要的是避免养老金权益的剧烈不连续性。因此，基础养老金应当根据劳动者的被覆盖缴费记录的年限进行成比例的给付，而非在领取养老金时设置一个最低的缴费期。（非常小的权益可以一次性给付。）此外，如果一个劳动者在多个地方进行了基础养老金缴费，那么基础养老金收益的初始价值应当是不同地方的养老金收益的加权平均值，这里的权重反映了不同地方的工作年限。最后，基础养老金应当以开始领取时的年龄为精算基础从而进行调整。

短期职业生涯按比例分配以及流动劳动者按区域平均化处理，可以加强缴费与待遇之间的联系，并且限制劳动者操纵整个系统的机会。非比例分配以及非平均化处理的明显优势就是其简单性：例如，一个拥有充分缴费记录的劳动者可以简单地在其退休的地方领取基础养老金收益。然而，这样的安排就会让劳动者产生在其职业生涯中努力向高工资地区转移的激励。如果在其职业生涯后期，一个人从一个低工资、低物价的地方移向一个高工资、高物价的地区譬如说上海，结果获得了上海地区水平的养老金资格，然后再返回其原来所在地区并（合法地或非法地）获取上海地区水平的养老金，就会产生一个更严重的问题。这种反对该系统的观点很大程度上类似于关于终期工资型计划的问题，正如在第 5.2.1 节中所讨论的那样，并且，该观点在类似于中国这样存在广泛地区收入差距的国家里尤为适用。

无最低缴费期，就可以避免那些缴费期足够长的劳动者与那些刚好没达到最低要求的劳动者之间的横向不公平问题。[①] 这也意味着拥有部

---

① 例如，在智利，拥有 20 年缴费记录的劳动者有资格领取最低养老金保障，但是一个缴费时长刚好为 20 年差一个月的劳动者就没有这个资格。

分缴费记录的劳动者拥有领取部分养老金的资格；这一特征在某些地方尤其重要，譬如中国，其覆盖面逐渐向新的工作人群进行扩张。

15.2.2　为历史债务融资

基础养老金不仅与今天工作的人们相关，也与那些在旧系统下退休的人们相关。一个重要的问题是，如何为遗留债务进行融资，以及如何精确地测量这些债务。

隐性养老金债务。 净隐性债务既要考虑待遇，也要考虑缴费。一个养老金系统的精算余额被定义为在当前规则下一定期限内年度养老金支付额减去年度缴费的现值。第 6.2.1 节讨论了净隐性债务的三种测度方法。在该情形下，最合适的测度是关停计算法，通过向已经退休的人们继续支付养老金的方式来反映其履行过去承诺的意图，同时反映对于当前已积累部分养老金的劳动者在其最终退休时会向其支付相应养老金的意图。这是在发生养老金改革时，对于旧系统的遗留债务的最有用的测度方法，很明显与当前中国的情形最相关，正如智利在 1981 年养老金改革时那样。

进行养老金改革的国家为遗留债务进行融资，既可以通过养老金系统内部来实现（源于未来的缴费），也可以通过系统外部来实现，或二者兼而有之。波兰与玻利维亚通过出售公共资产来创建一个社会保障信托基金。智利向个人发行了一种"认购债券"，即将旧系统的遗留债务分拆之后让个人进行认购，并依赖于日后的一般性财政收入来为到期的债券进行支付。因此，智利的遗留债务落在所有纳税人头上。

一个国家不需要通过养老金系统外部来为历史遗留债务进行全部融资，正如其无须完全支付其国家债务一样。然而，如果历史遗留债务总是留在养老金系统内部不予处理，那么在与这些债务被他人所支付的情形下依靠自身缴费所能获得养老金收益相比，未来的劳动者将会获取更低的收益。因此，支付部分遗留债务应当算是一种比较稳妥的政策方法。

通过资产转换来融资。 中国的历史遗留债务由 1998 年以前退休的劳动者的养老金与 1998 年之前就业的当前劳动者所积累的养老金权益构成。这些遗留债务不但是在一个已被取代的养老金体制下完成的，而且也是在一个非常不同的经济体制下完成的。今天的退休人员以及那些将在短期内退休的人员将他们生命的大部分时光用于建设国有部门。作为回报，他们期望他们所工作过的国有企业或其他公有单位能为他们的老年提供收入保障。过去，这种"终身工资"由企业的当前收入来提供，但是那种途径与竞争性市场经济是不兼容的：如果企业基于现收现付制系统来支付养老金，那么拥有大量退休人员的旧企业将无法与新企业进行竞争。

目前，财政补贴与个人账户缴费覆盖了部分赤字。如果这能继续，那么剩余的遗留债务就可以通过纳税人与当前及未来的劳动者通过降低养老金收益的方法来融资偿还。正如在第 7.2.2 节中所讨论的，一种替代性方法是通过资产转换来为遗留债务融资。许多国有企业已经私有化，这些企业的股份代表着财富，因为通过政府所持有股份的部分出售已经确立了其市场价格。此市场价格反映了这些股份的当前红利支付加上未来的期望红利支付。因此，政府的一个选择就是将其所拥有的私有化国企的股份置于一个信托基金。因为现在这些股份的市场很单薄，该建议不是说此信托基金就应当立即出售这些股份来支付养老金收益；而是说，其应当使用分红支付的现金流作为当前融资的一个来源。关于出售股份所存在的任何问题在将来依然会是重要的问题。事实上，政府如果希望的话，就可以在现阶段向信托基金转移这些股份的财务权（但不是其所有权）。

作为从这个方向迈出的第一步，在认识到历史遗留债务之后，中国政府在 2003 年决定将其部分国有企业股份（特别是那些已经在股市注册以及那些还没有注册但已经改组为股份制公司的企业）转让给国家社保基金。然而，这个进程已经变缓，仅有少量股份被成功转让。

建议：为了帮助解决遗留债务的成本，应当继续向国家社保基金转让国有企业股份。

这种转让有两个潜在优势：它们可以帮助基础养老金融资，并且它们有助于提高公司治理的质量。对于第一点，将政府机构当前所收到的分红现金流转向养老金支出，会减少为养老金系统设立一个单独的财政补贴的需要，因而就改善了养老金系统财务平衡的可靠性（尽管它也使得其他政府财政问题变得更加困难）。如果没有这种转让——或者说，如果这种转让不足以为遗留债务进行充分的融资——那么该系统的遗留债务就将落到当前与未来的劳动者头上，从而导致更低的遵从度（特别是对于那些从国有部门之外加入该养老金系统的劳动者而言）。此外，将政府的一个收入流移除，可能会导致在某个时期更高的税收（与原来的情况相比），从而产生了另一种无效性的来源以及一些遵从度方面的潜在问题。

信托基金到底应当有多大？信托基金越大，为一个给定收益水平进行融资所需要的缴费就越低（这能改善年轻劳动者以及那些随着覆盖面扩张而被包括进来的劳动者的处境），或者从一个给定缴费水平所能获得的收益水平就越高（潜在地改善了当前与未来养老金领取者的处境）。基金规模的决定以及国有企业债券与股票的混合程度的决定很明显会有重大的效率性、公平性以及政治性后果。

除了帮助其融资，加入国家社保基金作为股东，也有利于改善国企的公司治理现状，这是经济效率与经济增长的一个关键要素。[①] 正如我们已经注意到的，给定中国发展不完善的资本市场以及长期投资者的需求，国家社保基金不应当出售其股份，而是应当长期持有这些股份，依靠股票分红现金流来帮助养老金债务融资。高质量的治理需要良好的法制，需要管理当局的良好监管，并需要股东的良好监督以及良好地行使投票权。股份转让赋予国家社保基金在这些企业里作为长期战略股东的地位，其主要的好处就是保护股东的权益，包括决定合理分红水平的权利。这一好处可以通过监督企业、行使股东投票权以及在一些公司获得董事会代表席位来实现。在许多国家，养老基金扮演了一个重要的长期战略股东的角色，它监督公司的表现并且普遍地改善了公司治理。进一

---

① 关于公司治理的一个专题研讨，参见《牛津经济政策》（第 21 卷，第 2 期，2005 年夏季）。关于中国的公司治理的稳健性的一个怀疑性观点，参见 Hutton（2007）。

步，国家社保基金对于公司治理的兴趣将为企业改革的整个过程赋予更多的力量，包括更好的立法与更好的监管，正如在智利，强制性个人账户在股市上的投资，通过努力改善股市的管制，从而有助于促进整个改革进程。国有资产管理部门即使在转让一些股份给国家社保基金之后，也依然会继续拥有大量国有企业的股份，这两个部门的所有权角色以及其不同的目的可以相互补充、相互促进。

世界范围内政府机构多样化资产组合的经验表明，如果这些机构的运作具有充分而透明的会计系统，高质量的投资就更有可能了。因此，如果股份的转让是为了完成改善财务平衡与加强公司治理的目标，那么，重要的是，国家社保基金必须有一个清晰而明显的授权、独立的非政治性管理，以及公开定期出版的通过了可靠审计的详细账目［作为一个例子，可参见 Norway Central Bank（2006）］。这种方式可有助于阻止改革过程中的公有资产流失，正如俄罗斯曾经发生过的那样。

15.3　个人账户的选择

个人账户在 1997 年被引入之后就成为整个养老金系统的核心部分。然而，它们的实际运作却并不令人满意。尽管其被设计为积累制的，每一个账户中都积累着金融资产，但是大多数账户实际上都是"空"的，仅仅含有政府的"欠条"，正如在第 14.2.3 节中所讨论的那样。无论积累制是否一个正确的政策——这个问题我们后面会讨论——空账户都损害了整个系统的可信度。此外，目前尚未采取什么措施来构建一个制度性框架以便有能力来维持全国性的个人账户记录、在资本市场上购买资产以及管理这些资产等，更不用说来安排个人资产组合的选择了。

15.3.1　积累制个人账户

第 6 章与第 7 章的分析表明，如果积累制能够导致如下一个或几个结果，那就是合意的：能让一个储蓄不足的国家增加储蓄，能将储蓄配置到更有效的投资上，以及能进行令人满意的代际再分配。此外，积累制还必须具有管理上的可行性。下面我们将表明，今天的中国似乎还没有满足任何一项。

增加储蓄。 养老金融资将会增加中国的储蓄吗？在其他方面相同的情形下，个人账户的实际资产积累要求：要么增加缴费，要么政府进行补贴。正如在第 6.3.1 节中所讨论的，这些政策可能会也可能不会增加国民储蓄，取决于个人账户所增加的储蓄在多大程度上被个人或政府所抵消掉（例如，为了向积累制转向进行融资，政府不得不增加借债）。正如表 14.1 所示，中国已经有了一个非常高的储蓄率——这并不意外，给定一个相对短期的经济繁荣经验、一个发展尚不完善的社会安全网络。因此，通过提高个人账户的强制性缴费来提高储蓄，很可能被其他形式的储蓄下降极大地抵消了。

增加储蓄对于中国来说是一个正确的目标吗？增加储蓄就要求今天消费下降以使得明天有更高的消费。但是，再一次，当前储蓄已经很高了，经济增长非常迅速，所以未来劳动者有可能比今天的劳动者处境好多了。因此，一个还要进一步提高储蓄的政策似乎就不太具有吸引力了。事实上，近年来，政策制定者的一个优先考虑项就是提高居民消费水平。这表明，个人账户资产应当通过额外的政府债务来进行融资，而非去增加储蓄。但是，在那种情形下，将政府债券放入个人账户，或者提供那些能被出售以便购买其他类型资产的政府债券，到底又有什么意义呢？尽管一般而言这种多样化是有用的，但是给定中国的金融市场现状，这种方式是很不成熟的。

改善储蓄的投资配置。 中国的未来经济增长将不会取决于储蓄率增长，而是取决于改善储蓄的投资配置。这种方式的效率改善是一个主要目标。正如在第 6.3 节中所讨论的，养老金积累可以改善储蓄的投资配置，如果个人账户的行为能强化资本市场或金融中介的运作的话。有证据表明这在智利已经发生了。然而，关于改革时期的智利有三点值得注意：

- 智利存在一个财政盈余从而可以为引入积累制个人账户而进

行融资。

● 智利有一个经久不衰的市场系统以及相对于国家发展水平而言足够强大的行政管理系统。

● 智利采取了重大行动来强化市场监管以协同个人账户的引入；也就是说，养老金系统增加了强化监管的政治意愿。

除了国家的财政预算方面，中国目前还没有达到第二个与第三个条件。金融市场尚处于发展的早期阶段。尽管银行系统已经开始了改革，利率仍然不是由市场决定的，有效的监管正在建设之中，信用评级机构——对于风险产品交易的金融市场而言是一个必要的机构——发展缓慢。[①] 由于储蓄率非常高，一个对于长期且相对无风险投资工具的巨大未被满足的需求已经存在，并且，缺乏高效的中介与监管是阻碍进一步深化金融市场改革的主要限制因素。因此，我们尚不清楚，通过个人账户金融资产积累所增加的需求将如何进一步深化金融市场改革。在短期，积累制个人账户可能会经历低回报与高风险。在一个给定的储蓄率下，个人账户的广义积累（从劳动者那里吸收了更多的钱）减少了这些劳动者的直接借贷行为与直接投资行为，这在此时也许是一个更有效的将储蓄转化为投资的方式。

金融部门改革之所以合意的原因比养老金设计本身要宽广得多。在某种意义上，积累制个人账户可能会进一步促进金融市场的发展，特别是如果它能增强改善管制的压力以及更依赖市场力量进行储蓄的投资配置的压力的话。然而，给定中国今天的金融市场条件，一个法定强制性的、政府运作的养老金系统不应当成为主要创新的引领者。它将会把大量劳动者的退休收入置于危险之中，任何错误都可能耽误养老金系统的改革以及更一般性的金融制度改革。如果通过自愿性养老金安排方案来刺激这些变革，并且迫使其接受市场检验以检查其有效性，那么金融部门的发展可能会更好。正如下面所解释的，自愿性养老金应当是积累制

---

① 美国基于次级抵押贷款的不真实的证券信用评级所带来的问题，足以强调健全的信用评级的重要性。

的。尽管它们与强制性系统相比仍然非常小，但在一个像中国这样大的经济体中，它们的绝对规模非常大并且会对金融市场产生重要影响。

改善代际再分配。正如在第 7.2 节中所讨论的，组织养老金的不同方式会在各代之间产生不同的收益与成本分配方式。强制性的积累制系统是否具备令人满意的代际再分配效应？一个引入积累制的决策将有利于未来一代支付更低缴费的劳动者（在其他方面相同的情况下）。问题在于，是否存在一个好的理由来让今天中国的劳动者支付一个更高的缴费（由于转向积累制）以便未来的劳动者可以支付一个更低的缴费。今天的劳动者相对来说更贫穷并且面临巨大的经济不确定性；与此同时，经济增长率很高，所以未来年代的劳动者将越来越可能在被覆盖部门找到工作，从而可能会处境更好。对今天的劳动者施加一个更高的缴费率以降低未来劳动者的缴费率或提高未来劳动者的养老金收益，对于中国来说似乎并不是一个合理的目标。

可行性。大规模的强制性积累制系统现在是否可以执行了？正如在第 9 章中所讨论的那样，要想成功执行包含个体自由选择资产组合的法定强制性个人积累制账户存在大量的障碍。这些要求条件很苛刻，中国目前似乎还不具备。不存在劳动者个体自由选择的中心化投资从管理上来讲要求没那么高，但是，正如在第 9 章中所讨论的，某些国家的实施结果——特别是中心化投资经验有限的国家——并不太理想。

根据前述理由，积累制个人账户

- 对于鼓励储蓄而言并不是必需的；
- 在促进有效投资方面可能事与愿违，特别是因为自愿性积累制养老金有助于发展资本市场；
- 存在不合情理的代际再分配效应；
- 可能超出本就有限的执行能力。

这些结论适用于今天的中国，但它们未必适用于未来的中国（也未必适用于其他国家）。十年或二十年之后，中国也许希望提高其储蓄率，金融系统也许有能力提供个人账户从而改善总体的资源配置情况（相对于其他方面），对后代的再分配可能被乐于接受，养老金管理部门与私人投资管理者也许有能力去处理积累制个人账户的大量需求，以及管制能力也已经充分建立了。因此，重要的是，如果政策制定者认为可行，今天的个人账户系统应当设计成可行的时候可以向积累制平滑过渡。

名义账户制模式，正如下一小节所讨论的，提供了这样一个平滑的过渡。第 15.3.3 节讨论了一种替代性模式，其通过额外的政府债务来帮助未来的养老金积累。

15.3.2 名义账户制与个人账户

建议：个人账户的未来积累应当以名义账户制系统为基础进行组织。

给定上述结论，名义账户制养老金（参见第 3.4 节以及第 11.4.8 节中关于瑞典情形的讨论）从目前来看更有潜力。这种类型的养老金已经被那些寻求保留固定缴费型模式的有用性而无须积累制的国家所采用。每个劳动者积累一个名义性基金账户，由其多年的缴费构成，每一年养老金管理部门会根据一个法定名义利率对该账户进行补贴。在退休时，劳动者将根据其积累精算式地收到养老金。如同利率调整之前的基础养老金收益，对于养老金收益领取资格没有最低缴费期的要求。

在中国当前环境下通过名义账户制模式来组织个人账户系统有重大的优势[1]：

● 它为今天的缴费者以一种类似于积累制固定缴费型计划的方式提供了消费平滑功能，因而与个人账户的目的是一致的。

● 然而，因为没有建立基金，它并不要求今天的（更穷的）劳动者提高缴费以使未来（更富的）劳动者可以降低缴费，因此它避免了不令人满意的代际再分配。

● 对于劳动者来说，风险更低了，因为该回报率可以避免受到资本市场的短期资产波动性的影响。这在银行与金融市场结构仍未

---

[1] 其他作者也得到了同样的结论，例如，可参见 Williamson 和 Zheng（2003）以及 Zheng（2004b）。

发展完善的时候尤为重要。

● 名义账户制模式可以成为未来转向部分积累制或完全积累制的基础，因为个人在其个人账户资产组合中可以同时持有名义资产与实际资产。

除了基于名义账户制模式组织未来的个人账户积累，养老金管理部门应当对自 1998 年开始的个人账户中的"空"账户进行补贴，包括名义利率。

建议：名义账户制系统的名义利率应当等于被覆盖劳动者的全国性平均工资增长率。

名义账户制系统设计中的一个重要因素是账户补贴过程中所使用的名义利率的定义。通常使用两种定义：人均工资的增长（w），以及总收入的增长（wL，其中 L 是被覆盖劳动者的数量）。特别是在中国这样的国家，覆盖面在迅速增大但是不均衡，人均工资似乎是更好的选择。这大体上保留了各个人群之间的替代率，除了对预期寿命的调整之外。收入的相关定义应当与缴费基础方面的定义相同。

建议：个人账户全额收益的决定应当基于精算原则，使用名义利率与养老金领取者所属出生群体的死亡率表格。

当前计算个人账户的可用月度收益的计算方法——个人积累的 1/120——从技术上来说是不正确的。这与 10 年平均退休期与零通胀调整利率的组合是一致的。一个精算型精确收益大体上每月会产生其一半之多。[1]

在对延长退休的收益缺乏精算型精确调整时，对于更短的寿命来说还算足够的融资，对于更长的寿命来说就不够了。精算型调整对于维持老年工作者的劳动力市场激励也很重要：一个人工作时间更长，其养老金收益就会增长，正如在第 5.3.3 节中所讨论的那样。为了使个人账户具备坚实的精算基础，一个群体的养老金收益的期望现值就应当等于该

---

[1]　这一计算设定了 3% 的年度利率（根据通胀进行了调整），1.5% 的年度收益增长率，以及 25 年的退休期。

人群退休期的名义积累额。这与在积累制账户中的资产被用来以市场价格购买年金的方式很像，是一个能够适应预期寿命增加的系统的非常重要的因素。

基础养老金与个人账户养老金都需要随着时间的推移进行调整——至少要进行通胀调整，还可能需要将退休人员的收益根据工资增长率进行适当提升。第 14.2.2 节讨论了对基础养老金进行适当指数化的需要；在第 5.3.4 节中所讨论的物价与工资的不同权重的选择也增加了。

15.3.3　发行新政府债券为个人账户融资

如果政府希望保留法定强制性完全积累制个人账户的原则，一种方式就是将新发行的支付市场利率的政府债券放入劳动者的个人账户中。任何转移的债券均应当针对通胀进行指数化，并且应当考虑让指数化债券为保险公司的指数化年金提供后备支持，甚至也可以公开买卖。另一种方式包括在账户中配置政府所有的外国债券，包括这些债券所赚取的利息。这种方式不同于当前实践，即将政府欠条（IOU）置于"空"账户中以使得其能提供明确具有市场化利率的资产。

因为债券将代表额外净债务，所以其对国民储蓄的直接影响类似于其对非积累制名义账户制系统的影响。[①] 这里并没有实际的债券购买。政府将只是简单地利用债券对个人账户进行补贴，当代劳动者的缴费继续用来支付当代退休劳动者的养老金。这种方式因而类似于一个名义账户制系统中的情况，除了这些账户将积累实际证券的价值而非名义性补贴，利率由债券市场决定而非基于名义账户制系统的原则。[②] 这两种方式对当年的全国性预算具有相同的影响，有类似的代际分配效应，因为在这两种方式中养老金成本都会落到后代头上。

---

① 从广泛意义上来讲，劳动者积累制账户中所增加的储蓄被额外的政府借债（由那些账户中的债券来表示）所抵消。

② 在实践中，存在一个单一的中心化的政府债券组合，每个账户都会根据该组合所赚取的利率进行补贴。在缴费不足以支付养老金收益之前，都可以通过发行更多的债券来支付利息。一旦缴费不再足以支付养老金收益，就需要从一般性财政预算中转入相关收费。

然而，这里有重要的差别。特别地，名义账户制模式允许政府保留灵活性。首先，政府能将名义利率进行调整以维持养老金系统的长期平衡——事实上，这正是用那种方式决定利率的核心目的。积累制方式在不放弃现存债券的产权的情况下，或者在不要求账户接受低于市场利率的债券的情况下，就不会有这种灵活性。由于未来支付权益的差异性，以及可能存在的其他概念性差异，在政府债券模式中内在的未偿政府债务净额可能会提高政府所能借贷的利率。正如在第 6.2 节中所讨论的，隐性债务与显性债务都并非完美替代品。

第二个灵活性的来源就是，名义账户制模式使得未来可以选择转向强制性积累制账户，而非强迫现在就必须做出选择。相比而言，债券积累制模式使得我们现在就能有效地判断，用强制性积累制来增加储蓄对于未来中国是非常可取的，只有资产多样化的时间或者增加缴费以增加储蓄的时间是不确定的。①

15.4　自愿性养老金的选择

自愿性养老金计划——无论是个人型计划还是雇主型计划——是对基础养老金与个人账户的重要补充。它们允许个人表现出关于退休储蓄的时间路径的不同偏好以及不同的风险规避度；它们允许企业对劳动者的偏好做出反应；它们使得那些工作条件艰辛或由其他原因导致工作寿命短暂的行业能够提供提前退休的选项；它们能促进地方与个人的积极性；它们能促进创新，特别是金融市场上的创新。这类反应对于像中国这样巨大、分散且迅速变化的国家而言具有非常重要的意义。

---

① 在关于美国社会保障的争论中［参见 Diamond 和 Orszag（2005a，2005b）］，一些倡导者将资产多样化视为所增加缴费的替代，尽管资产多样化并不直接增加储蓄。在债券积累制模式下，一个类似的错误分析可能会在不恰当的时候导致多样化配置，而在恰当的时候却没有增加缴费。

建议：自愿性养老金应当受到鼓励，并且应当对其加强管制。

自愿性退休方案可以以企业型为基础，也可以由被核准的金融机构所管理的个人计划组成。在中国，这两种类型的计划都可能得到发展并且都需要鼓励，尽管引入它们的时间点需要充分考虑有效管制与监督的必要性。《企业年金试行办法》* 的出台表明对于企业型养老金计划的管制已经开始。其他类型的自愿性养老金计划最终也会需要类似的管制。

对自愿性养老金的管制与监督应当通过多重安全措施进行加强，并且在组织形式上应当简化，以使得一个单一的管控部门就能总览任何给定雇主或个人的退休账户。此类管制应当覆盖雇主供给型养老金、个人型养老金，以及由地方政府所组织的养老金。对提供年金的保险公司也需要进一步提高管制。

建议：补充性的自愿性养老金应当是完全积累制固定缴费型养老金，其所得税处理方式应当在一种一致的基础上进行阐述与设定。

发达国家的自愿性公司养老金的历史阐明了自愿性养老金设计的不同选项。一些是固定收益型方案，另一些是固定缴费型方案。一些在公司层面上，另一些在行业层面上（例如通过工会来组织）。虽然真实的固定缴费型养老金本质上应当是完全积累制的，但是公司型固定收益型养老金已经随着时间的推移，在国与国之间，也在国内各企业之间，进行不同程度的积累了。

一些私人固定收益型养老金计划的历史并不令人满意。特别地，如果一个公司或行业的固定收益型计划不能进行充分融资从而陷入了财务困境，那么，要么该公司不得不增加资源，要么在职人员或退休人员失去其部分或全部的期望养老金，要么政府不得不以一个特定的基准额度或者通过一个政府强制性保险系统来帮助其脱离困境。此问题具有累积性，因为正如我们在其他地方所注意到的，由资产价值下跌而导致的缺口往往刚好是在发起企业正经历利润下滑时发生（因为下滑的资产价值与下降的企业利润是高度相关的）。为了强化私人固定收益型计划的长

---

* 《企业年金试行办法》已失效，由自 2018 年 2 月 1 日起施行的《企业年金办法》取代。——译者注

期稳健性所制定的政府政策面临一个潜在的困境，正如专栏 9.3 中所讨论的那样：管制太少会让在职人员与退休人员得不到充分的保护，但是过度管制又会给发起企业或行业施加过重的成本，通常是在当它们刚好无法承受的时候。结果，美国与英国的许多固定收益型计划已经对新的参与者关上了大门。

在一个拥有发展良好的固定收益型养老金系统的国家里，政府保障与积累制要求的结合可以在维持原系统的同时又能解决那些最糟糕的问题。在一个现存自愿性养老金计划很少甚至没有的国家里，似乎没有理由在一条已知很难维持的路径上走下去。对积累水平进行熟练管制的要求，对于中国今天的养老金制度而言，更是增添了难度。因此，所有享受税收优惠的自愿性的补充性养老金都应当是固定缴费型计划。

尽管固定缴费型计划使得劳动者承受了金融市场风险，但它们与试图将风险转向雇主与政府的做法相比，却可能是一种更好的方式。第一，这种意图可能无法成功，从而使得劳动者承受了其未预料到的风险。第二，政府保障可能会造成投资决策的过度冒险，而政府管制可能无法对此进行干预。第三，在一个法定强制性系统主要采取非积累制的国家里，拥有一个积累制自愿性系统可以分散劳动者所承担的风险，因为一个法定强制性系统的缴费基础的波动性与资产回报尽管是相关的，但并非完全相关。因为该系统是自愿性的，这种多样化尽管不如法定强制性系统中的积累制部分那么完备，却能够避免法定强制性缴费率增加所产生的诸多困难，这对于一个寻求建立积累制账户的同时又在为现存养老金债务进行融资的系统而言将是必需的。

自愿性养老金的税收处理方式应当在某个限度下与强制性养老金相匹配。一个普遍的特征是，与其他储蓄相比，通过一些方法使它能得到税收优惠，譬如，通过一个广泛接受的测度方法（譬如美国与英国）即 EET 税收处理方案：养老金缴费应当基于税前收入（因而得到税收豁免，E）；养老金积累的收益应当免税（也应当得到税收豁免，E）；养老金支付时应当与工资一样被视为可纳税收入（T）。税收优惠的设计与优惠上限的选择应当考虑到一个人边际税率上的扣除趋势是累退性的，因为处境最好的劳动者倾向于最高的自愿性缴费，并且也因为这些劳动者与低收入劳动者相比是在一个更高的边际所得税税率上扣除缴费的；即使退休期的边际税率相同，这种累退性也依然存在，因为税收的延期越有价值，税率就会越高。

我们并不清楚金融系统能多快地适应大量的退休储蓄。将决定留给雇主来判断，它们可以选择创建或者不创建这样一个养老金，从而有希望让养老金的增长与金融和管制能力的增长相一致。

15.5 退休年龄以及退休时与退休后的待遇

在中国，国有企业劳动者的法定退休年龄（男性为 60 岁，女性为 50 岁或 55 岁，取决于工作的类型）源自更早的时期，那时预期寿命更短，就业安排往往基于一辈子。典型的实际退休年龄甚至更低，因为提前退休急剧增加——这是在第 14.2.2 节中所描述的激励结构所导致的一个意料之中的结果。与此相比，美国的中位数退休年龄是 64.6 岁，日本是 68.5 岁 [1999 年数据；参见 Sigg（2005，Table 8.1）]。

预期寿命变长与大规模提前退休一起导致了更长的退休时平均剩余预期寿命（正如在第 14.2.2 节中所注意到的，在中国，所估计的退休年龄时的剩余预期寿命为男性 19 年、女性 26 年）。正如表 14.2 所示，有限覆盖面、部分国有企业的衰落以及漫长的退休期，极大地提高了养老金系统的抚养比，从 1980 年的 1∶13（1 个退休人员对 13 个工作人员）到 2002 年的 1∶3，并且预测 2030 年将达到 1∶2。工作年限减少与退休年限增加对养老金财政的组合效应很明显，应当设法应对。

15.5.1 退休时的待遇决定

在个人账户下，无论积累制还是名义型，其收益均应当在一个精算型基础上由该账户的积累额所决定。应当存在一个获取养老金权益的最低年龄，在第 5.3.2 节中被称为最早领取资格年龄；在此年龄之上，养老金应当大体上是精算型地增加的。对于一个固定收益型养老金而言，譬如中国的基础养老金，通常使用不同的术语来表述，即全额收益领取年龄。在一些国家（譬如英国），最早领取资格年龄与全额收益领取年龄相同，退休越迟，养老金收益越高。在另一些国家（譬如美国），存在一个最早领取资格年龄以及一个更高的全额收益领取年龄，二者之间进行了或多或少的精算型调整。

建议：男性与女性的基础养老金全额收益领取年龄都应当逐步增长到65岁；基础养老金与个人账户的最早领取资格年龄也应当男女相同。

尽管大多数西方国家历史上都曾有过一个更低的女性退休年龄，现在的趋势是有一个男女相同的退休年龄，这一过程由欧盟反对性别歧视方面的立法所加速推动了。女性通常比男性活得更长，所以更低的女性退休年龄没有合理性。分开来讲，一个更低的养老金领取年龄通常被认为是对男性的歧视，在大部分公共养老金系统中他们不得不工作更长时间才能获得与一个缴费年份更少的女性相同数量的养老金，并且，特别是当与法定退休年龄结合在一起时，也可能对女性构成歧视。因此，对于最早领取资格年龄，基础养老金与个人账户必须一样，男性与女性也应当一样。

改变的方式是重要的：正如在专栏 5.10 中所讨论的，接近退休的那些人不应当面临一个必须继续工作以赚取养老金的年份数量的急剧增长。类似地，最早领取资格年龄不应当有太多的跳跃，不能要求一些劳动者比那些仅仅稍微年长一点的劳动者要多工作很长时间。最后，改变应当基于规则而非随意决策，应当与死亡日期相关，而非与退休日期相关。

建议：不应当存在一个全国性法定退休年龄。

政策制定者频繁关注的一个问题是提高退休年龄是否会增加失业。这是基于如下信念：如果劳动者在其岗位上待的时间更长，对于劳动力队伍中的新手而言工作机会就更少。然而，正如在第 5.3.1 节中所解释的，在一个市场经济中，不应当认为劳动力市场上的岗位数量是固定的；岗位数量对可利用的劳动数量也会做出反应。在任何情况下，许多领取养老金的劳动者将会继续工作，要么为一个不同的雇主工作，要么成为自雇人士。在中国，一个进一步的考虑就是，城市地区的可用岗位造成了农村地区的劳动力流动。增加的退休老人的数量与可被雇用的劳动力新手的数量之间也许存在一个微弱的短期关系（尽管我们意识到这种关系并不存在经验性证据），但是在发达国家肯定不存在长期关系，并且没有理由认为在发展中国家里结果会有什么不同。尽管中国的劳动力市场还不是非常有效，养老金系统的设计仍然需要着眼于长期考虑。

反对法定退休年龄的一个独特的理由是劳动者有不同的偏好与约束：一些人想尽快退休，而另一些人则很享受其工作从而想继续工作，还有一些人想继续工作以提高其退休时的养老金收益。类似地，雇主对于其希望劳动者继续工作多长时间也会持有不同的观点。

由于法定退休年龄对于减少失业而言并没有什么好处，而灵活的安排方案对个体劳动者与企业而言都有大量的好处，所以不应当存在一个全国性的法定退休年龄。许多其他国家得出结论认为政府不需要建立一个法定退休年龄；如果劳动者与雇主都希望如此，一个人当然应当继续工作。

建议：如果一个劳动者相对于全额收益领取年龄提前或延迟退休了，其养老金收益应当基于精算原则进行调整。

提前退休的养老金收益减少与延迟退休的养老金收益增加对于保障适当的劳动力市场激励而言都是必要的，不能过度鼓励也不能过度打击不同的退休年龄，正如在第 5.3.3 节中所讨论的那样。如果一个劳动者提前退休了，其养老金收益应当进行精算式减少。然而，即使进行精算式减少，劳动者也不应当被允许在全额收益领取年龄之前太早地退休：给定专栏 9.6 中所讨论的短期满足倾向，一些人可能在最早领取资格年龄退休，即使那会使得他们最终陷入贫困。最早领取资格年龄必须在全额收益领取年龄的大概三年之内，并且根据全额收益领取年龄随着时间的推移大体上进行线性提升。提前领取养老金也不应当作为失业或残疾补助的替代性手段。

正如在第 5.3.5 节中所讨论的那样，对于在超过全额收益领取年龄之后仍然想继续工作的任何劳动者，要么应该让其退休期的养老金收益得到一个精算式提升，要么应该让其在继续工作时就开始领取养老金。

建议：应当允许在一个比基础养老金与名义账户制养老金的最早领取资格年龄更早的年龄领取自愿性养老金收益。

强制性养老金系统支付养老金收益的严格年龄限制不应当用于自愿性养老金系统。正如前面所讨论的，自愿性养老金的一个核心目的就是考虑人们的偏好差异，并为那些在艰辛条件或者容易减少寿命的条件下工作的人提供更多的选择。因此，自愿性养老金可以被特别有针对性地用来填充强制性养老金系统中的提前退休与最早领取资格年龄之间的缺口。

15.5.2　退休后的待遇调整

前一节讨论了劳动者在其开始领取养老金收益时的收益水平。另一个问题是开始领取之后那些收益应当如何变化。

建议：退休期间的养老金收益——既包括基础养老金，也包括名义账户制养老金——应当通过一个全国性规则进行指数化，尽管可以存在一些局部参数值差异。

在发达国家，退休期间的养老金收益有时是通过通货膨胀率进行指数化的，有时是通过平均工资增长率进行指数化的，有时是将二者进行加权平均（参见第 5.3.4 节）。物价指数化保留了实际购买力，但是养老金领取者随着年岁增加会越来越落于平均生活水准之下。工资指数化保留了其与平均生活水准的关系，但是在开始领取收益时对于一个给定的收益水平而言成本更高（或者在相同的成本下需要一个更低的初始收益）。对于给定的初始收益，物价指数化更多地强调系统的支付能力，工资指数化则更多地强调养老金收益的充足性。政策需要在二者之间达成平衡。

另一种考察养老金收益增长的方式就是要认识到，对于一个给定的现值，养老金收益的初始水平与退休后的养老金收益增长之间应当有一个权衡。对于一个给定的长期成本，收益增长越迅速，初始替代率就必须越低。不同国家会做出不同的选择，取决于一系列因素：对初始养老金水平的看法、养老金收益与平均工资的关系，以及可利用的金融工具。要么物价指数化，要么工资指数化，要么二者加权平均，哪个是恰当的做法，取决于具体的目的。

养老金的实际价值不应当随着通货膨胀水平出现系统性变化；然而，正如在第 14.2.2 节中所解释的，中国的指数化方法的确存在这种影响。该问题能被解决，不需要改变长期的预测成本，只需要将养老金的收益增长设定为工资增长与物价增长的加权平均值（权重之和为 1），权重的选取应使得期望成本与当前规则下的预测成本相同。或者，权重的选取可以使得实际收益与实际工资之间的比率得到保持，并且，若可以避免预测成本的任何变化的话，或许还可以存在一个初始收益水平的一次性变化。又或者，成本的变化可被吸纳为总体改革系统的一部分。

15.6　扩大覆盖面

正如前面所注意到的，强制性养老金系统的覆盖面在城市地区是参差不齐的，并且没有扩展到城市以外的地区。未来的一个优先事项就是将该系统扩展到未被覆盖的城市劳动者以及农村人口。

15.6.1　城市地区

建议：将基础养老金与个人账户系统扩展到城市所有部门的劳动者的这一计划已经得到法律认可，应当随时执行。

1997 年改革的目的在于，基础养老金与个人账户系统应当覆盖所有城镇劳动者，无论其受雇于国有企业、私人企业还是自雇人士。该目标完全正确，但推行过程十分缓慢。

强力推行覆盖城镇地区的所有劳动者，将对行政能力产生额外的要求。此外，对工资突然施加一个很高的缴费率可能会压垮年轻的正在成长中的企业。由于这两个原因，改革应当仔细地被逐步引入，也许从最大的企业开始。税务部门应当强制执行法律要求。

将覆盖面扩展到国有企业以外，将会显著地改善养老金系统的短期财务状况，因为非国企劳动者平均而言更年轻。如果覆盖面扩展到新进入城市的人员（极有可能是年轻人），则尤为如此。因此，城市地区日益增长的迁入人口减缓了人口结构变化的影响——但仅局限于那些地区。与此对应的就是农村地区甚至更为迅速的人口老龄化过程，那里的老人最缺乏经济保障，陷入严重贫困的风险最大。重要的是，要避免错误地使用由覆盖面扩展所导致的一个时期的盈余收费来设定一个不可持续的养老金水平。

建议：最终将公务员也纳入强制性与自愿性养老金系统的决策应当执行。

该变化不要求减少公务员的养老金，因为他们参与全国性系统应当被视为政府组织型养老金的补充，正如鼓励私人企业加入以作为对强制性养老金系统的补充一样。该补充性养老金应当是完全积累制的固定缴费型养老金，为所描述的自愿性养老金制度的一部分。将公务员包含在强制性养老金系统中，将使得公共部门与私人部门之间的最终劳动力流动性变得更简单。一种逐步引入该系统的方式就是在新就职的公务员中开始实行。

建议：现存的城镇居民最低收入保障（低保）对于老人而言应当提高。

由于老年人所提供的劳动数量并非政策关心的主要问题，有可能为其提供一个最低收入保障，譬如当前的低保制度（正如在第 14.1.5 节中所讨论的），与其他人口相比要求不应当那么严格。这样一个做法将会提高中国减贫工作的广度与深度。

这样一个最低收入保障可以通过多种方式与养老金系统进行设计整合。一种方案就是简单地对更年轻一代的最低收入标准以及其他现存最低收入保障规则做出不同的设定。另一种简单方案就是统一率养老金，由一般性税收进行融资并支付给每一个达到某一年龄的人，正如荷兰与新西兰那样。这些安排在覆盖面与管理的简易性方面具有巨大的优势，但是与不提供全覆盖养老金收益相比，有更高的直接财务成本。一种替代性方案就是一个由税收进行融资并向除了最富有的人之外的所有人支付的制度（正如澳大利亚与南非，以及新近的智利）；这样一个系统在管理上更为复杂但在财务上更为便宜。任何具有收入审查条件的系统都包含一个老年储蓄的负面激励。任何这样的系统都应当关注那些在正规部门与非正规部门流动以及在零工与全职工作之间流动的劳动者，而非只关注城市正规全职工作部门。此外，因为基础养老金是公共养老金系统的再分配部分，一个问题在于，是否某些部分的基础养老金应当与基于税收融资的全民养老金之间产生一个抵消作用。也就是说，一个全民非缴费型养老金可能至少部分地被基础养老金所抵消，但不是被其他收入资源所抵消。为了与一般性养老金税收处理方式相一致，养老金收益也许应当缴纳所得税。

15.6.2　农村地区

建议：提高农村地区的老年保障应当具有高优先级。一个最终目的就是在一个单一结构下统一城市与农村养老金系统，类似地，也要统一最低收入保障制度，尽管保障水平可能有所差异。

本章集中讨论的城市养老金最多只能覆盖全国三分之一的人口。一个高优先级的事项就是剩余三分之二人口的老年保障问题，他们的传统经济保障形式在过去十年中已经被削弱。随着更为年轻的劳动者迁入城市，他们所面临的老龄化问题会比整个国家平均而言更为严峻。

中国可能希望研究其他国家的经验来处理大量贫困人口的老年保障问题，特别是通过非缴费型全民养老金系统（在专栏11.3中讨论过）与最低收入保障系统（第14.1.5节）来处理该问题。在城市地区引入这样一个方案可以作为农村地区的一个先行样板；统一的非缴费型养老金与老年最低收入保障可能成为社会保障系统统一化的开始。

该问题比狭隘意义上的贫困问题要大得多。农村地区的一些人没有能力支付基础服务。学生到学校接受教育就要缴纳书本费，在某些地区还需要缴纳取暖费。因为缺乏统筹的融资，这些人无法接受健康医疗服务。获取基础教育与医疗服务是经济发展的重要部分。在考察农村养老金时，必须时刻记住一般性财政收入在这些方面的用途。

在养老金系统内部，一个政策方向就是将现存城市方案进行扩展以包含农村经济中更为发达的部分。乡镇企业部门就是这些部分之一。

建议：应当鼓励乡镇企业与其他农村企业建立自愿性企业养老金计划。

一些乡镇企业很大，平均收入远高于贫困线并且具备显著的体制能力，从而符合建立自愿性养老金方案的要求。正如在第 14 章中所注意到的那样，尽管立法并没有覆盖到自愿性私人养老金，却存在为那些由企业与地方所建立的自愿性养老金计划而设的制度。鼓励大型乡镇企业与其他农村企业设立这种计划是现存系统的自然演化结果。

建议：应当考虑在城市系统内部纳入一些农村地区。

一些被指定为农村的地区与被指定为城市的地区越来越难以区分，这种趋势随着经济发展的持续将会越来越普遍。对于现存系统的一个自然而且高度可取的扩展就是促进与鼓励这些地区的重新设计以让它们变为城市系统的一部分。一个更为根本的方式就是特别针对农村地区进行制度变革。

建议：引入一个简单的农村减贫系统。

一个核心问题就是在面临财政约束与行政能力匮乏时如何处理贫困问题。行政管理问题尤其难以处理。通过收入审查进行瞄定，这就算在西方国家也很难管理，在中国这样一个城市与农村都存在大量非正规部门的国家而言就更是如此了，而且农村人口的大部分收入都来源于家庭生产，特别是食物。因此，很难精确地或具有成本效益地测量收入，从而使得将收入审查方式作为瞄定机制的有用性大打折扣。

也许最为简单的方式就是通过地方自决加专项拨款的方式。对于谁更穷的问题，地方政府比中央政府具有更好的信息，从而能在自主自决的基础上更好地进行瞄定。然而，如果由中央政府来承担地方减贫的成本，地方政府就缺乏激励去控制成本。因此，地方自决应当与中央向地方专项拨款的方式相结合，拨款水平应基于所预测的穷人数量。中央的一些管理监督也是必要的，以使那些补贴收益向穷人集中而非向与地方政府关系好的人集中。

无论引入什么样的简单制度，重要的是牢记升级的路径。在中期，更具雄心的政策是可能的，包括一个向收入审查制度的转型，一个从地方自决系统向基于规则型系统的转型，以及最终达成城市系统与农村系统统一的可能性。

建议：在农村地区考虑实施一个全民养老金计划。

对收入审查与地方自决的一个替代性方案就是指标瞄定，即收益补贴不是基于收入而是基于其他更容易测量的与贫困高度关联的特征，在中国的情形下尤其是指健康状况太差与年龄太大。① 出于这些原因，正如在其他地方也注意到的那样，基于税收融资的非缴费型养老金计划在许多国家都存在，包括最近的智利。或许与中国更为相关的是，南非（专栏 11.3）有一个非缴费型养老金计划，由一般性税收进行融资，领取年龄为 65 岁（女性 60 岁），要求满足一个主要意在排除中产阶层的富裕度审查。南非的例子表明，一个覆盖大部分农村人口的简单收入转移支付，无论是在财务上还是在管理方面都是可行的。正如在专栏11.3 中所讨论的那样，一些低收入国家也存在这样的系统。

15.7 结 论

社会统筹账户与个人账户的结合提供了一个解决养老金系统基本目标的制度结构：减贫、收入分配、保险以及消费平滑。由企业、行业或地方政府所组织的自愿性养老金计划是一个进一步的方案；这些计划与亟待发展的自愿性个人养老金计划一起，在像中国这样一个又大又分散的国家里尤为必要。这三个部分，如果能正确地设计与管理，就可以相

---

① 在像南非这样的国家，出生率更高，因而家庭孩子数量巨大就是另一个有用的指标。

互补充与相互强化，提供一个能经受住时间检验的基础。

然而，在执行 1997 年改革的过程中，产生了大量问题。碎片化管理与有限的覆盖面造成了融资困难与社会保障的不完备性。财政赤字造成了"空"的个人账户，因为地方政府有时会使用劳动者对其个人账户的缴费来为社会统筹账户的赤字进行融资。此外，还没有发展出一个系统可以通过资本市场来为个人账户组织投资，与此同时，资本市场也不具备进行此类投资的良好条件。随着时间的推移，如果不作为的话，这些问题就会产生危险的循环，因为赤字可能持续下去，要求持续的大规模财政补贴，而"空"账户以及其他系统问题会继续损害系统的可信度，从而使得进一步的执行——强制遵从与覆盖面扩展——变得越来越困难。因此，所产生的问题非常严重。

我们对于中国进一步改革的建议基于养老金设计原则、政策执行限制，以及前面各章所讨论的各种国际经验。这些建议包括：

● 创建一个单一的全国性系统，一个单一的全国统筹池；

● 继续实行基础养老金制度，并做一些改革；

● 继续实行个人账户制度，但要将其组织为名义账户而非积累制账户；

● 随着时间的推移，提高劳动者首次领取社会统筹账户养老金的年龄，并且所提高的年龄男女相同；

● 随着时间的推移，提高劳动者领取社会统筹账户全额养老金的年龄，并且所提高的年龄男女相同；

● 通过雇主型养老金计划以及最终通过个人养老金计划，加强对自愿性补充性养老金的鼓励与管制；

● 继续将国有企业股份转让给社保基金，使用其分红现金流来改善系统的财务平衡，让该基金成为致力于改善公司治理的长期性股东；

● 提高农村地区的老年保障水平。

这些措施将会促进减贫、提高覆盖面、增加系统的连贯性与经济有效性，并会显著减少当前方案的财政赤字问题。取决于调整的幅度与逐步引入的速度，财政支持的需要会大幅减少——最终可能会被消除——尽管其将需要很多年才能执行完这些改革并看到效果。事实上，上述改革措施的一些组合将促使系统进入长期盈余状态。如果在未来对法定养老金系统的仔细量化预测的确表现出长期盈余，就可以考虑采取各种进一步的措施：

● 降低缴费率，从而减少对私人企业的财务冲击，减少其对强制性养老金系统的抵触，并为自愿性养老金系统的发展构建更多的空间；

● 增加社会统筹账户的养老金收益；

● 扩大名义性个人账户系统；

● 使用财政收入来增加个人账户的某些积累；

● 通过引入某些形式的最低养老金或通过加快将该系统扩展到农村人口来促进减贫。

总之，社会统筹账户与个人账户相结合的 1997 年战略是一个强有力的战略，但是在中国当前经济条件下，试图将个人账户按照完全积累制方案来执行是错误的做法。对于今天的中国来说，继续维持原战略并将个人账户按照名义账户的形式来执行，将是一种更好的战略。

第三部分

结　论

第 16 章　政策问题与部分解决方案

利用本书第一部分所阐述的主要原则与第二部分所阐述的国际经验教训，本章将对正在考虑养老金改革的任何国家的政策制定者具有战略意义的主题进行整合。第 16.1 节提出了关于养老金设计的一系列问题。这些问题都没有明确的答案，尽管很多答案是错误的。我们将这些问题列举出来，主要是为了向政策制定者提供各种可能的选项。[①] 第 16.2 节阐述了我们希望留给读者的那些关键信息与结论。

16.1　关于政策设计的问题

我们将依次讨论减贫问题、消费平滑问题以及其他一系列问题。

16.1.1　减少贫困与平滑消费

如何让老年人脱离贫困？ 各个国家可以用来减少老年贫困的资源各不相同，用来减少老年贫困的政策工具的使用方法也各不相同。[②]

---

① 建立运行良好的养老金制度有很多方法。读者不能将我们关于一个给定国家的养老金制度是否运行良好的判断作为该制度所有细节的背书。事实上，在我们所研究过的所有国家的养老金制度中，我们都发现了一些尚待改进之处。

② 对一些国家的养老金制度的简要描述可参见第 11.4 节。智利与中国的养老金制度在第 12 章到第 15 章中进行了详细描述。

所有发达国家与许多发展中国家都会为老年人提供一个以资产审查为基础的最低收入保障，但是相对于一个国家的居民平均收入水平而言，这个最低收入水平千差万别。

　　一些国家为老年人提供了非缴费型养老金。例如，在新西兰与荷兰，只要超过一定年龄，每个人都可以获得一个基于税收融资的统一率养老金。[①] 在澳大利亚与南非，在满足一个富裕度审查的条件下（从而剔除极端富裕的人），就可以获得一个统一的养老金，而正如在第13章中所讨论的那样，智利在2008年引入了一个类似项目。

　　此外，强制性缴费的养老金系统在处理贫困时，要求被覆盖的劳动者在工作时缴费，退休时就可以获得相应的养老金收益。这的确减少了贫困，因为若非如此，仅仅依靠他们自己将无法获得如此多的收益。

　　有些国家（其他国家并非如此）试图在其养老金缴费系统中纳入再分配效应，从而进一步改善其减贫效果。例如，阿根廷与中国的养老金系统在包含一个基础养老金（对此每人每年的缴费是统一的）之外，再加上一个与收入水平成比例的养老金缴费系统。墨西哥提供了一个基于税收融资、按统一率进行年度缴费的个人账户。智利已经有了为工作至少满20年以上的劳动者所提供的一个最低养老金保障。美国社会保障系统具有一个累进制的养老金收益规则，从而为那些更低收入者提供更高的替代率。在其他国家，为照顾孩子的人所提供的养老金补助提高了赚钱时间更短的人的养老金收益；与离婚配偶相关的制度也有同样的效果。

　　许多贫困老人是寡妇。除了上面所描述的各种措施，政策也会鼓励女性拥有一份职业，从而可以获得更高的养老金，这也有助于应对贫困问题。抚恤金是减少寡妇贫困问题的另一个重要措施。

　　一个好的养老金系统，能够在达成其他目标的同时减少贫困，这样的养老金系统可以通过各种常见的方式进行不同的组合而被构建出来。我们认为，那些多重目标混合且经济与人口状况十分复杂的国家应当在

---

　　① 这个养老金待遇水平不会随着一个人的过去收入水平的不同而不同，但是会与一个人在该国的居住期限有关。

不同程度上依赖于不同的方式。对于非缴费型养老金的适当依赖程度在很大程度上取决于妇女的劳动参与度以及养老金的覆盖面。凡是涉及再分配并提高保险的养老金系统都会扭曲劳动力市场。好的养老金系统总是在达成目标的过程中尽可能地降低扭曲的程度,在平衡各种目标时也总是能够清醒地认识到扭曲的成本。基于资产审查的养老金系统也会扭曲居民的储蓄决策。但是,不同的养老金系统会产生不同的扭曲效应,这使得政策设计的选择既取决于所观察到的行为参数,也取决于收入分配状况。

什么类型的养老金系统与养老金规则擅长于平滑消费? 养老金系统的强制缴费机制的设计方式有很多,从完全固定收益型到完全固定缴费型,有些国家采取这些方法中的某一种。这些安排方式都可以通过结构设计实现良好运作。法国、德国、意大利和瑞典都有线性的养老金待遇发放规则,其养老金待遇与收入之间的比例几乎是固定的。其他国家则有累进制的收入相关型结构,可能是一个单一系统,譬如美国,也可能是一个统一率要素与一个线性要素的组合,譬如阿根廷与中国。无论哪种模式,养老金待遇均应当全部或至少很大部分依赖于劳动者的收入历史。正如在第 5.2.1 节中所讨论的那样,对于一个全国性养老金系统而言,仅仅基于退休前几年收入状况的养老金待遇规则通常会出问题。

强制性缴费到底应当为多高? 不同国家有不同的强制缴费率与积累程度,以及相应的不同替代率。不同国家允许缴费的最高收入水平也存在差异(参见第 5.2.1 节中的讨论)。另一个不同的地方就是如何免除低收入劳动者的缴费,或者给他们一定的所得税减免从而部分地抵消他们的缴费。

强制性收入相关型养老金计划有两个功能。第一个功能就是限制人们因为错误的储蓄与年金决策所带来的严重不良后果(专栏 9.6)。这个功能对于位于贫困线上的人们而言十分有用,但对于收入较高者就没什么效果了。第二个功能就是可以减少由资产审查所带来的储蓄扭曲效应(如果一个国家有一个基于资产审查的最低收入保障的话)。

强制性系统有统一的规则,但这对于某些劳动者来说却并不是有效的，因为每个人的合理储蓄水平与储蓄时间不一样，合适的退休年龄也不一样。自愿性养老金系统在这方面就有更强的灵活性，但是也增加了糟糕决策的可能性。同时与运行良好的强制性养老金系统相比，它们也通常会有更高的管理成本。因此，强制性系统与自愿性系统的混合可能是一个好的解决方案，并且在不同情况下应当有不同的适当比例。

到底应当在多大程度上鼓励自愿性养老金系统与个人退休储蓄？ 自愿性养老金系统在不同国家中的重要性也自然不同，取决于大众的态度与强制性养老金系统的规模大小。如果自愿性缴费（通常是那些更有钱的人）能够获得税收优惠，那么强制性养老金系统与自愿性养老金系统之间的选择就具备了重要的分配效应。税收条款的规模与设计特征的适当选择，可以改善自愿性养老金系统的功能并限制其反向分配效应。自愿性养老金系统需要融资从而需要受到严格管制。养老金方案可以直接对个人开放，也可以由企业来自愿提供；对于后者而言，企业劳动者的参保可以是强制性的，也可以是非强制性的。有些国家（例如荷兰）的一些养老金系统一开始时是自愿性的，后来随着时间的推移就渐渐变成强制性的了。

所有私人退休储蓄计划（以及强制性私有个人账户）均依赖于金融市场。对金融市场的良好管理因而成为一个良好养老金系统的设计的关键要素。私人储蓄市场运行不良的国家必须改善它们的管理并促进那些低管理成本的简单储蓄工具的发展。此外，国家还需要提高其宏观经济的稳定性，这是金融市场与养老金系统运行良好的先决条件。

16.1.2 可持续性与养老金积累

正如第 6 章与第 9 章的讨论所清晰表明的那样，养老金系统的融资会产生一些重大问题，下面就是其中几个最基础的问题。

什么样的方法才具备长期可持续性？ 因为其融资缺陷而调整养老金系统在政治上是极其困难的。一个关键的第一步是关于现存系统与任何改革系统的未来财务的高质量的、专业的、非政治性的预测。对于那些不愿执行这一项或者缺乏资源执行这一项任务的国家而言，由一个国际性机构来提供这种预测应当是有用的。为了促进养老金改革决策的政治过程，这种预测应当不只是高质量的，还应当想方设法让公众易于接受。支持长期可持续性的第二个因素是除了通胀保护之外，进一步加入某种程度的自动调整过程，以应对在退休年龄时可预测的预期寿命的增长；正如第 5.4.1 节中所讨论的，这可以通过多种方法来实现。预期寿命的增长速度的不确定性使得自动调整特别有意义。对于完全的固定缴费型养老金系统，虽然其设计本身并不存在可持续问题，但是仍然需要对该系统在其社会目标的完成度方面进行仔细的预测。

什么样的工具可用来重塑这种可持续性？ 可持续性可以通过提高收费与降低支出的组合来重建。提高缴费率（同时不增加养老金收益）可以增加收费，假设这个缴费率还没有高到使得每个劳动者缴费的增加都被就业减少完全抵消的水平。扩大覆盖面与增加最大可缴费收入水平也能在短期内增加收费，但是它们可能不会增强长期可持续性，因为这会导致未来养老金支出的增加。通过降低平均养老金收益，或在一个给定平均收益水平下降低符合资格的养老金领取者数量，都可以降低养老金支出。养老金收益的领取时间越推后，其收益水平就越高，这一关系对于劳动力市场的效率十分重要。在所有开始领取年份减少月度收益也有助于增加可持续性。如果推迟领取所带来的收益增加大体上符合精算标准，最早领取年龄的增加本身对长期融资并无帮助；然而，通过极低替代率的限制，这种增加可能减缓养老金收益减少的社会成本。到底哪种方法最合适，取决于一个国家的具体国情：例如，如果缴费已经非常高，进一步增加缴费肯定就不合适；如果平均退休年龄很低，就有提高的空间。可持续性既对财务限制有要求，同时也对养老金制度保留其实现社会目标的能力有要求。如果能提高国民储蓄从而能提高未来的总消费，增加融资——提高缴费、降低收益或从系统外部转入资金——就能够有助于提高系统的可持续性。

一个强制性养老金系统到底需要多少养老金积累？ 有些国家没有养老金积累：例如，意大利依赖于一般性财政收入来覆盖养老金缺口。其他国家（如智利）拥有完全积累的缴费型养老金，但是没有传统的最低保障或新型的非缴费型基础养老金。一些国家居于二者之间：美国有一个部分积累制固定收益型系统，瑞典将一个部分积累制名义账户制系统与一个分开的强制性完全积累制固定缴费型系统进行组合。不同国情下应当有不同程度的积累制特征。正如第 6 章与第 7 章所讨论的，对于强制性养老金系统而言，从现收现付制转向积累制可能是也可能不是一个好政策，取决于一系列具体的国情。类似地，当开始一个新的养老金系统时，现收现付制或积累制都可能是好政策，同样取决于具体国情。无论何种程度的积累制，长期财务可持续性是良好政策设计的一个关键因素。

在一个强制性养老金系统里如何平衡公共管理与私人管理？ 第 11.4 节中对各个国家的描述表明，强制性养老金系统的管理覆盖范围广泛，从完全公共型养老金（美国）到完全私人型养老金（但受管制）（智利 1981 年后的系统）。前面章节的理论分析表明，国家之间的多样性是合适的，可以反映不同国家的国情差异。然而，至少在账户管理的某些方面，成本会随着运行规模的扩大而下降；例如，将养老金缴费与其他支出减免（譬如所得税减免）一起进行就能降低成本。因此，设计良好的系统通常会包括政府在提供或组织执行某些特定管理任务方面的角色。

与账户管理问题一起的，是关于基金管理的问题以及养老基金所能合理持有的资产类型问题。一些拥有固定收益型养老金系统的国家只持有国家债券；其他国家则持有多样化的资产组合，既包括资产类别多样化，也包括资产国别多样化。正如在第 9 章中所讨论的，这些资产组合可以通过政府机构来管理，也可以雇用私人企业来掌握投资交易甚至制定投资决策。拥有固定缴费型养老金系统的国家可以由公共组织实施投资管理（新加坡），也可以由完全私人但受到严格管制的金融中介实施投资管理（智利）。政府的政治与管理能力，以及政治上可用的私有选项的质量，对于不同方式的比较是十分重要的。只要有充分的政治与技术能力，某些资产组合多样化就会是一个好的政策设计。

在什么时候积累制个人账户才是合理的？ 正如在第 6 章中所讨论

的，向积累制转变可能会也可能不会增加一个国家的社会福利，取决于具体国情。一个更具体的问题是，积累制个人账户在什么时候才是合理的，无论是让个人账户增加积累，还是让个人账户作为中心化积累的一个替代。譬如智利通过个人账户的发展增加了养老金积累，从而在很大程度上将个人账户视为中心化积累的一个替代。对最优分析的偏离（专栏 4.2）及其所导致的消费者选择问题（专栏 9.4）都意味着，对于消费者选择与市场竞争的盲目依赖是基于错误的分析。让系统可行所必需的管理成本问题与执行能力问题交织在一起。积累制个人账户的管理在很大程度上是一个固定成本，从而会对小账户产生更严重的压力；这一问题与成本问题会叠加在一起，特别是在那些更穷的国家里。它们甚至会对更低收入者的更小的账户产生更为严重的压力，这取决于成本被分摊到各个账户的具体方式。

基于这些原因，通过积累制个人账户来增加养老金积累只有在这些国家里才是合理的：其养老金积累的增加可能会提高经济增长与改善代际分配结果，并且所需要的行政管理能力都已经具备。如果这些条件都满足了，就有办法简化个体劳动者所面临的选择，并以极低的管理成本来组织账户。在美国，为公务员所制订的节俭储蓄计划（专栏 11.5）就是一个例子。英国所提出的简单个人账户系统（U. K. Department for Work and Pensions，2006a）也许可算作另一个例子。

16.1.3　其他问题

除了前面的问题，还存在许多其他问题。

退休之后的养老金如何调整? 一个主要的问题是如何为养老金系统对抗通货膨胀。基于名义年金的养老金很容易受到通货膨胀的影响从而应当避免。一些国家利用物价水平对养老金进行了指数化，另一些国家利用工资水平对养老金进行了指数化，还有一些国家则将二者进行了适当的加权平均（第 5.3.4 节）。这些方法都是恰当的。与此相比，应当避免那些未进行任何指数化处理的养老金。

领取养老金是否必须以停止工作为条件? 设计良好的养老金系统可

能包括一个退休审查（将停止工作作为领取养老金的一个必要条件），也可能不包括，或者在不同的年龄有不同的规则。如果存在一个退休审查，下一个问题就尤其重要了。

延迟领取养老金到底应当增加多少收益？ 国际性证据清晰地表明，如果养老金收益没有充分反映延迟领取养老金收益与多缴费一年的效果，就相当于对继续工作施加了一个隐性税收，退休决策就会受到这一隐性税收的强烈影响。高隐性税收应当避免。有两种直接的方法可以做到这一点：养老金收益开始于一个给定的年龄，无论当事人是否继续工作；或者，在劳动者延迟领取养老金之后，养老金收益应当增加某个数量，这一数量相对于其精算型结果而言应当是一个很公平的数量。

劳动者的家庭应当如何受到保护？ 养老金系统通常包括一个人寿保险因素以覆盖参保人发生死亡后所留下的年幼的孩子。类似地，残疾保障系统也是支持家庭的一个重要部分以应对家庭收入急剧下降的情况。在老年群体中，若一对夫妻之中有一个人死亡，尤其是当死者的收入极高时，其配偶的生活水准会急剧下降。正如在第 8.3.4 节中所讨论过的那样，关于丧偶者的保护，通过联合人寿年金的方式，或共同缴费的方式，或二者兼而有之的方式，应当足以避免生活水准的过于陡峭的下降。类似的考量同样适用于离婚配偶。

16.2 　关键信息

16.2.1 　分析性结论

养老金有多重目标。 正如在第 2 章中所讨论过的那样，养老金的主要目标包括消费平滑、保险、减贫以及再分配。在不同国家的不同时期，这些不同的目标将会有不同的权重，但政策设计应当时刻牢记所有这些目标。

养老金分析应当基于次优分析框架。 在最优分析框架下分析养老金政策的确会让分析变得简单，但在一个政策工具有限且市场很不完善的世界里，信息与决策问题是最重要的问题，因此，最优分析就是一个糟糕的政策设计指导。

不存在同时适用于所有国家的唯一最优的养老金制度。全面的养老金设计原则应当考虑刚才所提到的多重目标与市场不完备性，以及工作与储蓄的激励问题。那些原则的正确运用能够而且的确会导致广为不同的系统，整体上就该如此。那些不符合这些合理原则或缺乏执行政策设计所需的国家能力的养老金设计将不可能良好地运行。

这个结论——不存在唯一最优的养老金制度——有几个根源，它们都贯穿全书：

- 不同的目标：不同国家的政策制定者对于不同的社会目标可能会赋予不同的相对权重。
- 不同的行为参数：养老金的设计与其对劳动力供给和储蓄的影响是相辅相成的，其相互影响的强度在不同国家里一般也不一样。例如，不考虑其他方面，养老金对储蓄的影响及其评估将取决于该国是有一个很高的储蓄率（中国）还是没有（美国）。
- 不同的财政状况：各个国家有不同的可方便使用的收费工具与不同的支出需求。
- 不同的体制能力限制。

前面两点是讨论何为最优的养老金设计，其中后一点讨论了何为可行的养老金设计。第三点，财政状况的差异，反映了何为最优（政策制定者在养老金支出与其他支出之间的权衡取舍）以及何为可行。在形成一个政策时，这四个方面都是很重要的维度。

从现收现付制转向积累制的强制性养老金系统可能会也可能不会提高社会福利。无论其是否依赖于具体设计细节与具体国情，所有国家都应当时刻记住如下这些结论（第 6 章与第 7 章）：

- 显性公共债务与隐性公共债务不等价。
- 养老金积累可能增加国民储蓄，也可能增加显性公共债务，也可能二者都有一些增加。

● 养老金积累可能改善资本市场的运行，也可能提高经济增长。二者均有可能，但二者都不是必然的。

● 能增加国民储蓄的养老金积累一般而言都会有重大的财政效应。因此，养老金分析必须考虑从一个稳定状态转向另一个稳定状态时所导致的成本；如果只是简单地比较稳定状态转向前后的情况，那就是错误的分析。养老金分析也必须考虑风险的差异以及不同养老金安排的管理成本差异。

● 养老金积累可以通过多种方法来进行，都可能存在也可能不存在积累制个人账户。

● 关于养老金系统应当是积累制还是现收现付制的任何决定，必然牵涉到收入与风险的代际分配。相比于完全积累制系统，在一个现收现付制系统中，早期参保人群会得到更高的养老金收益，从而使得后来的参保者会得到相对更低的养老金收益。这可能是也可能不是好的政策，取决于除了其他方面的因素之外，养老金收益如何在具有不同需求的退休人员之间进行分配。不可避免地，任何决策都会使得某些人变得更好，而让另外一些人变得更差。因此，即使养老金积累的确能增加产出，这种变化也不能被视为一种帕累托改进，因为它是以更早的一代人的牺牲为代价的。我们不可能凭空抹掉历史。

16.2.2　政策性结论

养老金"危机"的主要原因在于养老金系统没有适应长期趋势的变化。许多国家的养老金系统面临第 1 章所讨论过的普遍的长期趋势：预期寿命增加、生育率下降以及提前退休。[①] 至少，前面两个趋势还在持续（在死亡率方面，世界上部分国家可能存在让人痛心的例外）。叠加于这两个趋势之上的是另外两个新近的现象：二战之后的婴儿潮（虽然

---

① 提前退休的长期趋势在许多国家已经减弱了或逆转了（Scherer，2001；OECD，2002，Table V. 1；Sigg，2005，Figure 3）。但是，我们尚未看见与持续提高的预期寿命相对应的相反趋势。

不是普遍的，但是广泛存在）以及养老金系统规模的普遍增长（无论是在覆盖面方面还是在养老金收益水平方面）。

养老金系统在更早的年代里所设定的缴费率、月度收益以及退休年龄，与预期寿命提高和平均退休年龄提前的趋势所意味的更长的退休期，已经很不一致了；这在生育率下降所导致的未来劳动力缩减的情形下尤其如此。一些调整是必要的。此种调整的幅度被婴儿潮与日益增长的养老金系统规模所加剧，尽管如图 1.5 中的年龄金字塔所示的那样，即使没有这些因素，此问题也依然会存在。融资问题的主要来源在于，除了可以随物价与工资增长进行调整之外，固定收益型养老金系统具有一个静态的设计特征，缺乏根据长期趋势进行自动调整的能力。

养老金支付问题的主要解决方法。 为了应对这些趋势，正如第12.2.2 节中所讨论的那样，养老金系统的财政状况的任何改善都必然涉及如下一种或几种方面：

- 提高缴费率；
- 降低收益；
- 以同样的收益水平延迟退休；
- 设计政策（譬如增加储蓄）以提高国民产出。

无论养老金系统的积累程度如何，该陈述都仍然是正确的；积累制系统也必须针对受人口趋势（第 6.3.3 节）影响的工资与物价变化做出反应。如果一个公共养老金系统被认为是不可持续的，那么问题就必须通过上面所列出的一种或几种方法来解决。

有些人认为延迟退休会加剧失业问题。那是错误的看法，因为它忽略了岗位供给对于劳动力供给的反应能力。

养老金改革。 不可持续的养老金系统必须回归到可持续的位置上来。许多养老金系统的设计很糟糕：许多系统覆盖面太低；一些系统对青壮年核心劳动力的供给产生了过度的负面激励效应；一些系统对养老金系统的参与度产生了过度的负面激励效应；一些系统鼓励太早的退休（参见第 5 章）。这些设计应当改变：

- 养老金应当提供减贫功能。劳动力市场经验与生活历史各不相同，所以即使是在发达国家，也并非所有劳动者都有一个完备的缴费记录，而在发展中国家，非正规部门的就业活动依然十分广泛。因此，养老金设计在解决贫困问题时必须意识到将要发生的缴费缺口。正如在第 11.2.1 节中所讨论的那样，在缴费型系统中，缴费缺口可以通过许多机制来解决，包括最低保障与照护活动的税收减免；一个替代性方案就是一个非缴费型全民养老金。这些机制可以与老年最低收入保障机制一起实现良好的效果。

● 养老金应当有助于消费平滑。这一因素的设计必须与一个国家的经济和社会条件相一致，同时也要与该系统提供减贫的方式相一致。特别地，其设计应当考虑其对于最优分析的偏离（专栏 4.2），并且应当考虑选择与竞争的问题（专栏 9.6）。因此，如果存在多种选择的话，它们应当受到限制，而且一个好的默认选项本身就是一个良好设计的一部分。

● 养老金系统的规则应当性别中立，并且应当根据其如何对男女产生不同影响的方式进行谨慎选择。

16.2.3　执行力的重要性：政策选择与经济发展

正如在第 9 章中所讨论的，任何养老金系统都必须满足其有限预算与有限执行能力的约束条件。本节的讨论就是关于这些约束条件的；它不是关于最优设计的，而是关于政策选择的何种限制对于不同发展水平的国家而言才算是合理的。[①]

为了阐明执行问题，我们使用了三种典型类型的国家：一个低收入发展中国家、一个中等收入发展中国家，以及一个发达国家。现实中的国家可能居于某个中间位置，或者其经济中各个不同部分其实是多种情形的混合。此处的讨论使用了传统的术语，即第一等级养老金（主要目

---

① 关于有用的制度性描述，可参见 OECD（2007）与 U. S. Social Security Administration（2007a）。关于各种机构和组织所提供的描述，可参见美国社会保障局网站上的"其他国家的社会化保障"（www. ssa. gov/international/links. html）。也可参见 AARP 的全球老龄化项目：www. aarp. org/research/international/map/。

标是减贫)、第二等级养老金(强制性养老金,意在加强其消费平滑功能)以及第三等级养老金(企业或个人层面上的自愿性养老金,在满足各种管制要求以及可能的税收优惠条件下,可以处理个体偏好的差异)。尽管此处我们采用了三种不同的工具来进行阐述,一些国家只使用了其中两种;例如,在美国与墨西哥,一个单一养老金系统应对了补充性的减贫与消费平滑问题。注意,我们在提到特定国家的养老金系统时,并不意味着那些国家就是这种类型的典型代表。

下面的例子只是阐述性的;它们不应当作为一个示范。譬如,一个国家的行政管理能力可能有一部分具有中等收入国家的特征,另一部分却又具有低收入国家的特征。类似地,财务约束可能要求不同部门采取不同的系统,或者在一个国家内部采取不同的就业形式:例如,一个中等收入国家可能在城市里有一个正式的养老金系统,但是在农村里只有一个更为简单的养老金系统甚至根本就没有养老金系统。同样,一个仅为公务员设计的养老金系统将明显不同于为整个国家设计的养老金系统。一旦存在一个全国性系统,公务员就应当是其中的一部分,通常会有一个补充性养老金;大型私人企业可能也会有一个类似的养老金安排方案。

所有这些例子都基于如下假设:

● 养老金系统的参数(譬如养老金收益水平以及第一次领取养老金的年龄)与其财务可持续性相一致;

● 除了养老金,具备必要管理能力的国家都会为老年人提供一定程度的基于资产审查的援助。

低收入国家的养老金系统

第一等级。其选择非常有限:

● 一个非常贫穷的国家可能没有能力去融资或组织一个全国性减贫系统,而是依赖于家庭、慈善组织以及地方政府;

● 如果能力允许,那就有可能使用一般性财政收入来提供有效的减贫举措,如通过面向地方政府的转移支付或者通过一个根据年龄进行瞄定的全国性系统。

一个处于低发展水平的国家——典型特点就是拥有庞大的非正规部门和家庭生产——通常而言不会具备执行收入审查的能力。一个具有地方差异的系统也许可以近似地做到这一点，如果它更多地基于地方性信息而非对于家庭收入的正式评估。

第二等级。处于低发展水平的国家一般而言不具有管理一个强制性收入相关型养老金系统的能力，因为这要求强制缴费并进行 40 年以上的个人收入的测量与记录。这样的国家应当将这样的养老金系统设定为未来的发展目标。

第三等级。任何自愿性储蓄计划都不应当存在税收优惠，因为财务资源极为有限，税收优惠通常是累进制的。然而，为自愿性储蓄提供一个简单可靠的机会是十分重要的。

中等收入国家的养老金系统

第一等级。此类国家的选择可以是：

● 一个非缴费型、基于税收融资的养老金系统，可能存在也可能不存在相应的富裕度审查（正如澳大利亚、荷兰、新西兰、南非以及从 2008 年开始的智利）；或者

● 一个简单的缴费型现收现付制养老金系统，例如基于缴费年限的统一率养老金（譬如英国的基础国家养老金）。

第二等级。其选择包括：

● 一个公共组织的、收入相关的、固定收益型养老金，或者可能是一个名义账户制养老金；或者

● 作为一个公积金系统一部分的一个固定缴费型养老金（譬如马来西亚与新加坡）。

如果存在一个缴费型第一等级养老金，那么其可以独立存在，也可以进行整合。缴费与待遇的税收处理方案应当考虑税收优惠的累进制程度。

第三等级。企业或个人层面上的自愿性、固定缴费型养老金是可能的；管制很重要，并且任何税收优惠的设计均应当避免过度累进性。固定收益型计划很难管理，新的养老金系统应当避免。

发达国家的养老金系统

第一等级。 此类国家应当考虑：

● 一个以减贫为目标的缴费型养老金系统（在许多国家使用，包括英国），该系统具备一系列不同的设计特征；或者

● 一个非缴费型、基于税收融资的养老金系统，可能存在一个富裕度审查（譬如澳大利亚、智利以及南非），也可能不存在（譬如荷兰与新西兰）。

第二等级。 此选单包括（独立存在或者组合）：

● 一个公共组织的固定收益型养老金系统，可能与第一等级缴费型养老金整合成一个单一系统（譬如美国），也可能不会（譬如法国、德国以及瑞典）；

● 一个名义账户制养老金系统（譬如瑞典）；

● 一个可购买年金的、管理费较低的储蓄计划（譬如美国的联邦雇员节俭储蓄计划）；

● 一个由行业所发起的强制性、积累制、固定收益型养老金计划（一个在荷兰事实上存在的系统）；或者

● 一个积累制、固定缴费型养老金系统（譬如智利与瑞典），可能包括一个反贫困的成分（譬如墨西哥）。

第三等级。 自愿性、固定缴费型养老金系统可以在企业或个人层面进行组织；管制很重要，并且任何税收优惠均应当努力避免过度累进性。固定收益型计划很难管制；没有该计划的国家不应当对其提供税收优惠，而有该计划的国家则不应当介意用固定缴费型计划将其取代，只要这种转向有利于保护劳动者即可。

小结。 很明显，选择的范围会随着财政与管理能力的增强而更为宽广。越是不那么发达的国家，更为严峻的可行性问题就越会限制它们的选择。特别地，一个国家：

● 不应当设立一个超出其财政与管理能力的系统；

● 不应当引入一个强制性、收入相关型养老金系统，除非它有

强健的能维持超过 40 年以上的精确记录的能力；并且

● 不应当引入个人积累制账户（无论是强制性的还是作为一个强制性系统的一个选项），除非它有能力对投资、积累以及年金进行管制。

很明显，一个发达国家拥有所有的选项。因此，不出意料，更富裕的国家总是拥有各不相同的系统：从美国的系统（一个累进制、收入相关型、部分积累制养老金系统并以自愿性雇主与个人养老金计划作为补充），到瑞典的系统（一个名义账户制养老金系统加上强制性、个人积累制账户），再到荷兰的系统（一个非缴费型、统一率养老金系统，并扩展到接近强制参与的积累制职业养老金计划）。但是，关于选择范围不会受可行性问题限制的事实不应当被错误地解释：一个国家能够执行一个管理要求很高的养老金计划，并不意味着这一计划就是一个好主意，或者它就一定优于一个管理要求不那么高的计划。新西兰就有一个简单的养老金系统，其选择范围大，限制却很少。

养老金"危机"是对长期趋势不适应或适应太慢的结果。养老金系统很复杂、很难理解，养老金改革如果扰乱了长久而广泛持有的经济预期就会变得举步维艰。然而，良好的养老金改革对于人们的生活十分重要——无论对于劳动者而言还是对于当前与未来的养老金领取者而言都是如此——对于整个经济而言也非常重要。并且，尽管存在许多挑战，养老金改革还是可以取得成效。到底如何取得成效，本书所提出的这些原则就是金玉良言。

专业术语表

精算型收益（actuarial benefits）：收益流的期望**贴现值**刚好等于年金领取者在开始领取收益时的积累额。对于一个给定的积累额，周期性收益（譬如，月度收益）的规模因而取决于领取者的剩余预期寿命与养老金供给者在收益支付期间可获取的资产回报率。如果一个养老金系统大体上遵循该模式但并未使用精确的预期寿命与市场利率，则被称为"准精算型"。

精算型保险（actuarial insurance）：这种保险基于事件发生的**风险**及其所导致的损失的规模。参见专栏 2.2。

养老基金管理公司（administradoras de fondos de pensiones，AFPs）：智利的竞争型私人养老金供给者。

逆向选择（adverse selection）：更容易从保险政策获益的人更有可能购买**保险**的倾向。当购买保险方比出售保险方掌握更多关于自身风险程度方面的信息时就会发生这种情况。例如，高于平均预期寿命的人更有可能购买**年金**。这种类型的购买保险方"自选择"对于出售保险方而言就是"逆向"的。

富裕度审查（affluence test）：一种用来排除最富有人群的收益领取资格的测度方法。因而，它不同于**收入审查**，后者用于筛选出贫困人口。

老年抚养比（age dependency ratio）：参见术语"**抚养比**"。

全额收益领取年龄（age for full benefits）：也叫**正常退休年龄**，即一个人有资格领取全额养老金收益的最小年龄。也可参见术语**"最早领取资格年龄"**。

年度管理费（annual management fee）：养老基金管理者所收取的年度性管理费用，表示为所管理的基金账户余额的一个百分比。也可参见术语**"费用率"**与**"收益扣减"**。

年金（annuity）：一种养老金安排方案，即个体将其退休时的养老金积累额（或其他一次性总额）换成其余生的周期性（譬如，年度性或月度性）支付，从而可以让个体避免出现还未死亡就已经花光所有养老金储蓄的风险。在即期年金（immediate annuity）下，收益会立即支付；在延期年金（deferred annuity）下，收益的支付会延迟到购买日期之后的某个时间点。不同形式的年金会按照不同的基础调整支付。

资产审查（assets test）：参见术语**"家计审查"**。

后载型（backloading）：在一个固定收益型养老金计划下，一个劳动者的养老金收益的增加与其职业生涯越往后期的工资相关性越强、与越往前期的工资相关性越弱。其特点是为了鼓励劳动者留在企业里，因为养老金价值的增加使得越往后期的工资越有价值。

债券（bonds）：一种形成从购买者（债券持有者）到出售者的借贷关系的证券。通常来说，债券会明确地规定债券持有者被偿付的日期（赎回日期或到期日）以及一个以美元（或其他货币单位）标记的周期性利息支付。可与术语**"股票"**进行对比。

广义积累（broad funding）：那些能提高国民储蓄的公共养老金系统的资产增长。这可能来自那些不会被自愿性储蓄或其他政府储蓄减少所抵消的养老金缴费增加或收益减少。可与术语**"狭义积累"**进行对比。

现金余额计划（cash balance plan）：一个雇主型养老金计划，其中雇主将劳动者每年工资的一个固定比例存入劳动者的现金余额账户，并基于该账户所积累工资总额的一个固定利率为其加上一笔利息。当劳动者要退休或要离开公司时，就可以一次性提取该账户余额或者用其购买一笔年金（价格由雇主确定）。该年金计划应当是完全积累制的。

费用率（charge ratio）：从劳动者退休时的养老金积累额中按比例

扣除一定的额度作为管理费用。在一些可信的假设下，基于一个劳动者的整个职业生涯，1％的年度管理费就相当于对全部积累额征收了20％的管理费总额；也就是说，退休时的积累额，亦即其所换到的任何年金的价值，与零管理费用的情况相比将要低20％。也可参见术语"**收益扣减**"。

公民养老金（citizen's pension）：参见术语"**非缴费型全民养老金**"。

遵从（compliance）：劳动者或雇主遵守养老金系统的相关法律与规章制度。如果一个被覆盖劳动者没有按照法定要求进行缴费，就是不遵从行为（也就是说，逃避缴费）；但是，若一个劳动者由于当前没有在被覆盖部门工作从而没有缴费，则不被视为不遵从行为。

消费平滑（consumption smoothing）：那些可以让一个家庭即使在面临收入变化的情况下依然能维持各个时期的合意消费水平的行为。养老金系统允许劳动者将其整个生命周期内的资源进行再分配，将工作年份里赚到的钱进行储蓄以便退休期间可以进行更多的消费，从而有助于消费平滑。参见专栏2.1。也可参见术语"**再分配**"。

缴费型基础养老金（contributory basic pension）：该种养老金制度通常对那些拥有完全缴费记录者按照一个统一比率支付养老金，对那些拥有不完全缴费记录者则按照相应的不同比例支付养老金。也可参见术语"**收入相关型养老金**"与"**非缴费型全民养老金**"。

覆盖面（coverage）：最通常的做法是测量在一个给定时点上向养老金系统缴费的被雇用人口的比例。它不同于拥有被覆盖收入记录或个人账户的人群，因为其不包括那些已经缴过费并至少已经获得一些权益的劳动者。也可参见术语"**遵从**"。

固定收益型养老金（defined-benefit pension）：根据这种养老金方案，养老金收益由一个关于劳动者可参保收入历史的函数来决定。其规则可能基于劳动者的终期工资以及服务年限，或者基于一个更长期的工资，譬如劳动者的整个职业生涯期的工资。养老基金与其支付义务之间的完全匹配，原则上是通过调整养老金融资来满足其预期支付义务的方式来实现的。参见第3.2节。

固定缴费型养老金（defined-contribution pension）：根据这种养老金方案，养老金收益由劳动者在其整个职业生涯中其名下所积累资产的价值来决定。该收益可能是通过一次性总付额的形式，或者一系列等额支付的形式，或者一个年金的形式来进行支付的，但在各种情况下都是由劳动者整个生命周期内的养老金积累规模决定的。养老基金与其支付义务之间的完全匹配，原则上是在给定的可用基金融资情况下通过对养老金支付义务进行调整来实现的。参见第3.2节。

抚养比（dependency ratio）：这一术语有两种不同的使用方法。**老年抚养比**是指超过某个特定年龄（譬如，65岁）的人口数量与工作适龄人口数量之间的比率。**系统抚养比**是指领取养老金的人口数量与当前活跃缴费者数量之比。

最早领取资格年龄（earliest eligibility age）：一个养老金系统的规则所允许的一个人领取退休金的最低年龄。也可参见术语**"全额收益领取年龄"**。

收入相关型养老金（earnings-related pension）：根据这种养老金方案，养老金收益与劳动者的工资正相关；这种关系可能是严格的比例关系（正如名义账户制养老金那样），也可能是不那么严格的比例关系（正如美国的社会保障系统那样）。

经济效率（economic efficiency）：参见术语**"帕累托有效性"**。

效率（efficiency）：参见术语**"帕累托有效性"**。

公平（equity）：认为资源应当根据某个**公正**的理念在社会成员之间进行分配或分享的原则。公平可能意味着**平等**，但并不必然如此。也可参见术语**"横向公平"**与**"纵向公平"**。

广度边际（extensive margin）：行动或不行动的边际，也就是说，一个人到底是否参与有偿劳动。广度边际的一个测量方法来源于对"你最近一周工作了吗"这一问题的调查的回应。在一项政府政策变化之后的工作人口数量变化就是关于广度边际的回应。可与术语**"强度边际"**进行对比。

终期工资型养老金（final-salary pension）：在一个固定收益型养老金系统下，养老金收益基于劳动者的服务年限与其最后一年或最后几年的工资水平。

最优分析（first-best analysis）：在简单的经济模型中很常见的一种分析方法，其假设所有经济主体都拥有完全信息，不存在**不完全市场**，并且政府只使用那些不会造成经济扭曲效应的干预政策。也就是说，政府干预时不必依赖于随着收入与储蓄而变化的税收政策。可与术语"**次优分析**"进行对比。

正规部门（formal sector）：这些类型的雇佣关系会提供正常的工资与工作时长，劳动者拥有各种雇佣权利，并且支付收入所得税。可与术语"非正规部门"进行对比。

积累制养老金（funded pension）：这种养老金制度的收益支付来自一定时期内的缴费与这些缴费所购买资产的回报一起构成的积累额。

积累制个人账户（funded individual account）：参见术语"**固定缴费型养老金**"。

横向公平（horizontal equity）：对情况相同的人进行相同的分配；例如，对于具有相同人口规模且具有相同可纳税收入的家庭征收相同的税收。在对不同规模的家庭征税时，由于规模更大的家庭要达到给定生活水准需要更高的成本，故税收也必须进行相应的适度调整。至于如何调整方为适度的问题则并没有明显的答案，不同的经济学家有不同的看法。也可参见术语"**公平**"以及"**纵向公平**"。

隐性债务（implicit debt）：对一个养老金方案中尚未进行融资的支付义务的度量。

隐性税率（implicit tax rate）：一个家庭在满足**收入审查**的条件下接受补助，此时若得到一笔额外收入就将会失去这一补助的比例。如果每增加 1 美元额外收入就会损失 1 美元补助，那么隐性税率即为100％。

收入审查（income test）：一种确定收益领取资格的方法，个体或家庭的收入足够低才能领取福利，也就是说，当收入上升时，福利将会被扣减。也可参见术语"**富裕度审查**"以及"**家计审查**"。

不完全市场（incomplete market）：如果在某个价格下某个人买不到其所希望购买的某些商品或服务，该市场就是不完全市场。一个例子就是，在一个标准化市场上无法购买到可预防未来通货膨胀的**保险**。

指数基金（index fund）：一个投资基金持有一个资产组合，其所设计的回报与某一类资产的回报相匹配（由这些资产的一个标准价格指数来衡量）。这些资产可能是**债券**也可能是**股票**，譬如美国的道琼斯股票价格指数或英国的富时 100 股票价格指数（FTSE-100）。当该指数基于大量债券或股票时，该基金就可能只选取其中的部分债券或股票，以使得其有很高的统计概率与该指数相匹配。

指标瞄定（indicator targeting）：［也被称为**代理指标瞄定（proxy targeting）**］：在将养老金收益对穷人进行瞄定发放时，不是根据收入来识别穷人，而是根据其他某个指标来识别穷人。在理想情况下该指标与贫困高度相关，个人无法自行控制该指标，并且该指标很容易观察。参见专栏 7.2。

个人账户（individual account）：可参见术语"**固定缴费型养老金**"。

非正规部门（informal sector）：这种雇佣关系不会被正式地认可；非正规经济中的劳动者通常不会拥有雇佣合同，没有固定的工作时长，也没有各种就业补贴（譬如病假工资与产假）。可与术语"**正规部门**"进行对比。

保险（insurance）：这一术语有两种不同的使用方法。保险可能是一种为个人提供的对抗**风险**的安排方案（譬如一个政府项目）；或者可能是一个规定在某种明确的未来环境条件下进行支付的合同，通常由私人部门来组织。前者根据其目的来定义保险，后者则是一个为了预防出现某个情景而提供相应支付的机制。在一个理想的市场上，应当存在**精算型保险**。

强度边际（intensive margin）：两个为正的工作数量之间的边际——在参与工作的前提下，一个劳动者的工作小时数。例如，对于"你最近一周工作了多少小时"这一调查问题的回应就为工作小时数的强度边际提供了一种测量方法。在一项政府政策变化之后，人们工作小时数的变化就是关于强度边际的回应。可与术语**"广度边际"**进行对比。

联合人寿年金（joint-life annuity）［也被称为联合遗属年金（joint-and-survivor annuity）］：这种年金向两个联名的人定期支付月度收益，直到双方都死亡为止。月度收益支付的规模取决于到底是一方还是双方还活着，也可能取决于到底是哪一方还活着。可与术语**"单一人寿年金"**进行对比。

遗留成本（legacy costs）［也被称为遗留债务（legacy debt）］：非积累制养老金系统关于退休者的未来收益支付义务以及关于尚未退休的劳动者迄今为止已赚取的权益支付义务。在部分积累制养老金系统中，遗留成本是指支付义务减去基金中的资产的价值。在这两种情况下，遗留成本都是养老金系统以前的运行过程所产生的未来成本。

生命周期基金（life-cycle fund）：一种投资基金，随着账户持有者年纪越大，账户中的资产组合就会逐渐地、自动地从以股票为主转向以债券为主。

家计审查（means test）：一种收益领取资格的衡量措施，即一个人若其来自所有资源的收入与财富都低于（或二者加总额低于）某一给定数额就符合资格。因而这一术语既包括**收入审查**，也包括财富审查，后者也被称为资产审查。也可参见术语**"富裕度审查"**。

道德风险（moral hazard）：购买**保险**的人在保险公司不知情的情况下却能影响保险公司的支付责任的情形，譬如，与未购买保险者相比，购买保险者采取措施避免相关意外事件发生的动力下降了。

多支柱养老金系统（multipillar pension system）：由几个部分构成的意在达成多个目标的养老金系统。最初由世界银行所定义的多支柱养老金系统包括三个支柱：一个公共管理的**现收现付制系统**；一个法定强制性私人管理型计划，通常是**固定缴费型**计划；以及一个自愿性私人管理计划。该术语的含义已经发生了演变，从而包括更多的一般性组成部分。本书的分类说明中使用"部分"或"层级"而非"支柱"的说法，是为了清晰地表明还存在多种组织养老金系统的其他方法。

狭义积累（narrow funding）：那些可能会也可能不会导致广义积累的国家养老金系统的资产增加。增加缴费会提高狭义积累，并且通常也会提高广义积累。将资产转移——新发行的政府**债券**或国企**股票**——进养老金系统（通常是进入个人账户）会创造积累型账户并影响**遗留成本**的分配，但几乎不会影响国民储蓄从而也几乎不会影响**广义积累**。

名义固定缴费型/名义账户制（NDC）：参见术语"**名义固定缴费型养老金/名义账户制养老金**"。

不遵从（noncompliance）：参见术语"**遵从**"。

非缴费型全民养老金（noncontributory universal pension）：一种按统一率支付的公共养老金，通常基于居住记录而非缴费记录，有时候也只限于本国公民（因而有时也被称为**公民养老金**）。这种养老金可能需要也可能不需要经过**富裕度审查**。可与术语"**缴费型基础养老金**"进行对比。

正常退休年龄（normal retirement age）：参见术语"**全额收益领取年龄**"。

名义固定缴费型养老金/名义账户制养老金〔notional defined-contribution（NDC）pension〕：一种通过**社会保险缴费**进行融资的养老金，其收益给付与参保人一生的养老金缴费之间存在一种**准精算型**关系。

老年抚养比（old-age dependency ratio）：参见术语"**抚养比**"。

帕累托有效性（Pareto efficiency）〔亦称分配有效性（allocative efficiency）〕：一种资源分配的结果满足帕累托有效性，就是说不存在其他分配结果可以使得某个人的处境变得更好而同时又不会使任何一个人的处境变得更差。如果一项政策可以使得某个人的处境变得更好而同时没有人的处境变得更差，就被称为**帕累托改进（Pareto improving）**。

现收现付制养老金〔pay-as-you-go（PAYG）pension〕：该养老金系统的收益支付（通常由政府来执行）来自当前的税收收入而非某个积累制基金。

养老金领取者（pensioner）：领取养老金的人，无论其是否停止工作。可与术语"**退休者/退休人员**"进行对比。

贴现值（present discounted value）：未来某个时期内所接收到的现金流的当前资本价值，其计算基于某个特定的贴现率。

公积金（provident fund）：一种公共组织的、法定强制性的、**固定缴费型养老金**计划，其中劳动者不能自由选择资产组合，而只能持有一个单一的集中管理的资产组合的一个份额。

代理指标瞄定（proxy targeting）：参见术语**"指标瞄定"**。

再分配（redistribution）：将资源从某个人或某群人向另一个人或另一群人进行转移。养老金可以产生再分配效应，要么在一代人内部再分配（譬如，从富人向穷人转移），要么进行跨代再分配（譬如，从当前的劳动者向当前的退休人员转移）。再分配有助于低收入劳动者实现**消费平滑**。

收益扣减（reduction in yield）：导致一个人的养老金积累的净回报减少的所有收费的一种衡量方法。譬如，如果收费之前的净回报是5％，但收费之后的净回报是3％，那么收益扣减为2％。也可参见术语**"年度管理费"**与**"费用率"**。

替代率（replacement rate）：养老金收益（譬如，月度收益）与工作期间的月度收入（扣除税收与转移支付之后）之间的比率。这一术语有多种不同的定义方法。如果将其定义为平均养老金收益占平均工资的一个百分比，那么替代率所衡量的就是老年人口相对于工作人口的生活水准。如果将其定义为个人养老金领取者的收益占其以前工资的一个百分比，那么替代率所衡量的就是**消费平滑**的有效性。在本书中，这一术语采取后一种定义法，除非有特别说明。有时候，所公布的替代率是基于税收与转移支付总额而非净额。

退休者/退休人员（retiree）：停止工作的人，无论其是否正领取养老金。可与术语**"养老金领取者"**进行对比。

退休（retirement）：这一术语有两种不同的使用方法。有时是指结束工作，有时是指开始领取养老金收益。这是两个不同的事件，可能在两个不同的时间发生。

风险（risk）：某个特定事件（譬如撞大运或失业）发生的随机性，

其发生的概率在很大程度上是众所周知的。风险需要与**不确定性**（uncertainty）进行区分，后者所对应事件的概率的预测要难得多，譬如预期寿命的未来提升幅度。

次优分析（second-best analysis）：当政府必须依赖于扭曲性税收来改变收入分配时，或者来回应对简单理论模型的经济扭曲效应或其他方面的偏离（譬如不完全信息、**不完全市场**以及现存税收制度）时，其寻求最优政策的分析被称为次优分析。可与术语**"最优分析"**进行对比。

单一人寿年金（single-life annuity）：该年金在一个人的一生中（譬如，每年或每月）向其定期地支付收入。可与术语**"联合人寿年金"**进行对比。

社会保险（social insurance）：模仿私人保险而来的一系列制度安排，其中个人可以根据譬如失业或**退休**情况来领取公共补贴，通常不需要进行经济情况审查，只基于以前的（通常是强制性的）缴费情况。

社会养老金（social pension）：参见术语**"非缴费型全民养老金"**。

社会保障（social security）：该术语具有模糊性，因为它在不同国家有不同的含义。在美国，它是指公共的退休收益与残疾补贴；在英国，它是指所有的公共性现金补贴；在欧盟，它是指所有的公共性现金补贴加上医疗健康保险。本书在使用这一术语时仅指退休养老金。

股票（stocks, equities, shares）：表示公司部分所有权的证券。公司可以出售股票来为其投资进行融资，并向股票持有者支付红利（通常是每年）。如果公司发展良好，其股票价值上升，从而为股票持有者带来资本收益。如果公司破产了，其股票价值将取决于在偿还债权人之后剩下的价值。因此，股票代表一种所有权关系，而与此相比，**债券**则代表一种债务关系。

系统抚养比（system dependency ratio）：参见术语**"抚养比"**。

收益削减（taper of benefit）：参见术语**"隐性税率"**。

节俭储蓄计划（Thrift Savings Plan，TSP）：成立于1986年的一个美国联邦雇员退休储蓄计划，是《美国联邦雇员退休制度法案》的一部分，由美国联邦退休节俭投资委员会管理。TSP是一项税收延迟性**固**

定缴费型养老金计划，具有三个主要的特征：参保人的选择局限于少数几个具有明显差异化特征的投资基金；集中管理；大规模的基金管理。参见专栏 11.5。

信托基金（trust fund）：一种金融资产积累模式，意在覆盖养老金计划至少一部分的未来支付义务。在以现收现付制为主的养老金系统中，信托基金将仅仅预留几个月的支出流作为应对暂时性资金缺口的缓冲器，但是，信托基金也可以达到更大程度的融资规模，甚至可以达到完全积累制的程度，从而让其所拥有的资源足以支付所有的到期债务。

非积累制养老金（unfunded pension）：参见术语**"现收现付制养老金"**。

纵向公平（vertical equity）：这种分配所依据的原则就是在一个社会中越富裕的人越有能力为政府支出与向穷人的转移支付承担更高的份额，从而就构成了将收入、消费或财富从富人向穷人进行再分配的基础。也可参见术语**"公平"**以及**"横向公平"**。

自愿性养老金（voluntary pension）。该术语有两种不同的用法。一个自愿性养老金计划可能是一个劳动者自己为自己选择的一个养老金方案，譬如（在美国）个人退休账户。一个自愿性养老金计划也可能是雇主为其雇员选择的一个养老金方案（没有政府的强制），而对于雇员而言，其参与可能是自愿的，也可能是强制的。

回撤率（withdrawal rate）。参见术语**"隐性税率"**。

参考文献

Aaron, Henry J. 1966. The social insurance paradox. *Canadian Journal of Economics and Political Science* 32 (Aug.): 371–74. Reprinted in Barr (2001b), vol. II: 79–82.

Akerlof, George A. 1978. The economics of "tagging" as applied to the optimal income tax, welfare programs and manpower planning. *American Economic Review* 68: 8–19. Reprinted in Barr (2001b), vol. II: 298–309.

Apps, Patricia, and Ray Rees. 2004. Fertility, taxation and family policy. *Scandinavian Journal of Economics* 106 (Dec.): 745–63.

———. 2007. The taxation of couples. IZA Discussion Paper 2910. Bonn Forschungsinstitut zur Zukunft der Arbeit (Jul.).

Arenas de Mesa, Alberto, and Carmelo Mesa-Lago. 2006. The structural pension reform in Chile: Effects, comparisons with other Latin American reforms, and lessons. *Oxford Review of Economic Policy* 22 (Spring): 149–67.

Arenas de Mesa, Alberto, and Veronica Montecinos. 1999. The privatization of social security and women's welfare: Gender effects of the Chilean reform. *Latin American Research Review* 34 (3): 7–37.

Arza, Camila. 2006. Distributional impacts on pension policy in Argentina: Winners and losers within and across generations. *International Social Security Review* 59 (Jul.-Sep.): 79–102.

Asher, Mukul G., and N. Amarendu. 2006. Mandatory savings for asset enhancement: The case of Singapore. *Social Development Issues* 28 (2): 57–70.

Asher, Mukul, Nicholas Barr, Peter Diamond, Edwin Lim, and James Mirrlees. 2005. *Social security reform in China: Issues and options*. Policy Study of the China Economic Research and Advisory Programme (Jan.). http://www.oup.com/us/pdf/social_security_study_2005 (in Chinese http://www.oup.com/us/pdf/china_social_security_study).

Atkinson, A. B. 1999. *The economic consequences of rolling back the welfare state*. Cambridge, Mass.: MIT Press.

Augusztinovics, M., R. I. Gál, Á. Matits, L. Máté, A. Simonovits, and J. Stahl. 2002. The Hungarian pension system before and after the 1998 reform. In *Pension reform in Central and Eastern Europe*, vols. 1–2, ed. Elaine Fultz. Geneva: International Labour Organization.

Baker, Michael, Emily Hanna, and Jasmin Kantarevic. 2003. The married widow: Marriage penalties matter! NBER Working Paper, no. 9782. Cambridge, Mass.: National Bureau of Economic Research. www.nber.org/papers/w9782.

Banks, James, and Sarah Smith. 2006. Retirement in the UK. *Oxford Review of Economic Policy* 22 (Spring): 44–56.

Barr, Nicholas. 1979. Myths my grandpa taught me. *Three Banks Review* 124 (Dec.): 27–55. Reprinted in Barr (2001b), vol. II: 83–111.

———. 1981. Empirical definitions of the poverty line. *Policy and Politics* 9 (Jan.): 1–21.

———. 1998. Towards a "third way": Rebalancing the role of the state. *New Economy* 4 (2): 71–76.

———. 2000. Reforming pensions: Myths, truths, and policy choices. Working Paper, no. WP/00/139. Washington: International Monetary Fund. www.imf.org/external/pubs/ft/wp/2000/wp00139.pdf.

———. 2001a. *The welfare state as piggy bank: Information, risk, uncertainty, and the role of the state.* London and New York: Oxford University Press. www.oxfordscholarship.com/oso/public/content/economicsfinance/0199246599/toc.html.

———, ed. 2001b. *Economic theory and the welfare state,* vol. I: *Theory,* vol. II: *Income transfers,* and vol. III: *Benefits in kind.* Edward Elgar Library in Critical Writings in Economics. Cheltenham, U.K., and Northampton, Mass.: Edward Elgar.

———. 2003. *The economics of the welfare state,* 3rd ed. Chinese translation including a new preface. Beijing: China Labour and Social Security Publishing House.

———. 2004a. *The economics of the welfare state,* 4th ed. Oxford: Oxford University Press, and Stanford, Calif.: Stanford University Press.

———. 2004b. Higher education funding. *Oxford Review of Economic Policy* 20 (Summer): 264–83. oxrep.oupjournals.org/cgi/content/abstract/20/2/264?ijkey=20GIFCugfcjFz&keytype=ref. Reprinted in *European Economy, Quality and efficiency in education,* Special Report No. 3/2004, 61–85.

Barr, Nicholas, and Iain Crawford. 2005. *Financing higher education: Answers from the UK.* London and New York: Routledge.

Barr, Nicholas, and Michal Rutkowski. 2005. Pensions. In *Labor markets and social policy: The accession and beyond,* ed. Nicholas Barr, 135–70. Washington, D.C.: World Bank.

Beck, Thorsten, Ross Levine, and Norman Loayza. 2000. Finance and the sources of growth. *Journal of Financial Economics* 58 (1–2): 261–300.

Belan, Pascal, and Pierre Pestieau. 1999. Privatizing social security: A critical assessment. *Geneva Papers on Risk and Insurance–Issues and Practice* 24: 114–30.

Berstein, Solange, Guillermo Larraín, and Francisco Pino. 2006. Chilean pension reform: Coverage facts and policy alternatives. *Economia* 6 (Spring): 227–79.

Bertranou, Fabio M., Rafael Rofman, and Carlos O. Grushka. 2003. From reform to crisis: Argentina's pension system. *International Social Security Review* 56 (2): 103–14.

Beshears, John, James Choi, David Laibson, and Brigitte Madrian. 2008. The importance of default options for retirement saving outcomes: Evidence from the United States. In *Lessons from pension reform in the Americas,* eds. Stephen J. Kay and Tapen Sinha, 59–87. Oxford: Oxford University Press.

Blake, David. 2006. Overregulating your pension out of existence: The long term consequences of British pension policy over the last 30 years. Discussion Paper, no. PI–0616. London: City University, Cass Business School, Pensions Institute. www.pensions-institute.org/workingpapers/wp0616.pdf.

Blau, Francine D., and Lawrence M. Kahn. 2007. The gender pay gap. *The Economists' Voice* 4 (4, article 5). www.bepress.com/ev/vol4/iss4/art5.

Bodie, Zvi. 2003. An analysis of investment advice to retirement plan participants. In *The pension challenge: Risk transfers and retirement income security*, eds. Olivia S. Mitchell and Kent Smetters, 19–32. New York: Oxford University Press.

Borowski, Allan. 2005. The revolution that faltered: Two decades of reform of Australia's retirement income system. *International Social Security Review* 58 (Oct.-Dec.): 45–65.

Börsch-Supan, Axel. 2005. The 2005 pension reform in Finland. Working Paper, no. 2005:1. Helsinki: Finnish Centre for Pensions.

Börsch-Supan, Axel, and Christina B. Wilke. 2006. The German public pension system: How it will become an NDC system look-alike. In *Pension reform: Issues and prospects for non-financial defined contribution (NDC) schemes*, eds. Robert Holzmann and Edward Palmer, 573–610. Washington, D.C.: World Bank.

Börsch-Supan, Axel, and Joachim Winter. 2001. Population aging, savings behavior and capital markets. NBER Working Paper, no. W8561. Cambridge, Mass.: National Bureau of Economic Research. www.nber.org/papers/w8561.

Boskin, Michael J., and Eytan Sheshinski. 1983. Optimal tax treatment of the family: Married couples. *Journal of Public Economics* 20 (Aug.): 281–97.

Bradshaw, Jonathan, and Naomi Finch. 2002. A comparison of child benefit packages in 22 countries. DWP Research Report, no. 174. Leeds, U.K.: Department for Work and Pensions.Breyer, Friedrich. 1989. On the intergenerational Pareto efficiency of pay-as-you-go financed pension systems. *Journal of Institutional and Theoretical Economics* 145 (Dec.): 643–58.

Brien, Michael J., Stacy Dickert-Conlin, and David A. Weaver. 2004. Widows waiting to wed? (Re)marriage and economic incentives in social security widow benefits. *Journal of Human Resources* 39 (Summer): 585–623.

Brown, Jeffrey R. 2001. Redistribution and insurance: Mandatory annuitization with mortality heterogeneity. Working Paper, no. CER WP 2001-02. Boston: Boston College, Center for Retirement Research. www.bc.edu/centers/crr/papers/wp_2001-02.pdf.

Budig, M., and P. England. 2001. The wage penalty for motherhood. *American Sociological Review* 66 (2): 204–25.

Burns, Justine, Malcolm Keswell, and Murray Leibbrandt. 2005. Social assistance, gender and the aged in South Africa. *Feminist Economics* 11 (Jul.): 103–15.

Burtless, Gary. 2002. Social security privatization and financial market risk. In *Social security reform in advanced countries*, eds. T. Ihori and T. Tachibanaki. London and New York: Routledge.

Buvinic, Mayra, and Elizabeth M. King. 2007. Smart economics. *Finance and Development* 44 (Jun.). www.imf.org/external/pubs/ft/fandd/2007/06/king.htm.

Carey, David. 1999. Coping with population ageing in Australia. Economics Department Working Paper, no. 217. Paris: Organization for Economic Cooperation and

Development. www.oecd.org/dataoecd/0/19/1879131.pdf.

Case, Anne, and Angus Deaton. 1998. Large cash transfers to the elderly in South Africa. *Economic Journal* 108 (Sep.): 1330–61.

Chile Presidential Advisory Council. 2006a. *El derecho a una vida digna en la vejez: Hacia un contrato social con la previsión en Chile: Resumen ejecutivo* (The right to a dignified old age: Toward a welfare social contract in Chile: Executive summary). Santiago. www.consejoreformaprevisional.cl/view/informe.asp.

———. 2006b. *El derecho a una vida digna en la vejez: Hacia un contrato social con la previsión en Chile:* vol. 1, *Diagnostico y propuesta de reforma;* vol. 2, *Consulta cuidadana.* Santiago. www.consejoreformaprevisional.cl/view/informe.asp.

Chlon-Dominczak, Agnieszka. 2002. The Polish pension reform of 1999. In *Pension reform in Central and Eastern Europe,* vol. 1: *Restructuring with privatisation: Case studies of Hungary and Poland,* ed. Elaine Fultz. Budapest: International Labour Organization, Central and Eastern European Team.

Chlon-Dominczak, Agnieszka, and Marek Góra. 2006. The NDC system in Poland: Assessment after five years. In *Pension reform: Issues and prospects for non-financial defined contribution (NDC) schemes,* eds. Robert Holzmann and Edward Palmer, 425–49. Washington: World Bank.

Choi, J., D. Laibson, B. Madrian, and A. Metrick. 2001. Defined contribution pensions: Plan rules, participant decisions, and the path of least resistance. NBER Working Paper, no. W8655. Cambridge, Mass.: National Bureau of Economic Research. www.nber.org/papers/w8655.

Coady, David, Margaret Grosh, and John Hoddinot. 2004. *Targeting of transfers in developing countries: Review of lessons and experience.* Washington: World Bank.

Costa, Dora L. 1998. *The evolution of retirement: An American economic history, 1880 to 1990.* Chicago: University of Chicago Press.

Cremer, Helmuth, and Pierre Pestieau. 2003. Wealth transfer taxation: A survey. CESifo Working Paper, no. 1061. Munich: CESifo.

Dahlquist, Magnus, Stefan Engström, and Paul Söderlind. 2000. Performance and characteristics of Swedish mutual funds. *Journal of Financial and Quantitative Analysis* 35 (Sep.): 409–23.

Davies, R., and G. Pierre. 2005. The family gap in pay in Europe: A cross-country study. *Labour Economics* 12: 469–86.

Davis, E. Philip. 2002. Prudent person rules or quantitative restrictions? The regulation of long-term institutional investors' portfolios. *Journal of Pension Economics and Finance* 1 (July): 157–91.

Devesa-Carpio, José E., and Carlos Vidal-Meliá. 2002. Reformed pension systems in Latin America. Social Protection Discussion Paper Series, no. 0209. Washington D.C.: World Bank (May).

Diamond, Peter A. 1965. National debt in a neoclassical growth model. *American Economic Review* 55 (5, part 1, Dec.): 1126–50.

———. 2000. Administrative costs and equilibrium charges with individual accounts. In *Administrative costs and social security privatization,* ed. John Shoven. Chicago: University of Chicago Press.

————. 2002. *Social security reform*. Oxford and New York: Oxford University Press.

————. 2003. *Taxation, incomplete markets and social security*. Cambridge, Mass.: MIT Press.

————. 2004. Social security. *American Economic Review* 94 (Mar.): 1–24.

————. 2006a. Système de retraite et vieillissement de la population. *Revue Française d'Economie* 20 (Apr.): 21–49.

————. 2006b. Reforming public pensions in the U.S. and the U.K. *Economic Journal* 116, no. 509 (Feb.): F94–F118.

————. 2006c. Social Security, the government budget and national savings. In *Samuelsonian Economics in the 21st Century*, eds. M. Szenberg, L. Ramrattan, and A. A. Gottesman, 54–65. New York and Oxford: Oxford University Press.

Diamond, Peter A., and James A. Mirrlees 1971a. Optimal taxation and public production I: Production efficiency. *American Economic Review* 61 (Mar.): 8–27.

————. 1971b. Optimal taxation and public production II: Tax rules. *American Economic Review* 61 (Jun.): 261–78.

Diamond, Peter A., and Peter R. Orszag. 2002. An assessment of the proposals of the President's Commission to Strengthen Social Security. *Contributions to Economic Analysis & Policy* 1 (1, article 10). Berkeley Electronic Press. www.bepress.com/bejeap/contributions/vol1/iss1/art10/.

————. 2005a. *Saving Social Security: A balanced approach*, rev. ed. Washington, D.C.: Brookings Institution.

————. 2005b. Saving Social Security. *Journal of Economic Perspectives* 19 (Spring): 11–32.

Diamond, Peter A., and Salvador Valdes-Prieto. 1994. Social security reforms. In *The Chilean economy: Policy lessons and challenges*, eds. Barry Bosworth, Rudiger Dornbusch, and Raúl Labán, 257–328. Washington, D.C.: Brookings Institution.

Drouin, Anne, and Lawrence H. Thompson, with Aidi Hu, Mike Whitelaw, and Hiroshi Yamabana. 2006. Perspectives on the social security system of China. ESS Paper, no. 25. Geneva: International Labour Organization.

Dublin, Louis I., Alfred J. Lotka, and Mortimer Spiegelman. [1936] 1949. *Length of life—A study of the life table*. New York: Ronald Press.

Economic Policy Committee of the European Union. 2001. Budgetary challenges posed by ageing populations: The impact of public spending on pensions, health and long-term care for the elderly and possible indicators of the long-term sustainability of public finances. Economic Policy Committee/ECFIN/655/01-EN final. Brussels.

————. 2006. The impact of ageing on public expenditure: Projections for the EU25 Member States on pensions, health care, long-term care, education and unemployment transfers (2004-2050). Special Report, no. 1/2006. Brussels: European Commission Directorate-General for Economic and Financial Affairs.

Edwards, Sebastian, and Alejandra Cox Edwards. 2002. Social security privatization reform and labor markets: The case of Chile. NBER Working Paper, no. 8924. Cambridge, Mass.: National Bureau of Economic Research. www.nber.org/papers/w8924.

Ellwood, David T. 2000. The impact of the earned income tax credit and social policy reforms on work, marriage, and living arrangements. *National Tax Journal* 53 (Dec.): 1063–1105.

Ermisch, J., and M. Francesconi. 2000. The increasing complexity of family relationships: Lifetime experience of lone motherhood and stepfamilies in Great Britain. *European Journal of Population* 16: 235–50.

Escobar, Federico, and Osvaldo Nina. 2004. Pension reform in Bolivia: A review of approach and experience. Development Research Working Paper, no. 04/2004. La Paz: Institute for Advanced Development Studies.

Favreault, Melissa M., and C. Eugene Steuerle. 2007. Social Security spouse and urvivor benefits for the modern family. Discussion Paper, no. 07-01. Washington: Urban Institute. www.urban.org/UploadedPDF/311436_Social_Security.pdf.

Feinstein, Leon. 2003. Inequality in the early cognitive development of British children in the 1970 cohort. *Economica* 70 (277): 73–98.

Feldstein, Martin S. 1996. The missing piece in policy analysis: Social Security reform. *American Economic Review* 86 (May): 1–14.

———. 2005. Structural reform of social security. *Journal of Economic Perspectives* 19 (Spring): 33–55.

Garibaldi, Pietro, Claudia Olivetti, Barbara Petrongolo, Christopher Pissarides, and Etienne Wasmer. 2005. Women in the labour force: How well is Europe doing? In *Women at work: An economic perspective*, eds. Tito Boeri, Daniela Del Boca, and Christopher Pissarides. Report for the Fondazione Rodolfo DeBenedetti. Oxford: Oxford University Press.

Geanakoplos, John, Olivia S. Mitchell, and Stephen P. Zeldes. 1999. Social Security money's worth. In *Prospects for social security reform*, eds. Olivia S. Mitchell, Robert J. Myers, and Howard Young. Philadelphia: University of Pennsylvania Press.

Gill, Indermit, Truman Packard, and Juan Yermo. 2005. *Keeping the promise of social security in Latin America*. Stanford, Calif.: Stanford University Press for the World Bank.

Ginn, J. 2003. *Gender, pensions and the lifecourse: How pensions need to adapt to changing family forms*. Bristol: The Policy Press.

Golinowska, Stanislawa, Katarzyna Pietka, and Maciej Zukowski. 2003. *Study on the social protection systems of the 13 applicant countries: Poland country study*. Brussels: European Commission.

Gollier, Christian. 2007. Intergenerational risk-sharing and risk-taking of a pension fund. IDEI Working Paper, no. 42. Toulouse, France: Institut d'Economie Industrielle (Jan.).

Góra, Marek, and Michal Rutkowski. 1998. The quest for pension reform: Poland's security through diversity. Social Protection Discussion Paper, no. 9815. Washington, D.C.: World Bank.

Grant, Jonathan, Stijn Hoorens, Suja Sivadasan, Mirjam van het Loo, Julie DaVanzo, Lauren Hale, Shawna Gibson, and William Butz. 2004. *Low fertility and population ageing: Causes, consequences and policy options*. Cambridge, U.K.: RAND Europe, prepared for the European Commission. www.rand.org/pubs/monographs/2004/RAND_MG206.pdf.

Grønvik, Gunnvald. 2006. The pension reform in Norway—A useful step, but more funding could be beneficial. Staff Memo, no. 2006/5. Oslo: Norway Central Bank. www.norges-bank.no/upload/import/publikasjoner/staff_memo/memo-2006-05.pdf.

Gruber, Jonathan, and David A. Wise, eds. 1999. *Social security and retirement around the world*. Chicago: University of Chicago Press.

————. 2004. *Social security programs and retirement around the world: Micro-estimation*, Chicago: University of Chicago Press.

Hakim, Catherine. 2004. *Key issues in women's work*, 2nd ed. London: Glasshouse Press.

Helpman, Elhanan. 2004. *The mystery of economic growth*. Cambridge, Mass.: Harvard University Press.

Hendy, Jane, Barnaby C. Reeves, Naomi Fulop, Andrew Hutchings, and Cristina Masseria. 2005. Challenges to implementing the national programme for information technology (NPfIT): A qualitative study. *British Medical Journal* (Aug. 6): 331–36.

Herchenroder, M. F. P. 1938. The capacity of married women in French law. *Journal of Comparative Legislation and International Law*, 3rd ser. 20 (4): 196–203.

Hills, John. 2006. A new pension settlement for the twenty-first century? The UK Pensions Commission's analysis and proposals. *Oxford Review of Economic Policy* 22 (Spring): 113–32.

Holden, Karen C., and Cathleen Zick. 1998. Insuring against the consequences of widowhood in a reformed Social Security system. In *Framing the Social Security debate, values, politics, and economics*, eds. R. Douglas Arnold, Michael J. Graetz, and Alicia H. Munnell, 157–178. Washington, D.C.: National Academy of Social Insurance.

Holzmann, Robert, and Richard Hinz. 2005. *Old age income support in the 21st century: An international perspective on pension systems and reform*. Washington, D.C.: World Bank.

Holzmann, Robert, and Edward Palmer, eds. 2006. *Pension reform: Issues and prospects for non-financial defined contribution (NDC) schemes*. Washington, D.C.: World Bank.

Horney, James, and Richard Kogan. 2005. Private accounts would substantially increase federal debt and interest payments. Washington, D.C.: Center on Budget and Policy Priorities (Jul. 27). www.cbpp.org/7-27-05socsec.pdf.

Hutton, Will. 2007. *The writing on the wall: China and the West in the 21st century*. London: Little Brown.

International Monetary Fund. 2001. *Government finance statistics manual 2001*. Washington, D.C. www.imf.org/external/pubs/ft/gfs/manual/index.htm. International Organisation of Pension Supervisors. 2008, *Good practices in risk management of alternative investments by pension funds*. www.iopsweb.org/dataoecd/47/20/40010212.pdf.

Investment Company Institute. 2007. Fees and expenses of mutual funds, 2006. *Research Fundamentals* 16 (2).

James, Estelle. 1998. New models for old-age security: Experiments, evidence, and unanswered questions. *World Bank Research Observer* 13 (Aug.): 271–301.

James, Estelle, Alejandra Cox Edwards, and Rebecca Wong. 2003. The gender impact of pension reform. *Journal of Pension Economics and Finance* 2 (2): 181–219.

James, Simon, and Christopher Nobes. 1988. *The economics of taxation*, 3rd ed. Oxford: Philip Allan.

Jaumotte, Florence, and Irina Tytell. 2007. Globalization of labor. *Finance and Development* 44 (Jun.). www.imf.org/external/pubs/ft/fandd/2007/06/picture.htm.

Jefferson, Therese, and Alison Preston. 2005. Australia's "other" gender wage gap: Baby boomers and compulsory superannuation accounts. *Feminist Economics* 11 (Jul.): 79–101.

Joshi, Heather, Pierella Paci, and Jane Waldfogel. 1999. The wages of motherhood: Better or worse? *Cambridge Journal of Economics* 23: 543–64.

Kakwani, Nanak, and Kalanidhi Subbarao. 2007. Poverty among the elderly in Sub-Saharan Africa and the role of social pensions. *Journal of Development Studies* 43 (Aug.): 987-1008. www.informaworld.com/smpp/content?content=10.1080/00220380701466476.

Karamcheva, Nadia, and Alicia H. Munnell. 2007. Why are widows so poor? Issue in Brief, no. 7-9. Boston: Center for Retirement Research, Boston College.

Kleven, Henrik Jacobsen, and Claus Thustrup Kreiner. 2005. A note on the efficient taxation of couples. University of Copenhagen.

Kleven, Henrik Jacobsen, Claus Thustrup Kreiner, and Emmanuel Saez. 2007. The optimal income taxation of couples as a multi-dimensional screening problem. University of Copenhagen and University of California, Berkeley.

Kotlikoff, Laurence J., and Jeffrey Sachs. 1998. The Personal Security System: A framework for reforming Social Security. *Federal Reserve Bank of St. Louis Review* (Mar.-Apr.): 11–13.

Leach, Jennifer. 1998. Bolivia's bonosol. Presented at the Transfers & Social Assistance for the Poor in the LAC Regional Workshop, Washington, D.C., February 24–25. wbln0018. worldbank.org/network/prem/premdoclib.nsf/58292ab451257bb9852566b4006ea0c8/fb45d2fe76c4e27b852567130004bca2?OpenDocument.

Legros, Florence. 2006. NDCs: A comparison of the French and German points systems. In *Pension reform: Issues and prospects for non-financial defined contribution (NDC) schemes*, eds. Robert Holzmann and Edward Palmer, 203–24. Washington, D.C.: World Bank.

Leibfried, Stephan, and Steffen Mau. 2007. *Welfare states: Construction, deconstruction, reconstruction*, vol. I: *Analytical approaches*, vol. II: *Varieties and transformations*, vol. III: *Legitimation, achievement and integration*. Northampton, Mass., and Cheltenham, U.K.: Edward Elgar.

Leimer, Dean R. 1994. Cohort-specific measures of lifetime net Social Security transfers. Social Security Administration Office of Research and Statistics Working Paper, no. 59 (Feb.). Washington, D.C.

Leitner, S. 2001. Sex and gender discrimination within EU pension systems. *Journal of European Social Policy* 11: 99–115.

Lesthaeghe, Ron. 1983. A century of demographic and cultural change in Western Europe: An exploration of underlying dimensions. *Population and Development Review* 9 (Sep.): 411–35.

Lewis, Jane. 2001. *The end of marriage*. Cheltenham, U.K.: Edward Elgar.

———. 2002. Gender and welfare state change. *European Societies* 4 (4): 331–57. Reprinted in Leibfried and Mau (2007), vol. III.

Lewis, Maureen A., and Marlaine E. Lockheed. 2007. Getting all girls into school. *Finance and Development* 44 (2). www.imf.org/external/pubs/ft/fandd/2007/06/lewis.htm.

Light, Paul C. 1985. *Artful work: The politics of Social Security reform*. New York: Random House.

Lindbeck, Assar, and Mats Persson. 2003. The gains from pension reform. *Journal of Economic Literature* 41 (Mar.): 74–112.

Lund, Frances. 2002. "Crowding in" care, security and micro-enterprise formation: Revisiting the role of the state in poverty reduction and in development. *Journal of International Development* 14: 681–94.

Lundberg, Shelly J., and Robert A. Pollak. 2007. The American family and family economics. *Journal of Economic Perspectives* 21 (Spring): 3–26.

Lundberg, Shelly J., Robert A. Pollak, and Terence J. Wales. 1997. Do husbands and wives pool their resources? Evidence from the United Kingdom child benefit. *Journal of Human Resources* 32 (3): 463–80.

Madrian, B., and D. Shea. 2001. The power of suggestion: Inertia in 401(k) participation and savings behavior. *Quarterly Journal of Economics* 116 (4): 1149–87.

Martinez, Sebastian. 2004. Pensions, poverty and household investments in Bolivia. University of California, Berkeley. emlab.berkeley.edu/users/webfac/bardhan/e271_f04/martinez.pdf.

Matits, Agnes. 2004. Practical experience with the second pillar of the Hungarian mandatory pension system. Paper delivered at an International Labour Organization pension conference, Budapest, December 9–10.

Megginson, William L., and Jeffry M. Netter. 2001. From state to market: A survey of empirical studies on privatization. *Journal of Economic Literature* 39 (Jun.): 321–89.

Merton, Robert C. 1983. On the role of social security as a means for efficient risk sharing in an economy where human capital is not tradable. In *Financial aspects of the US pension system*, eds. Zvi Bodie and John Shoven, 325–58. Chicago: University of Chicago Press.

Mesa-Lago, Carmelo. 2005. Assessing the World Bank report *Keeping the promise*. *International Social Security Review* 58 (Apr.-Sep.): 97–117.

———. 2007. *Reassembling social security: A survey of pensions and health care reforms in Latin America*. New York and Oxford: Oxford University Press.

Mitchell, Brian R. 1998a. *International historical statistics: Africa, Asia and Oceania, 1750-1993*, 3rd ed. New York: Stockton Press.

———. 1998b. *International historical statistics: The Americas, 1750-1993*, 4th ed. New York: Stockton Press.

———. 1998c. *International historical statistics: Europe, 1750-1993*. New York: Stockton Press.

Mitchell, Deborah. 2002. Participation and opportunity: Redefining social security in Australia and New Zealand. *International Social Security Review* 55 (4): 127–41.

Müller, Katharina. 1999. *The political economy of pension reform in Central-Eastern Europe*. Cheltenham, U.K., and Northampton, Mass.: Edward Elgar.

Munnell, Alicia H., and Annika Sundén, with the assistance of Cynthia Perry and Ryan Kling. 1999. Investment practices of state and local pension funds: Implications for Social Security reform. Prepared for presentation at the First Annual Joint Conference for the Retirement Research Consortium, New Developments in Retirement Research, Washington, May 20-21, www.bc.edu/centers/crr/papers/cp_munnell.pdf.

Murthi, Mamta, Peter Orszag, and J. Michael Orszag. 2001. The charge ratio on individual accounts: Lessons from the UK experience. In *New ideas about old-age security: Toward sustainable pension systems in the 21st century*, eds. Robert Holzmann and Joseph E. Stiglitz, 308–35. Washington, D.C.: World Bank.

Muturi, Slawomir, Marcin Zdral, Marcin Zajkowski, and Agnieszka Chlon-Dominczak. 2000. Transformation of social security institution (ZUS) under the Polish pension system reform. Warsaw: ZUS.

New, Bill. 1999. Paternalism and public policy. *Economics and Philosophy* 15: 63–83.

New Zealand Ministry of Social Development. 2005. Social report indicators for low incomes and inequality: Update from the 2004 Household Economic Survey. Wellington. www.msd.govt.nz/work-areas/cross-sectoral-work/indicators-for-low-incomes-and-inequality.html.

Nordhaus, William. 2007. The *Stern Review* on the economics of climate change. *Journal of Economic Literature* 45 (Sep.): 686–702.

Norway Central Bank. 2005. Corporate governance in the Norwegian Government Petroleum Fund. Letter to the Ministry of Finance, December 8. Oslo.

———. 2006. *The Government Pension Fund—Global, Annual Report.* Oslo. www. norges-bank.no/nbim/pension_fund/reports/.

O'Keefe, Philip. 2006. Social assistance in China: An evolving system. Washington, D.C.: World Bank.

Okun, Arthur. 1981. *Prices and quantities.* Washington, D.C.: Brookings Institution.

Orbán, Gábor, and Dániel Palotai. 2005. The sustainability of the Hungarian pension system: A reassessment. Occasional Paper, no. 40. Budapest: Magyar Nemzeti Bank.

Organization for Economic Cooperation and Development (OECD). 2002. Increasing employment: The role of later retirement. *Economic Outlook*, no. 72. Paris (December).

———. 2004a. Financial education and saving for retirement. Paris. www.oecd.org/dataoecd/26/2/39197801.pdf.

———. 2004b. *Income disparities in China: An OECD perspective.* Paris.

———. 2004c. *Reforming public pensions: Sharing the experience of transition and OECD countries. Transition Economies*, 2004, no. 1. Paris. titania.sourceoecd.org/vl=6782642/cl=20/nw=1/rpsv/~6686/v2004n1/s1/p11.

———. 2006a. Guidelines on pension fund asset management. *Financial Market Trends* 91 (November): 169–85.

———. 2006b. *Live longer, work longer.* Paris.

———. 2007. *Pensions at a glance: Public policies across OECD countries.* Paris.

Orloff, Ann. 1996. Gender in the welfare state. *Annual Review of Sociology* 22: 51–78. Reprinted in Leibfried and Mau (2007), vol. III.

Orszag, Peter. 1999. Individual accounts and Social Security: Does Social Security really provide a lower rate of return? Washington D.C.: Center on Budget and Policy Priorities. www.cbpp.org/3-11-99socsec.pdf.

Orszag, Peter R., and Joseph E. Stiglitz. 2001. Rethinking pension reform: 10 myths about social security systems. In *New ideas about old age security: Toward sustainable pension systems in the 21st century*, eds. Robert Holzmann and Joseph E. Stiglitz, with Louise Fox, Estelle James, and Peter R. Orszag, 17–62. Washington, D.C.: World Bank.

Palmer, Edward. 2005. What is NDC? In *Pension reform through NDCs: Issues and prospects for non-financial defined contribution schemes*, eds. Robert Holzmann and Edward Palmer. Washington, D.C.: World Bank.

Pappas, Gregory, Susan Queen, Wilbur Hadden, and Gail Fisher. 1993. The increasing disparity in mortality between socioeconomic groups in the United States, 1960 and 1986. *New England Journal of Medicine* 329 (Jul. 8): 103–09, with correction in the October 7, 1993, issue.

Paull, Gillian. 2006. The impact of children on women's paid work. *Fiscal Studies* 27 (4): 473–512.

Pestieau, Pierre. 2006. *The welfare state in the European Union.* Oxford: Oxford University Press.

Pestieau, Pierre, and Uri M. Possen. 2000. Investing social security in the equity market: Does it make a difference? *National Tax Journal* 53 (1): 41–57.

Piñera, Jose E. 1995. Empowering workers: The privatization of social security in Chile. *Cato Journal* 15: 155–66. www.cato.org/pubs/journal/cj15n2-3/cj15n2-3-1.pdf.

Pollak, Robert A. 2007. Family bargaining and taxes: A prolegomenon to the analysis of joint taxation. IZA Discussion Paper, no. 3109. Bonn, Germany: Forschungsinstitut zur Zukunft der Arbeit. (Also forthcoming in *Taxation and the Family.* CESifo Economic Studies. Cambridge, Mass.: MIT Press.)

Ponds, Eduard H. M., and Bart van Riel. 2007. The recent evolution of pension funds in the Netherlands: The trend to hybrid DB-DC plans and beyond. CRR Working Paper, no. 2007-9. Boston: Center for Retirement Research, Boston College. www.bc.edu/centers/crr/papers/wp_2007-9.pdf.

Queisser, Monika, and Edward Whitehouse. 2006. Comparing the pension promises of 30 OECD countries. *International Social Security Review* 59 (3): 49–77.

Rake, Katherine, Jane Falkingham, and Martin Evans. 2000. British pension policy in the twenty-first century: A partnership in pensions or a marriage to the means test? *Social Policy and Administration* 34: 123–34.

Ravallion, Martin, and Shaoshua Chen. 2007. China's (uneven) progress against poverty. *Journal of Development Economics* 82 (Jan.): 1–42.

Ravallion, Martin, and Youjuan Wang. 2006. *Di bao:* A guaranteed minimum income in China's cities? Policy Research Working Paper, no. 3805. Washington, D.C.: World Bank.

Rees, Ray. 2006. Where have all the babies gone? *Royal Economic Society Newsletter* no. 134 (Jul.): 3–4.

Reno, Virginia P., Michael J. Graetz, Kenneth S. Apfel, Joni Lavery, and Catherine Hill, eds. 2005. *Uncharted waters: Paying benefits from individual accounts in federal retirement policy.* Study Panel Final Report. Washington, D.C.: National Academy of Social Insurance.

Rodríguez, L. Jacobo. 1999. Chile's private pension system at 18: Its current state and future challenges. SSP, no. 17. Washington, D.C.: Cato Institute. www.cato.org/pubs/ssps/ssp-17es.html.

Rofman, Rafael. 2007. Pension reform and the development of pension systems: An evaluation of World Bank assistance. Background paper, Peru Country Study, Independent Evaluation Group. Washington, D.C.: World Bank.

Rofman, Rafael, and Leonardo Lucchetti. 2006. Pension systems in Latin America: Concepts and measurements of coverage. Social Protection Discussion Paper Series, no. 0616. Washington, D.C.: World Bank (Nov.).

Salditt, Felix, Peter Whiteford, and Willem Adema. 2007. Pension reform in China: Progress and prospects. OECD Social, Employment and Migration Working Paper, no. 53. Paris. www.olis.oecd.org/olis/2007doc.nsf/FREDATCORPLOOK/NT00002B36/$FILE/JT03228722.PDF.

Samuelson, Paul A. 1958. An exact consumption-loan model of interest with or without the social contrivance of money. *Journal of Political Economy* 66 (Dec.): 467–82. Reprinted in Barr (2001b), vol. II, 63–78.

Scherer, Peter. 2001, Age of withdrawal from the bibour market in OECD countries. Occasional Paper, no. DEELSA/ELSA/WD(2001)2, Directorate for Education, Employment, Labour and Social Affairs. Paris: Organization for Economic Cooperation and Development.

Shanley, Mary Lyndon. 1986. Suffrage, protective labor legislation, and married women's property laws in England. *Signs* 12 (Autumn): 62–77.

Sheshinski, Eytan. 2003. Privatization and its benefits: Theory and evidence. In *Markets and Governments*, eds. K. Basu, P. Nayak, and R. Ray, 185–243. Oxford: Oxford University Press.

———. 2008. *Lectures on annuities*. Princeton, N.J.: Princeton University Press.

Sigg, Roland. 2005. Extending working life: Policy challenges and responses. In *Toward newfound confidence*, eds. Richard Levinsky and Roddy McKinnon, 25–140. Geneva: International Social Security Association.

Simonovits, András. 2006. Optimal design of old-age pension rule with flexible retirement: The two-type case. *Journal of Economics* 89: 197–222.

South Africa National Treasury. 2007. Social security and retirement reform. Second Discussion Paper. Pretoria: National Treasury (Feb.).

Spiezia, V. 2002. The greying population: A wasted human capital or just a social liability? *International Labor Review* 141: 71–113.

St John, Susan. 2005. Retirement incomes in New Zealand. *Economic and Labour Relations Review* 15 (2): 217–39.

———. 2007. Farewell to tax neutrality: The implications for an aging population. Presented at the 15th Australian Colloquium of Superannuation Researchers: Financial Consequences of Longevity, Sydney, July.

Stier, Haya, Noah Lewin-Epstein, and Michael Braun. 2001. Welfare regimes, family-supportive policies, and women's employment along the life-course. *American Journal of Sociology* 106 (6): 1731–60. [Reprinted in Leibfried and Mau (2007), vol. III.]

Stotsky, Janet G. 2007. Budgeting with women in mind. *Finance and Development* 44, no. 2. www.imf.org/external/pubs/ft/fandd/2007/06/stotsky.htm.

Sundén, Annika. 2006. The Swedish experience with pension reform. *Oxford Review of Economic Policy* 22 (Spring): 133–48.

Sweden Ministry of Finance. 2005. Difficult waters: Premium pension savings on course. Premium Pension Committee, SOU 2005:87. Stockholm. www.sweden.gov.se/sb/d/574/a/52265;jsessionid=alkgAkqIj71g.

Tapia, Waldo, and Juan Yermo. 2007. Implications of behavioural economics for mandatory individual account pension systems. OECD Working Paper on Insurance and Private Pensions, no. 11. Paris: OECD. www.oecd.org/dataoecd/5/22/39368306.pdf.

Thaler, R. H., and S. Benartzi. 2004. Save more tomorrow: Using behavioral economics to

increase employee saving. *Journal of Political Economy* 112 (1, part 2): 164–87.

Thompson, Lawrence H. 2006. US retirement income system. *Oxford Review of Economic Policy* 22 (Spring): 95–112.

Trapido, Denis. 2007. Gendered transition: Post-Soviet trends in gender wage inequality among young full-time workers. *European Sociological Review* 23 (2): 223–37.

Turner, John. 2007. Social security pensionable ages in OECD countries: 1949–2035. *International Social Security Review* 60 (Jan.-Mar.): 81–99.

U.K. Department for Work and Pensions. 2005. *Women and pensions: The evidence.* London.

———. 2006a. *Security in retirement: Towards a new pensions system.* Cm 6841. London: The Stationery Office.

———. 2006b. *Inheritance of SERPS pension.* London. www.thepensionservice.gov.uk/pdf/serps/serpsl1jan08.pdf. U.K. Office of Fair Trading. 1997. *Report of the director general's inquiry into pensions*, vol. 1. London.

U.K. Pension Law Review Committee. 1993. *Pension law reform: Report of the Pension Law Review Committee*, vol. I, *Report*, and vol. II, *Research*. London: Her Majesty's Stationery Office.

U.K. Pensions Commission. 2004a. *Pensions: Challenges and choices: The first report of the Pensions Commission.* London: The Stationery Office. www.webarchive.org.uk/pan/16806/20070802/www.pensionscommission.org.uk/publications/2004/annrep/index.html.

———. 2004b. *Pensions: Challenges and choices: The first report of the Pensions Commission: Appendices.*London:The Stationery Office.www.webarchive.org.uk/pan/16806/2007080 2/www.pensionscommission.org.uk/publications/2004/annrep/appendices-all.pdf.

———. 2005.*A new pension settlement for the twenty-first century: The second report of the Pensions Commission.* London: The Stationery Office. www.webarchive.org.uk/pan/16806/20070802/www.pensionscommission.org.uk/publications/2005/annrep/annrep-index.html.

U.K. Pensions Policy Institute. 2005. Should state pensions be contributory or universal? London. www.pensionspolicyinstitute.org.uk/uploadeddocuments/PPI_Nuffield_Seminar_3_Paper_Jul05.pdf.

———. 2006. The new "contributory"test: Principle or practicality? PPI Briefing Note, no. 32. London. www.pensionspolicyinstitute.org.uk/uploadeddocuments/Briefing%20Notes/PPI_Briefing_Note_32.pdf.

U.K. Treasury. 2005. Tax credits: Reforming financial support for families. The Modernisation of Britain's Tax and Benefit System, no. 11. London. www.hm-treasury.gov.uk./media/3/3/bud05_taxcredits_500.pdf.

———. 2006. *The economics of climate change (The Stern Review).* London. www.hm-treasury.gov.uk/independent_reviews/stern_review_economics_climate_change/sternreview_index.cfm.

U.S. President's Commission to Strengthen Social Security. 2001. *Strengthening Social Security and creating wealth for all Americans.* Washington, D.C. www.csss.gov/reports/Final_report.pdf.

U.S. Social Security Administration. 2007a. *The 2007 annual report of the Board of Trustees of the Federal Old-Age and Survivors Insurance and Federal Disability Insurance Trust Funds.* Washington, D.C.

———. 2007b. *Social security programs throughout the world.* Washington, D.C. www.ssa. gov/policy/docs/progdesc/ssptw/index.html.

Valdés-Prieto, Salvador. 2005a. Securitization of taxes implicit in PAYG pensions. *Economic Policy* 20, no. 42 (Apr.): 215–65.

———. 2005b. Para aumentar la competencia entre las AFP. Estudios Públicos, no. 98 (Autumn): 87–142. Santiago: Centro de Estudios Públicos.

———. 2007a. Pension reform and the development of pension systems: An evaluation of World Bank assistance. Background paper, Bolivia Country Study, Independent Evaluation Group. Washington, D.C.: World Bank.

———. 2007b. Pension reform and the development of pension systems: An evaluation of World Bank assistance. Background paper, Regional Summary: Latin America and the Caribbean, Independent Evaluation Group. Washington, D.C.: World Bank.

von Gersdorff, Hermann. 1997. The Bolivian pension reform: Innovative solutions to common problems. Policy Research Working Paper, no. 1832. Washington, D.C.: World Bank, Financial Sector Development Department.

Whiteford, Peter, and Gregory Angenent. 2001. The Australian system of social protection — an overview, 2nd ed. Occasional Paper, no. 6. Canberra: Department of Family and Community Services.

Whiteford, Peter, and Edward Whitehouse. 2006. Pension challenges and pension reform in OECD countries. *Oxford Review of Economic Policy* 22 (Spring): 78–94.

Williamson, John B. 2004. Assessing the pension reform potential of a notional defined contribution pillar. *International Social Security Review* 57 (1): 47–64.

Williamson, John B., and Bingwen Zheng. 2003. The applicability of the notional defined contribution model for China. *China and World Economy* 11 (3): 8–13.

Willmore, Larry. 2004. Universal pensions in low income countries. Discussion Paper, no. IPD-01-05. New York: Initiative for Policy Dialogue, Pensions and Social Insurance Section, Columbia University (Oct.).

———. 2006. *Non-contributory pensions: Bolivia and Antigua in an international context.* Santiago, Chile: CEPAL, Special Studies Unit.

Winkler, Anne E., Timothy D. McBride, and Courtney Andrews. 2005. Wives who outearn their husbands: A transitory or persistent phenomenon for couples? *Demography* 42 (3): 523–35.

World Bank. 1993. *Poland: Income support and the social safety net during the transition.* Washington, D.C.

———. 1994. *Averting the old age crisis.* New York: Oxford University Press.

———. 2004. *World development indicators.* Washington, D.C.

———. 2005. Hungary: Pension—Competition and performance in the Hungarian second pillar. Financial Sector Assessment Program Update. Washington, D.C.: World Bank and International Monetary Fund (Dec.).

———. 2006a. *Pension reform and the development of pension systems: An evaluation of World Bank assistance.* Washington, D.C.: Independent Evaluation Group, World Bank. 1nweb18.worldbank.org:80/oed/oeddoclib.nsf/DocUNIDViewForJavaSearch/

43B436DFBB2723D085257108005F6309/$file/pensions_evaluation.pdf.

———. 2006b. Pension reform: How to strengthen World Bank assistance. *IEG Reach* (Feb. 2). lnweb18.worldbank.org:80/oed/oeddoclib.nsf/DocUNIDViewForJavaSearch/ 86FAFFBFBA032ED085257108005EDE9E/$file/pensions_evaluation_reach.pdf.

Zaidi, Asghar, Aaron Grech, and Michael Fuchs. 2006. Pension policy in EU25 and its possible impact on elderly poverty. CASE/116. London: London School of Economics, Centre for the Analysis of Social Exclusion (Dec.). sticerd.lse.ac.uk/dps/case/cp/ CASEpaper116.pdf.

Zheng, Bingwen. 2004a. Social security. Second draft. Beijing: Institute of European Studies, Chinese Academy of Social Sciences (Jul.).

———. 2004b. The NDC model: A way to resolve moral hazard in China's social security system. *China and World Economy* 12 (3): 91–101.

图书在版编目（CIP）数据

养老金改革：原则与政策选择／（英）尼古拉斯·
巴尔，（美）彼得·戴蒙德著；欧阳葵译. --北京：中
国人民大学出版社，2024.1
（诺贝尔经济学奖获得者丛书）
ISBN 978-7-300-32005-2

Ⅰ. ①养… Ⅱ. ①尼… ②彼… ③欧… Ⅲ. ①退休金
-劳动制度改革-研究 Ⅳ. ①F241. 34

中国国家版本馆 CIP 数据核字（2023）第 193445 号

"十三五"国家重点出版物出版规划项目
诺贝尔经济学奖获得者丛书
养老金改革：原则与政策选择
尼古拉斯·巴尔　彼得·戴蒙德　著
欧阳葵　译
Yanglaojin Gaige：Yuanze yu Zhengce Xuanze

出版发行	中国人民大学出版社			
社　　址	北京中关村大街 31 号		**邮政编码**	100080
电　　话	010 - 62511242（总编室）		010 - 62511770（质管部）	
	010 - 82501766（邮购部）		010 - 62514148（门市部）	
	010 - 62515195（发行公司）		010 - 62515275（盗版举报）	
网　　址	http://www.crup.com.cn			
经　　销	新华书店			
印　　刷	涿州市星河印刷有限公司			
开　　本	720 mm×1000 mm　1/16		**版　次**	2024 年 1 月第 1 版
印　　张	28 插页 2		**印　次**	2024 年 1 月第 1 次印刷
字　　数	389 000		**定　价**	108.00 元